C. G. Jung

Schriften zu Spiritualität und Transzendenz

C.G. Jung

Schriften zu Spiritualität und Transzendenz

Ausgewählt und herausgegeben von Brigitte Dorst

EDITION C. G. JUNG

VERLAGSGRUPPE PATMOS

PATMOS
ESCHBACH
GRÜNEWALD
THORBECKE
SCHWABEN
VER SACRUM

Die Verlagsgruppe
mit Sinn für das Leben

MIX
Papier | Fördert gute Waldnutzung
FSC www.fsc.org FSC® C014496

Klimaneutral
Druckprodukt
ClimatePartner.com/14549-2003-1001

Die Verlagsgruppe Patmos ist sich ihrer Verantwortung gegenüber unserer Umwelt bewusst. Wir folgen dem Prinzip der Nachhaltigkeit und streben den Einklang von wirtschaftlicher Entwicklung, sozialer Sicherheit und Erhaltung unserer natürlichen Lebensgrundlagen an. Näheres zur Nachhaltigkeitsstrategie der Verlagsgruppe Patmos auf unserer Website www.verlagsgruppe-patmos.de/nachhaltig-gut-leben

Bibliografische Information der Deutschen Nationalbibliothek
Die Deutsche Nationalbibliothek verzeichnet diese Publikation in der Deutschen Nationalbibliografie; detaillierte bibliografische Daten sind im Internet über http://dnb.d-nb.de abrufbar.

3. Auflage 2024

Verlagsgruppe Patmos in der Schwabenverlag AG, Ostfildern
www.verlagsgruppe-patmos.de

Umschlaggestaltung: Finken & Bumiller, Stuttgart
Umschlagabbildung: C. G. Jung. © Bettmann/CORBIS
Druck: GGP Media GmbH, Pößneck
Hergestellt in Deutschland
ISBN 978-3-8436-0222-8

EDITION C. G. JUNG im Patmos Verlag

Inhalt

Einleitung von Brigitte Dorst

In den letzten Jahrzehnten, im Übergang zum 21. Jahrhundert, drängten unübersehbar religiöse Themen ins kollektive Bewusstsein. Ein neuer Begriff begann sich dabei durchzusetzen: Spiritualität. Dahinter tauchten die alten Menschheitsfragen auf: Woher kommen wir? Wohin gehen wir? Was ist der Sinn unseres Daseins? Wer oder was sind wir Menschen in diesem Kosmos?

Im Bereich der Psychologie gab es eine neue Offenheit und Bereitschaft, Religiosität und Spiritualität als wichtige Themen anzuerkennen. Eine Trendwende, ein Paradigmenwechsel fand statt: Ausgehend von Amerika entwickelte sich die sogenannte Transpersonale Psychologie; Spiritualität und Bewusstsein wurden zu einem wichtigen Forschungs- und Erkundungsfeld.

Die Transpersonale Psychologie, die sich auf den Grundlagen der Humanistischen Psychologie entwickelte, ist gekennzeichnet von einer besonderen Offenheit für die psychologischen, philosophischen und spirituellen Erkenntnisse aller religiösen Traditionen. In ihr treffen interdisziplinär verschiedene Erkenntniswege zusammen: Psychologie und Psychotherapie, spirituelle Traditionen und mystisches Erfahrungswissen, Religionsgeschichte und Anthropologie, Schamanismus und andere alternative Heilweisen, östliche Weisheitslehren, Bewusstseinsforschung, ökologische Erkenntnisse und moderne Naturwissenschaften. »Gegenstand transpersonaler Psychologie«, so eine neuere Selbstdefinition, »ist die Erforschung des höchsten Potentials der Menschheit sowie die Erkenntnis, das Verständnis und die Verwirklichung vereinigender, spiritueller und transzendenter Bewusstseinszustände.«[1]

Welt- und Menschenbild der Transpersonalen Psychologie sind nur verständlich vor dem Hintergrund des neuen Weltbildes, wie es durch die Erkenntnisse der Physik in den letzten Jahrzehnten entwickelt wurde. Grundlegend für das neue Weltbild sind vor allem Erkenntnisse der modernen Physik, u. a. die Relativitätstheorie und die Quantentheorie, die Theorie der Selbstorganisation und der Autopoiesis, die Evolutionstheorie, die Systemtheorie, die Theorie der morphogenetischen Felder

[1] Lajoie und Shapiro, zit. nach: Galuska, *Einführung*, S. 8.

und die Hologrammtheorie. Jedes menschliche Wesen, als ein Teil der in diesen Theorien beschriebenen Prozesse, ist ein Knotenpunkt in einem System von ständigem Informationsaustausch; es ist in all seinen Lebensvollzügen eingebettet in das Ökosystem Mensch–Universum als einem einheitlichen Gesamtprozess.

Der Zentralbegriff der Transpersonalen Psychologie ist Bewusstsein. Transpersonales Bewusstsein lässt sich umschreiben mit Begriffen wie vollständige Präsenz, Durchlässigkeit, offene Weite, Ergriffensein, tiefes Berührtsein von numinosen Kräften, Erleben von All-Einheit, mystische Erfahrungen der Konvergenz des individuellen Selbst mit dem Absoluten, die Erfahrung des Tiefsten und Höchsten der menschlichen Seele – es geht also um Erfahrungen, die in der Regel mit den Begriffen Spiritualität und Mystik in Verbindung gebracht werden.

Nach der Auffassung verschiedener Trendforscher ist Spiritualität zu einer weltweiten Bewegung geworden. David Tacey spricht von einer »spirituellen Revolution«[2], wobei unter Spiritualität vor allem Verbundenheit und Beziehung, Formen des Sich-eins-Fühlens mit einem großen Ganzen sowie eine Transzendierung des Ego und des Individualismus verstanden wird.[3] Letzteres gilt insbesondere für westliche Kulturen. Kritisiert wird zugleich eine »seelenlose Psychologie«, die alle religiösen Fragen und Erfahrungen in ihrem Menschenbild tabuiert habe.

Diejenigen Forscherinnen und Wissenschaftler, die sich mit spirituellen Erfahrungen als Formen psychischer Realität befassen, untersuchen sie mit etablierten Methoden. Die Forschungsergebnisse zum Zusammenhang von Spiritualität und Gesundheit z. B. in den Bereichen Stressreduktion, Lebenserwartung, Reduktion von Herz-Kreislauf-Erkrankungen, gesteigertem Wohlbefinden sind mittlerweile beeindruckend. Auf der Basis eines postmodernen Paradigmas sind Physiker und Hirnforscher ebenfalls an transpersonalen Forschungsprojekten beteiligt. Auch die Transpersonale Psychologie hat mittlerweile mehr an Achtung gewonnen, wenngleich die Haltung mancher Skeptiker mitunter an die folgende kleine Sufi-Parabel erinnert: »›Wie absurd‹, sagte die Eintagsfliege, als sie zum ersten Mal das Wort ›Woche‹ hörte.«

Noch immer steht eine Psychologie, die sich auf Spiritualität ausrichtet, bei nicht wenigen ExpertInnen unter dem Esoterikverdacht. In analytischen Kreisen gilt sie zuweilen als ungesunde Regression in die Kindheit. Auch die Analytische Psychologie C. G. Jungs, der als Wegbereiter der

[2] Tacey, *The Spiritual Revolution*.

[3] Vgl. Bucher, *Psychologie der Spiritualität*, S. 3.

Transpersonalen Psychologie verstanden werden kann, wird in der akademischen Psychologie noch häufig unter diesen Verdacht gestellt. Dabei ist Jungs Auseinandersetzung mit spirituellen Fragen und Themen ein Vorgriff auf das, was sich heute, im dritten Jahrzehnt des 21. Jahrhunderts, in neuen und integrativen Konzepten längst etabliert hat: In Teilen der Psychotherapie gibt es Verbindungen zur Spiritualität, ebenso im Bereich der Gesundheitspsychologie, in der Medizin, in der Begleitung von Menschen mit lebensbedrohlichen Erkrankungen, in der Hospizarbeit, der Sterbebegleitung.[4]

Spiritualität und Transzendenz heute

Spiritualität ist mit vielen Sinngehalten verbunden. Etymologisch steht dieser Begriff mit lat. *spiritus* = Geist in Verbindung und bedeutet »vom Geist erfüllt« oder »beseelt sein« – als eine geistig-geistliche Orientierung und Lebenspraxis. Spiritualität meint alle Formen von Religiosität, unabhängig von Konfessionen und Kirchen, und gilt heute als der übergeordnete Begriff, der eine Vielfalt von religiösen Phänomenen umfasst. Neue, west-östliche Synthesen und Verbindungen entstehen an vielen Orten. Für Raimon Panikkar ist das Wort Spiritualität »eine sanfte Reaktion gegen die Verkalkung der Religionen«[5]. Am Gegenpol zu einer weltoffenen veränderten Spiritualität bzw. Religiosität ist das Erstarren fundamentalistischer Bestrebungen zu beobachten, als Ausdruck eines angstbestimmten Widerstands gegen Veränderungen und Neuerungen.

Spiritualität ist religionsübergreifend und traditionsunabhängig und verweist damit auf Tiefendimensionen der Erfahrung, die in vielen Formen von Religion nicht mehr spürbar sind. Ein bedeutender spiritueller Lehrer unserer Zeit, der Zenmeister und Benediktinerpater Willigis Jäger, beschreibt dies so: »Immer mehr Menschen fragen [...] heute nach dem Sinn ihres Daseins, und die traditionellen Religionen können ihnen darauf kaum mehr glaubwürdige Antworten geben. [...] Der Glaube ›an Gott‹ weicht heute nun der Sehnsucht nach einer spirituellen Erfahrung dieser ›letzten Wirklichkeit‹.«[6] Jäger erläutert weiter: »Religiosität ist ein Grundzug unserer menschlichen Natur. Es ist die uns zutiefst eigene Tendenz, uns zum Ganzen und Einen hin zu öffnen. Diese Tendenz teilen wir

[4] Vgl. Dorst, *Jung und die Transpersonale Psychologie.*

[5] Panikkar, *Vorwort*, S. 8.

[6] Jäger, *Westöstliche Weisheit*, S. 80.

mit allen Lebewesen, denn sie ist die treibende Kraft der Evolution. Bislang manifestierte sie sich in den vielfältigen Religionen der Welt, denn außerhalb der Religionen gab es über Jahrtausende keine Trennung von Religion und Spiritualität. Jetzt aber erleben wir, dass sich diese religiöse Kraft von den hergebrachten Religionen löst. Ich treffe immer mehr Menschen, die religiös sind, ohne sich zu einer Religion zu bekennen. Darin erkenne ich eine Spur der voranschreitenden Bewusstseinsevolution.«[7]

Spiritualität als ein universales Phänomen mit weltweit nachweisbaren Spuren in der Geschichte der letzten 30 000 Jahre ist eine anthropologische Konstante in vielfältigen Erscheinungsformen. Zum Bedeutungsspektrum von Spiritualität benennt Anton A. Bucher: Spiritualität als Verbundenheit und Einssein *(connectedness)*, als Beziehung zu Gott oder einem höheren Wesen, als Verbundenheit mit der Natur, als Beziehung zu anderen, als Beziehung zum Selbst, als Formen spezifischer Praxis wie Gebet und Meditation, als paranormale Fähigkeiten und Erfahrungen, wie z. B. Nahtoderfahrungen, und als Selbstranszendenz.[8]

Spirituelle Praxis gehört heute ganz selbstverständlich zum Alltagsleben vieler Menschen. Meditative Übungswege sind Wege, die lebenslang beschritten werden und den Menschen dabei nach innen führen, in andere Bewusstseinsräume und zu größerer Selbsterkenntnis. Es geht darum, die »Wirklichkeit hinter der Wirklichkeit« zu erreichen, Erfahrungen in einem transpersonalen Bewusstseinsraum zu machen, die mit Begriffen unserer Alltagssprache und den Konzepten der Ratio gleichwohl nicht zu fassen sind. Das verbreitete Interesse an Spiritualität und der Wunsch nach eigenen Erfahrungen ist auch erkennbar an der wachsenden Zahl von Meditationsgruppen und Meditationsangeboten. In fast allen Städten gibt es ein breites Angebot an Yoga, Meditations- und Kontemplationskursen, christlichen Exerzitien ebenso wie Zen-Sesshins oder Singen von hinduistischen Mantras. Die Zahl der Menschen, die ganz selbstverständlich Zeiten der Stille, des Rückzugs und der Meditation in ihren Tagesablauf einplanen, wächst ständig. Auch der Bereich der Fort- und Weiterbildung bis hin zu Supervision und Coaching von Managern bietet heute ganz selbstverständlich Qigong-Übungen, buddhistisches Achtsamkeitstraining und Meditation an.

Die Vielfalt und Unterschiedlichkeit dieser Meditationsgruppen und Angebote macht auch deutlich, wie groß das Bedürfnis heutiger Men-

[7] Ders., *Die schönsten Texte*, S. 131.

[8] Vgl. Bucher, *Psychologie der Spiritualität*, S. 24–34.

schen nach spirituellen Erfahrungen, nicht nach Glaubensangeboten, ist und wie sehr die mystischen Traditionen des Ostens und Westens zum Kollektiverbe der Menschheit werden, unabhängig von religiöser Erziehung oder kulturellem Umfeld. Dies gilt vor allem für Menschen der westlichen Hemisphäre.

In einem solchen Spiritualitätsverständnis sind wir Menschen eine Form inkarnierten Bewusstseins, das sich nach außen und nach innen richten kann. Im transpersonalen Bewusstseinsraum erfährt sich der Mensch in Verbundenheit als Teil eines größeren Ganzen. Dies entspricht auch den Erkenntnissen der heutigen Naturwissenschaften.

Das Stichwort Transzendenz taucht in den meisten Veröffentlichungen als ein Unteraspekt von Spiritualität auf. Etymologisch steht Transzendenz mit lat. *trans* = über, hinüber, und *scandere* = ersteigen, erklettern, in Verbindung, d. h. es geht um eine Grenze, die überwunden wird. Unter dem Begriff Transzendenz wird aber auch das Absolute, Göttliche, die erste Wirklichkeit selbst verstanden.

In Theologie und Philosophie meint Transzendenz den Bereich, der jenseits der sinnlichen Erfahrung liegt. Das komplementäre Begriffspaar Immanenz und Transzendenz verweist auf die fundamentale Verschiedenheit der beiden Bereiche des Diesseitigen und des Jenseitigen, mit der man sich immer wieder auseinandersetzte: von Platons Ideenlehre in der Antike über die Kirchenväter, die mittelalterlichen Philosophen bis zu Denkern der Neuzeit wie z. B. Kant, Hegel, Scheler und Jaspers. Die metaphysischen Vorstellungen einer Transzendenz Gottes werden im Verlauf der Geschichte durch ein anthropologisches Transzendenzkonzept ersetzt, als Streben des Menschen über sich hinaus.

In der Postmoderne wird ein Transzendenzverlust als Sinnverlust beklagt, als spirituelle Krise, als Verlust von Geborgenheit im Leben.

In einem heutigen, sehr erweiterten Verständnis meint Transzendenz auch das Überschreiten der Ich-Grenzen, Formen des Bezogenseins, z. B. in der Verbundenheit mit einem Menschen, den man liebt, aber auch in der Auseinandersetzung mit dem Unbewussten: »Transzendieren hat [...] sehr viel damit zu tun, dass wir unser Ich aufgeben können und dennoch in voller Selbstgewissheit leben können. Wir öffnen uns einem größeren Ganzen, der Welt, den Mitmenschen, dem Unbewussten.«[9]

[9] Kast, *Transzendenz der Psyche*, S. 45.

Spiritualität und Transzendenz bei C. G. Jung

Der hier vorgelegte Auswahlband aus C. G. Jungs *Gesammelten Werken* steht unter dem Titel »Spiritualität und Transzendenz«. Wer unter dem Stichwort »Spiritualität« in C. G. Jungs Gesammelten Werken nach Textstellen sucht, wird allerdings nicht sehr fündig. Das Wort »Spiritualität«, wie es heute verwendet wird, war zu Jungs Zeit nicht gebräuchlich. »Religion« und »Religiosität« waren die etablierten Bezeichnungen.

Jung ist der Überzeugung: »Religionen stehen nach meiner Ansicht mit allem, was sie sind und aussagen, der menschlichen Seele so nahe, dass am allerwenigsten die Psychologie sie übersehen darf« (GW 11, § 172). Es geht ihm darum, eine Psychologie religiöser Erfahrung zu entwickeln. Jung setzt sich also mit »religiöser Erfahrung« auseinander, die für ihn ein psychisches Phänomen ist. Er sagt: »Gott hat nie anders zum Menschen gesprochen als in der Seele, und die Seele versteht es, und wir erfahren es als etwas Seelisches. Wer das Psychologisieren nennt, der leugnet das Auge, das die Sonne sieht.«[10] Jung geht es um ein Verständnis der Psyche als Erfahrungsraum des Numinosen, um neue Sichtweisen auf religiöse Phänomene und Erfahrungen, die in der Religionspsychologie bis dahin nicht vorkamen. Diese sind für ihn von großer Bedeutung. So sagt er: »Wenn wir die psychologische Struktur des religiösen, das heißt ganzmachenden, heilenden, rettenden, alles umfassenden Erlebnisses zu definieren versuchen, so scheint die einfachste Formel [...] die folgende zu sein: Im religiösen Erlebnis begegnet der Mensch einem seelisch übermächtigen Anderen« (GW 10, § 655).

Spirituelle Erfahrungen bringen Menschen in Kontakt mit Bereichen jenseits des alltäglichen Bewusstseins. Jung spricht manchmal von dem »Empirisch-Transzendenten«. Mit Religion und Gottesbildern als wirksamen Kräften musste Jung auch selbst viele Jahre ringen. Von diesem Kampf zeugt auch das sogenannte *Rote Buch*, das Dokument eines besonderen Selbsterfahrungsexperiments Jungs und seiner Erforschungen des Unbewussten.

Der Transzendenzbegriff hat bei Jung verschiedene Bedeutungen. In der Beschreibung dessen, was er als die psychologische »transzendente Funktion« bezeichnet, geht es um die »Vereinigung bewusster und unbewusster Inhalte«. Er betont, dies sei als »nichts Geheimnisvolles, sozusagen Übersinnliches oder Metaphysisches zu verstehen, sondern eine psychologische Funktion, die sich ihrer Art nach mit einer mathematischen Funk-

[10] Jung, *Briefe I*, S. 132.

tion gleichen Namens vergleichen lässt« (GW 8, § 131). Dabei geht es darum, die Trennung zwischen dem Bewusstsein und dem Unbewussten aufzuheben, die Einseitigkeiten des Bewusstseins zu kompensieren. Er betont, dass er »mit ›transzendent‹ keine metaphysische Qualität bezeichnen will, sondern die Tatsache, dass durch diese Funktion ein Übergang von der einen Einstellung in eine andere geschaffen wird« (GW 6, § 833).

In der transzendenten Funktion beschreibt Jung also die grundlegende Fähigkeit der Grenzüberwindung zwischen den bewussten und den unbewussten Teilen der Psyche.[11] Die Transzendenz der Psyche, von der er an anderen Stellen spricht, meint spirituelle Erfahrungen der Verbundenheit mit dem Göttlichen, dem Absoluten, das Bezogensein auf etwas Umfassenderes, Größeres, Erfahrungsmöglichkeiten jenseits des Alltagsbewusstseins, das Überwinden der Grenzen von Immanenz und Transzendenz. »Dass die Welt innen und außen auf transzendentalen Hintergründen ruht, ist so sicher wie unser eigenes Vorhandensein« (GW 14/II, § 442).

Die Transzendenz der Psyche lässt eine andere »Wirklichkeit hinter der Wirklichkeit« erfahren. Dies aufzuzeigen war immer wieder Jungs Anliegen. Es geht um die Erkenntnis, dass alles – die Welt des Physischen und des Psychischen, Körper und Geist, das sinnlich Erfassbare und sinnlich Wahrnehmbare und die unsichtbare Welt des Unbewussten – zu einem untrennbaren Ganzen gehört, ein Feld der Einheitswirklichkeit ausmacht, von Jung *unus mundus* genannt.

Wie sein Gesamtwerk zeigt, hat Jung sich sein Leben lang mit spirituellen, transkulturellen und transpersonalen Fragen beschäftigt. Sein Interesse galt dem Bereich spiritueller Erfahrungen jenseits von Konfessionen, Kirchen und religiösen Traditionen. In seiner Biographie *Erinnerungen, Träume, Gedanken* beschreibt er seine spirituelle Grundhaltung. Jung sagt dort von sich: »Ich finde, dass alle meine Gedanken um Gott kreisen wie die Planeten um die Sonne und wie diese von Ihm als der Sonne unwiderstehlich angezogen sind. Ich müsste es als größte Sünde empfinden, wenn ich dieser Gewalt Widerstand entgegensetzen sollte.«[12] Und er bekennt: »Die Natur, die Seele und das Leben erscheinen mir wie die entfaltete Gottheit.«[13]

Auch Marie-Louise von Franz, die viele Jahre mit Jung zusammen-

[11] Da dieses Thema so zentral für die Analytische Psychologie und Jungs Menschenbild ist, wurde ein Beitrag dazu auch in diesen Auswahlband aufgenommen.
[12] Jung, *Erinnerungen*, S. 6.
[13] Ebd., S. 280.

arbeitete, beschreibt ihn als einen Menschen, »welcher unaufhörlich in größter Leidenschaft und größtem Leiden mit dem Gottesproblem rang. Alles, was ihm und in der Welt geschah, bezog er auf Gott und stellte ihm die Frage des Warum und Wozu.«[14] Seine Haltung kommt auch in folgenden Sätzen zum Ausdruck:

- »Alles Lebendige wandelt sich. Wir sollten uns mit unveränderlichen Traditionen nicht zufriedengeben« (GW 18/II, § 1652).
- »In religiösen Dingen kann man bekanntlich nichts verstehen, was man nicht innerlich erfahren hat« (GW 12, § 15).
- »Der Schritt zu höherem Bewusstsein führt aus allen Rückendeckungen und Sicherungen heraus« (GW 13, § 25).

Begegnung mit C. G. Jung

Die in diesem Band ausgewählten Texte, die zu sehr unterschiedlichen Zeiten des Jung'schen Schaffensprozesses entstanden sind, sollen vor allem eins zeigen: wie Jung nach Einsichten und Erkenntnissen in einem weiten Feld religiös-psychologischer Fragen und Themen forscht und sich zeit seines Lebens als einen Menschen in einem offenen, unabgeschlossenen Suchprozess verstand.

Jung war in vielem seiner Zeit voraus, intuitiv ahnend und forschend. Einiges kann vielleicht erst jetzt, mit dem heutigen Bewusstsein, verstanden, anerkannt und angenommen werden. Sein Werk ist eine riesige Fundgrube an psychologischen Erkenntnissen, philosophischen Gedanken, anthropologischem Wissen und an Lebensweisheit. Es verbindet umfangreiche empirische, psychologische, religionswissenschaftliche, anthropologische und völkerkundliche Studien mit klinischem Fallmaterial. Damit sammelte er die Grundlagen für die Analytische Psychologie und ihre Therapie.

Jung war kein Systematiker und mochte keine abstrakte Begrifflichkeit, sondern suchte immer wieder nach neuen Umschreibungen von dem, was für ihn »seelische Grundphänomene« waren. Seine Gedanken entwickelten sich stetig weiter, das Thema umkreisend, sich immer wieder neu annähernd, in manchmal paradoxen Formulierungen. Jung lässt teilhaben an seinen Ahnungen, Erkenntnissen, Forschungsergebnissen, Alltagserfahrungen, Gefühlen und Gedanken. Manches fällt dabei unter die Beschränktheit des Zeitbedingten, entsprechend seinem Satz: »Alles Ver-

[14] Von Franz, *C. G. Jung*, S. 169.

stehen […] fällt unter die Kategorie des Zeitbedingten« (GW 14/I, § 207). Manche Formulierungen Jungs lesen sich heute seltsam und erscheinen »altmodisch«; es ist manchmal nicht leicht, das Gemeinte zu erfassen.

Natürlich gibt es auch einiges in Jungs Denken, was heute überholt und nicht mehr vertretbar ist, wo Jung ein Kind seiner Zeit war, z. B. in Bezug auf die Geschlechterpolarität. Weiterentwicklungen von Jungs Ideen und Erkenntnissen kann man bei nachfolgenden VertreterInnen der Analytischen Psychologie finden, z. B. Verena Kast, Ingrid Riedel oder Murray Stein.

Wem kann man also in diesem Buch begegnen? Unter anderem dem suchenden, um Verständnis ringenden, tastenden Jung, dem kulturkritischen Denker, dem prophetischen Jung, dem forschenden Wissenschaftler, dem alten Weisen.

Die spirituellen Dimensionen der Analytischen Psychologie

In Jungs Menschenbild ist die Bezogenheit auf das Transzendente der entscheidende Aspekt des menschlichen Lebens: »Die entscheidende Frage für den Menschen ist: Bist du auf Unendliches bezogen? Das ist das Kriterium seines Lebens. […] Wenn man versteht und fühlt, dass man schon in diesem Leben an das Grenzenlose angeschlossen ist, ändern sich Wünsche und Einstellung. Letzten Endes gilt man nur wegen des Wesentlichen, und wenn man das nicht hat, ist das Leben vertan.«[15]

Jung selbst bekennt: »Das Hauptinteresse meiner Arbeit liegt nicht in der Behandlung von Neurosen, sondern in der Annäherung an das Numinose.«[16] Und er wehrt sich gegen den Vorwurf, eine Psychologie zu konstruieren, die ungerechtfertigterweise die Seele mit religiösen Themen und Dimensionen in Zusammenhang bringe: »Nicht ich habe der Seele eine religiöse Funktion angedichtet, sondern ich habe Tatsachen vorgelegt, welche beweisen, dass die Seele ›naturaliter religiosa‹ ist« (GW 12, § 14). Und an anderer Stelle schreibt er: »Das Gottesbild ist keine Erfindung, sondern ein *Erlebnis,* das sua sponte den Menschen antritt, was man zu Genüge wissen kann, wenn man nicht Verblendung durch weltanschauliche Vorurteile der Wahrheit vorzieht« (GW 9/II, § 303).

Jungs Beiträge zur Religionspsychologie sind alle auf der Basis seiner Ausgangsthese zu sehen: die psychische Notwendigkeit der »religio«, der

[15] Jung, *Erinnerungen,* S. 327 f.
[16] Jung, *Briefe* I, S. 465.

»Rückbindung« an etwas Größeres, Ganzes. Immer wieder müht er sich darum, die psychologische Fragestellung von der theologischen abzugrenzen. Er verweigert sich der Frage nach der Existenz eines transzendenten Gottes, nähert sich dem Thema dennoch immer wieder. Er betont, dass er als Psychologe nichts über Gott selbst, sondern nur etwas über Gottesbilder und Symbole sagen kann, nicht mehr. Doch gerade diese können spirituelle Erfahrung vermitteln, da sie bewusstseinstranszendente Inhalte haben.

Symbole sind Sinnbilder. Sie entstehen, wenn etwas Äußeres mit einem geistigen Inhalt, einer Bedeutung oder einem Sinngehalt zusammengebracht wird. Symbole sind sichtbare Zeichen einer nicht sichtbaren Wirklichkeit. Im Verständnis der Analytischen Psychologie C. G. Jungs tragen Symbole unbewusste seelische Inhalte an das Bewusstsein heran. Sie wirken ganzheitlich, auf das Denken und Fühlen, auf Wahrnehmung, Phantasie und Intuition. Sie verbinden die bewussten und die unbewussten Seiten der Psyche.

Symbole sind immer mehr als bloße Zeichen. Sie sind energetisch hoch aufgeladen und haben zuweilen geheimnisvolle Wirkungen. Wer sich auf Symbole einlässt, verlässt das Oberflächliche und macht sich auf den Weg in die Tiefe. Archetypische Symbole, so auch die Gottesbilder der religiösen Symbolik, haben numinosen Charakter und sind Schlüssel zu den Tiefenschichten der menschlichen Existenz.[17]

Aussagen über das Göttliche sind für Jung also Beschreibungen der spirituellen Erfahrungsmöglichkeiten der menschlichen Psyche; sie sind keine theologischen, sondern psychologische Aussagen. Die psychologische Fragestellung fokussiert, was in der Seele vorgeht und ihr eigen ist. Dennoch geht Jung so weit zu sagen: »Auf alle Fälle muss die Seele eine Beziehungsmöglichkeit, das heißt eine Entsprechung zum Wesen Gottes in sich haben, sonst könnte ein Zusammenhang nie zustande kommen. Diese Entsprechung ist, psychologisch formuliert, *der Archetypus des Gottesbildes*« (GW 12, § 11).

Auch die Begegnung mit den Kräftefeldern der Archetypen und ihren Symbolisierungen sind für Jung numinose Erfahrungen. Er warnt: »Wo immer es sich um archetypische Gestaltungen handelt, führen personalistische Erklärungsversuche in die Irre« (GW 10, § 646).

Die Erweiterung des Bewusstseins – Jung nennt es »Bewusstseinserhöhung« –, die auch in der Auseinandersetzung mit archetypischen Inhalten geschehen kann, ist für ihn menschliche Bestimmung: »Darum ist wohl

[17] Vgl. Dorst, *Therapeutisches Arbeiten mit Symbolen,* S. 17–34.

das irdische Leben von so großer Bedeutung und das, was ein Mensch beim Sterben hinüberbringt, so wichtig, nur hier, im irdischen Leben, wo die Gegensätze zusammenstoßen, kann das allgemeine Bewusstsein erhöht werden. Das scheint die metaphysische Aufgabe des Menschen zu sein.«[18] Die menschliche Bewusstseinsentwicklung hat für Jung eine kosmische Bedeutung, weil in ihr das Universum sich selbst erkennt; der Mensch ist dazu da, »dass der Schöpfer seiner Schöpfung und der Mensch seiner selbst bewusst werde«[19].

Das Selbst-Konzept der Analytischen Psychologie

Der Selbstbegriff der Analytischen Psychologie ist ein zentrales Konzept, das spirituelle Dimensionen umfasst und sich sehr vom Selbstbegriff anderer psychologischen Richtungen unterscheidet:

Das Jung'sche Selbst ist ein umfassender Ausdruck für die Ganzheit und Vollständigkeit des seelischen Potentials eines Menschen. Aussagen über das Selbst sind einerseits über die Empirie zu gewinnen, andererseits geht es über das Konzept rationaler Beschreibungsmöglichkeiten hinaus. »Das Selbst ist nicht nur der Mittelpunkt, sondern auch jener Umfang, der Bewusstsein und Unbewusstes einschließt« (GW 12, § 44). Zugleich ist es das Zentrum, aus dem alle schöpferischen Lebensimpulse hervorgehen. In der Interaktion zwischen dem Ich, dem Zentrum des Bewusstseins, und dem Selbst vollzieht sich der Lebensprozess als Selbstverwirklichung, als Prozess der Individuation. Jungs Individuationskonzept, das Herzstück der Analytischen Psychologie, lässt sich auf die Formel bringen: »Werde, der/die du bist.« Gemeint ist damit ein Prozess fortschreitender Entfaltung der Persönlichkeit, in der Auseinandersetzung zwischen Ich und Selbst, Bewusstem und Unbewusstem, als ein schöpferischer, archetypisch bestimmter menschlicher Reifungsprozess.

Das Selbst bestimmt und strukturiert alle seelischen Entwicklungsprozesse und kann in diesem Sinne letztlich als das numinose und begrifflich nicht fassbare Transzendente im Menschen angesehen werden. Die Zentrierung auf das Selbst als geheimnisvolle eigene Mitte der Person, die Schwerpunktverschiebung auf der Ich-Selbst-Achse im Prozess der Individuation, vor allem in der zweiten Lebenshälfte, kann zu weitreichenden Veränderungen im Selbst- und Weltverständnis führen. Im Selbst sind

[18] Jung, *Erinnerungen*, S. 314.
[19] Ebd., S. 341.

Einheitserfahrungen möglich, das Aufscheinen einer All-Einheit, in der die Spaltung von Subjekt und Objekt, Individuellem und Kollektivem, Persönlichem und Überpersönlichem aufgehoben ist.

Spirituelle Themen und Sinnfragen in Krisenzeiten

Spirituelle Themen tauchen häufig dann auf, wenn die gewohnten Lebensmuster durchbrochen werden und das Leben fragwürdig wird. Auslöser können verschiedene Formen von Krisen und lebensverändernden Ereignissen sein, Erfahrungen, die über das Alltagsbewusstsein hinausgehen, oder auch eine wachsende Unzufriedenheit, die Erfahrung von Mangel, eine wachsende Unruhe und ein Gefühl, dass etwas Wesentliches im Leben fehlt. Dann machen manche Menschen sich auf die Suche: Es ist eine Suchbewegung in die Tiefe, in den Bereich von Religiosität und Transzendenz. Spiritualität kommt auch in solchen Wünschen nach mehr Tiefe und umfassenderer Selbsterkenntnis zum Ausdruck.

Im Gesundheitsbereich ist Spiritualität von wachsender Bedeutung. Krankheit und Gesundheit betrifft alle Seinsebenen. Zwar tun sich die Gesundheitswissenschaften zum Teil noch schwer damit, Spiritualität und Gesundheit in einen auch forschungsrelevanten Zusammenhang zu bringen. Aber die Grenzen zwischen Gesundheits-, Wellness- und Therapieangeboten, zwischen ressourcenorientierten Ansätzen, alternativen Heilweisen und traditionellen westlichen medizinischen Behandlungskonzepten sind fließend geworden.

Bereits 1995 wurde in einem Positionspapier der Weltgesundheitsorganisation (WHO) die Lebensqualität als multidimensional und mindestens vier Kategorien umfassend beschrieben: physisch, psychisch, sozial und spirituell. Die spirituelle Dimension in einem zeitgemäßen Paradigma von Gesundheit wird auch von Ralph M. Steinmann in der Studie *Spiritualität – die vierte Dimension der Gesundheit*[20] besonders herausgearbeitet.

Vor allem die amerikanische Fachliteratur bietet mittlerweile umfangreiche Forschungen zur gesundheitlichen Bedeutung von Spiritualität. Gesundheitliche Auswirkungen von spiritueller Praxis und Lebensorientierung sind empirisch belegbar, z. B. Stressreduktion, Verringerung von Herz-Kreislauf-Erkrankungen, gestärkte Immunabwehr, Reduktion von Infarktrisiken, geringerer Medikamentenbedarf, seltenere Krankenhausaufenthalte, Depressionsminderung sowie Verlängerung der Lebens-

[20] Steinmann, *Spiritualität.*

dauer.[21] Auch zum Zusammenhang von Spiritualität und dem Verlauf von Krebserkrankungen gibt es zahlreiche Untersuchungen.[22] Menschen fragen vermehrt nach Begleitung und Unterstützung in ihrem Krankheitsprozess. In einer neueren amerikanischen Studie, in der krebskranke PatientInnen in einem fortgeschrittenen Krankheitsstadium befragt wurden, klagten 72 % über völlig fehlende bzw. nur minimale Unterstützung und Beachtung ihrer spirituellen Bedürfnisse durch das Klinikpersonal.[23] Für viele Menschen sind Spiritualität und Religiosität jedoch wichtige Ressourcen, besonders aber im Kontext von Krankheitsbewältigung, Alter und Sterbebegleitung.

Eine lebensbedrohliche Erkrankung wie z. B. Krebs bringt viele Betroffene dazu, ihr Leben auf den Prüfstand zu stellen. Die Krankheit setzt Grenzen in der Planbarkeit des eigenen Lebens, verändert Prioritäten. Sie kann als besonderer Anruf des Lebens verstanden werden, Wichtiges und Unwichtiges anders zu bewerten und kritisch nach dem *Sinn* der eigenen Lebensweise zu fragen. Eine solche Erkrankung ist für viele Menschen ein Memento mori, das sie mit der Verletzlichkeit und Endlichkeit des Lebens konfrontiert.

Gerade in Lebenskrisen, in den Übergangssituationen und Bruchstellen des Lebens, bei plötzlichen Verlusten eines geliebten Menschen oder der Diagnose von lebensbedrohlichen Krankheiten, bricht die Sinnfrage auf. Krisen gehen einher mit Gefühlen des existentiellen Ausgeliefertseins, der Ohnmacht und Bedrohung. Schicksalsschläge und plötzliche lebensverändernde Ereignisse sowie die Unfähigkeit, sie mit den eigenen Mitteln zu bewältigen, sind häufig der Anlass, weshalb Menschen therapeutische Hilfe und Begleitung suchen.[24]

Auch in der Analyse und der Therapie tauchen religiöse Themen und Sinnfragen auf. Die therapeutische Arbeit berührt den Bereich der existentiellen Grundfragen und verlangt daher von beiden, TherapeutIn und PatientIn, sich auf diese Fragen einzulassen. So betont Ingrid Riedel: »Es zeichnet […] die Jung'sche Psychologie vor allen anderen Richtungen aus und charakterisiert ihren besonderen Ort innerhalb der Tiefenpsychologie, dass sie ihren Schwerpunkt dort hat, wo es um die Sinnsuche und die Sinnfrage geht.«[25] Die religiöse Thematik – dies war immer Jungs Auffas-

[21] Vgl. Bucher, *Psychologie der Spiritualität*, S. 100–142.
[22] Vgl. Stefanek/McDonald/Hess, *Religion, spirituality, and cancer*, S. 450–463.
[23] Vgl. Balboni et al., *Religiousness and Spiritual Support*, S. 555–560.
[24] Vgl. Dorst, *Lebenskrisen*, S. 21–29.
[25] Riedel, *Die Welt von innen sehen*, S. 168.

sung – ist dem Prozess einer Analyse und einem therapeutisch begleiteten Individuationsprozess inhärent.[26]

Wenn es in der Therapie um Heilung, wieder Heilwerden des ganzen Menschen geht, so muss der Erfahrungsraum der Therapie offen sein für das Numinose, für Sinnsuche und alle spirituellen und religiösen Fragen, die zum Menschsein untrennbar dazugehören. Heil, heilen und heilig kommen nicht zufällig aus derselben Wortwurzel. Psychotherapie und Medizin dürfen den Menschen weder somatisch noch psychisch reduzieren. Sie müssen ihn als Einheit von Körper, Geist und Seele mit dem Verlangen und der Fähigkeit zur Transzendenz akzeptieren und behandeln.

Individuation bedeutet für Jung immer auch die Auseinandersetzung mit Sinn und Sinnlosigkeit. Von dieser Auseinandersetzung bleiben bewusst lebende Menschen nicht verschont. Der Individuationsprozess ist ein lebenslanges Bemühen um Bewusstwerdung und seelische Ganzheit. In diesem Sinne ist der Individuationsweg auch eine Quest, eine spirituelle Suchwanderung.

Die Suche nach Sinn, nach einem tragenden Grund, wird in der Analytischen Psychologie als ein tiefes A-priori-Bedürfnis des Menschen verstanden. Für C.G. Jung waren seelische Erkrankungen Ausdruck von Sinn- und Selbstverlust, ein »Leiden der Seele, die ihren Sinn nicht gefunden hat« (GW 11, § 497). Sinnverlust und Mangel an Lebenssinn sind für die Ätiologie von Neurosen für Jung von entscheidender Bedeutung. Dies gilt auch für heutige Menschen. Die »neue Unübersichtlichkeit der Welt«[27], so Jürgen Habermas, führt zu Verunsicherung, Orientierungsverlust und Vereinzelung. Die Ellenbogengesellschaft mit ihren sogenannten Ich-Agenturen und der mit diesen gesellschaftlichen Änderungsprozessen verbundene Wertewandel und Werteverlust stoßen manche in ein existentielles Vakuum, auch jene, die scheinbar alles haben, wovon man lebt, aber wenig oder nichts, wofür es sich zu leben lohnt.

Jung betont: »Wie der Körper der Nahrung bedarf und zwar nicht irgendwelcher, sondern nur der ihm zusagenden, so benötigt die Psyche den Sinn ihres Seins« (GW 13, § 476). Sinnerfahrungen, so die Jung'sche Analytikerin Ursula Wirtz, haben daher oft »den Charakter numinoser Erlebnisse, sie ergreifen zutiefst und lassen uns die Existenz einer anderen Wirklichkeit innewerden, die über unser Alltagsbewusstsein hinausreicht und doch als zu uns gehörig erfahrbar wird. So kann Sinn als ein Heim-

[26] Vgl. Dorst, *Therapeutischer Umgang mit Schicksals- und Sinnfragen.*

[27] Habermas, *Die neue Unübersichtlichkeit.*

kommen oder Ankommen spürbar werden, ein Entdecken dessen, was man immer schon war [...]. In der Analytischen Psychologie gehört diese transpersonale Ebene und die Frage nach dem Sinn zum tragenden Grund der therapeutischen Praxis.«[28]

Zu diesem Auswahlband

Die Absicht dieses Auswahlbands ist es, grundlegende Gedanken zum Themenbereich »Spiritualität und Transzendenz« aus dem umfangreichen Gesamtwerk C. G. Jungs anzubieten. Dabei kann das Buch nur einen Einblick in die Vielfalt der spirituellen Themen geben, mit denen Jung sich beschäftigt hat, genauer: von denen er ergriffen war. Angesichts der Tatsache, dass Jung durch sein ganzes Werk verstreut immer wieder auf Grundfragen von Spiritualität und Transzendenz eingeht, wäre es von vornherein aussichtslos gewesen, alle Texte zum Thema berücksichtigen zu wollen. Die Auswahl vermag schon deshalb nicht erschöpfend zu sein, da die Vorgabe einer Begrenzung des Seitenumfangs die Aufnahme mancher Arbeiten – etwa der sehr umfangreichen Schrift *Antwort auf Hiob* (GW 11, §§ 553–758) – verunmöglichte.

Die Zusammenstellung erfolgte nicht nach chronologischen Aspekten, sondern nach inhaltlichen Gesichtspunkten. Es entstand ein mögliches, facettenreiches Mosaik zum Thema »Spiritualität und Transzendenz«. Bewusst habe ich darauf verzichtet, die aphoristischen »Highlights« zu versammeln, sondern es ging mir darum, den Leserinnen und Lesern zu ermöglichen, mit den ausgewählten Texten Jungs Gedankengängen, Abwägungen und Erkenntnisprozessen zu folgen.

Der Auswahlband richtet sich an Menschen, denen die Entwicklung und Selbstverwirklichung ihrer Potentiale ein Anliegen ist, die den Anruf »Werde, der/die du bist« im Inneren hören. Er wendet sich an Leserinnen und Leser, die mit offener Neugier mehr verstehen möchten von dem, was C.G. Jung die »Wirklichkeit der Seele« (GW 12, § 9) nannte, und die bereit sind, Jungs Suchprozesse nachzuvollziehen, sich von ihm ansprechen und inspirieren zu lassen. Es geht nicht um sichere Wegweisung, sondern um ein vertiefendes Fragen, um die Ermutigung, sich in den eigenen seelischen Innenraum weiterzuwagen und mit Jungs Gedanken in Resonanz zu gehen, es geht um eine Begegnung mit Jung als einem vom Geheimnis der Seele Ergriffenen.

[28] Wirtz/Zöbeli, *Hunger nach Sinn*, S. 224; 310.

Was die Lektüre von Jungs Schriften vermitteln kann, ist ein Orientierungswissen im Bereich von Religionspsychologie, Religionsgeschichte und Kultur, auch für heutige Sinnfragen. In einem Interview hat Ingrid Riedel, die mit ihren zahlreichen Veröffentlichungen vielen Menschen Zugang zur Analytischen Psychologie eröffnet hat, es so formuliert: »Letztlich geht es ja um die Sinnfrage und um eine Ortung in der heutigen Wirklichkeit. Man hat vielfach sehr genaues Faktenwissen in Einzelzusammenhängen, aber der größere Überblick fehlt. Da kann die Jung'sche Psychologie Zugänge öffnen, und sie ist eben nicht als Esoterik aufzufassen, sondern ist begründbar, vermittelbar, mitteilbar und damit offen für den ganzen Erfahrungshorizont, wie er heute gesucht wird, einschließlich der Spiritualität und der Religion. Das ist etwas, das breite Kreise anzieht, auch wenn sich im offiziellen Wissenschaftsbetrieb eine bloße Rationalität ausbreitet, die sich den Sinnfragen eher verschließt.«[29]

Jungs Texte können vor allem dazu anregen, in den inneren Dialog mit sich selbst zu gehen, sich einzulassen auf Fragen der Spiritualität und Transzendenz, einen erweiterten Horizont zu finden, tiefer einzutauchen in Dimensionen der eigenen Psyche. Genau dazu ermutigt er: »Man muss sich mit sich selbst beschäftigen, sonst wird man nicht, sonst kann man sich gar nicht entwickeln« (GW 18/II, § 1813). Das Ziel des inneren Dialogs mit sich selbst ist letztlich: »Je mehr man sich […] durch Selbsterkenntnis und dementsprechendes Handeln seiner selbst bewusst wird, desto mehr verschwindet jene dem kollektiven Unbewussten aufgelagerte Schicht des persönlichen Unbewussten. Dadurch entsteht ein Bewusstsein, das nicht mehr in einer kleinlichen und persönlich empfindlichen Ich-Welt befangen ist, sondern an einer weiteren Welt, am Objekte, teilnimmt. Dieses weitere Bewusstsein ist nicht mehr jener empfindliche, egoistische Knäuel von persönlichen Wünschen, Befürchtungen, Hoffnungen und Ambitionen, der durch unbewusste persönliche Gegentendenzen kompensiert oder etwa auch korrigiert werden muss, sondern es ist eine mit dem Objekt, der Welt, verknüpfte Beziehungsfunktion, welche das Individuum in eine unbedingte, verpflichtende und unauflösbare Gemeinschaft mit der Welt versetzt« (GW 7, § 275).

[29] Ingrid Riedel in: Bischof / Della Chiesa, *Gespräch mit Ingrid Riedel*, S. 251.

Ergänzung 2024

Die „Gemeinschaft mit der Welt“, von der C. G. Jung spricht, ist uns in den letzten zehn Jahren nach Erscheinen dieses Bands auf eine besondere Weise nahegerückt: Wir alle sind betroffen von den globalen Krisen, die die Lebensbedingungen auf der Erde bedrohen. Sie verlangen nach einem neuen, spirituell ausgerichteten Bewusstsein, das sich diesen Krisen zu stellen hat. In diesem Sinne kann Jung mit vielen seiner Erkenntnisse wichtige Hinweise zur Bewusstseinserweiterung bieten.

Brigitte Dorst

Bibliographie

Balboni, Tracy A. et al.: Religiousness and Spiritual Support Among Advanced Cancer Patients and Associations with End-of-Life Treatment Preferences and Quality of Life. In: Journal of Clinical Oncology 25.5, 2007, S. 555–560.

Bischof, Irene / Marco della Chiesa: Gespräch mit Ingrid Riedel – ein Lebensrückblick. In: Analytische Psychologie, Heft 168, 2/2012, S. 238–255.

Bucher, Anton A.: Psychologie der Spiritualität. Handbuch. Beltz, Weinheim 2007.

Dorst, Brigitte: Alles beginnt mit Sehnsucht und Suche. Herzensbildung auf dem Sufi-Weg. Patmos, Ostfildern 2018.

– C.G. Jung und die Transpersonale Psychologie. In: Jung-Journal. Forum für Analytische Psychologie 11/12, 2004, S. 22–29.

– »Das Geheimnis des Lebens ist zwischen Zweien verborgen« (C. G. Jung). Der therapeutische Eros und die heilende Kraft der Liebe. In: Brigitte Dorst / Christiane Neuen / Wolfgang Teichert (Hg.): Liebe – die transformierende Kraft in Beziehungen und Gesellschaft. Patmos, Ostfildern 2014, S. 47–70.

– Lauschen mit dem dritten Ohr. Träume als spirituelle Wegweiser. In: Verena Kast (Hg.): Aus reichen Quellen schöpfen. Inspirationen aus Ingrid Riedels Lebenswerk. Patmos, Ostfildern 2015, S. 113–130.

– Lebenskrisen. Die Seele stärken durch Bilder, Geschichten und Symbole. Walter, Mannheim 2010.

– Therapeutischer Umgang mit Schicksals- und Sinnfragen. Zum Verhältnis von Psychotherapie und Spiritualität. In: C. Neuen / Ingrid Riedel / Hans-Georg Wiedemann (Hg.): Freiheit und Schicksal. Vom therapeutischen Umgang mit Zeit- und Lebensgeschichte. Walter, Düsseldorf 2008, S. 11–35.

– Therapeutisches Arbeiten mit Symbolen. Wege in die innere Bilderwelt. 3., aktualisierte Aufl. Kohlhammer, Stuttgart 2022.

– Das Wissen des Herzens. Analytische Psychologie und Spiritualität. Patmos, Ostfildern 2023.

Galuska, Joachim: Einführung. In: Ders. (Hg.): Den Horizont erweitern. Die transpersonale Dimension in der Psychotherapie. Leutner, Berlin 2003.

Habermas, Jürgen: Die neue Unübersichtlichkeit. Kleine politische Schriften 5. 7. Aufl. Suhrkamp, Frankfurt am Main 2006.
Jäger, Willigis: Die schönsten Texte von Willigis Jäger. Perlen der Weisheit. Hg. von Christoph Quarch / Elisabeth Walcher. Herder, Freiburg im Breisgau 2010.
Jung, C. G.: Briefe. 3 Bde. Hg. von Aniela Jaffé in Zusammenarbeit mit Gerhard Adler. Walter, Olten 1972 f.
Jung, C. G.: Erinnerungen, Träume, Gedanken. Aufgezeichnet und herausgegeben von Aniela Jaffé. Sonderausgabe. Walter, Solothurn und Düsseldorf 1971.
Jung, C. G.: Gesammelte Werke (GW). 20 Bde. Hg. von Lilly Jung-Merker / Elisabeth Rüf / Leonie Zander et al. Walter, Olten/Düsseldorf 1971 ff.
Kast, Verena: Die Transzendenz der Psyche. In: Helga Egner (Hg.): Psyche und Transzendenz im gesellschaftlichen Spannungsfeld heute. Walter, Düsseldorf 2000, S. 33–55.
Panikkar, Raimon: Vorwort. In: Willigis Jäger: Westöstliche Weisheit. Visionen einer integralen Spiritualität. Theseus, Stuttgart 2007.
Riedel, Ingrid: Die Welt von innen sehen. Gelebte Spiritualität. Patmos, Düsseldorf 2005.
Stefanek, Michael / Paige Green McDonald / Stephanie A. Hess: Religion, spirituality, and cancer: Current status and methodological challenges. In: Psycho-Oncology 14, 2004, S. 450–463.
Steinmann, Ralph M.: Spiritualität – die vierte Dimension der Gesundheit. LIT, Berlin 2008.
Tacey, David: The Spiritual Revolution. The Emergence of Contemporary Spirituality. Brunner-Routledge, New York 2004.
Von Franz, Marie-Louise: C. G. Jung. Leben, Werk und Visionen. Königsfurt, Krummwisch bei Kiel 2001.
Wirtz, Ursula / Jürg Zöbeli: Hunger nach Sinn. Menschen in Grenzsituationen. Grenzen der Psychotherapie. Kreuz, Stuttgart 1995.

Editorischer Hinweis

Die Zahlen, die im Buch am Seitenrand stehen, bezeichnen die Paragraphen der Textabschnitte im jeweiligen Band der *Gesammelten Werke* (GW)*. Die Quellenhinweise sowie Hinweise in geschweiften Klammern sind von Brigitte Dorst. Ergänzungen in eckigen Klammern entsprechen dem Originaltext und stammen in der Regel von den Herausgeberinnen und Herausgebern des jeweiligen Bands der GW.

* Die Texte aus den *Gesammelten Werken* wurden auf die reformierte neue deutsche Rechtschreibung umgestellt.

Die Dimensionen der Psyche

Selbsterkenntnis ist ein Abenteuer,
das in unerwartete Tiefen führt.
GW 14/II, § 398

Der Mensch kann aber mit sich selbst
nicht weiterkommen, wenn er über seine Natur
nicht Bescheid weiß.
GW 11, § 746

Das persönliche und das überpersönliche oder kollektive Unbewusste

Die Übertragung ist an sich nichts anderes als eine Projektion unbewusster Inhalte. Zuerst werden die sogenannten oberflächlichen Inhalte des Unbewussten projiziert, was man aus Träumen, Symptomen und Phantasien erkennen kann. In diesem Zustand ist der Arzt interessant als möglicher Liebhaber (etwa ähnlich dem jungen Italiener unseres Falles). Darauf erscheint er mehr als der Vater: entweder als der gütige oder etwa auch als der donnernde, je nach den Qualitäten, die der wirkliche Vater des Patienten für ihn hatte. Bisweilen erscheint der Arzt dem Patienten auch mütterlich, was schon etwas sonderbar anmutet, aber immerhin noch im Rahmen des Möglichen liegt. Alle diese Phantasieprojektionen sind unterlegt von persönlichen Reminiszenzen. 98

Schließlich aber können Phantasieformen auftreten, welche einen überschwänglichen Charakter besitzen. Der Arzt erscheint dann als mit unheimlichen Eigenschaften begabt, etwa als ein Zauberer oder als ein dämonischer Verbrecher, oder als das entsprechende Gute: als ein Heiland. Oder er erscheint als eine Mischung beider Seiten. Wohlverstanden, er erscheint nicht notwendigerweise dem Bewusstsein des Patienten so, sondern es treten Phantasien an die Oberfläche, welche den Arzt so darstellen. Solchen Patienten will es oft nicht in den Kopf, dass ihre Phantasien tatsächlich aus ihnen selber stammen und eigentlich nichts oder sehr wenig mit dem Charakter des Arztes zu tun haben. Dieser Irrtum rührt daher, dass keine persönlichen Reminiszenzgrundlagen für diese Art von Projektionen vorhanden sind. Man kann gelegentlich nachweisen, dass sich ähnliche Phantasien schon zu einer gewissen Zeit in der Kindheit an Vater oder Mutter hängten, zu denen aber weder der Vater noch die Mutter wirklichen Anlass gaben. 99

Freud hat in einer kleinen Schrift[1] gezeigt, wie Leonardo da Vinci in einem späteren Leben durch die Tatsache beeinflusst war, dass er zwei Mütter hatte. Die Tatsache der zwei Mütter oder der zwiefachen Abstam- 100

[1] *Eine Kindheitserinnerung des Leonardo da Vinci,* 1910.

Quellenhinweis:
Aus: Über die Psychologie des Unbewußten. *Gesammelte Werke* (GW) 7, §§ 1–201.
Hier: Auszug aus Kapitel 5, §§ 98–120.

mung war zwar bei Leonardo real, spielt aber auch bei anderen Künstlern eine Rolle. So hatte Benvenuto Cellini die Phantasie der zwiefachen Abstammung. Überhaupt ist sie ein mythologisches Motiv. Viele Helden haben in der Sage zwei Mütter. Die Phantasie kommt nicht etwa von der wirklichen Tatsache, dass die Helden zwei Mütter haben, sondern ist ein allgemein verbreitetes »urtümliches« Bild, das zu den Geheimnissen der menschlichen Geistesgeschichte gehört und nicht in das Gebiet der persönlichen Reminiszenz.

101 Es gibt in jedem Einzelnen, außer den persönlichen Reminiszenzen, die großen »urtümlichen« Bilder, wie sie Jacob Burckhardt einmal passend bezeichnete, das heißt die vererbten Möglichkeiten menschlichen Vorstellens, wie es von jeher war. Die Tatsache dieser Vererbung erklärt das eigentlich sonderbare Phänomen, dass gewisse Sagenstoffe und Motive auf der ganzen Erde in identischen Formen sich wiederholen. Sie erklärt ferner, wieso zum Beispiel unsere Geisteskranken genau die gleichen Bilder und Zusammenhänge reproduzieren können, wie wir sie aus alten Texten kennen. Ich habe einige Beispiele dieser Art in meinem Buch über *»Wandlungen und Symbole der Libido«*[2] gegeben. Damit behaupte ich keineswegs, dass die *Vorstellungen vererbt* würden, vererbt wird nur die *Möglichkeit des Vorstellens,* was ein beträchtlicher Unterschied ist.

102 In diesem weiteren Stadium der Behandlung also, wo diese Phantasien, die nicht mehr auf persönlichen Reminiszenzen beruhen, reproduziert werden, handelt es sich um die Manifestationen der tieferen Schicht des Unbewussten, wo die allgemein menschlichen, urtümlichen Bilder schlummern. Ich habe diese Bilder oder Motive als *Archetypen* (etwa auch als »Dominanten«) bezeichnet.[3]

103 Diese Entdeckung bedeutet einen weiteren Fortschritt der Auffassung: nämlich die Erkenntnis von *zwei Schichten im Unbewussten.* Wir haben nämlich ein *persönliches* Unbewusstes und ein *un-* oder *überpersönliches*

[2] Neuauflage: *Symbole der Wandlung,* 1952 [GW 5]. Vgl. auch: *Über den Begriff des kollektiven Unbewußten,* 1936 [GW 9/I].

[3] Zur Erläuterung dieses Begriffes verweise ich auf folgende Arbeiten, aus denen die weitere Entwicklung des Begriffes ersichtlich ist: *Symbole der Wandlung,* 1952 [GW 5]. *Psychologische Typen,* 1950, p. 567 ff. [GW 6, §§ 759 ff., bzw. CW §§ 743 ff.]. Vgl. in: *Von den Wurzeln des Bewußtseins,* 1954, die Aufsätze *Über die Archetypen des kollektiven Unbewußten,* S. 3 ff. *Über den Archetypus mit besonderer Berücksichtigung des Animabegriffes,* S. 57 ff. *Die psychologischen Aspekte des Mutter-archetypus,* S. 87 ff. [GW 9/I]. In Kerényi und Jung, *Einführung in das Wesen der Mythologie, Zur Psychologie des Kind-Archetypus,* S. 103 ff. *Zum psychologischen Aspekt der Kore-Figur,* S. 215 ff. [GW 9/I]. Kommentar zu Wilhelm, *Das Geheimnis der Goldenen Blüte,* 1929 [GW 13].

Unbewusstes zu unterscheiden. Wir bezeichnen Letzteres auch als das *kollektive* Unbewusste[4], eben weil es vom Persönlichen losgelöst und ganz allgemein ist und weil seine Inhalte überall gefunden werden können, was bei den persönlichen Inhalten natürlich nicht der Fall ist. Das persönliche Unbewusste enthält verloren gegangene Erinnerungen, verdrängte (absichtlich vergessene), peinliche Vorstellungen, sogenannte unterschwellige (subliminale) Wahrnehmungen, das heißt Sinnesperzeptionen, welche nicht stark genug waren, um das Bewusstsein zu erreichen, und schließlich Inhalte, die noch nicht bewusstseinsreif sind. Es entspricht der in den Träumen vielfach auftretenden Figur des *Schattens*[5].

Die urtümlichen Bilder sind die ältesten und allgemeinsten Vorstel- 104
lungsformen der Menschheit. Sie sind ebenso wohl Gefühl als Gedanke; ja, sie haben sogar etwas wie ein eigenes, selbstständiges Leben, etwa wie das von *Partialseelen*[6], was wir leicht in jenen philosophischen oder gnostischen Systemen sehen können, die sich auf die Wahrnehmung des Unbewussten als Erkenntnisquelle stützen. Die Vorstellung von Engeln, Erzengeln, der »Throne und Herrschaften« bei Paulus, der Archonten der Gnostiker, der himmlischen Hierarchie des Dionysius Areopagita usw. stammt aus der Wahrnehmung der relativen Selbstständigkeit der Archetypen.

Damit haben wir nun auch das Objekt gefunden, das die Libido wählt, 105
nachdem sie aus der persönlich-infantilen Übertragungsform befreit ist. Sie folgt ihrem Gefälle hinunter in die Tiefe des Unbewussten und belebt dort, was bisher schlummerte. Sie hat den verborgenen Schatz entdeckt, aus dem die Menschheit je und je schöpfte, aus dem sie ihre Götter und Dämonen emporhob und alle jene stärksten und gewaltigsten Ideen, ohne welche der Mensch aufhört, Mensch zu sein.

Nehmen wir zum Beispiel einen der größten Gedanken, den das 19. 106
Jahrhundert geboren hat: die Idee der *Erhaltung der Energie.* Robert Mayer ist der eigentliche Schöpfer dieser Idee. Er war ein Arzt und kein Physiker oder Naturphilosoph, denen doch die Schaffung einer solchen Idee näher-

[4] Das kollektive Unbewusste stellt das Objektiv-Psychische, das persönliche Unbewusste aber das Subjektiv-Psychische dar.

[5] Unter *Schatten* verstehe ich den »negativen« Teil der Persönlichkeit, nämlich die Summe der versteckten, unvorteilhaften Eigenschaften, der mangelhaft entwickelten Funktionen und der Inhalte des persönlichen Unbewussten. Eine zusammenfassende Darstellung bei T. Wolff, *Einführung in die Grundlagen der Komplexen Psychologie,* in: *Studien zu C. G. Jungs Psychologie,* 1959, S. 151 ff.

[6] Zu diesem Begriff vgl. *Allgemeines zur Komplextheorie,* in: *Über psychische Energetik und das Wesen der Träume,* 1948 [GW 8].

gelegen hätte. Es ist aber belangreich, zu wissen, dass die Idee von Mayer nicht im eigentlichen Sinne *geschaffen* worden ist. Auch ist sie nicht durch das Zusammenfließen von damals bestehenden Vorstellungen oder wissenschaftlichen Hypothesen zustande gekommen, sondern sie ist in ihrem Schöpfer gewachsen wie eine Pflanze. Mayer schrieb Folgendes darüber an Griesinger (1844):

> »Die Theorie habe ich keineswegs am Schreibtisch ausgeheckt.« (Darauf berichtet er über gewisse physiologische Beobachtungen, die er 1840/41 als Schiffsarzt anstellte.) »Will man nun« – so fährt er in seinem Briefe weiter – »über physiologische Punkte klar werden, so ist Kenntnis physikalischer Vorgänge unerlässlich, wenn man es nicht vorzieht, von metaphysischer Seite her die Sache zu bearbeiten, was mich unendlich disgutiert; ich hielt mich also an die Physik und hing dem Gegenstand mit solcher Vorliebe nach, dass ich, worüber mich mancher auslachen mag, wenig nach dem fernen Weltteil fragte, sondern mich am liebsten an Bord aufhielt, wo ich unausgesetzt arbeiten konnte, und wo ich mich in manchen Stunden gleichsam *inspiriert* fühlte, wie ich mir zuvor oder später nie etwas Ähnliches erinnern kann. Einige Gedankenblitze, die mich, es war auf der Reede von Surabaja, durchfuhren, wurden sofort emsig verfolgt und führten wieder auf neue Gegenstände. Jene Zeiten sind vorbei, aber die ruhige Prüfung dessen, *was damals in mir auftauchte,* hat mich gelehrt, dass es Wahrheit ist, *die nicht nur subjektiv gefühlt,* sondern auch objektiv bewiesen werden kann; ob dieses aber durch einen der *Physik so wenig kundigen Mann* geschehen könne, dies muss ich natürlich dahingestellt sein lassen.«[7]

107 Helm spricht in seiner *»Energetik«* die Ansicht aus,

> »dass sich Robert Mayers neuer Gedanke nicht allmählich aus den überlieferten Kraftbegriffen bei tieferem Durchdenken derselben herausgelöst hat, sondern zu *jenen intuitiv erfassten Ideen gehört, die, aus andern Gebieten geistiger Arbeit stammend, gleichsam das Denken überfallen und es nötigen, die überlieferten Begriffe ihnen gemäß umzuwandeln.«*[8]

[7] Robert Mayer, *Kleinere Schriften und Briefe.* Stuttgart, 1893, S. 213. Brief an Wilhelm Griesinger, 16. Juni 1844.

[8] G. F. Helm, *Die Energetik nach ihrer geschichtlichen Entwicklung,* Leipzig 1898, S. 20.

Die Frage ist nun: woher stammte die neue Idee, die sich mit so elementarer Gewalt dem Bewusstsein aufdrängte? Und woher nahm sie jene Kraft, die das Bewusstsein dermaßen ergreifen konnte, dass sie es von all den mannigfaltigen Eindrücken einer ersten Tropenfahrt gänzlich abziehen konnte? Diese Fragen sind nicht so leicht zu beantworten. Wenden wir aber unsere Theorie auf diesen Fall an, so muss die Erklärung lauten: *Die Idee der Energie und ihrer Erhaltung muss ein urtümliches Bild sein, das im kollektiven Unbewussten schlummerte.* Dieser Schluss zwingt uns natürlich zum Nachweis, dass ein derartiges urtümliches Bild in der Geistesgeschichte auch wirklich existierte und durch Jahrtausende wirksam war. Dieser Nachweis ist tatsächlich ohne besondere Schwierigkeiten zu erbringen. Die primitivsten Religionen in den verschiedensten Gebieten der Erde sind auf dieses Bild gegründet. Es sind dies die sogenannten *dynamistischen Religionen,* deren alleiniger und ausschlaggebender Gedanke ist, dass es eine allgemein verbreitete magische Kraft[9] gebe, um die sich alles drehe. Tylor, der bekannte englische Forscher, ebenso Frazer haben diese Idee als Animismus missverstanden. In Wirklichkeit meinen die Primitiven mit ihrem Kraftbegriff gar nicht Seelen oder Geister, sondern wirklich etwas, das der amerikanische Forscher Lovejoy[10] treffend als »primitive energetics« bezeichnet. Dieser Begriff entspricht der Vorstellung von Seele, Geist, Gott, Gesundheit, Leibeskraft, Fruchtbarkeit, Zauberkraft, Einfluss, Macht, Ansehen, Heilmittel sowie gewissen Gemütszuständen, welche durch Auslösung von Affekten charakterisiert sind. Bei gewissen Polynesiern ist »mulungu« (eben dieser primitive Energiebegriff) Geist, Seele, dämonisches Wesen, Zauberkraft, Ansehen; und wenn etwas Erstaunliches passiert, so rufen die Leute »mulungu«. Dieser Kraftbegriff ist auch die erste Fassung des Gottesbegriffes bei den Primitiven. Das Bild hat sich in immer neuen Variationen im Laufe der Geschichte entwickelt. Im Alten Testament leuchtet die magische Kraft im brennenden Dornbusch und im Angesicht des Moses; in den Evangelien kommt sie in der Ausgießung des Heiligen Geistes in Form feuriger Zungen vom Himmel. Bei Heraklit erscheint sie als Weltenergie, als »ewig lebendes Feuer«; im Persischen ist sie der Feuerglanz des »haôma«, der göttlichen *Gnade;* bei den Stoikern ist sie die *Urwärme,* die Schicksalskraft. In der mittelalterlichen Legende erscheint sie als die Aura, der Heiligenschein, und lodert als Flamme aus dem Dach der Hütte, in der der Heilige in Ekstase liegt. In 108

[9] Das sogenannte *Mana.* Vgl. N. Söderblom, *Das Werden des Gottesglaubens,* 1916.

[10] Arthur O. Lovejoy, *The Fundamental Concept of the Primitive Philosophy,* in: *The Monist,* vol. XVI, 1906, S. 361.

ihren Gesichten sehen die Heiligen diese Kraft als Sonne, als Fülle des Lichtes. Nach alter Anschauung ist die Seele selbst diese Kraft; in der Idee ihrer Unsterblichkeit liegt ihre *Erhaltung,* und in der buddhistischen und primitiven Anschauung der Metempsychose (Seelenwanderung) liegt ihre *unbeschränkte Umwandlungsfähigkeit bei konstanter Erhaltung.*

109 Diese Idee ist also dem menschlichen Gehirn seit Äonen eingeprägt. Darum liegt sie im Unbewussten eines jeden bereit. Es bedarf nur gewisser Bedingungen, um sie wieder heraustreten zu lassen. Diese Bedingungen waren offenbar bei Robert Mayer erfüllt. Die größten und besten Gedanken der Menschheit formen sich über den urtümlichen Bildern wie über einer Grundzeichnung. Ich bin schon des Öfteren gefragt worden, woher denn diese Archetypen oder Urbilder stammen. Mir scheint, als ob man ihre Entstehung gar nicht anders erklären könne, als dass man annimmt, sie seien Niederschläge stets sich wiederholender Erfahrungen der Menschheit. Eine der gewöhnlichsten und zugleich eindrucksvollsten Erfahrungen ist der tägliche, scheinbare Sonnenlauf. Wir vermögen allerdings im Unbewussten nichts davon zu entdecken, soweit es sich um den uns bekannten physischen Vorgang handelt. Dagegen finden wir den Sonnenheldenmythus in allen seinen zahllosen Abwandlungen. Dieser Mythus bildet den Sonnenarchetypus, und nicht der physische Vorgang. Dasselbe lässt sich von den Mondphasen sagen. Der Archetypus ist eine Art Bereitschaft, immer wieder dieselben oder ähnliche mythische Vorstellungen zu reproduzieren. Es scheint also demnach, als ob das, was sich dem Unbewussten einprägt, ausschließlich die durch den physischen Vorgang erregte subjektive Phantasievorstellung wäre. Man könnte daher annehmen, dass die Archetypen die vielmals wiederholten Einprägungen von subjektiven Reaktionen seien.[11] Diese Annahme schiebt natürlich das Problem nur hinaus, ohne es zu lösen. Nichts hindert uns, anzunehmen, dass gewisse Archetypen schon bei den Tieren vorkommen, dass sie mithin in der Eigenart des lebendigen Systems überhaupt begründet und somit schlechthin Lebensausdruck sind, dessen Sosein weiter nicht mehr zu erklären ist. Die Archetypen sind, wie es scheint, nicht nur Einprägungen immer wiederholter typischer Erfahrungen, sondern zugleich auch verhalten sie sich empirisch wie *Kräfte* oder *Tendenzen* zur Wiederholung derselben Erfahrungen. Immer nämlich, wenn ein Archetypus im Traum, in der Phantasie oder im Leben erscheint, bringt er einen besonderen

[11] Vgl. *Die Struktur der Seele,* in: *Seelenprobleme der Gegenwart,* 1950, S. 127 [GW 8].

»Einfluss« oder eine Kraft mit sich, vermöge welcher er *numinos* respektive faszinierend oder zum Handeln antreibend wirkt.

Nach der Besprechung dieses Beispiels für die Entstehung neuer Ideen aus dem Schatz der urtümlichen Bilder wollen wir die weitere Darstellung des Übertragungsprozesses wieder aufnehmen. Wir sahen, dass die Libido eben in jenen anscheinend ungereimten und absonderlichen Phantasien ihr neues Objekt ergriffen hat: nämlich die Inhalte des kollektiven Unbewussten. Wie ich bereits sagte, ist die Projektion der urtümlichen Bilder auf den Arzt eine nicht zu unterschätzende Gefahr für die weitere Behandlung. Die Bilder enthalten nämlich nicht nur alles Schönste und Größte, das die Menschheit je dachte und fühlte, sondern auch jede schlimmste Schandtat und Teufelei, deren die Menschen je fähig waren. Vermöge ihrer spezifischen Energie (sie verhalten sich nämlich wie kraftgeladene, autonome Zentren) üben sie eine faszinierende, ergreifende Wirkung auf das Bewusstsein aus und können infolgedessen das Subjekt weitgehend alterieren. Man sieht dies bei religiösen Bekehrungen, bei suggestiven Beeinflussungen und ganz besonders beim Ausbruch gewisser Schizophrenieformen[12]. Wenn nun der Patient die Persönlichkeit des Arztes von diesen Projektionen nicht unterscheiden kann, dann geht schließlich jede Verständigungsmöglichkeit verloren, und die menschliche Beziehung wird unmöglich. Wenn aber der Patient diese Charybdis vermeidet, so verfällt er in die Skylla der *Introjektion* dieser Bilder, das heißt, er rechnet ihre Eigenschaften nicht dem Arzte zu, sondern sich selber. Dies ist ebenso schlimm. Bei der Projektion schwankt er zwischen einer überschwänglichen und krankhaften Verhimmelung und einer hasserfüllten Verachtung seines Arztes. Bei der Introjektion gerät er in eine lächerliche Selbstvergötterung oder moralische Selbstzerfleischung. Der Fehler, den er beide Mal macht, besteht darin, dass er die Inhalte des kollektiven Unbewussten einer bestimmten Person zurechnet. So macht er den anderen oder sich selber zum Gott oder zum Teufel. Hierin zeigt sich die charakteristische Wirkung des Archetypus: Er ergreift die Psyche mit einer Art Urgewalt und nötigt zur Überschreitung des menschlichen Bereiches. Er veranlasst Übertreibung, Aufgeblasenheit (Inflation!), Unfreiwilligkeit, Illusion und Ergriffenheit im Guten wie im Bösen. Hier liegt der Grund, warum die Menschen immer der Dämonen bedurften und nie ohne Götter leben konnten, ausgenommen einige besonders kluge specimina des 110

[12] Ein ausführlich analysierter Fall in: *Symbole der Wandlung*, 1952 [GW 5]; ebenso bei Jan Nelken, *Analytische Beobachtungen über Phantasien eines Schizophrenen*, in: *Jahrbuch für psychoanalytische und psychopathologische Forschungen*, Bd. 4, 1912, S. 504.

»homo occidentalis« von gestern und vorgestern, Übermenschen, deren »Gott tot« ist, weshalb sie selber zu Göttern werden, und zwar zu Duodezgöttern mit dickwandigen Schädeln und kalten Herzen. Der Gottesbegriff ist nämlich eine schlechthin notwendige psychologische Funktion irrationaler Natur, *die mit der Frage nach der Existenz Gottes überhaupt nichts zu tun hat.* Denn diese Frage kann der menschliche Intellekt niemals beantworten; noch weniger kann es irgendeinen Gottesbeweis geben. Überdies ist ein solcher auch überflüssig; die Idee eines übermächtigen, göttlichen Wesens ist überall vorhanden, wenn nicht bewusst, so doch unbewusst, denn sie ist ein Archetypus. Irgendetwas in unserer Seele ist von superiorer Gewalt – ist es nicht bewusst ein Gott, so ist es doch wenigstens der »Bauch«, wie Paulus sagt. Ich halte es darum für weiser, die Idee Gottes bewusst anzuerkennen; denn sonst wird einfach irgendetwas anderes zum Gott, in der Regel etwas sehr Unzulängliches und Dummes, was ein »aufgeklärtes« Bewusstsein so etwa aushecken mag. Unser Intellekt weiß schon längst, dass man sich Gott nicht richtig denken, geschweige denn sich vorstellen kann, dass und wie er wirklich existiere. Die Gottesexistenz ist ein für alle Mal eine unbeantwortbare Frage. Aber der »consensus gentium« (Übereinstimmung der Völker) spricht von Göttern seit Äonen und wird noch in Äonen davon sprechen. So schön und vollkommen der Mensch seine Vernunft finden darf, so gewiss darf er auch sein, dass sie immerhin nur eine der möglichen geistigen Funktionen ist und sich nur mit einer ihr entsprechenden Seite der Weltphänomene deckt. Auf allen Seiten ringsherum aber liegt das Irrationale, das mit Vernunft nicht Übereinstimmende. Und dieses Irrationale ist ebenfalls eine psychologische Funktion, eben das kollektive Unbewusste, während die Vernunft wesentlich an das Bewusstsein gebunden ist. Das Bewusstsein muss Vernunft haben, um im Chaos der ungeordneten Individualfälle des Weltganzen eine Ordnung erst zu entdecken und dann, wenigstens im menschlichen Bannkreis, auch zu schaffen. Wir haben das löbliche und nützliche Bestreben, das Chaos des Irrationalen in uns und außer uns tunlichst auszurotten. Mit diesem Prozess sind wir anscheinend ziemlich weit gediehen. Ein Geisteskranker sagte mir einmal: »Herr Doktor, heute Nacht habe ich den ganzen Himmel mit Sublimat desinfiziert und dabei keinen Gott entdeckt.« So etwa ist es auch uns ergangen.

111 Der alte Heraklit, der wirklich ein großer Weiser war, hat das wunderbarste aller psychologischen Gesetze entdeckt: nämlich die *regulierende Funktion der Gegensätze.* Er nannte dies die *Enantiodromia,* das Entgegenlaufen, worunter er verstand, dass alles einmal in sein Gegenteil hineinlaufe. (Ich erinnere hier an den oben erwähnten Fall des amerikanischen

Geschäftsmannes, der die Enantiodromia aufs Schönste zeigt.) So läuft die rationale Kultureinstellung notwendigerweise in ihr Gegenteil, nämlich in die irrationale Kulturverwüstung.[13] Man darf sich nämlich nicht mit der Vernunft selber identifizieren; denn der Mensch ist nicht bloß vernünftig und kann und wird es nie sein. Das sollten sich alle Kulturschulmeister merken. Das Irrationale soll und kann nicht ausgerottet werden. Die Götter können und dürfen nicht sterben. Ich sagte vorhin, es scheine immer etwas wie eine superiore Gewalt in der menschlichen Seele zu geben, und wenn dies nicht die Idee Gottes sei, so sei es der Bauch – um mit Paulus zu reden. Damit wollte ich die Tatsache ausdrücken, dass stets irgendein Trieb oder Vorstellungskomplex die größte Summe von psychischer Energie auf sich vereinigt, wodurch er das Ich in seine Dienste zwingt. Gewöhnlich ist das Ich dermaßen von diesem Energiefokus angezogen, dass es sich damit identifiziert und meint, überhaupt nichts anderes zu wünschen und zu bedürfen. Auf diese Weise aber entsteht eine Sucht, eine Monomanie oder Besessenheit, eine stärkste Einseitigkeit, welche das psychische Gleichgewicht aufs Schwerste gefährdet. Zweifellos ist die Fähigkeit zu solcher Einseitigkeit das Geheimnis gewisser Erfolge, weshalb die Zivilisation eifrigst bestrebt ist, solche Einseitigkeiten zu züchten. Die Leidenschaft, das heißt die Energieanhäufung, die in solchen Monomanien steckt, ist das, was die Alten einen »Gott« nannten, und unser heutiger Sprachgebrauch tut noch dasselbe. Sagen wir nicht: »Er macht einen Gott aus diesem oder jenem?« Man glaubt noch zu wollen und zu wählen und merkt nicht, dass man schon besessen ist, dass unser Interesse schon der Herr ist, der die Macht an sich gezogen hat. Solche Interessen sind nämlich eine Art Götter, welche, wenn von vielen anerkannt, allmählich eine »Kirche« bilden und eine Herde von Gläubigen um sich scharen. Man nennt das dann eine »Organisation«. Diese ist gefolgt von der desorganisierenden Reaktion, welche den Teufel mit dem Beelzebub austreiben will. Die Enantiodromie, die immer droht, wenn eine Bewegung zu unzweifelhafter Macht gelangt ist, stellt aber keine Lösung des Problems dar, sondern ist in ihrer Desorganisation ebenso blind wie in ihrer Organisation.

Dem grausamen Gesetz der Enantiodromie entrinnt nur der, der sich 112
vom Unbewussten zu unterscheiden weiß, nicht etwa dadurch, dass er es

[13] Dieser Satz wurde während des Ersten Weltkrieges geschrieben. Ich habe ihn in seiner ursprünglichen Form stehen lassen; denn er enthält eine Wahrheit, die sich noch mehr als einmal im Verlauf der Geschichte bestätigen wird (1925 geschrieben). Wie die gegenwärtigen Ereignisse zeigen, hat die Bestätigung nicht allzu lange auf sich warten lassen. Wer will eigentlich diese blinde Zerstörung? … Aber alle helfen dem Dämon mit letzter Hingabe. O sancta simplicitas! (1942 hinzugefügt.)

verdrängt – denn sonst packt es ihn einfach von hinten –, sondern dadurch, *dass er es sichtbar vor sich stellt als etwas von ihm Unterschiedenes.*

113 Damit ist die Lösung des Skylla-und-Charybdis-Problems, das ich oben schilderte, vorbereitet. Der Patient muss unterscheiden lernen, was Ich und was Nicht-Ich, das heißt Kollektivpsyche, ist. Dadurch gewinnt er den Stoff, mit dem er sich von diesem Moment an auf lange Zeit hinaus auseinandersetzen muss. Seine Energie, die vorher in untauglichen, pathologischen Formen angelegt war, hat damit ihr eigentliches Gebiet gefunden. Es gehört zur Unterscheidung des Ich und des Nicht-Ich, dass der Mensch in seiner Ich-Funktion auf festen Füßen stehe, das heißt seine Pflicht gegenüber dem Leben erfülle, so dass er in jeder Hinsicht ein lebensfähiges Glied der menschlichen Gesellschaft ist. Alles, was er in dieser Hinsicht vernachlässigt, fällt ins Unbewusste und verstärkt dessen Position, so dass er in Gefahr ist, davon verschluckt zu werden. Darauf stehen aber schwere Strafen. Wie der alte Synesius andeutet, wird eben die »vergeistigte Seele« (πνευματικὴ ψυχή) zum Gott und Dämon und erleidet in diesem Zustand die göttlichen Strafen: nämlich das Auseinandergerissensein des Zagreus, das auch Nietzsche zu Beginn seiner Geisteskrankheit erfuhr. Die Enantiodromie ist das Auseinandergerissensein in die Gegensatzpaare, die dem Gott eignen und so auch dem vergöttlichten Menschen, der die Gottähnlichkeit der Überwindung seiner Götter verdankt. Sobald wir vom kollektiven Unbewussten reden, befinden wir uns in einer Sphäre und auf einer Problemstufe, welche für die praktische Analyse jugendlicher Personen oder solcher, die allzu lange infantil geblieben sind, zunächst außer Betracht fällt. Wo noch Vater- und Mutterbild überwunden werden sollten, wo noch ein Stück äußeres Leben, das der Durchschnittsmensch natürlicherweise besitzt, zu erobern wäre, da sprechen wir besser gar nicht vom kollektiven Unbewussten und vom Gegensatzproblem. Wo aber die Elternübertragungen und die Jugendillusionen überwunden oder wenigstens zur Überwindung *reif* sind, da müssen wir vom Gegensatzproblem und vom kollektiven Unbewussten reden. Hier befinden wir uns außerhalb der Reichweite Freud'scher und Adler'scher Reduktionen; denn wir sind hier nicht mehr mit der Frage beschäftigt, wie wir all das beseitigen können, was einen Menschen an der Ausübung eines Berufes oder am Heiraten oder an irgendetwas, das Ausdehnung des Lebens bedeutet, hindert, sondern wir stehen vor der Aufgabe, jenen Sinn zu finden, der überhaupt die Fortsetzung des Lebens ermöglicht, insofern es mehr sein soll als bloße Resignation und wehmütiger Rückblick.

114 Unser Leben ist wie der Sonnenlauf. Am Morgen gewinnt die Sonne stetig an Kraft, bis sie zuletzt strahlend und heiß die Mittagshöhe erreicht.

Dann kommt die Enantiodromie. Ihre stetige Vorwärtsbewegung bedeutet nicht mehr Zu-, sondern Abnehmen der Kraft. So ist unsere Aufgabe beim jugendlichen Menschen eine andere als beim alternden Menschen. Bei ersterem genügt es, alle Hindernisse, die die Ausdehnung und den Aufstieg erschweren, wegzuräumen; bei letzterem aber müssen wir alles fördern, was den Abstieg unterstützt. Ein jugendlich Unerfahrener denkt wohl, man könne die Alten gehen lassen, mit denen sei sowieso nichts mehr los, die hätten ihr Leben hinter sich und taugten nur noch als petrifizierte Stützen der Vergangenheit. Es ist aber ein großer Irrtum, anzunehmen, dass der Sinn des Lebens mit der Jugend- und Ausdehnungsphase erschöpft, dass zum Beispiel eine Frau mit der Menopause »erledigt« sei. Der Nachmittag des menschlichen Lebens ist ebenso sinnreich wie der Vormittag; nur sind sein Sinn und seine Absicht ganz andere.[14] Der Mensch hat zweierlei Zwecke: der erste ist der *Naturzweck,* die Erzeugung von Nachkommenschaft und alle Geschäfte des Brutschutzes, wozu Gelderwerb und soziale Stellung gehören. Wenn dieser Zweck erschöpft ist, beginnt eine andere Phase: der *Kulturzweck.* Zur Erreichung des ersten Zieles hilft die Natur und überdies die Erziehung; zur Erreichung des anderen Zieles hilft uns wenig oder nichts. Es herrscht sogar vielfach ein falscher Ehrgeiz, dass ein Alter sein sollte wie ein Junger, oder wenigstens sollte er so tun, obschon er innerlich nicht mehr daran glauben kann. Deshalb ist so vielen der Übergang von der natürlichen zur kultürlichen Phase unendlich schwierig und bitter; sie klammern sich an die Illusion der Jugend oder an ihre Kinder, um auf diese Weise noch ein Stückchen Jugend zu retten. Man sieht dies namentlich bei Müttern, die ihren einzigen Sinn in ihren Kindern sehen und in ein bodenloses Nichts zu fallen glauben, wenn sie ihre Kinder aufzugeben haben. Kein Wunder daher, dass viele schwere Neurosen zu Beginn des Lebensnachmittags auftreten. Es ist eine Art zweiter Pubertätszeit oder zweiter Sturm-und-Drang-Periode, nicht selten begleitet von allen Stürmen der Leidenschaft (»gefährliches Alter«). Aber die Probleme, die sich in diesem Alter stellen, sind nicht mehr nach den alten Rezepten zu lösen: Der Zeiger dieser Uhr lässt sich nicht zurückdrehen. *Was die Jugend außen fand und finden musste, soll der Mensch des Nachmittags innen finden.* Hier stehen wir vor neuen Problemen, die dem Arzt oft nicht geringes Kopfzerbrechen verursachen.

Der Übergang vom Morgen zum Nachmittag ist eine *Umwertung frü-* 115
herer Werte. Die Notwendigkeit drängt sich auf, den Wert des Gegenteils

[14] Zu diesen Ausführungen vgl. *Die Lebenswende,* in: *Seelenprobleme der Gegenwart,* 1950, S. 220 ff. [GW 8].

der früheren Ideale einzusehen, den Irrtum in der bisherigen Überzeugung wahrzunehmen, die Unwahrheit in der bisherigen Wahrheit zu erkennen und zu fühlen, wie viel Widerstand und sogar Feindschaft in dem lag, was uns bisher als Liebe galt. Nicht wenige, die in die Konflikte des Gegensatzproblems hineingeraten sind, werfen alles, was ihnen früher für gut und erstrebenswert galt, über Bord und versuchen, im Gegensatz zu ihrem früheren Ich weiterzuleben. Berufsänderungen, Scheidungen, religiöse Wandlungen, Apostasien aller Art sind die Symptome dieses Hinüberschwingens ins Gegenteil. Der Nachteil der radikalen Konversion ins Gegenteil ist die Tatsache, dass das frühere Leben in Verdrängung gerät und damit ein ebenso unbalancierter Zustand hervorgebracht wird, wie er früher bestand, als die Gegenstücke der bewussten Tugenden und Werte noch unterdrückt und unbewusst waren. Wie früher vielleicht neurotische Störungen bestanden infolge der Unbewusstheit gegensätzlicher Phantasien, so entstehen jetzt wiederum Störungen durch die Verdrängung früherer Idole. Es ist natürlich ein Grundirrtum zu glauben, wenn wir den Unwert in einem Wert oder die Unwahrheit in einer Wahrheit einsehen, dass dann der Wert oder die Wahrheit aufgehoben sei. Sie sind nur *relativ* geworden. *Alles Menschliche ist relativ, weil alles auf innerer Gegensätzlichkeit beruht, denn alles ist energetisches Phänomen.* Energie aber beruht notwendigerweise auf einem vorausgehenden Gegensatz, ohne welchen es gar keine Energie geben kann. Immer muss Hoch und Tief, Heiß und Kalt usw. vorhanden sein, damit der Ausgleichungsprozess, welcher eben Energie ist, stattfinden kann. Die Neigung daher, alle früheren Werte zugunsten ihres Gegenteils zu leugnen, ist ebenso übertrieben wie die frühere Einseitigkeit. Insofern es sich aber um allgemein anerkannte und unzweifelhafte Werte handelt, die nunmehr weggeworfen werden, so ist ein fataler Verlust eingetreten. Wer so handelt, wirft mit seinen Werten auch sich selber über Bord, wie dies Nietzsche schon gesagt hat.

116 Nicht um eine Konversion ins Gegenteil, sondern um eine *Erhaltung der früheren Werte zusammen mit einer Anerkennung ihres Gegenteils,* darum handelt es sich. Das bedeutet Konflikt und Entzweiung mit sich selbst. Es ist begreiflich, dass man sich davor scheut, philosophisch sowohl wie moralisch; daher wird noch öfter als eine Konversion ins Gegenteil eine krampfhafte Versteifung auf dem bisherigen Standpunkt als Ausweg gesucht. Man muss anerkennen, dass in dieser zwar sehr unsympathischen Erscheinung bei alternden Männern doch ein nicht geringes Verdienst steckt; sie werden wenigstens nicht zu Renegaten, sie bleiben aufrecht stehen und fallen nicht ins Unbestimmte und nicht in den Dreck; sie werden keine Bankrotteure, sondern bloß absterbende Bäume, »Zeugen der Ver-

gangenheit« höflicher ausgedrückt. Aber die Begleitsymptome, die Starrheit, die Versteinerung, die Borniertheit, das Nicht-mitgehen-Können der »laudatores temporis acti« sind unerfreulich, ja schädlich; denn die Art, wie sie eine Wahrheit oder irgendeinen sonstigen Wert vertreten, ist dermaßen starr und gewalttätig, dass die schlechte Manier mehr abstößt, als der Wert anzieht – womit dann das Gegenteil der guten Absicht erreicht wird. Das, was sie erstarren macht, ist im Grunde genommen die Angst vor dem Gegensatzproblem: Der unheimliche Bruder des Medardus wird geahnt und heimlich gefürchtet. Deshalb darf es nur *eine* Wahrheit und nur *eine* Richtschnur des Handelns geben, die absolut sein muss; sonst gewährt sie keinen Schutz gegen den drohenden Umsturz, der überall gewittert wird, nur nicht bei sich selber. Wir haben aber den gefährlichsten Revolutionär in uns selber, und das eben muss der wissen, der heil in die zweite Lebenshälfte hinübergelangen will. Damit vertauschen wir allerdings die scheinbare Sicherheit, die wir bisher genossen, gegen einen Zustand der Unsicherheit, der Entzweiung, der kontradiktorischen Überzeugungen. Das Schlimme an diesem Zustand ist, dass es *anscheinend* keinen Ausweg aus ihm gibt. »Tertium non datur«, sagt die Logik, »ein Drittes gibt es nicht.«

Die praktischen Notwendigkeiten der Krankenbehandlung haben uns 117
daher gezwungen, nach Mitteln und Wegen zu suchen, welche aus diesem unleidlichen Zustand herausführen könnten. Wann immer der Mensch vor einem scheinbar unüberwindlichen Hindernis steht, so weicht er zurück: Er macht, technisch ausgedrückt, eine *Regression.* Er greift zurück auf jene Zeiten, wo er sich in ähnlichen Situationen befand, und er wird versuchen, die Mittel, die ihm damals geholfen haben, wieder anzuwenden. Aber was in der Jugend half, ist im Alter unnütz. Was half es jenem amerikanischen Geschäftsmann, dass er wieder zur früheren Arbeit zurückkehrte? Es ging nicht mehr. Darum setzt sich die Regression fort bis in die Kindheit (daher das Kindischwerden vieler alter Neurotiker) und schließlich bis *in die Zeit vor der Kindheit.* Das klingt wohl sehr abenteuerlich; in Wirklichkeit handelt es sich aber um etwas, das nicht nur logisch, sondern auch möglich ist.

Wir erwähnten oben die Tatsache, dass das Unbewusste gewisserma- 118
ßen zwei Schichten enthält: nämlich die persönliche und die kollektive. Die persönliche Schicht erreicht ihr Ende mit den frühesten Infantilerinnerungen; das kollektive Unbewusste dagegen enthält die Präinfantilzeit, das heißt die *Reste des Ahnenlebens.* Während die Erinnerungsbilder des persönlichen Unbewussten gewissermaßen *ausgefüllte,* weil *erlebte* Bilder sind, sind die Archetypen des kollektiven Unbewussten unausgefüllte,

weil vom Individuum nicht persönlich erlebte Formen. Wenn hingegen die Regression der psychischen Energie, selbst über die frühinfantile Zeit hinausgehend, in die Spuren oder Hinterlassenschaften des Ahnenlebens einbricht, dann erwachen mythologische Bilder: die Archetypen[15]. Eine geistige Innenwelt, von der wir zuvor nichts ahnten, tut sich auf, und Inhalte erscheinen, die vielleicht in schärfstem Kontrast zu unseren bisherigen Auffassungen stehen. Diese Bilder besitzen eine solche Intensität, dass es durchaus begreiflich erscheint, warum Millionen gebildeter Menschen der Theosophie und Anthroposophie verfallen. Dies geschieht einfach darum, weil diese modernen gnostischen Systeme dem Bedürfnis nach Ausdruck und Formulierung dieser inneren, wortlosen Ereignisse entgegenkommen, mehr als irgendeine der bestehenden christlichen Religionsformen, der Katholizismus nicht ganz ausgenommen. Dieser kann allerdings in unverhältnismäßig umfassenderer Weise als der Protestantismus die in Frage stehenden Tatbestände durch dogmatischen und kultischen Symbolismus ausdrücken. Aber auch er hat weder in der Vergangenheit noch in der Gegenwart die Fülle des ehemaligen heidnischen Symbolismus erreicht, weshalb er noch weit bis in die christlichen Jahrhunderte hinein bestehen blieb und dann allmählich in gewisse Unterströmungen überging, die vom frühen Mittelalter bis in die Neuzeit ihre Lebenskraft nie ganz einbüßten. Zwar verschwanden sie weitgehend von der Oberfläche; aber, ihre Gestalt wandelnd, kehren sie wieder, um die Einseitigkeit der modernen Bewusstseinsorientierung zu kompensieren.[16] Unser Bewusstsein ist dermaßen von Christentum durchtränkt, ja sogar fast gänzlich von ihm gestaltet, dass die unbewusste Gegensatzposition darin keine Aufnahme finden kann, und zwar ganz einfach darum nicht, weil sie zu den herrschenden Grundauffassungen als zu gegensätzlich erscheint. Je einseitiger, starrer und unbedingter nämlich der eine Stand-

[15] Der Leser wird bemerken, dass sich hier in den Begriff des Archetypus ein neues Element, das früher nicht erwähnt wurde, hineinmischt. Diese Vermischung bedeutet keine unabsichtliche Unklarheit, sondern eine absichtliche Erweiterung des Archetypus durch den in der indischen Philosophie so wichtigen *karmischen* Faktor. Der Aspekt des Karma ist unerlässlich zu einem tieferen Verständnis des Wesens eines Archetypus. Ohne hier auf eine nähere Schilderung dieses Faktors einzutreten, möchte ich dessen Existenz wenigstens erwähnen. Ich bin von der Kritik schwer angefochten worden wegen der Idee des Archetypus. Ich gebe ohne weiteres zu, dass dieser Begriff kontrovers ist und keine geringe Perplexität bedeutet. Aber es hat mich immer wundergenommen, mit was für einem Begriff wohl meine Kritiker das in Frage stehende Erfahrungsmaterial ausgedrückt hätten.

[16] Vgl. meinen Aufsatz *Paracelsus als geistige Erscheinung* [GW 13], und *Psychologie und Alchemie,* 1952 [GW 12].

punkt festgehalten wird, desto aggressiver, feindseliger und inkompatibler wird der andere sein, so dass zunächst eine Versöhnung der beiden wenig Aussicht auf Erfolg hat. Gibt aber das Bewusstsein wenigstens die *relative* Gültigkeit alles menschlichen Dafürhaltens zu, dann verliert auch der Gegensatz einiges von seiner Inkompatibilität. Inzwischen sucht sich aber dieser Gegensatz einen passenden Ausdruck, zum Beispiel in den östlichen Religionen des Buddhismus, Hinduismus und Taoismus. Der Synkretismus (Mischung und Kombination) der Theosophie kommt diesem Bedürfnis weitgehend entgegen, und daraus erklärt sich ihr zahlenmäßiger Erfolg.

Durch die mit der analytischen Behandlung verknüpfte Beschäftigung 119
entstehen Erlebnisse archetypischer Natur, welche nach Ausdruck und Formung verlangen. Natürlich ist dies nicht die einzige Gelegenheit, wo Erfahrung solcher Art gemacht wird; archetypische Erlebnisse treten nicht selten spontan, und zwar keineswegs bloß bei sogenannten »psychologischen« Leuten, auf. Ich habe schon oft die wunderlichsten Träume und Visionen gerade von Leuten vernommen, deren geistige Gesundheit nicht einmal der Fachmann anzweifeln konnte. Das Erlebnis des Archetypus wird oft als das individuellste Geheimnis gehütet, da man sich davon im Innersten getroffen fühlt. Es ist eine Art Urerfahrung des seelischen Nicht-Ich, eines inneren Gegenübers, welches zur Auseinandersetzung auffordert. Begreiflicherweise sucht man dann nach hilfreichen Parallelen, wobei es nur allzu leicht geschieht, dass das ursprüngliche Ereignis umgedeutet wird im Sinne entliehener Vorstellungen. Ein typischer Fall dieser Art ist die Dreifaltigkeitsvision des Bruders Niklaus von Flüe.[17] Ein ähnliches Beispiel ist die Vision der Schlange mit den vielen Augen bei Ignatius, welche er zunächst als göttliche, dann aber als teuflische Erscheinung deutete. Durch solche Umdeutungen wird das eigentliche Erlebnis ersetzt durch Bilder und Wörter, die aus einer fremden Quelle entlehnt sind, und durch Auffassungen, Ideen und Formen, die eventuell nicht auf unserem Boden gewachsen und namentlich nicht mit unserem Herzen verknüpft sind, sondern bloß mit dem Kopf, der sie nicht einmal deutlich zu denken vermag, weil er sie auch gar nie erfunden hätte. Es ist sozusagen gestohlenes Gut, das nicht gedeiht. Das Surrogat macht die Menschen schattenhaft und unwirklich; sie setzen leere Wörter anstelle von lebendigen Wirklichkeiten und schrauben sich damit aus dem Erleiden der Gegensätze

[17] Vgl. meinen Aufsatz *Bruder Klaus* [GW 11]. Ferner M.-L. von Franz, *Die Visionen des Niklaus von Flüe,* 1959.

hinaus und empor in eine blasse, zweidimensionale Schemenwelt, wo alles Lebendig-Schöpferische verwelkt und abstirbt.

120 Die wortlosen Ereignisse, welche durch die Regression in die Präinfantilzeit hervorgerufen werden, verlangen keinen Ersatz, sondern *individuelle Gestaltung* im Leben und im Werke des Einzelnen. Jene Bilder sind aus dem Leben, dem Leiden und der Freude der Ahnen geworden und wollen wieder ins Leben zurück als Erlebnis sowohl wie auch als Tat. Wegen ihres Gegensatzes zum Bewusstsein aber können sie nicht unmittelbar in unsere Welt übersetzt werden, sondern es muss ein Weg gefunden werden, welcher zwischen der bewussten und der unbewussten Realität vermittelt.

Bibliographie

Franz, Marie-Louise von: Die Visionen des Niklaus von Flüe. Zürich 1959.

Freud, Sigmund: Eine Kindheitserinnerung des Leonardo da Vinci. Ges. Schriften, Bd. IX. Leipzig und Wien 1925.

Helm, George F.: Die Energetik nach ihrer geschichtlichen Entwicklung. Leipzig 1898.

Jung, Carl Gustav*: Allgemeines zur Komplextheorie. In: Psychische Energetik und das Wesen der Träume. 1948. [GW 8 (1967, vollst. rev. 1976, [4]1982)]

– Bruder Klaus. In: Neue Schweizer Rundschau. August 1933. [GW 11 (1963, vollst. rev. [5]1988)]

– Kommentar zu: Das Geheimnis der Goldenen Blüte. [GW 13 (1978, [2]1982)]

– Die Lebenswende. In: Seelenprobleme der Gegenwart. 5. Aufl. 1950. [GW 8 (1967, vollst. rev. 1976, [4]1982)]

– Paracelsus als geistige Erscheinung. In: Paracelsica. 1942. [GW 15 (1971, [3]1979)]

– Psychologie und Alchemie. 2. Aufl. 1952. [GW 12 (1972, [3]1980)]

– Die psychologischen Aspekte des Mutter-Archetypus. In: Von den Wurzeln des Bewußtseins. 1954. [GW 9/I (1976, [5]1983)]

– Psychologische Typen. 13.–15. Tausend. 1950. [GW 6 (1960 neunte, rev. Aufl., 1967 zehnte, rev. Aufl., [14]1981)]

– Die Struktur der Seele. In: Seelenprobleme der Gegenwart. 5. Aufl. 1950. [GW 8 (1967, vollst. rev. 1976, [4]1982)]

– Symbole der Wandlung. 4., umgearbeitete Auflage von: Wandlungen und Symbole der Libido. 1952. [GW 5 (1973, [3]1983)]

* [Bei den Werken von C. G. Jung mit mehreren Auflagen (vor Herausgabe der GW) geben wir {die Hg. von GW 7} der Einfachheit halber nur die letzte Auflage an. Bei den GW wird das erste Erscheinungsjahr sowie das {bei Veröffentlichung von GW 7} letzte Auflagenjahr erwähnt. Die hochgestellte Zahl bezieht sich auf die Auflagenzahl. Die in diesem Band {d.h. GW 7} zitierten Werke sind alphabetisch geordnet.]

– Über den Archetypus mit besonderer Berücksichtigung des Animabegriffes. In: Von den Wurzeln des Bewußtseins. 1954. [GW 9/I (1976, ^{5}1983)]
– Über den Begriff des kollektiven Unbewußten. Als »The Concept of the Collective Unconscious« in »St. Bartholomew's Hospital Journal«, XLIV, 3 und 4, Dez. 1936 und Jan. 1937. [GW 9/I (1976, ^{5}1983)]
– Über die Archetypen des kollektiven Unbewußten. In: Von den Wurzeln des Bewußtseins. 1954. [GW 9/I (1976, ^{5}1983)]
– Über psychische Energetik und das Wesen der Träume. 2. Aufl. 1948. [GW 8 (1967, vollst. rev. 1976, ^{4}1982)]
– Zum psychologischen Aspekt der Kore-Figur. In: Kerényi und Jung: Einführung in das Wesen der Mythologie. [GW 9/I (1976, ^{5}1983)]
– Zur Psychologie des Kind-Archetypus. In: Kerényi und Jung: Einführung in das Wesen der Mythologie. [GW 9/I (1976, ^{5}1983)]

Kerényi, Karl und Carl Gustav Jung: Einführung in das Wesen der Mythologie. 4. Aufl. Zürich 1951. [Jungs Beiträge in: GW 9/I]

Lovejoy, Arthur O.: The Fundamental Concept of the Primitive Philosophy. In: The Monist XVI. 1906.

Mayer, Robert: Kleinere Schriften und Briefe. Stuttgart 1893.

Nelken, Jan: Analytische Beobachtungen über Phantasien eines Schizophrenen. In: Jahrbuch für psychoanalytische und psychopathologische Forschungen. Bd. IV, 1. Hälfte. Leipzig und Wien 1912.

Söderblom, Nathan: Das Werden des Gottesglaubens. Leipzig 1916.

Wolff, Toni: Einführung in die Grundlagen der Komplexen Psychologie. In: Die kulturelle Bedeutung der Komplexen Psychologie. Festschrift zum 60. Geburtstag von C. G. Jung. Berlin 1935. Neuaufl. in: Studien zu C. G. Jungs Psychologie. Zürich 1959.

Die transzendente Funktion*

Vorwort

Der vorliegende Aufsatz ist 1916 entstanden. Vor kurzem ist er von den Studenten des C. G. Jung-Institutes entdeckt worden und in seiner ersten provisorischen Fassung, jedoch in englischer Übersetzung, als Privatdruck erschienen. Ich habe das Manuskript unter Wahrung seines Gedankenganges und der unvermeidlichen Beschränktheit seines Horizontes stilistisch überarbeitet, um es in druckfertige Gestalt zu bringen. Nach zweiundvierzig Jahren hat das Problem nichts an seiner Aktualität eingebüßt, wennschon dessen Darstellung heute noch vieler Ergänzungen bedürfte, wie jeder Kenner der Materie ohne weiteres sehen kann. Leider erlaubt es mir mein hohes Alter nicht, mich dieser erheblichen Mühewaltung zu unterziehen. Der Aufsatz möge daher mit allen seinen Unvollständigkeiten der Ausarbeitung als ein historisches Dokument bestehen bleiben. Er möge Kunde geben von den Anstrengungen des Verständnisses, welche die ersten Versuche einer synthetischen Auffassung des psychischen Geschehens im Prozesse der Behandlung erforderten. Da seine grundsätzlichen Überlegungen wenigstens noch heute gelten, möge er den Leser zu einem weiteren und tieferen Verständnis dieses Problems anregen. Ist dieses Letztere doch identisch mit der universalen Frage: *Wie setzt man sich praktisch mit dem Unbewussten auseinander?*

Das ist die Frage, die die Philosophie Indiens, insbesondere aber der Buddhismus und die Zen-Philosophie sich stellen. Indirekt ist sie aber die praktische Grundfrage aller Religionen und Philosophien überhaupt.

Quellenhinweis:
Aus: GW 8, §§ 131–193. Hier: §§ 131–148 sowie Vorwort (dort keine §§-Angaben).

* [Geschrieben 1916. Das Manuskript lag bis 1953 bei den Akten des Verfassers. 1957 erschien es in englischer Übersetzung als Privatdruck, herausgegeben von der Studentenschaft des C.G. Jung-Institutes, Zürich. Das deutsche Original, vom Autor bearbeitet, bildete dessen Beitrag zu: *Geist und Werk. Aus der Werkstatt unserer Autoren. Zum 75. Geburtstag von Dr. Daniel Brody.* Rhein-Verlag, Zürich 1958.]

Das Unbewusste ist ja nicht nur dieses oder jenes, sondern das uns unmittelbar affizierende Unbekannte. Es erscheint uns als psychisch, aber über seine wirkliche Natur lässt sich ebenso wenig ausmachen wie über die der Materie – oder ebenso viel, wenn man sich optimistisch ausdrücken will. Während aber die Physik sich der Modellnatur ihrer Aussagen bewusst ist, drücken sich die religiösen Philosophien metaphysisch aus und hypostasieren ihre Bilder. Wer noch auf letzterem Standpunkt steht, kann die psychologische Aussage nicht verstehen; er wird ihr vorwerfen, sie sei metaphysisch oder materialistisch – oder wenigstens agnostisch, wenn nicht gar gnostisch. Von diesen noch mittelalterlichen Kritikern werde ich daher das eine Mal als Mystiker und Gnostiker, das andere Mal als Atheist angeprangert. Ich muss dieses Missverständnis als ein hauptsächliches Hindernis des Verstehens hervorheben: Es handelt sich um einen gewissen Bildungsmangel, der noch von keiner Erkenntniskritik weiß und daher naiverweise annimmt, dass der Mythos entweder historisch wahr sein müsse oder, wenn nicht, dann überhaupt nichts sei. Für solche Leute ist die Verwendung von mythologischen und folkloristischen Aussagen in Bezug auf psychologische Tatbestände durchaus »unwissenschaftlich«.

Mit diesem Vorurteil verbaut man sich den Zugang zur Psychologie des Unbewussten und damit den Weg zur weiteren Entwicklung des inneren Menschen, dessen intellektuelles und moralisches Versagen eine der schmerzlichsten Entdeckungen unserer Epoche ist. Jeder, der etwas zu sagen hat, spricht von »man sollte« und »man müsste« und merkt nicht, welch klägliche Hilflosigkeit er damit eingesteht. Alle Mittel, die er empfiehlt, sind eben gerade diejenigen, die versagt haben. Psychologie ist in ihrem tieferen Verständnis *Selbsterkenntnis.* Da aber Letztere nicht photographiert, gezählt, gewogen und gemessen werden kann, ist sie unwissenschaftlich. Ist aber jener noch sehr unbekannte psychische Mensch, der Wissenschaft betreibt, auch »unwissenschaftlich« und daher der weiteren Erforschung unwürdig? Wenn der Mythos nicht den psychischen Menschen charakterisiert, dann muss man auch dem Webervogel sein Nest absprechen und der Nachtigall ihren Gesang. Es besteht Grund genug zur Annahme, dass der Mensch im Allgemeinen eine tiefwurzelnde Abneigung dagegen hat, etwas mehr über sich selber zu wissen, und dass hier die eigentliche Ursache dafür zu suchen ist, warum allem äußeren Fortschritt gegenüber keine entsprechende innere Entwicklung und Verbesserung stattgefunden hat.

Ergänzung für die englische Ausgabe der Gesammelten Werke:
Die Methode der »aktiven Imagination« ist das wichtigste Hilfsmittel in der Produktion jener Inhalte des Unbewussten, die sozusagen unter der Schwelle des Bewusstseins liegen und, wenn intensiviert, am ehesten spontan in das Bewusstsein einbrechen würden. Die Methode hat daher ihre Gefahren und sollte wenn möglich nicht ohne ärztliche Kontrolle angewendet werden. Eine kleinere Gefahr besteht darin, dass sie leicht ergebnislos bleibt, indem ihr Prozedere in die sogenannte »freie Assoziation« Freuds übergeht, womit der Patient in den sterilen Kreislauf seiner Komplexe hineingerät, aus dem er sich sowieso schon nicht befreien kann. Ein weiteres und an sich harmloses Risiko besteht darin, dass zwar authentische Inhalte produziert werden, denen der Patient aber nur ein ausschließlich ästhetisches Interesse entgegenbringt, womit er in deren Phantasmagorik steckenbleibt; damit ist natürlich nichts erreicht. Sinn und Wert dieser Phantasien offenbaren sich ja erst in deren Integration in die Gesamtpersönlichkeit, nämlich in dem Moment, wo man mit ihnen sinngemäß und auch moralisch konfrontiert ist.

Eine dritte Gefahr endlich – und dies ist unter Umständen eine sehr bedenkliche Angelegenheit – besteht darin, dass die unterschwelligen Inhalte allbereits eine derartig hohe energetische Ladung besitzen, dass sie, wenn ihnen durch die aktive Imagination ein Ausweg eröffnet wird, das Bewusstsein überwältigen und von der Persönlichkeit Besitz ergreifen. Dadurch entsteht ein Zustand, der sich – temporär wenigstens – von einer Schizophrenie nicht unterscheiden lässt, ja der sogar zu einem echten psychotischen Intervall werden kann. Diese Methode ist daher kein Spielzeug für Kinder. Die allgemein vorherrschende Unterschätzung des Unbewussten trägt zur Gefährlichkeit der Methode erheblich bei. Auf der anderen Seite dagegen stellt sie ein unschätzbares psychotherapeutisches Hilfsmittel dar.

Küsnacht, September 1959 *C. G. Jung*

Die transzendente Funktion

131 Unter dem Namen transzendente Funktion ist nichts Geheimnisvolles, sozusagen Übersinnliches oder Metaphysisches, zu verstehen, sondern eine psychologische Funktion, die sich ihrer Art nach mit einer mathematischen Funktion gleichen Namens vergleichen lässt und eine Funktion imaginärer und realer Zahlen ist. Die psychologische »transzendente

Funktion« geht aus der Vereinigung *bewusster* und *unbewusster* Inhalte hervor.

Die Erfahrung hat jeden, der sich mit der analytischen Psychologie beschäftigt, reichlich gelehrt, dass das Bewusstsein und das Unbewusste in puncto Inhalt und Tendenz selten übereinstimmen. Dieser Mangel an Parallelität ist, wie die Erfahrung lehrt, nicht zufällig oder planlos, sondern beruht darauf, dass das Unbewusste sich kompensatorisch oder komplementär zum Bewusstsein verhält. Man kann auch umgekehrt formulieren und sagen, dass das Bewusstsein sich komplementär zum Unbewussten verhalte. Dieses Verhältnis kommt daher, dass 1. die Inhalte des Letzteren einen Schwellenwert besitzen, so dass alle zu schwachen Elemente im Unbewussten bleiben, dass 2. das Bewusstsein vermöge seiner gerichteten Funktionen eine Hemmung auf alles nicht passende Material ausübt (die Freud als Zensur bezeichnet hat), wodurch dieses nicht passende Material dem Unbewussten verfällt, dass 3. das Bewusstsein den momentanen Anpassungsprozess bildet, während das Unbewusste alles vergessene Material der individuellen Vergangenheit sowie alle ererbten, strukturellen Funktionsspuren des menschlichen Geistes überhaupt enthält, und 4. dass das Unbewusste alle noch nicht überschwellig gewordenen Phantasiekombinationen enthält, die im Laufe der Zeit unter entsprechenden Umständen ins Licht des Bewusstseins treten werden. 132

Aus dieser Zusammenstellung ergibt sich die komplementäre Einstellung des Unbewussten zum Bewusstsein von selbst. 133

Die Bestimmtheit und Gerichtetheit der Bewusstseinsinhalte ist eine in der Stammesgeschichte erst sehr spät erworbene Eigenschaft, die zum Beispiel beim heutigen Primitiven in höherem Maße fehlt. Ebenso ist sie vielfach durchbrochen beim Neurotischen, der sich dadurch vom Normalen insofern unterscheidet, als bei ihm die Bewusstseinsschwelle verschiebbarer oder, mit anderen Worten, die Scheidewand zwischen Bewusstsein und Unbewusstem durchlässiger ist. Der Psychotische vollends steht ganz unter dem direkten Einfluss des Unbewussten. 134

Die Bestimmtheit und Gerichtetheit des Bewusstseins ist eine ungemein wichtige Errungenschaft, welche die Menschheit unter schwersten Opfern erkauft und welche ihrerseits der Menschheit die größten Dienste geleistet hat. Ohne sie wären Wissenschaft, Technik und die Zivilisation einfach unmöglich, denn sie setzen alle eine verlässliche Dauerhaftigkeit, Gleichmäßigkeit und Zielgerichtetheit des psychischen Prozesses voraus. Vom höchsten Staatsbeamten, vom Arzte, vom Ingenieur hinunter bis zum Taglöhner werden diese Eigenschaften als unerlässlich vorausgesetzt. Die soziale Wertlosigkeit steigt im Allgemeinen in dem Maße, als diese 135

Eigenschaften vom Unbewussten außer Kraft gesetzt werden. Allerdings gibt es davon auch Ausnahmen, nämlich schöpferische Begabungen. Solche Menschen finden eben gerade ihren Vorteil in der Durchlässigkeit ihrer Scheidewand zwischen Bewusstsein und Unbewusstem. Für soziale Organisationen, welche gerade Gleichmäßigkeit und Verlässlichkeit erfordern, taugen aber die Ausnahmemenschen in der Regel wenig.

136 Es ist darum nicht nur begreiflich, sondern auch notwendig, dass der psychische Prozess im einzelnen Falle so fest und so bestimmt wie möglich sei, denn die Not des Lebens erfordert es. Mit dem Vorteil dieser Eigenschaften ist aber auch ein großer Nachteil verbunden: Die Tatsache ihres Gerichtetseins schließt die Hemmung oder Aussperrung aller derjenigen psychischen Elemente in sich, die scheinbar oder wirklich nicht dazu passen beziehungsweise geeignet sind, die vorgezeichnete Richtung in ihrem Sinne abzubiegen und den Prozess zu einem ungewollten Ziele zu führen. Wodurch aber wird erkannt, dass das nebenherlaufende psychische Material nicht »passend« ist? Diese Erkenntnis beruht auf einem Urteilsakt, der die Richtung des eingeschlagenen und gewollten Weges festlegt. Dieses Urteil ist Partei und voreingenommen, denn es wählt ein Einzelnes aus auf Kosten aller anderen Möglichkeiten. Das Urteil geht seinerseits immer aus der Erfahrung hervor, das heißt aus dem, was bereits als bekannt vorliegt. Es basiert also in der Regel nie auf dem Neuen, das noch unbekannt ist und unter gewissen Umständen den gerichteten Prozess wesentlich bereichern könnte. Es kann natürlicherweise nicht darauf basieren, insofern die unbewussten Inhalte das Bewusstsein nicht erreichen können.

137 Durch solche Urteilsakte wird der gerichtete Prozess notwendigerweise einseitig, auch wenn das rationale Urteil vielseitig und anscheinend unvoreingenommen ist. Schließlich kann sogar die Rationalität des Urteils ein Präjudizium sein; denn vernünftig ist, was uns als vernünftig erscheint. Was uns also als unvernünftig vorkommt, verfällt der Ausschließung eben um seines irrationalen Charakters willen, der ja wirklich irrational sein, aber ebenso wohl auch bloß als irrational erscheinen kann, ohne es in höherem Sinne zu sein.

138 Die Einseitigkeit ist eine unvermeidliche, weil notwendige Eigenschaft des gerichteten Prozesses, denn Richtung ist Einseitigkeit. Die Einseitigkeit ist zugleich ein Vorteil und ein Nachteil. Auch wenn kein äußerlich erkennbarer Nachteil vorhanden zu sein scheint, so ist doch immer eine ebenso ausgesprochene Gegenposition im Unbewussten vorhanden, wenn es sich nicht geradezu um den idealen Fall eines völligen Zusammentreffens aller psychischen Komponenten in einer und derselben Richtung handelt, ein Fall, dessen Möglichkeit theoretisch nicht zu bestreiten ist,

der aber praktisch wohl sehr selten sein dürfte. Die Gegenposition im Unbewussten ist so lange harmlos, als sie keine höheren Energiewerte aufweist. Steigt aber die Gegensatzspannung infolge einer zu großen Einseitigkeit, dann bricht die Gegentendenz ins Bewusstsein durch, und zwar in der Regel in dem Momente, wo die Durchführung des gerichteten Prozesses gerade am wichtigsten wäre. So passiert dem Redner das Versprechen gerade dann, wenn es ihm am meisten darauf ankommt, nichts Dummes zu sagen. Dieser Moment ist darum kritisch, weil er die höchste energetische Spannung aufweist, die bei einer schon bestehenden Ladung des Unbewussten leicht überschlägt und den unbewussten Inhalt auslöst.

Unser zivilisiertes Leben erfordert konzentrierte, gerichtete Bewusst- 139
seinstätigkeit und konstelliert damit das Risiko einer ausgiebigen Abtrennung vom Unbewussten. Je weiter man sich aber vom Unbewussten durch gerichtetes Funktionieren zu entfernen vermag, desto eher kann sich eine entsprechend intensive Gegenposition ausbilden, die, wenn sie durchbricht, unliebsame Folgen haben kann.

Durch die analytische Therapie haben wir einen starken Eindruck von 140
der Wichtigkeit der unbewussten Einflüsse gewonnen und haben so viel für unser praktisches Leben daraus gelernt, dass wir es für unklug halten, nach der sogenannten Vollendung der Behandlung eine Eliminierung oder Stilllegung des Unbewussten zu erwarten. Aus einer dunklen Erkenntnis dieser Sachlage können viele Patienten sich nicht oder nur schwer entschließen, die Analyse aufzugeben, obschon Patient und Arzt das Abhängigkeitsgefühl als lästig und ungehörig empfinden. Manche fürchten sich geradezu, den Versuch zu wagen und auf eigenen Füßen zu stehen, weil sie aus Erfahrung wissen, dass das Unbewusste in anscheinend unberechenbarer Weise immer wieder einmal störend in ihr Leben eingreifen kann.

Man hat früher angenommen, dass die Patienten bereit seien, das nor- 141
male Leben aufzunehmen, wenn sie selber so viel von praktischer Selbsterkenntnis gelernt hätten, um zum Beispiel imstande zu sein, ihre eigenen Träume zu verstehen. Die Erfahrung hat aber gezeigt, dass selbst die ärztlichen Analytiker, von denen man die Beherrschung der Trauminterpretation erwarten sollte, ihren eigenen Träumen gegenüber öfters kapitulieren und die Hilfe eines Kollegen in Anspruch nehmen müssen. Wenn also sogar derjenige, der die Methode fachmännisch zu beherrschen vorgibt, sich als unfähig erweist, seine eigenen Träume befriedigend zu deuten, so kann dies vom Patienten umso weniger erwartet werden. Freuds Hoffnung, das Unbewusste ausschöpfen zu können, hat sich nicht erfüllt. Das

Traumleben und die Intrusionen des Unbewussten gehen – mutatis mutandis – unbekümmert weiter.

142 Es existiert ein allgemein verbreitetes Vorurteil, das die Analyse als etwas wie eine »Kur« auffasst, die man eine Zeit lang über sich ergehen lässt, um dann daraus geheilt entlassen zu werden. Das ist ein laienhafter Irrtum, der noch aus den Anfangszeiten der Psychoanalyse stammt. Die analytische Behandlung kann zwar als eine mit Hilfe des Arztes vollzogene Neuadjustierung der psychologischen Einstellung betrachtet werden. Selbstverständlich kann diese neu gewonnene und den inneren und äußeren Bedingungen besser entsprechende Einstellung auf geraume Zeit vorhalten, aber es gibt nur sehr wenige Fälle, wo eine einmalige »Kur« einen derartigen Dauererfolg hat. Der ärztliche Optimismus, der bekanntlich noch zu keiner Zeit mit Reklame gekargt hat, weiß zwar immer von definitiven Heilungen zu berichten. Man darf sich aber durch das Menschlich-Allzumenschliche des Praktikus nicht verblüffen lassen, sondern muss sich stets die Tatsache vor Augen halten, dass das Leben des Unbewussten weitergeht und immer wieder problematische Situationen erzeugt. Wir brauchen nicht pessimistisch zu sein; dazu haben wir doch zu viel von guten Erfolgen gesehen, die man mit Glück und gründlicher Arbeit erworben hat. Aber das wird uns nicht daran hindern, der Tatsache Rechnung zu tragen, dass die Analyse keine »Kur« ein für alle Mal ist, sondern zunächst bloß eine mehr oder weniger gründliche Neuadjustierung. Es gibt aber schlechterdings keine Veränderung, welche unbedingt und auf längste Sicht hinaus gültig wäre. Das Leben will immer wieder aufs Neue erworben werden. Es gibt zwar äußerst dauerhafte Kollektiveinstellungen, die typische Konfliktlösungen ermöglichen. Eine Kollektiveinstellung fügt zwar das Individuum reibungslos in die Sozietät ein, indem sie wie irgendeine andere Lebensbedingung auf es einwirkt. Die Schwierigkeit des Patienten besteht aber eben gerade darin, dass sich seine individuelle Gegebenheit nicht reibungslos in eine typische Norm einfügen lässt, sondern eine individuelle Konfliktlösung erfordert, soll die Ganzheit der Persönlichkeit als lebensfähig erhalten bleiben! Keine rationale Lösung kann dieser Aufgabe gerecht werden, und es gibt schlechterdings keine kollektive Norm, welche eine individuelle Lösung ohne Verlust ersetzen könnte.

143 Die in der Analyse gewonnene Neueinstellung pflegt nach längerer oder kürzerer Zeit in irgendeiner Hinsicht ungenügend zu werden, und zwar notwendigerweise so infolge des beständigen Flusses des Lebens, das immer erneute Anpassung verlangt; denn keine Anpassung ist ein für alle Mal geleistet. Man könnte allerdings die Forderung erheben, die Behandlungsmethode müsse so beschaffen sein, dass Neuorientierungen ohne

Schwierigkeiten auch im späteren Leben geleistet werden könnten. Wie die Erfahrung lehrt, ist dies auch bis zu einem gewissen Grade der Fall. Wir sehen es oft, dass solche Patienten, die durch eine gründliche Analyse gegangen sind, bei späteren Neuadjustierungen bedeutend geringere Schwierigkeiten haben. Aber immerhin sind diese Schwierigkeiten doch ziemlich häufig und zuweilen recht lästig. Daher kommt es, dass auch diejenigen Patienten, die eine gründliche Behandlung erfahren haben, später sich öfters wieder an ihren früheren Arzt wenden, um Hilfe zu erbitten. Im Vergleich zur allgemeinen ärztlichen Praxis ist dies ja weiter nicht sonderbar, aber es dementiert nicht nur einen gewissen übel angebrachten Therapeutenenthusiasmus, sondern auch die Auffassung, dass die Analyse eine einmalige »Kur« darstelle. Es ist ja schließlich auch höchst unwahrscheinlich, dass es je eine Therapie geben könnte, welche alle Schwierigkeiten wegräumt. Der Mensch bedarf der Schwierigkeiten, sie gehören zu seiner Gesundheit. Es ist bloß ihr ungebührliches Maß, das einem überflüssig erscheinen will.

Die therapeutische Grundfrage ist nicht bloß die, wie die momentane 144
Schwierigkeit wegzuräumen wäre, sondern wie zukünftigen Schwierigkeiten mit Erfolg begegnet werden könnte. Die Frage ist: Was für eine geistig-moralische Einstellung gegenüber den Störungseinflüssen des Unbewussten ist notwendig, und wie kann sie dem Patienten vermittelt werden?

Die Antwort besteht offenbar darin, die Trennung zwischen Bewusst- 145
sein und Unbewusstem aufzuheben. Das geschieht nicht dadurch, dass die Inhalte des Unbewussten einseitig durch bewusste Entscheidung verurteilt werden, sondern vielmehr dadurch, dass ihr Sinn für die Kompensation der Einseitigkeit des Bewusstseins erkannt und in Rechnung gestellt wird. Die Tendenz des Unbewussten und die des Bewusstseins sind nämlich jene zwei Faktoren, welche die transzendente Funktion zusammensetzen. *Sie heißt transzendent, weil sie den Übergang von einer Einstellung in eine andere organisch ermöglicht,* das heißt ohne Verlust des Unbewussten. Die konstruktive Methode setzt bewusste Erkenntnisse voraus, welche auch beim Patienten potentiell wenigstens vorhanden sind und deshalb bewusst gemacht werden können. Weiß der Arzt nichts von diesen Möglichkeiten, so kann er in dieser Hinsicht auch nichts aus dem Patienten entwickeln, es sei denn, dass Arzt und Patient gemeinschaftlich dieser Frage ein eigentliches Studium widmen, was in der Regel aber ausgeschlossen sein dürfte.

In praxi vermittelt daher der entsprechend vorgebildete Arzt dem Pa- 146
tienten die transzendente Funktion, das heißt, er hilft dem Patienten, Bewusstsein und Unbewusstes zusammenzusetzen und dadurch zu einer

neuen Einstellung zu gelangen. In dieser Funktion des Arztes liegt eine der verschiedenen Bedeutungen der *Übertragung:* der Patient klammert sich mit der Übertragung an den Menschen, der ihm eine Erneuerung der Einstellung zu versprechen scheint; er sucht mit der Übertragung diese Veränderung, die für ihn unerlässlich ist, zu erlangen, auch wenn er sich dessen nicht bewusst ist. Der Arzt hat daher für den Patienten den Charakter einer unentbehrlichen und zum Leben absolut notwendigen Figur. So infantil eine derartige Abhängigkeit auch scheinen mag, so drückt sich darin doch eine ungemein wichtige Erwartung aus, deren Enttäuschung dem Arzt oft mit bitterem Hass gelohnt wird. Es ist darum von Belang, zu wissen, worum es sich bei dieser in der Übertragung verborgenen Erwartung handelt: man ist ja geneigt, diese Forderung nur reduktiv zu verstehen im Sinne einer erotischen Infantilphantasie. Das würde aber bedeuten, dass diese Phantasie, die sich in der Regel auf die Eltern bezieht, wörtlich genommen sei, wie wenn der Patient beziehungsweise dessen Unbewusstes, tatsächlich jene Erwartung wieder oder noch hätte, wie sie einst beim Kinde gegenüber den Eltern bestand. Dem äußeren Anschein nach ist es noch die gleiche Erwartung, wie sie das Kind in Bezug auf die Hilfe und den Schutz der Eltern hatte, aber in der Zwischenzeit ist aus dem Kind ein Erwachsener geworden, und was beim Kinde normal war, wird beim Erwachsenen uneigentlich. Es wird zu einem metaphorischen Ausdruck für die im Bewusstsein nicht realisierte Hilfebedürftigkeit in einer Notlage. Es ist zwar historisch richtig, wenn der erotische Charakter der Übertragung auf den infantilen Eros zurückerklärt wird. Aber damit ist Zweck und Sinn der Übertragung nicht verstanden, und die Deutung als infantil-sexuelle Phantasie führt vom eigentlichen Problem weg. Das Verständnis der Übertragung ist nicht in ihren historischen Voraussetzungen, sondern in ihrem Zweck zu suchen. Die einseitige reduktive Erklärung wird sinnwidrig, namentlich dann, wenn überhaupt nichts Neues mehr dabei herauskommt als die vermehrten Widerstände des Patienten. Die dann in der Behandlung eintretende Langeweile ist nichts als der Ausdruck für die Monotonie und Ideenarmut – nicht des Unbewussten, wie gelegentlich vermutet wurde, sondern des Analytikers, der nicht versteht, dass diese Phantasien nicht bloß konkretistisch-reduktiv, sondern vielmehr konstruktiv aufzufassen sind. Mit letzterer Einsicht ändert sich oft mit einem Schlage die stockende Situation.

147 Durch die konstruktive Behandlung des Unbewussten, das heißt durch die Frage nach Sinn und Zweck, wird das Fundament gelegt für die Einsicht in jenen Prozess, den ich als transzendente Funktion bezeichne.

148 Es dürfte nicht überflüssig sein, hier eine Bemerkung einzuflechten

über den oft gehörten Einwand, die konstruktive Methode sei Suggestion. Die Methode beruht nämlich darauf, dass das Symbol (nämlich das Traumbild oder die Phantasie) nicht mehr *semiotisch*, als Zeichen gewissermaßen, für elementare Triebvorgänge gewertet wird, sondern wirklich *symbolisch*, wobei unter »Symbol« ein Ausdruck verstanden ist, der bestmöglich einen komplexen und durch das Bewusstsein noch nicht klar erfassten Tatbestand wiedergibt. Durch analytische Auflösung dieses Ausdruckes wird nichts gewonnen als die Verdeutlichung der elementaren Komponenten desselben, welche ihn ursprünglich zusammengesetzt haben. Damit soll nicht geleugnet werden, dass eine vermehrte Einsicht in die Elemente bis zu einem gewissen Grade auch ihre Vorteile hat. Aber sie führt an der Zweckfrage vorbei. Die Auflösung des Symbols in diesem Stadium der Analyse ist daher verwerflich. Die Methode zur Herausarbeitung des durch das Symbol angedeuteten Sinnes ist allerdings zunächst dieselbe wie bei der analytischen Auflösung: Man sammelt die Einfälle des Patienten, die in der Regel sogar genügen, synthetisch verwendet zu werden. Ihre Verwendung geschieht wiederum nicht in semiotischer, sondern in symbolischer Hinsicht. Die Frage lautet, auf welchen Sinn weisen die Einfälle A, B, C usw., mit dem manifesten Trauminhalt zusammengeschaut, hin?

Die Autonomie des Unbewussten

1 Da es die Absicht des Gründers der *Terry Lectures* zu sein scheint, Vertretern der Naturwissenschaften sowohl wie der Philosophie und anderer Gebiete des menschlichen Wissens Gelegenheit zu geben, ihren Teil zur Klärung des ewigen Problems der Religion beizutragen, und da die Yale University mich mit dem Auftrag der *Terry Lectures* von 1937 beehrt hat, nehme ich an, es sei meine Aufgabe, zu zeigen, was die Psychologie, oder vielmehr jener spezielle Zweig der medizinischen Psychologie, den ich vertrete, mit Religion zu tun hat oder über Religion sagen kann. Da die Religion unstreitig eine der frühesten und allgemeinsten Äußerungen der menschlichen Seele ist, versteht es sich von selbst, dass jede Art von Psychologie, welche sich mit der psychologischen Struktur der menschlichen Persönlichkeit befasst, nicht darum herumkommt, wenigstens die Tatsache zu beachten, dass Religion nicht nur ein soziologisches oder historisches Phänomen ist, sondern für eine große Anzahl von Menschen auch eine wichtige persönliche Angelegenheit bedeutet.

2 Obwohl man mich häufig einen Philosophen genannt hat, bin ich Empiriker und halte mich als solcher an den phänomenologischen Standpunkt. Ich bin der Ansicht, dass es nicht gegen die Grundsätze der wissenschaftlichen Empirie verstößt, wenn man gelegentlich Überlegungen anstellt, welche über eine bloße Anhäufung und Klassifizierung des Erfahrungsmaterials hinausgehen. Ich glaube in der Tat, dass Erfahrung ohne reflektierende Überlegung gar nicht möglich ist, weil »Erfahrung« ein Assimilierungsprozess ist, ohne welchen es überhaupt kein Verstehen gibt. Aus dieser Feststellung folgt, dass ich von einem naturwissenschaftlichen und nicht von einem philosophischen Standpunkt aus an die psychologischen Tatbestände herangehe. Insofern das Phänomen der Religion einen sehr wichtigen psychologischen Aspekt hat, behandle ich das Thema vom rein empirischen Gesichtspunkt aus, das heißt, ich beschränke mich auf die Beobachtung von Phänomenen, und ich enthalte mich jeder metaphysischen oder philosophischen Betrachtungsweise. Ich bestreite die Gültig-

Quellenhinweis:
Aus: Psychologie und Religion. GW 11, §§ 1–168. Hier: Auszug aus Kapitel 1, §§ 1–11.

keit anderer Betrachtungsweisen nicht, aber ich kann keinen Anspruch darauf erheben, diese Gesichtspunkte korrekt anzuwenden.

Ich bin mir bewusst, dass die meisten Menschen glauben, alles zu wissen, was man über Psychologie wissen kann, denn sie meinen, Psychologie sei nichts anderes, als was sie von sich selbst wissen. Psychologie ist aber beträchtlich mehr. Während sie wenig mit Philosophie zu tun hat, ist sie sehr viel mehr mit empirischen Tatsachen beschäftigt, von welchen ein gut Teil für die Durchschnittserfahrung schwer zugänglich ist. Meine Absicht ist, einige Einblicke zu geben, wenigstens in die Art und Weise, in welcher die praktische Psychologie mit dem religiösen Problem konfrontiert wird. Es versteht sich von selbst, dass die Weite des Problems sehr viel mehr als nur drei Vorlesungen erfordern würde, da das notwendige Eingehen auf konkrete Einzelheiten ebenso viel Zeit wie Erklärungen benötigte. Mein erstes Kapitel wird eine Art Einleitung in das Problem der praktischen Psychologie und ihrer Beziehungen zur Religion sein. Das zweite beschäftigt sich mit denjenigen Tatsachen, welche die Existenz einer echten religiösen Funktion im Unbewussten dartun. Das dritte Kapitel behandelt die religiöse Symbolik unbewusster Prozesse. 3

Da meine Darlegungen ziemlich ungewöhnlicher Natur sind, kann ich nicht voraussetzen, dass meine Hörer völlig vertraut seien mit dem methodologischen Standpunkt jener Art von Psychologie, welche ich vertrete. Dieser Standpunkt ist ausschließlich phänomenologisch; das will sagen, er beschäftigt sich mit Vorkommnissen, Ereignissen, Erfahrungen – kurz gesagt, mit Tatsachen. Seine Wahrheit ist ein Tatbestand, kein Urteil. Wenn die Psychologie zum Beispiel von dem Motiv der jungfräulichen Geburt spricht, so beschäftigt sie sich nur mit der Tatsache, dass es eine solche Idee gibt, aber sie beschäftigt sich nicht mit der Frage, ob eine solche Idee in irgendeinem Sinne wahr oder falsch sei. Die Idee ist psychologisch wahr, insoweit sie existiert. Psychologische Existenz ist subjektiv, insoweit eine Idee nur in einem Individuum vorkommt. Aber sie ist objektiv, insoweit sie durch einen consensus gentium von einer größeren Gruppe geteilt wird. 4

Dieser Standpunkt ist auch derjenige der Naturwissenschaft. Die Psychologie behandelt Ideen und andere geistige Inhalte so, wie zum Beispiel die Zoologie die verschiedenen Tiergattungen behandelt. Ein Elefant ist wahr, weil er existiert. Der Elefant ist weder ein logischer Schluss noch eine Behauptung, noch ein subjektives Urteil eines Schöpfers. Er ist einfach ein Phänomen. Aber wir sind so sehr an die Meinung gewöhnt, psychische Ereignisse seien willkürliche Produkte des freien Ermessens, ja geradezu Erfindungen des menschlichen Schöpfers, dass wir uns kaum von dem 5

Vorurteil freimachen können, die Psyche und ihre Inhalte seien nichts als unsere eigene willkürliche Erfindung oder ein mehr oder weniger illusorisches Produkt von Annahmen und Urteilen. Tatsache ist, dass gewisse Ideen fast überall und zu allen Zeiten vorkommen und sich sogar spontan von selber bilden können, gänzlich unabhängig von Migration und Tradition. Sie werden nicht vom Individuum gemacht, sondern sie passieren ihm, ja sie drängen sich dem individuellen Bewusstsein geradezu auf. Das ist nicht platonische Philosophie, sondern empirische Psychologie.

6 Wenn ich von Religion spreche, muss ich zuvor erklären, was ich mit diesem Begriff meine. Religion ist, wie das lateinische Wort religere meint, eine *sorgfältige und gewissenhafte Beobachtung* dessen, was Rudolf Otto[1] treffend das »Numinosum« genannt hat, nämlich eine dynamische Existenz oder Wirkung, die nicht von einem Willkürakt verursacht wird. Im Gegenteil, die Wirkung ergreift und beherrscht das menschliche Subjekt, welches immer viel eher ihr Opfer denn ihr Schöpfer ist. Das Numinosum – was immer auch seine Ursache sein mag – ist eine Bedingung des Subjekts, die unabhängig ist von dessen Willen. Jedenfalls erklärt sowohl die religiöse Lehre als auch der consensus gentium immer und überall, dass diese Bedingung einer Ursache außerhalb des Individuums zuzuordnen sei. Das Numinosum ist entweder die Eigenschaft eines sichtbaren Objektes oder der Einfluss einer unsichtbaren Gegenwart, welche eine besondere Veränderung des Bewusstseins verursacht. Dies ist wenigstens allgemeine Regel.

7 Es gibt jedoch gewisse Ausnahmen, wenn es zur Frage der praktischen Ausübung oder des Rituals kommt. Eine große Zahl ritueller Verrichtungen werden zu dem alleinigen Zwecke ausgeübt, die Wirkung des Numinosum absichtlich hervorzurufen vermittels gewisser magischer Kunstgriffe, wie Anrufung, Inkantation, Opfer, Meditation und anderer Yogapraktiken, selbstauferlegter Qualen verschiedener Art usw. Aber ein religiöser Glaube an eine äußere und objektive göttliche Ursache geht immer jeder solchen Verrichtung voraus. Die katholische Kirche zum Beispiel spendet die Sakramente mit dem Zweck, dem Gläubigen deren geistige Segnung zu verleihen; da dieser Akt jedoch darauf hinauslaufen würde, die Gegenwart göttlicher Gnade durch ein unzweifelhaft magisches Verfahren zu erzwingen, argumentiert man logischerweise so: Niemand ist fähig, die göttliche Gnade zur Anwesenheit im sakramentalen Akt zu zwingen, aber sie ist trotzdem unvermeidlich darin gegenwärtig, da

[1] *Das Heilige. Über das Irrationale in der Idee des Göttlichen und sein Verhältnis zum Rationalen.*

das Sakrament eine göttliche Institution ist, welche Gott nicht eingesetzt haben würde, wenn er nicht im Sinn gehabt hätte, sie zu unterstützen.[2]

Religion scheint mir eine besondere Einstellung des menschlichen 8
Geistes zu sein, welche man in Übereinstimmung mit dem ursprünglichen Gebrauch des Begriffes »religio« formulieren könnte als *sorgfältige Berücksichtigung und Beobachtung* gewisser dynamischer Faktoren, die aufgefasst werden als »Mächte«: Geister, Dämonen, Götter, Gesetze, Ideen, Ideale oder wie immer der Mensch solche Faktoren genannt hat, die er in seiner Welt als mächtig, gefährlich oder hilfreich genug erfahren hat, um ihnen sorgfältige Berücksichtigung angedeihen zu lassen, oder als groß, schön und sinnvoll genug, um sie andächtig anzubeten und zu lieben. Im Englischen sagt man oft von jemandem, der an irgendeiner Bestrebung enthusiastisch interessiert ist: »He is almost religiously devoted to his cause«; William James zum Beispiel bemerkt, ein Wissenschaftler habe oft keinen Glauben, aber sein Temperament sei fromm.[3]

Ich möchte deutlich machen, dass ich mit dem Ausdruck »Religion«[4] 9
nicht ein Glaubensbekenntnis meine. Es ist indessen richtig, dass jede Konfession sich einerseits ursprünglich auf die Erfahrung des Numinosum gründet, andererseits aber auf »pistis«, auf Treue (Loyalität), Glauben und Vertrauen gegenüber einer bestimmten Erfahrung von numinoser Wirkung und der daraus folgenden Bewusstseinsveränderung; die Bekehrung des Paulus ist ein schlagendes Beispiel dafür. Man könnte also sagen, der Ausdruck »Religion« bezeichne die besondere Einstellung eines Bewusstseins, welches durch die Erfahrung des Numinosum verändert worden ist.

[2] Die gratia adiuvans und die gratia sanctificans sind die Wirkungen des sacramentum ex opere operato. Das Sakrament schuldet seine Wirksamkeit der Tatsache, dass es unmittelbar durch Christus selbst instituiert ist. Die Kirche ist unfähig, den Ritus mit der Gnade zu verbinden in der Weise, dass der actus sacramentalis die Gegenwart und die Wirkung der Gnade hervorbrächte, d. h. res et sacramentum. Somit ist der durch den Priester ausgeführte Ritus nicht causa instrumentalis, sondern bloß causa ministerialis.

[3] »But our esteem for facts has not neutralized in us all religiousness. It is itself almost religious. Our scientific temper is devout.« (*Pragmatism. A new name for some old ways of thinking,* S. 14 f.)

[4] »Religio est, quae superioris cuiusdam naturae (quam divinam vocant) curam, caeremoniamque affert.« (Cicero, *De inventione rhetorica, II,* col. 147) [Religion ist das, was einer gewissen höheren Natur – die man göttlich nennt – sorgfältige Beachtung und heilige Scheu entgegenbringt.] »Religiose testimonium dicere ex iuris iurandi fide« [Religiös ein Zeugnis mit Eidestreue ablegen]. (Cicero, *Pro Coelio, 55.*)

10 Konfessionen sind kodifizierte und dogmatisierte Formen ursprünglicher religiöser Erfahrungen.[5] Die Inhalte der Erfahrung sind geheiligt und in der Regel starr geworden in einem unbeugsamen, oft komplizierten Gedankengebäude. Die Ausübung und die Wiedererzeugung der ursprünglichen Erfahrung sind zum Ritus und zu einer unveränderlichen Institution geworden. Dies braucht nicht notwendigerweise eine leblose Versteinerung zu bedeuten. Im Gegenteil, es kann für Jahrhunderte und für unzählige Menschen die Form religiöser Erfahrung werden, ohne dass eine vitale Notwendigkeit entsteht, sie zu ändern. Obwohl die katholische Kirche öfters besonderer Starrheit beschuldigt wird, gibt sie doch zu, dass das Dogma lebendig und dessen Formulierung daher der Veränderung und Entwicklung in einem gewissen Sinne fähig sei. Sogar die Zahl der Dogmen ist nicht begrenzt und kann im Laufe der Zeit vermehrt werden. Dasselbe gilt für das Ritual. Indessen sind alle Veränderungen und Entwicklungen bestimmt durch den Rahmen der ursprünglich erfahrenen Tatsachen, wodurch eine besondere Art von dogmatischem Inhalt und von Gefühlswert gesetzt wird. Sogar der Protestantismus, der sich anscheinend einer fast unbegrenzten Befreiung von dogmatischer Tradition und von kodifiziertem Ritual ausgeliefert und sich damit in mehr als vierhundert Denominationen aufgesplittert hat – sogar er ist daran gebunden, wenigstens christlich zu sein und sich innerhalb des Rahmens der Überzeugung auszudrücken, dass Gott sich in Christus, welcher für die Menschheit litt, geoffenbart habe. Dies ist ein bestimmter Rahmen mit bestimmten Inhalten, welche nicht verbunden oder erweitert werden können durch buddhistische oder islamische Ideen und Gefühle. Und doch ist es unzweifelhaft, dass nicht nur Buddha oder Mohammed oder Konfuzius oder Zarathustra religiöse Phänomene darstellen, sondern ebenso auch Mithras, Attis, Kybele, Mani, Hermes und viele exotische Religionen. Der Psychologe darf, wenn er eine wissenschaftliche Haltung einnimmt, den Anspruch eines jeden Bekenntnisses, die einzige und ewige Wahrheit zu sein, nicht berücksichtigen. Er muss sein Augenmerk auf die menschliche Seite des religiösen Problems richten, da er sich mit der ursprünglichen religiösen Erfahrung befasst, ganz abgesehen davon, was die Bekenntnisse daraus gemacht haben.

11 Da ich Arzt bin und Spezialist für Nerven- und Geisteskrankheiten, ist mein Ausgangspunkt nicht irgendein Glaubensbekenntnis, sondern die Psychologie des homo religiosus, also des Menschen, welcher gewisse ihn

[5] Scholz *(Die Religionsphilosophie des Als-Ob)* besteht auf einem ähnlichen Gesichtspunkt; siehe auch Pearcy, *A Vindication of Paul.*

und seinen Allgemeinzustand beeinflussende Faktoren in Betracht zieht und sorgfältig beachtet. Es ist leicht, diese Faktoren der historischen Überlieferung oder dem ethnologischen Wissen gemäß zu benennen und zu definieren, aber es ist eine ungewöhnlich schwierige Aufgabe, das Gleiche vom Standpunkt der Psychologie aus zu tun. Was ich zu der Frage der Religion beitragen kann, stammt ausschließlich aus meiner praktischen Erfahrung sowohl mit meinen Patienten als auch mit sogenannten Normalen. Da unsere Erfahrung mit Menschen in beträchtlichem Maße davon abhängt, was wir mit ihnen tun, sehe ich keinen anderen Weg zu meinem Thema als den, Ihnen wenigstens eine allgemeine Idee davon zu geben, in welcher Art ich bei meiner Berufsarbeit vorgehe.

Bibliographie

Cicero, Marcus Tullius: De inventione rhetorica.
– Pro coelio. Beides in: Opera omnia. Lyon 1588.
Otto, R.: Das Heilige. Breslau 1917.
Pearcy, Henry Reubelt: A Vindication of Paul. New York 1936.
James, William: Pragmatism. London und New York 1911.
Scholz, Heinrich: Die Religionsphilosophie des Als-Ob. Leipzig 1921.

Religiöse Symbolik

Gültig ist eine Wahrheit auf die Dauer nur dann,
wenn sie sich wandelt und wiederum Zeugnis
ablegt in neuen Bildern und in neuen Zungen,
als ein neuer Wein, der in neue Schläuche gefasst wird.
GW 5, § 553

Symbol ist für mich der sinnlich wahrnehmbare
Ausdruck für ein inneres Erlebnis.
Briefe I, S. 85

Die Funktion religiöser Symbole

Obgleich das zivilisierte Bewusstsein sich von den grundlegenden Instinkten losgelöst hat, sind die Instinkte nicht verschwunden; sie haben lediglich ihren Kontakt mit dem Bewusstsein verloren. Daher waren sie gezwungen, sich auf indirekte Weise bemerkbar zu machen, nämlich durch das, was Janet als »automatismes« bezeichnet hat, oder im Falle einer Neurose durch Symptome oder im Normalfall durch alle möglichen Zwischenfälle, wie unerklärliche Launen, unerwartete Vergesslichkeit, Irrtümer usw. Solche Manifestationen stellen die *Autonomie* des Archetypus sehr klar heraus. Es ist leicht genug, anzunehmen, man sei Herr in seinem eigenen Haus, aber solange wir nicht in der Lage sind, unsere Gefühle und Stimmungen zu beherrschen oder uns der hundert Geheimwege bewusst zu sein, auf denen unbewusste Voraussetzungen sich in unsere Arrangements und Entscheidungen einschleichen, sind wir allerdings nicht Meister. Im Gegenteil, wir haben so viel Grund zur Unsicherheit, dass wir gut daran täten, uns zweimal zu überlegen, was wir tun. 560

Gewissenserforschung ist jedoch unpopulär, obwohl sie höchst notwendig wäre, ganz besonders in unserer Zeit, wo der Mensch von selbstgeschaffenen, tödlichen Gefahren bedroht ist, die ihm über den Kopf wachsen. Sieht man die Menschheit als *ein* Individuum an, so ähnelt unsere Situation heutzutage sehr der eines Menschen, der von unbewussten Kräften fortgerissen wird. Durch den Eisernen Vorhang ist er wie ein Neurotiker dissoziiert. Der westliche Mensch, der bislang das gültige Bewusstsein repräsentiert, wird allmählich des aggressiven Machtwillens auf östlicher Seite gewahr und sieht sich zu außergewöhnlichen Maßnahmen gezwungen. Alle seine Laster, obwohl öffentlich abgeleugnet und von guten internationalen Manieren verdeckt, werden ihm auf eine schamlose und methodische Weise vom Osten ins Gesicht geworfen. Was der Westen, wenn auch nur insgeheim, geduldet und, unter dem Deckmantel diplomatischer Lügen, Täuschungsmanöver, Tatsachenverdrehungen und versteckter Drohungen etwas schamhaft verhüllt, getrieben hatte, kommt 561

Quellenhinweis:
Aus: Symbole und Traumdeutung. GW 18/I, §§ 416–607. Hier: Kapitel 6, §§ 560–577.

jetzt in specie zu ihm zurück und bringt ihn völlig durcheinander. Ein typisch neurotischer Fall! Das Gesicht unseres eigenen Schattens grinst uns durch den Eisernen Vorhang an.

562 Daraus erklärt sich das merkwürdige Gefühl von Hilflosigkeit, welches das westliche Bewusstsein beschleicht. Wir beginnen die Natur des Konflikts als ein moralisches und geistiges Problem zu erkennen und bemühen uns, irgendeine Lösung dafür zu finden. Wir werden uns langsam der Tatsache bewusst, dass atomare Rüstung eine verzweifelte und unerwünschte Lösung darstellt, weil sie ein zweischneidiges Schwert ist. Wir begreifen, dass moralische und geistige Mittel schon insofern wirksamer sein würden, als sie uns gegen die immer mehr um sich greifende Infektion psychisch immunisieren könnten. Aber alle diese Bemühungen erweisen sich als höchst unwirksam und werden es auch so lange bleiben, als wir uns und die Welt zu überzeugen versuchen, dass sie, unsere Gegenspieler, moralisch und philosophisch völlig im Unrecht sind. Wir erwarten, dass *sie* sich erkennen und ihre Irrtümer einsehen sollen, statt dass wir selber uns ernsthaft darum bemühen, unseren Schatten und seine dunklen Machenschaften zu erkennen. Könnten wir unseren Schatten sehen, so wären wir gegen jegliche moralische und geistige Infektion und Unterwanderung immunisiert. Aber solange dies nicht der Fall ist, sind wir jeder Ansteckung ausgesetzt, denn wir tun ja praktisch das Gleiche wie *sie*, nur mit dem zusätzlichen Nachteil, dass wir weder sehen noch sehen wollen, was wir unter dem Deckmantel unserer guten Manieren eigentlich treiben.

563 Der Osten dagegen hat einen großen Mythos, den wir in der eitlen Hoffnung, dass unser überlegenes Urteil ihn zum Verschwinden bringen wird, eine Illusion nennen. Dieser Mythos ist der altehrwürdige, archetypische Traum vom Goldenen Zeitalter oder Paradies, wo jeder mit allem versorgt ist und ein großes, gerechtes und weises Oberhaupt den Kindergarten regiert. Dieser gewaltige Archetyp in seiner infantilen Form hat sie allerdings in seinem Bann, aber unser überlegener Standpunkt allein wird ihn vom Schauplatz der Welt nicht vertreiben. Er verschwindet umso weniger und greift umso mehr um sich, weil wir ihm durch unsere eigene Kindischkeit, die nicht erkennt, dass unsere Zivilisation sich in den Klauen der gleichen mythischen Vorurteile befindet, sich ausbreiten helfen. Die Untergrundbewegung im Westen gibt sich den gleichen Hoffnungen, Ideen und Erwartungen hin. Wir glauben an den Wohlfahrtsstaat, an den Weltfrieden, mehr oder weniger an die Gleichberechtigung aller Menschen, an die ewig gültigen Menschenrechte, an Gerechtigkeit und Wahrheit und (nicht zu laut) an das Reich Gottes auf Erden.

In Wirklichkeit ist es traurige Wahrheit, dass unsere Welt und das Leben aus unerbittlichen Gegensätzen besteht, aus Tag und Nacht, Wohlergehen und Leid, Geburt und Tod, Gut und Böse. Wir sind nicht einmal sicher, dass eines das andere aufwiegt, das Gute das Böse oder die Freude den Schmerz. Leben und Welt sind ein Schlachtfeld, waren es immer schon und werden es immer sein, und wäre dies nicht der Fall, so würde das Dasein bald ein Ende nehmen. Einen ausgewogenen Zustand gibt es nirgends. Dies ist auch der Grund, warum eine hoch entwickelte Religion wie das Christentum mit einem frühen Ende dieser Welt rechnete und warum der Buddhismus ihr tatsächlich ein Ende setzt, indem er allen irdischen Wünschen den Rücken kehrt. Diese kategorischen Lösungen wären schlechthin Selbstmord, wenn sie nicht mit bestimmten geistigen und moralischen Ideen und Praktiken verbunden wären, die das Substrat beider Religionen ausmachen. 564

Ich erwähne dies, weil es in unserer Zeit unzählige Menschen gibt, die 565
ihren Glauben an die eine oder andere der Weltreligionen verloren haben. Sie finden keinen Zugang mehr zu ihnen. Während das Leben ohne sie reibungslos weitergeht, bleibt der Verlust so gut wie unbemerkt. Bricht aber das Leid über einen herein, verändern sich die Verhältnisse oft schlagartig. Dann sucht man nach Auswegen und beginnt über den Sinn des Lebens und die bestürzenden Erfahrungen, die es mit sich bringt, nachzudenken. Einer Statistik zufolge kommt hier der Arzt mehr bei Juden und Protestanten und weniger bei Katholiken ins Spiel. (Dies ist insofern typisch, als die katholische Kirche sich für die cura animarum, die Seelsorge, verantwortlich fühlt.) Man glaubt an die Wissenschaft, und deshalb werden heute an den Psychiater die Fragen gestellt, die früher zum Bereich des Theologen gehört hätten. Die Menschen haben das Gefühl, dass es einen großen Unterschied macht oder machen würde, wenn sie nur einen festen Glauben an eine sinnvolle Lebensweise oder an Gott und die Unsterblichkeit hätten. Das Gespenst des Todes, das drohend vor ihnen auftaucht, ist oft eine starke Triebfeder bei solchen Gedanken. Seit undenklichen Zeiten haben die Menschen sich Vorstellungen von einem oder mehreren höchsten Wesen und einem Jenseits gemacht. Nur die moderne Zeit glaubt, ohne sie auskommen zu können. Weil man den Himmel mit Gottes Thron nicht mit Hilfe von Teleskop oder Radar hat feststellen können und nicht (mit Sicherheit) nachgewiesen hat, dass die lieben Eltern noch mit einem mehr oder weniger sichtbaren Körper umherwandeln, nimmt man an, dass solche Vorstellungen nicht »wahr« seien. Als Vorstellungen sind sie sogar nicht »wahr« genug, denn sie haben das menschliche Leben seit prähistorischen Zeiten begleitet und sind auch

jetzt noch bereit, beim geringsten Anlass in das Bewusstsein durchzubrechen.

566 Man bedauert sogar den Verlust solcher Überzeugungen. Da es sich aber um unsichtbare und unerkennbare Dinge handelt – Gott ist jenseits allen menschlichen Verstehens, und die Unsterblichkeit lässt sich nicht beweisen – wozu sich um Zeugnisse oder Wahrheit bemühen? Gesetzt den Fall, wir wüssten nichts von der Notwendigkeit des Salzes in unserer Nahrung, so würden wir trotzdem von dessen Gebrauch profitieren. Selbst wenn wir annehmen sollten, dass die Verwendung von Salz auf eine Illusion unseres Geschmackssinnes zurückzuführen ist oder einem Aberglauben entspringt, würde es dennoch zu unserem Wohlbefinden beitragen. Warum sollten wir uns um Anschauungen bringen, die sich in Krisen als hilfreich erweisen und unser Dasein mit Sinn erfüllen würden? Wieso wissen wir, dass solche Ideen nicht wahr sind? Viele Menschen würden mir zustimmen, wenn ich der Überzeugung wäre, dass solche Ideen unwahrscheinlich sind. Was sie dabei nicht erkennen, ist, dass diese Verneinung ebenso unwahrscheinlich ist. Die Entscheidung bleibt uns selbst überlassen. Wir sind völlig frei, unseren Standpunkt selber zu wählen. Er wird in jedem Fall willkürlich sein. Aber warum Gedanken hegen, von denen wir wissen, dass sie sich niemals beweisen lassen? Das einzige empirische Argument, das sich zu ihren Gunsten anführen lässt, ist, dass sie nützlich sind und bis zu einem gewissen Grade gebraucht werden. Wir sind tatsächlich auf allgemeine Ideen und Überzeugungen angewiesen, weil sie unserem Dasein Sinn zu geben vermögen. Der Mensch kann die unglaublichsten Nöte durchstehen, wenn er von ihrem Sinn überzeugt ist, und er fühlt sich vernichtet, wenn er zusätzlich zu seinem Missgeschick auch noch zugeben muss, dass, was er tut, sinnlos ist.

567 Es ist Zweck und Bestreben der religiösen Symbole, dem menschlichen Leben Sinn zu verleihen. Wenn die Pueblo-Indianer glauben, dass sie die Söhne von Vater Sonne sind, so hat ihr Leben dadurch eine Perspektive und ein Ziel, das über ihre individuelle und begrenzte Existenz hinausgeht. Es lässt dem Entfaltungsprozess ihrer Persönlichkeit reichlichen Spielraum und ist unvergleichlich befriedigender als die Gewissheit, dass man Handlanger in einem Warenhaus ist und bleibt. Wäre Paulus davon überzeugt gewesen, dass er nichts als ein fahrender Teppichweber sei, so wäre er allerdings nicht er selber gewesen. Was seinem Leben Realität und Sinn verlieh, war die Gewissheit, dass er ein Bote Gottes war. Man könnte ihn des Größenwahns beschuldigen, doch diese Ansicht verblasst vor dem Zeugnis der Geschichte und dem consensus omnium (der Übereinstim-

mung aller). Der Mythos, der sich seiner bemächtigt hatte, machte etwas Größeres als einen bloßen Handwerker aus ihm.

568 Der Mythos setzt sich jedoch aus Symbolen zusammen, die nicht erfunden wurden, sondern einfach geschehen sind. Es war nicht der Mensch Jesus, der den Mythos vom Gottmenschen schuf. Dieser hatte schon Jahrhunderte vorher bestanden. Im Gegenteil war er selber von dieser symbolischen Idee ergriffen, die ihn, wie *Markus* beschreibt, aus der Werkstatt des Zimmermanns und der geistigen Beschränktheit seiner Umwelt heraushob. Mythen gehen auf den primitiven Geschichtenerzähler und seine Träume zurück, auf Menschen, die von den Regungen ihrer Phantasie bewegt wurden und die sich von dem, was man später einen Dichter oder Philosophen nannte, kaum unterschieden. Primitive Geschichtenerzähler haben nie viel nach dem Ursprung ihrer Phantasien gefragt. Erst viel später begann man sich darüber Gedanken zu machen, wo die Geschichte herkam. Bereits im alten Griechenland war der menschliche Geist entwickelt genug, um auf die Vermutung zu kommen, dass die Geschichten, die man über die Götter erzählte, nichts anderes seien als alte und übertriebene Überlieferungen über die Könige der Vorzeit und ihre Taten. Sie vermuteten schon damals, dass der Mythos nicht wörtlich zu nehmen sei, wegen seiner offensichtlichen Ungereimtheit. Deshalb versuchten sie, ihn auf eine allgemein verständliche Fabel zu reduzieren. Dies ist genau das, was unsere Zeit mit der Traumsymbolik zu tun versucht hat: Man setzte voraus, dass sie nicht meint, was sie zu sagen scheint, sondern etwas allgemein Bekanntes und Verständliches, das wegen seiner minderwertigen Qualität nicht offen eingestanden wird. Doch für einen, der sich seiner konventionellen Scheuklappen entledigt hatte, gab es keine Rätsel mehr. Es schien sicher zu sein, dass Träume etwas anderes bedeuteten, als was sie auszusagen schienen.

569 Diese Annahme ist jedoch vollkommen willkürlich. Schon der *Talmud* hat viel treffender gesagt: »Der Traum ist seine eigene Interpretation.« Warum sollte der Traum etwas anderes bedeuten, als was in ihm in Erscheinung tritt? Gibt es irgendetwas in der Natur, was anders ist, als es ist? Ist zum Beispiel der Platypus, jenes Urungeheuer, das kein Zoologe hätte erfinden können, nicht einfach das, was er ist? Der Traum ist ein normales und natürliches Phänomen, das ganz gewiss einfach das ist, was es ist, und nichts anderes bedeutet als das. Wir nennen seine Inhalte symbolisch, weil sie offensichtlich nicht nur eine Bedeutung haben, sondern in verschiedene Richtungen weisen und deshalb etwas bedeuten müssen, was unbewusst oder zumindest nicht in allen seinen Aspekten bewusst ist.

570 Für einen wissenschaftlichen Verstand sind Phänomene wie symbolische Vorstellungen höchst irritierend, weil sie sich nicht auf eine Weise formulieren lassen, die unseren Intellekt und unser logisches Denkvermögen befriedigt. Sie stehen darin in der Psychologie keineswegs allein. Die Schwierigkeiten beginnen bereits beim Phänomen des Affektes oder der Emotion, das sich jedem Versuch des Psychologen, ihm die Fesseln eines sicheren Begriffs anzulegen, entzieht. Die Ursache der Schwierigkeit ist in beiden Fällen die gleiche: es ist die Intervention des Unbewussten. Ich bin mit dem wissenschaftlichen Standpunkt genügend vertraut, um zu verstehen, dass es höchst ärgerlich ist, mit Tatsachen umgehen zu müssen, die man nicht vollständig oder zumindest hinreichend erfassen kann. In beiden Fällen liegt die Schwierigkeit darin, dass man sich mit unbestreitbaren Tatsachen konfrontiert sieht, die jedoch nicht durch intellektuelle Begriffe ausgedrückt werden können. Anstelle beobachtbarer Einzelheiten und säuberlich unterscheidbarer Merkmale ist es das Leben selber, das sich in Emotionen und symbolischen Ideen offenbart. In vielen Fällen sind diese sogar offensichtlich ein und dasselbe. Es gibt keine intellektuelle Formel, die der unmöglichen Aufgabe gewachsen wäre, etwas derart Komplexes befriedigend darzustellen.

571 Es steht dem akademischen Psychologen durchaus frei, die Emotion oder das Unbewusste oder auch beides unberücksichtigt zu lassen, doch die Tatsache bleibt bestehen, und zumindest der medizinische Psychologe muss ihnen reichliche Aufmerksamkeit zuwenden, denn emotionale Konflikte und die Einwirkungen des Unbewussten sind klassische Grundzüge seiner Wissenschaft. Wenn je er einen Patienten behandelt, so wird er mit solchen irrationalen Dingen konfrontiert, ob er sie nun intellektuell formulieren kann oder nicht. Er muss ihre allzu störende Existenz anerkennen. Es ist deshalb völlig natürlich, dass jemand, der die Tatsachen, von denen der medizinische Psychologe redet, nicht empfunden und erlebt hat, seine Terminologie nicht verstehen kann. Wer nicht die Gelegenheit oder das Unglück gehabt hat, solche oder ähnliche Situationen zu durchleben, dürfte kaum in der Lage sein, die Ereignisse zu begreifen, die dann eintreten, wenn die Psychologie aufhört, eine friedliche und kontrollierte Laborbeschäftigung zu sein, und zum wirklichen Abenteuer des Lebens wird. Scheibenschießen auf einem Schießstand ist noch keine Schlacht, aber der Arzt hat es mit Verwundeten in einem wirklichen Krieg zu tun. Deshalb muss er sich um die psychischen Realitäten kümmern, selbst wenn er sie mit wissenschaftlichen Begriffen nicht definieren kann. Er kann sie zwar benennen, aber er weiß, dass die Begriffe, die er verwendet, um die Hauptfaktoren des wirklichen Lebens zu kennzeichnen, keinen

Anspruch darauf erheben, mehr zu sein als Namen für Fakten, die als solche erfahren werden müssen, weil sie durch ihre Namen nicht reproduzierbar sind. Namen sind nichts als Wörter, und Wörter sind nie das Äquivalent für Tatsachen. Kein Lehrbuch, sondern nur die eigentliche Tatsachenerfahrung kann Psychologie wirklich lehren. Durch das Auswendiglernen von Wörtern wird keine Einsicht gewonnen, denn Symbole sind lebendige, existentielle Tatsachen und nicht bloße Zeichen für etwas bereits Bekanntes.

Das Kreuz ist in der christlichen Religion ein bedeutungsvolles Sym- 572
bol, das eine Vielfalt von Aspekten, Vorstellungen und Emotionen zum Ausdruck bringt, aber ein Kreuz hinter einem Personennamen heißt einfach, dass das Individuum tot ist. Der Phallus (oder lingam) fungiert in der Hindureligion als ein allumfassendes Symbol, doch wenn ein Gassenjunge eine dunkle Ecke mit einem solchen Bild dekoriert, so bedeutet das einfach ein Interesse an seinem Penis. Insofern als infantile und adoleszente Phantasien oft weit in das Erwachsenenalter hineinreichen, kommen viele Träume vor, die unmissverständliche sexuelle Anspielungen enthalten. Es wäre widersinnig, sie anders zu verstehen. Wenn aber ein Dachdecker von Mönchen und Nonnen spricht, die aufeinandergelegt werden müssen, oder ein europäischer Schlosser von männlichen und weiblichen Schlüsseln, so wäre es unsinnig anzunehmen, dass er sich in blühenden jugendlichen Phantasien ergeht. Er meint einfach eine bestimmte Art von Ziegeln oder von Schlüsseln. Solche Ziegel oder Schlüssel sind keine Sexualsymbole. Man hat ihnen einfach farbenfrohe Namen gegeben. Doch wenn ein gebildeter Hindu mit einem über den lingam redet, so bekommt man Dinge zu hören, die man niemals mit dem Penis in Verbindung gebracht hätte. Man kann es sogar höchst schwierig finden, zu erraten, was er mit diesem Begriff eigentlich meint, und wird zu dem natürlichen Schluss kommen, dass der lingam sehr viele Dinge *symbolisiert.* Der lingam ist keineswegs eine obszöne Anspielung, und das Kreuz ist nicht nur ein Zeichen für den Tod, sondern auch ein Symbol für eine große Anzahl anderer Vorstellungen. Es hängt also viel von der Reife des Träumers ab, der ein solches Bild produziert.

Die Deutung von Träumen und Symbolen verlangt einige Intelligenz. 573
Sie lässt sich nicht mechanisieren und dummen, phantasielosen Köpfen eintrichtern. Sie fordert eine stets wachsende Kenntnis der Individualität des Träumers ebenso wie eine stets wachsende Selbsterkenntnis auf Seiten des Interpreten. Keiner, der auf diesem Gebiete erfahren ist, wird bestreiten, dass es Faustregeln gibt, die sich als hilfreich erweisen können, doch müssen sie mit Umsicht und Intelligenz angewandt werden. Nicht jedem

ist es gegeben, die »Technik« zu beherrschen. Man kann die Regeln alle richtig befolgen und auf dem offenbar sicheren Pfad des Wissens wandeln und sich dennoch in den haarsträubendsten Unsinn verrennen, einfach weil man ein scheinbar unwesentliches Detail übersehen hat, das einer besseren Intelligenz nicht entgangen wäre. Selbst jemand, der über einen hoch entwickelten Intellekt verfügt, kann sehr in die Irre gehen, weil er nicht gelernt hat, seine Intuition oder sein Gefühl einzusetzen, die sich sogar auf einer bedauerlich niedrigen Entwicklungsstufe befinden können.

574 Tatsache ist, dass der Versuch, Symbole zu verstehen, einen nicht nur mit dem Symbol als solchem, sondern mit der Gesamtheit des symbolerzeugenden Individuums konfrontiert. Ist man dem wirklich gewachsen, so kann man Erfolg haben. Doch in der Regel wird es erforderlich sein, eine Spezialuntersuchung über das Individuum und seinen oder ihren kulturellen Hintergrund anzustellen. Man kann auf diese Weise viel lernen und erhält so die Gelegenheit, die eigenen Bildungslücken aufzufüllen. Ich habe es mir zur Regel gemacht, jeden Fall als eine völlig neue Aufgabe zu betrachten, von der ich nicht einmal das Abc weiß. Routine kann nützlich sein und ist es auch, solange man es mit der Oberfläche zu tun hat, doch sobald man die wesentlichen Probleme berührt, übernimmt das Leben selber die Führung, und selbst die brillantesten theoretischen Prämissen werden zu unwirksamen Wörtern.

575 Das macht die Lehre von Methoden und Techniken auf diesem Gebiet zu einem Hauptproblem. Wie ich bereits gezeigt habe, kann und muss der Student sich eine Menge Spezialwissen aneignen. Dies gibt ihm das nötige geistige Rüstzeug an die Hand, aber die Hauptsache, nämlich den Umgang damit, kann er nur lernen, wenn er sich einer Analyse unterzieht, die ihn mit seinem eigenen Konflikt bekanntmacht. Bei einigen sogenannten normalen, aber phantasielosen Individuen kann das eine ziemliche Aufgabe sein. Sie sind, zum Beispiel, einfach unfähig, die simple Tatsache einzusehen, dass psychische Ereignisse uns spontan zustoßen. Solche Leute ziehen es vor, sich an die Vorstellung zu klammern, dass, was immer geschieht, entweder von ihnen selber bewirkt wird oder pathologisch ist und mit Pillen oder Injektionen kuriert werden muss. Diese Fälle zeigen, wie langweilige Normalität der Neurose nahesteht. Übrigens sind es auch diese Leute, die geistigen Epidemien am schnellsten zum Opfer fallen.

576 Auf allen höheren Stufen der Wissenschaft spielen neben dem reinen Intellekt und seiner Geschultheit und Anwendbarkeit die Phantasie und die Intuition eine zunehmend wichtige Rolle. Selbst die strikteste aller angewandten Wissenschaften, die Physik, ist in einem erstaunlichen Grade von der Intuition abhängig, die mit Hilfe unbewusster Prozesse

und nicht logischer Schlüsse arbeitet, obgleich sich nachträglich demonstrieren lässt, welcher logische Denkprozess zu dem gleichen Resultat geführt haben könnte.

Intuition ist für die Symboldeutung nahezu unentbehrlich und kann 577
auf Seiten des Träumers ein sofortiges Akzeptieren hervorbringen. So überzeugend ein solcher glücklicher Einfall auch subjektiv sein mag, ist er doch auch etwas gefährlich, denn er verleitet einen in ein falsches Sicherheitsgefühl. Es kann sogar dazu führen, dass sich Deuter und Träumer diese Art von relativ leichtem Austausch zur Gewohnheit machen, was jedoch in einer Art gemeinsamem Traum endet. Die sichere Grundlage wirklichen intellektuellen und moralischen Wissens und Verstehens geht verloren, wenn man sich mit dem vagen Gefühl, verstanden zu haben, zufriedengibt. Wenn man solche Leute nach den Gründen ihres sogenannten Verstehens fragt, so stellt sich gewöhnlich heraus, dass sie keine Erklärung abgeben können. Erklären und wissen kann man erst dann, wenn man seine Intuitionen auf die sichere Basis einer wirklichen Kenntnis der Tatsachen und ihrer logischen Verbindungen gestellt hat. Ein ehrlicher Forscher wird zugeben müssen, dass dies in gewissen Fällen nicht möglich ist, doch wäre es unehrlich, solche Fälle außer Betracht zu lassen. Da ein Wissenschaftler auch nur ein Mensch ist, ist es völlig natürlich, dass er genauso wie andere die Dinge hasst, die er nicht erklären kann, und deshalb der wohlbekannten Illusion verfällt, dass, was wir heute wissen, den höchsten Gipfel der Erkenntnis darstelle. Nichts ist verletzlicher und kurzlebiger als wissenschaftliche Theorien, die stets bloße Werkzeuge und keine ewigen Wahrheiten sind.

Heilen der Spaltung

578 Da es hauptsächlich die medizinische Psychologie ist, die sich mit der Untersuchung von Symbolen befasst, besteht ihr Material aus sogenannten *natürlichen Symbolen,* im Gegensatz zu *kulturellen Symbolen.* Jene sind unmittelbar aus unbewussten Inhalten hergeleitet und stellen daher eine gewaltige Anzahl individueller Motivvarianten dar, archetypische Bilder genannt. Sie verdanken ihren Namen der Tatsache, dass sie vielfach bis zu archaischen Wurzeln hin verfolgt werden können, das heißt bis zu Darstellungen in Urkunden aus ältester Vorzeit oder zu den »représentations collectives« in primitiven Gesellschaften. Diesbezüglich möchte ich den Leser auf Bücher wie Eliades Arbeit über Schamanismus[1] verweisen, wo sich eine große Menge erhellender Beispiele finden.

579 Die kulturellen Symbole sind dagegen solche, die »ewige Wahrheiten« ausdrücken und noch in allen möglichen Religionen in Gebrauch sind. Diese Symbole haben viele Wandlungen durchgemacht und sogar mehr oder minder bewusste Verfeinerungsprozesse und sind auf diese Weise die representations collectives der zivilisierten Gesellschaften geworden. Sie haben größtenteils ihre ursprüngliche Numinosität bewahrt und fungieren in negativem und positivem Sinne als »Vorurteile«, mit denen der Psychologe ernsthaft zu rechnen hat.

580 Niemand kann solche numinosen Dinge aus rein rationalen Gründen abtun. Sie sind wichtige Bestandteile unserer Geistesstruktur und können nicht ohne einen schweren Verlust ausgemerzt werden, denn sie sind als lebenswichtige Faktoren am Aufbau der menschlichen Gesellschaft beteiligt, und zwar seit undenklichen Zeiten. Wo sie verdrängt oder vernachlässigt werden, verschwindet ihre spezifische Energie mit unabsehbaren Folgen im Unbewussten. Die scheinbar verlorene Energie belebt und intensiviert, was immer sich im Unbewussten zuoberst befindet, das heißt Tendenzen, die bis dahin keine Gelegenheit zur Entfaltung gehabt hatten

Quellenhinweis:
Aus: Symbole und Traumdeutung. GW 18/I, §§ 416–607. Hier: Kapitel 7, §§ 578–607.

[1] [*Schamanismus und archaische Ekstasetechnik.*] {In GW 18/I als Anmerkung 13.}

oder denen keine uneingeschränkte Existenz im Bewusstsein eingeräumt worden war und die deshalb einen stets gegenwärtigen, destruktiven Schatten bilden. Selbst solche Tendenzen, die einen höchst heilsamen Einfluss ausüben könnten, verwandeln sich in wahre Dämonen, wenn sie verdrängt werden. Deshalb haben viele wohlmeinende Leute sehr zu Recht Angst vor dem Unbewussten und nebenbei auch vor der Psychologie.

Unsere Zeit hat bewiesen, was es bedeutet, wenn sich die Pforten der 581
Unterwelt auftun. Es sind Dinge geschehen, von deren Monstrosität sich die idyllische Harmlosigkeit des ersten Jahrzehnts unseres Jahrhunderts nicht hätte träumen lassen. Die Welt ist durch sie auf den Kopf gestellt worden und befindet sich seither im Zustand der Schizophrenie. Nicht allein hat das große zivilisierte Deutschland eine erschreckende Primitivität ausgespien, sondern auch Russland wird von ihr regiert, und Afrika steht in Flammen. Kein Wunder, dass der westlichen Welt unbehaglich zumute ist, denn sie weiß nicht, wie sie der im Aufruhr befindlichen Unterwelt in die Hand spielt und was ihr durch die Zerstörung des Numinosen verloren gegangen ist. Sie hat ihre normalen geistigen Werte in einem unbekannten, sehr gefährlichen Umfang eingebüßt. Ihre moralische und geistige Tradition ist zum Teufel gegangen und hat eine weltweite Desorientiertheit und Dissoziation hinterlassen.

Wir hätten am Beispiel primitiver Gesellschaften seit langem ersehen 582
können, was der Verlust des Numinosen bedeutet: Sie verlieren ihre raison d'être, den Sinn ihres Lebens, ihre Gesellschaftsordnung, und dann lösen sie sich auf und verfallen. Wir befinden uns jetzt in der gleichen Lage. Wir haben etwas verloren, was wir niemals richtig verstanden haben. Man kann unseren »Seelenführern« nicht den Vorwurf ersparen, dass sie mehr daran interessiert gewesen sind, ihre Organisation zu schützen, als das Mysterium zu begreifen, das der Mensch in seinen Symbolen darstellt. Der Glaube schließt das Denken nicht aus, in dem die gewaltige Stärke des Menschen liegt. Unser Glaube fürchtet die Wissenschaft und nebenbei auch die Psychologie, und er wendet den Blick von der Grundtatsache des Numinosen ab, das die Geschicke des Menschen immerdar lenkt.

Die Massen und ihre Führer erkennen nicht, dass es keinen wesentli- 583
chen Unterschied macht, ob man das Weltprinzip als männlich und Vater oder als weiblich und Mutter bezeichnet (pater = Geist, mater = Materie). Es ist von sehr geringer Bedeutung, weil wir von dem einen ebensowenig wie von dem anderen wissen. Seit den Anfängen des menschlichen Geistes sind beide numinose Symbole gewesen, und ihre Bedeutung hat in ihrer Numinosität, und nicht in ihrem Geschlecht und anderen zufälligen Attributen bestanden. Wir haben alle Dinge ihres Geheimnisses und ihrer

Numinosität entkleidet, nichts ist uns mehr heilig. So wie aber Energie nie verschwindet, hört auch die emotionale Energie, die sich in numinosen Phänomenen manifestiert, nicht einfach auf zu sein, wenn sie sich aus der Welt des Bewusstseins verliert. Wie ich bereits aufgezeigt habe, taucht sie in Gestalt von unbewussten Erscheinungen, symbolischen Ereignissen wieder auf, die gewisse Störungen der bewussten Psyche kompensieren. Unsere Psyche ist durch einen Mangel an moralischen und spirituellen Werten zutiefst gestört. Sie leidet an Desorientiertheit, Verwirrung und Angst, weil sie ihre herrschenden »idées forces« verloren hat, die bislang unser Leben in Ordnung gehalten hatten. Unser Bewusstsein ist nicht mehr imstande, den natürlichen Andrang instinktiver Begleiterscheinungen, der unsere bewusste psychische Aktivität unterhält, zu integrieren. Dies ist nicht mehr auf die gleiche Weise wie früher möglich, weil sich das Bewusstsein selbst der Organe beraubt hat, mit deren Hilfe die unterstützenden Beiträge der Instinkte und des Unbewussten integriert werden konnten. Diese Organe waren die numinosen Symbole, die mit allgemeiner Zustimmung heiliggehalten wurden, nämlich der Glaube.

584 Ein Begriff wie »physische Materie«, der der numinosen Begleitvorstellung der Großen Mutter entkleidet wurde, drückt die gewaltige emotionale Bedeutung von Mutter Erde nicht mehr aus. Er ist ein rein intellektueller Begriff, staubtrocken und völlig unmenschlich. Auf die gleiche Weise hört der mit dem Intellekt identifizierte Geist auf, der Vater von allem zu sein, und degeneriert zum beschränkten Verstand des Menschen. Dabei versickert die gewaltige Menge emotionaler Energie, die in dem Bilde von »unser Vater« ausgedrückt ist, im Sande einer intellektuellen Wüste.

585 Durch das wissenschaftliche Verständnis ist unsere Welt entmenschlicht worden. Der Mensch steht isoliert im Kosmos da. Er ist nicht mehr in die Natur verwoben und hat seine emotionale Anteilnahme an Naturereignissen, die bis dahin eine symbolische Bedeutung für ihn gehabt hatten, eingebüßt. Der Donner ist nicht mehr die Stimme Gottes, noch ist der Blitz sein rächendes Wurfgeschoss. Kein Fluss beherbergt einen Geist, kein Baum bedeutet ein menschliches Leben, keine Schlange ist die Verkörperung der Weisheit, und kein Berg ist noch von einem großen Dämonen bewohnt. Auch sprechen die Dinge nicht mehr zu uns oder wir mit den Dingen, wie den Steinen, Quellen, Pflanzen und Tieren. Wir haben keine Buschseele mehr, die uns mit einem wilden Tier identifiziert. Unsere direkte Kommunikation mit der Natur ist zusammen mit der damit verbundenen beträchtlichen emotionalen Energie im Unbewussten versunken.

586 Dieser gewaltige Verlust wird durch die Symbole in unseren Träumen

kompensiert. Sie bringen unsere ursprüngliche Natur mit ihren Instinkten und eigentümlichen Denkweisen wieder herauf. Leider, würde man sagen, drücken sie ihre Inhalte in der Sprache der Natur aus, die uns fremd und unbegreiflich erscheint. Das stellt uns vor die ungewöhnliche Aufgabe, ihr Vokabular in die verständlichen und rationalen Begriffe und Kategorien unserer gegenwärtigen Sprache zu übersetzen, der es gelungen ist, sich ihrer primitiven Schlacken zu entledigen, nämlich ihrer participation mystique mit den Dingen. Von Geistern und anderen numinosen Gestalten zu sprechen, bedeutet nicht mehr, sie herbeizurufen. Wir glauben nicht mehr an magische Formeln. Nicht viele Tabus und ähnliche Einschränkungen sind noch übrig geblieben. Unsere Welt scheint von allen »abergläubischen« Numina desinfiziert zu sein, von »Hexen, Zauberern und Kobolden«, wozu wir noch Werwölfe, Vampire, Buschseelen und all die anderen seltsamen und bizarren Wesenheiten hinzufügen könnten, die den Urwald bevölkern.

Zumindest die Oberfläche unserer Welt scheint von allem Aberglau- 587
ben und irrationalen Beimischungen gereinigt zu sein. Es ist jedoch eine andere Frage, ob die reale menschliche Welt – nicht unsere wunscherfüllende Fiktion von ihr – auch von aller Primitivität frei sei. Ist nicht die Zahl 13 immer noch für viele Leute tabu? Gibt es nicht immer noch viele Individuen, die von seltsamen Vorurteilen, Projektionen und kindischen Illusionen besessen sind? Ein realistisches Bild des menschlichen Geistes enthüllt viele primitive Züge und Überreste, die immer noch eine Rolle spielen, ganz so, als sei in den letzten fünfhundert Jahren gar nichts geschehen. Der Mensch von heute ist tatsächlich eine kuriose Mischung aus Wesenszügen, die den vielen Jahrtausenden seiner Geistesentwicklung angehören. Das ist der Mensch, mit dessen Symbolen wir es zu tun haben, und wenn wir mit ihm konfrontiert sind, müssen wir seine Geistesprodukte in der Tat sehr sorgfältig untersuchen. Skeptische Gesichtspunkte und wissenschaftliche Überzeugungen existieren Seite an Seite mit altmodischen Vorurteilen, überholten, habituellen Denk- und Gefühlsmustern, hartnäckigen Missdeutungen und blinder Unwissenheit.

Solcher Art sind die Menschen, welche die Symbole hervorbringen, die 588
wir in ihren Träumen untersuchen. Um die Symbole und deren Bedeutung erklären zu können, ist es unerlässlich, herauszufinden, ob die mit ihnen verbundenen Vorstellungen immer noch die gleichen sind wie eh und je, oder ob sie vom Traum für seinen bestimmten Zweck aus einem allgemeinen bewussten Wissensvorrat ausgewählt wurden. Wenn man zum Beispiel mit einem Traum zu tun hat, in dem die Zahl 13 vorkommt, so erhebt sich die Frage: Glaubt der Träumer gewohnheitsmäßig an die

ungünstige Natur dieser Zahl, oder spielt der Traum nur auf Leute an, die sich noch solchen abergläubischen Vorstellungen hingeben? Die Antwort auf diese Frage ist von großer Bedeutung für die Interpretation. Im einen Fall hat man mit der Tatsache zu rechnen, dass das Individuum sich noch im Banne der unglücklichen 13 befindet und sich darum in Zimmer Nr. 13 oder bei Tisch mit 13 Personen höchst unbehaglich fühlen wird. Im anderen Fall dagegen bedeutet 13 nicht mehr als eine kritische oder herabsetzende Bemerkung. Im ersten Fall handelt es sich um eine noch numinose Vorstellung, im zweiten ist sie ihrer ursprünglichen Emotionalität entkleidet und hat die harmlose Rolle eines gleichgültigen Informationsträgers übernommen.

589 Mit dieser Erörterung wollte ich veranschaulichen, wie sich die Archetypen in der praktischen Erfahrung zeigen: Im einen Falle erscheinen sie in ihrer ursprünglichen Form, das heißt, *sie sind Bilder und gleichzeitig Emotionen.* Man kann von einem Archetypus nur dann sprechen, wenn diese zwei Aspekte gleichzeitig vorhanden sind. Ist lediglich ein Bild da, so ist das nur ein Wortbild, wie ein Korpuskel ohne elektrische Ladung. Es ist dann sozusagen wirkungslos, ein bloßes Wort und sonst nichts. Ist das Bild dagegen mit Numinosität, das heißt mit psychischer Energie geladen, so ist es wirksam und wird Folgen nach sich ziehen. Deshalb ist es in allen praktischen Fällen ein großer Fehler, einen Archetypus wie einen bloßen Namen, ein Wort oder einen Begriff zu behandeln. Er ist weit mehr als das: Er ist ein Stück Leben, insofern er ein Bild ist, das mit einem lebendigen Individuum durch die Brücke des Gefühls verbunden ist. Es ist jedoch ein weitverbreiteter Irrtum, Archetypen wie Begriffe oder Worte zu betrachten, und die Tatsache außer Acht zu lassen, dass der Archetypus beides ist: ein Bild und ein Affekt. Das Wort allein ist ein bloßes Abstraktum, eine austauschbare Münze im intellektuellen Handelsverkehr. Doch der Archetypus ist sozusagen etwas Lebendiges. Er ist nicht unbeschränkt austauschbar, sondern gehört immer dem seelischen Haushalt des lebendigen Individuums an, aus dem er nicht herausgelöst und willkürlichen Zwecken zugeführt werden kann. Er lässt sich nicht auf jede beliebige, sondern nur auf die Weise deuten, die durch das betreffende Individuum angezeigt ist. So kann das Symbol des Kreuzes bei einem guten Christen nur auf christliche Weise interpretiert werden, es sei denn, der Traum brächte sehr starke Gegengründe hervor, und selbst dann sollte man die christliche Bedeutung nicht aus den Augen verlieren. Wenn man archetypische Bilder ihres besonderen Gefühlstons, ihrer Numinosität, entkleidet, so weicht das Leben aus ihnen, und sie werden bloße Worte. Dann kann man sie mit Leichtigkeit mit anderen mythologischen Vorstellungen

verknüpfen und am Ende noch zeigen, dass alles alles bedeutet. Alle Leichname dieser Welt sind chemisch identisch, doch lebendige Menschen sind es nicht.

Der bloße Gebrauch von Worten ist futil, wenn man nicht weiß, wofür 590
sie stehen. Dies gilt insbesondere für die Psychologie, wo von archetypischen Gestalten, wie der Anima und dem Animus, dem Alten Weisen, der Großen Mutter usw. die Rede ist. Man kann all die Heiligen, Weisen, Propheten und andere Männer Gottes und alle Großen Mütter der Welt kennen, wenn sie jedoch bloße Bilder bleiben, deren Numinosität man niemals erfahren hat, so ist es, als rede man im Traum, denn man weiß nicht, wovon man redet. Die Wörter, die man verwendet, sind leer und wertlos. Sie werden erst dann zu Sinn und Leben erweckt, wenn man ihre Numinosität zu erfahren versucht, das heißt ihre Beziehung zum lebendigen Individuum. Erst dann beginnt man zu begreifen, dass ihre Namen allein sehr wenig bedeuten, dass aber die Art und Weise, wie sie auf einen bezogen sind, von entscheidender Wichtigkeit ist.

Die symbolerzeugende Funktion unserer Träume stellt einen Versuch 591
dar, unseren ursprünglichen Geist dem Bewusstsein zuzuführen, wo er nie zuvor gewesen ist und sich nie kritischer Selbstbetrachtung ausgesetzt hat. Man ist dieser Geist zwar gewesen, aber man hat ihn nie *gekannt.* Man hat sich seiner entledigt, noch bevor man ihn begriff. Er entwuchs seiner Wiege und streifte alle seine primitiven Wesenszüge wie lästige und wertlose Hülsen von sich ab. Es sieht so aus, als wenn das Unbewusste den Niederschlag dieser Überreste darstellte. Die Träume und ihre Symbole nehmen ständig Bezug auf sie, so als beabsichtigten sie, alle die alten, primitiven Dinge, von denen sich das Bewusstsein im Zuge seiner Evolution befreit hatte, wieder zurückzubringen: Illusionen, kindliche Phantasien, archaische Denkformen, bis hin zu den primitiven Instinkten. Dies ist tatsächlich der Fall und erklärt den Widerstand, ja das Entsetzen und die Angst, die einen ergreifen, wenn man sich unbewussten Inhalten annähert. Dabei ist es weniger die Primitivität, die einen schockiert, als die mit ihr verbundene Emotionalität. Das ist der wirklich beunruhigende Faktor: Diese Inhalte sind nicht einfach neutral oder indifferent, sondern sie sind im Gegenteil so affektgeladen, dass sie mehr als bloß unbequem sind. Sie bringen sogar Angst und Panik hervor, und je mehr sie verdrängt werden, desto stärker durchdringen sie die gesamte Persönlichkeit in Form einer Neurose.

Es ist ihre emotionale Ladung, was ihnen eine entscheidende Bedeu- 592
tung verleiht. Es ist gerade so, als wenn ein Mann, der eine Phase seines Lebens in bewusstlosem Zustand verbracht hat, plötzlich erkennt, dass es

in seinen Erinnerungen eine Lücke gibt, die sich über einen Zeitraum erstreckt, in dem sich viele wichtige Ereignisse abgespielt haben, an die er sich nicht erinnern kann. Insofern er annimmt, dass die Psyche eine rein persönliche Angelegenheit ist (und das ist das Übliche), wird er versuchen, die scheinbar verloren gegangenen infantilen Erinnerungen ins Gedächtnis zurückzurufen. Doch die Gedächtnislücken in seiner Kindheit sind bloß Symptome eines viel größeren Verlustes, nämlich dessen der primitiven Psyche, das heißt der Psyche, die lebendige Funktionen ausgeübt hatte, bevor sie durch das Bewusstsein reflektiert wurde. So wie sich in der Evolution des embryonalen Körpers seine Vorgeschichte wiederholt, so durchläuft auch der menschliche Geist in seinem Reifeprozess eine Reihe prähistorischer Stufen.

593 Die Träume scheinen es als ihre Hauptaufgabe zu betrachten, eine Art Erinnerung an die infantile sowohl als auch an die prähistorische Welt, bis hinunter auf die Ebene der primitivsten Instinkte, zurückzubringen, so als wäre eine solche Erinnerung ein kostbarer Schatz. Übrigens können solche Erinnerungen, wie Freud selber vor langem erkannt hat, in gewissen Fällen eine bemerkenswerte Heilwirkung haben. Diese Beobachtung bestätigt die Ansicht, dass eine infantile Gedächtnislücke (eine sogenannte Amnesie) tatsächlich einen Verlust darstellt und die Wiederherstellung des Gedächtnisses einen gewissen Zuwachs an Leben und Wohlbefinden bedeutet! Doch indem wir das psychische Leben des Kindes nach der Dürftigkeit und Einfachheit seiner Bewusstseinsinhalte bemessen, lassen wir die weitreichenden Komplikationen des kindlichen Geistes außer Acht, die auf seine ursprüngliche Identität mit der prähistorischen Psyche zurückgehen, welche im Kind genauso gegenwärtig und wirksam ist wie die Evolutionsstufen im embryonalen Körper. Wenn der Leser sich daran erinnert, was ich über die Träume des oben erwähnten Kindes gesagt habe, wird er sich eine gute Vorstellung davon machen können, was hier gemeint ist.

594 Bei kindlicher Amnesie sind merkwürdige Beimischungen mythologischer Fragmente einbezogen, die auch in späteren Psychosen oft in Erscheinung treten. Solche Bilder sind in hohem Grade numinos und deshalb sehr wichtig. Wenn solche Erinnerungen im Erwachsenenalter wieder zum Vorschein kommen, können sie die stärksten Affekte hervorbringen oder erstaunliche Heilungen oder religiöse Bekehrungen nach sich ziehen. Oft bringen sie ein Stück Leben zurück, das lange gefehlt hatte und dem menschlichen Leben Fülle gibt.

595 Das Heraufholen von Kindheitserinnerungen und archetypischen psychischen Funktionsweisen bringt, wenn es gelingt, die verlorenen und

wiedergefundenen Inhalte zu assimilieren und zu integrieren, eine Erweiterung des Bewusstseinshorizontes hervor. Da diese nicht neutral sind, übt ihre Assimilation eine modifizierende Wirkung auf unsere Persönlichkeit aus, ebenso wie auch sie sich gewisse notwendige Umformungen gefallen lassen müssen. In dieser Phase des Individuationsprozesses spielt die Interpretation von Symbolen eine wichtige praktische Rolle, insofern als die Symbole natürliche Versuche darstellen, die oft tiefe Kluft zwischen den Gegensätzen und Unterschieden zu überbrücken und auszugleichen, die sich in der widersprüchlichen Natur vieler Symbole manifestieren. Bei dieser Assimilationsarbeit wäre es ein besonders verhängnisvoller Fehler, wenn der Interpret nur die bewussten Erinnerungen für »wahr« und »real« halten und die archetypischen Inhalte als bloße Phantasievorstellungen betrachten wollte. Trotz ihrem zweifellos phantastischen Charakter stellen sie emotionale Mächte dar, sogenannte Numinosa. Versuchte man sie beiseitezuschieben, so würde man sie verdrängen und den früheren, neurotischen Zustand wiederherstellen. Das Numinose verleiht den Inhalten einen autonomen Charakter. Das ist eine psychologische Tatsache, die sich nicht ableugnen lässt. Würde sie trotzdem geleugnet, so würden die wiedergewonnenen Inhalte annulliert, und jeder Versuch zu einer Synthese wäre vergeblich. Dennoch scheint es ein bequemer Ausweg zu sein, der deshalb auch häufig gewählt wird.

Tatsächlich ist es fast die Regel, dass nicht nur die Existenz der Arche- 596
typen bestritten wird, sondern, dass selbst diejenigen, welche zugeben, dass es sie gibt, sie wie Bilder behandeln und völlig vergessen, dass es lebendige Wesenheiten sind, die einen Großteil der menschlichen Psyche ausmachen. Sobald der Interpret illegitimerweise sich des Numinosen entledigt, beginnt der Prozess einer endlosen *Substitution,* das heißt, man gleitet ohne Hindernis von Archetypus zu Archetypus, alles bedeutet alles, und man hat den ganzen Prozess ad absurdum geführt. Zwar ist es richtig, dass die Formen der Archetypen in beträchtlichem Umfange austauschbar sind, doch das Numinose an ihnen ist und bleibt eine Tatsache. Sie besitzt den *Wert* eines archetypischen Ereignisses. Der Interpret muss diese Tatsache ihres emotionalen Wertes durch den gesamten intellektuellen Deutungsprozess hindurch im Auge behalten und berücksichtigen. Das Risiko ihres Verlustes ist groß, weil der Gegensatz zwischen Denken und Fühlen so beträchtlich ist, dass beispielsweise das Denken leicht Werte vernichtet, und umgekehrt auch. Die Psychologie ist die einzige Wissenschaft, die den Wertfaktor, das heißt das Gefühl, mit berücksichtigt, weil es das Bindeglied zwischen psychischen Ereignissen einerseits und Sinn und Leben andererseits darstellt.

597 Zwar hat unser Intellekt eine neue Welt erschaffen, die über die Natur herrscht und sie mit monströsen Maschinen bevölkert. Diese sind zweifellos so nützlich und uns derart unentbehrlich geworden, dass wir keinerlei Möglichkeit sehen, sie wieder loszuwerden oder uns aus unserem widerwärtigen Dienstbarkeitsverhältnis ihnen gegenüber zu befreien. Der Mensch kann nicht anders, als die Ausbeutung seines wissenschaftlichen und erfinderischen Geistes weiter zu betreiben und sich selber wegen seiner glänzenden Leistungen zu bewundern, selbst wenn er langsam zugeben muss, dass sein Genie eine unheimliche Neigung zeigt, Dinge zu erfinden, die immer gefährlicher werden, weil sie immer wirksamere Mittel zum Massenselbstmord darstellen. In Anbetracht der sich rasch vergrößernden Lawine der Weltbevölkerung sucht man bereits nach Mitteln und Wegen, um die steigende Flut einzudämmen. Doch die Natur könnte allen unseren Versuchen zuvorkommen, indem sie sich den schöpferischen Geist des Menschen, dessen Eingebungen er folgen muss, zunutze macht, und durch die Auslösung der Wasserstoffbombe oder einer ähnlich unheilvollen Erfindung der Übervölkerung ein Ende setzt. Trotz unserer stolzen Herrschaft über die Natur sind wir immer noch wie eh und je ihre Opfer und haben noch nicht einmal gelernt, unsere eigene Natur in den Griff zu bekommen, die langsam, aber unausweichlich der Katastrophe entgegensteuert.

598 Es gibt keine Götter mehr, die wir um Hilfe anrufen könnten, und die großen Religionen leiden überall in der Welt an einer zunehmenden Anämie, weil alle hilfreichen Numina sich aus den Wäldern, Flüssen, Bergen und Lebewesen geflüchtet haben und die Gottmenschen in den Untergrund verschwunden sind, das heißt ins Unbewusste, wo sie vermutlich unter den Überresten unserer Vergangenheit ein schmähliches Dasein fristen, beherrscht von der großen Déesse Raison, die unsere überwältigende Illusion ist. Mit ihrer Hilfe vollbringen wir löbliche Taten: Zum Beispiel befreien wir die Welt von Malaria, wir verbreiten die Hygiene überallhin, mit dem Resultat, dass unterentwickelte Bevölkerungen in einem Maße zunehmen, dass daraus Ernährungsprobleme erwachsen. »Wir haben die Natur besiegt« ist ein bloßes Schlagwort. Es ist der sogenannte »Sieg über die Natur«, der uns mit der sehr natürlichen Tatsache der Übervölkerung überwältigt und unsere Schwierigkeiten durch unsere psychologische Unfähigkeit, die nötigen politischen Übereinkommen zu treffen, mehr oder weniger unüberwindbar macht. Es gehört in der Tat zur Natur des Menschen, dass er streitet, kämpft und versucht, Überlegenheit über den anderen zu erringen. Inwiefern also haben wir »die Natur besiegt«?

599 Da jede Wandlung irgendwo zu einem bestimmten Zeitpunkt einmal

anfangen muss, wird es das einzelne Individuum sein, das sie durchmachen und zu Ende führen wird. Die Wandlung beginnt bei einem Individuum, das vielleicht sogar ich selbst sein kann. Tatsächlich kann es sich keiner leisten, nach jemand anderem Ausschau zu halten, der das tun wird, was er selber nur ungern täte. Da niemand weiß, wozu er imstande ist, sollte man den Mut aufbringen, sich die Frage zu stellen, ob vielleicht zufällig das eigene Unbewusste etwas Hilfreiches beitragen könnte, wenn nirgends eine befriedigende bewusste Lösung in Sicht ist. Der Mensch von heute ist sich der Tatsache schmerzlich bewusst, dass weder seine großen Religionen noch seine zahlreichen Philosophien ihm jene idées forces zu liefern scheinen, die er angesichts der gegenwärtigen Weltsituation als zuverlässige und sichere Basis benötigt.

Ich weiß, dass die Buddhisten sagen würden – was sie auch tun –: 600
Wenn die Menschen nur dem »edlen achtfältigen Pfad« des Dharma (Lehre, Gesetz) folgten und wahre Einsicht in das Selbst gewännen; oder der Christ: Wenn die Menschen nur den rechten Glauben auf den Herrn setzen würden; oder der Rationalist: Wenn die Menschen bloß intelligent und vernünftig genug wären, dann ließen sich alle Probleme bewältigen und lösen. Die Crux ist, dass sie diese Probleme weder bewältigen noch lösen können und offenbar nicht imstande sind, vernünftig zu sein. Die Christen fragen sich, warum Gott nicht zu ihnen spricht, wie er es doch angeblich früher getan hat. Wenn ich solche Fragen höre, muss ich immer an den Rabbi denken, der, als man ihn fragte, wie es käme, dass Gott sich in alten Zeiten gezeigt habe und ihn heute niemand mehr sehe, erwiderte: »Heutzutage gibt es auch keinen mehr, der sich so tief vor ihm neigen könnte.«

Diese Antwort trifft den Nagel auf den Kopf. Wir sind dermaßen in 601
unser subjektives Bewusstsein verwickelt und verstrickt, dass wir einfach die uralte Tatsache vergessen haben, dass Gott hauptsächlich durch Träume und Visionen spricht. Der Buddhist tut die Welt unbewusster Phantasien als nutzlose Illusionen ab; der Christ stellt seine Kirche und seine Bibel zwischen sich und sein Unbewusstes; und der rationale Intellektuelle weiß noch nicht, dass sein Bewusstsein nicht seine Gesamtpsyche ist; und dies, obwohl seit über siebzig Jahren das Unbewusste zumindest ein wissenschaftlicher Begriff gewesen ist, unentbehrlich für jeden ernsthaften Erforscher der Psychologie.

Wir können es uns nicht mehr leisten, auf gottähnliche Weise über den 602
Wert und Unwert natürlicher Phänomene zu richten. Wir können unsere Botanik nicht auf eine Einteilung in nützliche und nutzlose Pflanzen begründen oder unsere Zoologie auf eine Klassifikation harmloser und

gefährlicher Tiere. Aber wir setzen immer noch stillschweigend voraus, dass das Bewusstsein sinnvoll und das Unbewusste unsinnig ist, so als würden wir versuchen, ausfindig zu machen, ob natürliche Phänomene überhaupt sinnvoll sind. Haben Mikroben einen Sinn oder nicht? Solche Wertungen zeigen lediglich unseren beklagenswerten Geisteszustand an, der seine Unwissenheit und Inkompetenz unter dem Deckmantel des Größenwahnsinns verhüllt. Allerdings sind Mikroben sehr klein und meistenteils verächtlich und sogar hassenswert, aber man ist ein Narr, wenn man nichts über sie weiß.

603 Woraus das Unbewusste auch immer bestehen mag, es ist ein natürliches Phänomen, das Symbole erzeugt, die sich als bedeutsam erweisen. So wie man von niemandem erwarten kann, der noch nie durch ein Mikroskop geblickt hat, dass er eine Autorität auf dem Gebiet der Mikroben ist, so kann man auch niemandem, der sich nicht ernsthaft mit natürlichen Symbolen beschäftigt hat, ein kompetentes Urteil darüber zutrauen. Doch die allgemeine Unterbewertung der menschlichen Seele ist so groß, dass weder die großen Religionen noch die Philosophien noch der wissenschaftliche Rationalismus ihr irgendwelche Beachtung schenken. Obwohl die katholische Kirche das Vorkommen von »somnia a Deo missa« (gottgesandten Träumen) als Tatsache eingesteht, macht sie doch nicht den Versuch, Träume zu verstehen. Ich möchte bezweifeln, dass es eine protestantische Abhandlung über dogmatische Themen gibt, die sich so weit herablassen würde, die Möglichkeit zu erwägen, dass die vox Dei im Traume gehört werden könnte. Wenn jemand an Gott glaubt, so steht es ihm nicht zu, zu behaupten, Gott sei nicht imstande, durch Träume zu sprechen. Doch wo sind diejenigen, die sich tatsächlich die Mühe machen, ihre Träume zu befragen oder gar ein paar grundlegende Tatsachen über Träume und ihre Symbole zu erfahren?

604 Ich habe über ein halbes Jahrhundert damit zugebracht, natürliche Symbole zu erforschen, und bin zu dem Ergebnis gelangt, dass Träume und ihre Symbole nicht dummer Unsinn sind. Im Gegenteil, sie liefern uns höchst interessante Information, wenn wir uns nur die Mühe nehmen, die Symbole zu verstehen. Es stimmt allerdings, dass die Ergebnisse wenig mit Kauf und Verkauf, das heißt mit unseren weltlichen Interessen zu tun haben. Doch der Sinn unseres Lebens lässt sich nicht erschöpfend aus unserem Geschäftsleben herleiten, noch wird die Sehnsucht des menschlichen Herzens durch das Bankkonto gestillt, selbst dann nicht, wenn man niemals von etwas anderem gehört hat.

605 Zu einer Zeit, wo alle verfügbare Energie auf die Erforschung der Natur verwendet wird, richtet sich sehr wenig Aufmerksamkeit auf das

Wesentliche am Menschen, auf seine Psyche, obgleich viele Forschungen über deren bewusste Funktionen angestellt werden. Doch ihr wirklich unbekannter Teil, der Symbole hervorbringt, ist immer noch terra incognita. Und dennoch sendet er uns jede Nacht seine Signale. Die Entschlüsselung dieser Mitteilungen scheint eine widerwärtige Arbeit zu sein, und sehr wenig Leute in der ganzen zivilisierten Welt beschäftigen sich damit. An das größte Werkzeug des Menschen, seine Psyche, werden wenig Gedanken verschwendet, wenn man nicht geradezu ihr misstraut und sie verachtet. »Es ist bloß psychologisch« bedeutet: Es ist nichts.

Ich weiß nicht genau, wo dieses ungeheuerliche Vorurteil herkommt. 606
Wir sind offenbar so mit der Frage beschäftigt gewesen, was wir denken, dass wir vollkommen vergessen haben, darüber nachzudenken, was *es* in und über uns denkt. Freud hat einen ernsthaften Versuch unternommen, zu zeigen, warum das Unbewusste keine bessere Beurteilung verdient, und seine Lehre hat versehentlich die bereits bestehende Verachtung für die Psyche vergrößert und bestärkt. Wurde sie bis dahin nur übersehen und vernachlässigt, so ist sie jetzt zur moralischen Abfallgrube geworden, vor der man ausgesprochene Angst hat.

Dieser moderne Standpunkt ist gewiss einseitig und ungerecht. Er ent- 607
spricht nicht den wahren Tatsachen. Unsere eigentliche Kenntnis des Unbewussten zeigt, dass es ein natürliches Phänomen ist und dass es, wie die Natur selber, zumindest *neutral* ist. Es umfasst alle Aspekte der menschlichen Natur, Licht und Dunkelheit, Schönes und Hässliches, Gut und Böse, Tiefes und Törichtes. Die Erforschung individueller wie auch kollektiver Symbolik ist eine gewaltige Aufgabe, die bisher noch nicht gemeistert wurde, aber es ist endlich doch ein Anfang gemacht worden. Die bisher erzielten Resultate sind ermutigend, und sie scheinen eine Antwort auf viele Fragen der heutigen Menschheit zu enthalten.

Psychotherapie und Religion

Das Problem der Heilung ist ein religiöses Problem.
GW 11, § 523

Die Psychoneurose ist im letzten Verstande ein Leiden der Seele, die ihren Sinn nicht gefunden hat.
GW 11, § 497

Einleitung in die religionspsychologische Problematik der Alchemie

Calamum quassatum non conteret
et linum fumigans non extinguet.
Isaia 42,3

Geknicktes Rohr wird er nicht zerbrechen
und glimmenden Docht nicht auslöschen.

Was den Inhalt der folgenden Untersuchungen betrifft, so dürften sich für einen Kenner der Komplexen Psychologie einleitende Bemerkungen erübrigen. Für einen Leser aber, der nicht zum Fach gehört und diesem Buch unvorbereitet gegenübertritt, bedarf es wohl einiger einführender Erklärungen. Der Begriff *Individuationsprozess* einerseits und die Alchemie anderseits sind Dinge, die weit auseinanderzuliegen scheinen, so dass es der Phantasie zunächst unmöglich vorkommt, sich eine dazwischenliegende Brücke vorzustellen. Diesem Leser bin ich Aufklärung schuldig, besonders auch darum, weil ich gelegentlich der Veröffentlichung meiner Vorlesungen einige Erfahrungen machte, welche auf eine gewisse Ratlosigkeit meiner Kritiker schließen lassen. 1

Was ich in Bezug auf das Wesen der menschlichen Seele vorzubringen habe, sind in erster Linie *Beobachtungen am Menschen.* Man hat diesen Beobachtungen vorgeworfen, dass es sich dabei um unbekannte beziehungsweise schwer zugängliche Erfahrungen handle. Es ist eine merkwürdige Tatsache, auf die man immer wieder stößt, dass absolut jeder, auch der unmaßgeblichste Laie, über Psychologie völlig Bescheid zu wissen glaubt, wie wenn die Psyche ausgerechnet jenes Gebiet wäre, welches sich der allgemeinsten Bekanntschaft erfreute. Jeder wirkliche Kenner der Menschenseele wird mir aber beipflichten, wenn ich sage, dass sie zum Dunkelsten und Geheimnisvollsten gehört, was unserer Erfahrung begegnet. Man hat auf diesem Gebiete nie ausgelernt. Es vergeht beinahe kein Tag in meiner praktischen Tätigkeit, an dem ich nicht auf Neues und 2

Quellenhinweis:
Aus: Psychologie und Alchemie. GW 12. Hier: Auszug aus Kapitel I, §§ 1–34. Ausgewählt wurden die Abschnitte zur religiösen Problematik allgemein.

Unerwartetes stoße. Gewiss sind meine Erfahrungen nicht an der Oberfläche liegende Alltäglichkeiten. Sie finden sich aber für jeden Psychotherapeuten, wenn er sich mit diesem speziellen Gebiet beschäftigt, in erreichbarer Nähe. Es erscheint mir daher als zum mindesten ungereimt, wenn die Unbekanntheit der mitgeteilten Erfahrungen mir gewissermaßen zum Vorwurf gemacht wird. Ich fühle mich nicht verantwortlich dafür, dass das Laienwissen um Psychologie unzulänglich ist.

3 Im analytischen Prozess, das heißt in der dialektischen Auseinandersetzung zwischen dem Bewusstsein und dem Unbewussten, gibt es eine Entwicklung, ein Fortschreiten zu einem Ziel oder Ende, dessen schwer zu enträtselnde Natur mich während vieler Jahre beschäftigt hat. Psychische Behandlungen kommen in allen möglichen Stadien der Entwicklung zu einem *Ende,* ohne dass man bei einem solchen immer das Gefühl hätte, es sei damit auch ein *Ziel* erreicht. Typische, temporäre Beendigungen finden statt: 1. Nach Empfang eines guten Rates; 2. nach Ablegung einer mehr oder weniger vollständigen, jedoch genügenden Beichte; 3. nach der Erkenntnis eines bisher unbewussten, aber wesentlichen Inhalts, dessen Bewusstmachung einen neuen Lebens- oder Tätigkeitsanstoß im Gefolge hat; 4. nach einer durch längere Arbeit geleisteten Ablösung von der Kindheitspsyche; 5. nach Herausarbeitung einer neuen, rationalen Anpassung an vielleicht schwierige oder ungewöhnliche Umweltbedingungen; 6. nach dem Verschwinden quälender Symptome; 7. nach Eintreten einer positiven Schicksalswendung, wie Examen, Verlobung, Verheiratung, Scheidung, Berufswechsel usw.; 8. nach Wiederentdeckung der Zugehörigkeit zu einem religiösen Bekenntnis oder Konversion; 9. nach begonnenem Aufbau einer praktischen Lebensphilosophie (»Philosophie« im antiken Sinn!).

4 Obschon sich an dieser Aufzählung noch mehrere Modifikationen und Zusätze anbringen ließen, dürfte sie doch im Ganzen und Großen die hauptsächlichsten Situationen, in denen der analytische respektive psychotherapeutische Prozess ein vorläufiges oder gelegentlich auch ein definitives Ende erreicht, kennzeichnen. Wie nun die Erfahrung zeigt, gibt es aber eine relativ große Zahl von Patienten, bei denen die äußere Beendigung der Arbeit mit dem Arzte keineswegs auch das Ende des analytischen Prozesses bedeutet. Vielmehr geht die Auseinandersetzung mit dem Unbewussten weiter, und zwar in ähnlichem Sinne wie bei jenen, die ihre Arbeit beim Arzte nicht aufgegeben haben. Gelegentlich trifft man solche Patienten nach Jahren wieder an und vernimmt dann die oft bemerkenswerte Geschichte ihrer weiteren Wandlungen. Solche Erfahrungen haben mich zuerst in der Annahme bestärkt, dass es in der Seele einen von äußeren Bedingungen sozusagen unabhängigen, zielsuchenden Prozess gebe, und

mich von der Besorgnis, ich selber könnte die alleinige Ursache eines uneigentlichen (und darum vielleicht naturwidrigen) psychischen Vorganges sein, befreit. Diese Besorgnis war insofern nicht unangebracht, als gewisse Patienten sich von keinem Argument der neun erwähnten Kategorien zu einer Beendigung der analytischen Arbeit bestimmen lassen – nicht einmal durch eine religiöse Konversion – geschweige denn von einer noch so eklatanten Beseitigung der neurotischen Symptome. Gerade Fälle letzterer Art machten es mir klar, dass durch die Neurosenbehandlung ein Problem angeschnitten wird, das weit über das nur Ärztliche hinausgeht und dem ein nur medizinisches Wissen unmöglich gerecht werden kann.

In Erinnerung an die bald ein halbes Jahrhundert hinter uns liegenden 5
Anfangszeiten der Analyse mit ihren pseudobiologischen Auffassungen und Entwertungen des seelischen Entwicklungsprozesses wird das Verharren in der analytischen Arbeit gerne als »Lebensflucht«, »unabgelöste Übertragung«, »Autoerotismus« und was der unliebenswürdigen Auffassungen mehr sind, bezeichnet. Insofern zwar alle Dinge es ertragen müssen, von zwei Seiten betrachtet zu werden, so ist eine negative Bewertung im Sinne des Lebens nur dann zulässig, wenn bewiesen ist, dass auch wirklich gar nichts Positives im »Hängenbleiben« zu finden sei. Die begreifliche Ungeduld des Arztes braucht an sich noch nichts zu beweisen. Nur durch die unsägliche Geduld der Forscher ist es der neuen Wissenschaft gelungen, eine vertiefte Erkenntnis vom Wesen der Seele aufzubauen, und gewisse unerwartete therapeutische Resultate sind der aufopferungsvollen Ausdauer des Arztes zu verdanken. Ungerechtfertigt negative Auffassungen sind überdies billig und gelegentlich schädlich und erwecken den Verdacht auf Bemäntelung der Unwissenheit, wenn nicht gar des Versuches, sich der Verantwortung und der unbedingten Auseinandersetzung zu entziehen. Denn da die analytische Arbeit früher oder später unausweichlich zur menschlichen Auseinandersetzung zwischen Ich und Du und Du und Ich wird, jenseits aller allzu menschlichen Prätexte, so kann es nicht nur leicht geschehen, sondern es kommt notwendigerweise dazu, dass es nicht nur dem Patienten, sondern auch dem Arzt an die Haut, ja sogar darunter geht. Niemand rührt Feuer oder Gift an, ohne an gewissen undichten Stellen wenigstens etwas davon abzubekommen; denn der wahre Arzt steht nirgends daneben, sondern überall darin.

Das »Hängenbleiben« kann für beide Teile unerwünscht, unbegreif- 6
lich, ja unerträglich sein, ohne dass es im Sinne des Lebens als negativ erwiesen wäre. Im Gegenteil kann es sogar ein positiv zu bewertendes »hanging on« sein, welches zwar einerseits eine scheinbar unüberwindliche Schwierigkeit bedeutet, anderseits aber eben deshalb jene einzigartige

Situation darstellt, welche die größte Anstrengung erfordert und darum den ganzen Menschen auf den Plan ruft. Ja, man könnte sagen, dass einerseits der Patient, unbewusst oder unbeirrt, nach dem in letzter Linie unlösbaren Problem sucht und dass anderseits die Kunst oder Technik des Arztes ihr Bestes tut, um ihm dazu zu verhelfen. »Ars totum requirit hominem!«, ruft ein alter Alchemist aus. Eben dieser »homo totus« ist gesucht. Die Bemühung des Arztes sowohl wie das Suchen des Patienten zielt auf jenen verborgenen, noch nicht manifestierten »ganzen« Menschen, welcher zugleich der größere und zukünftige ist. Der richtige Weg zur Ganzheit aber besteht – leider – aus schicksalsmäßigen Um- und Irrwegen. Es ist eine »longissima via«, nicht eine gerade, sondern eine gegensatzverbindende Schlangenlinie, an den wegeweisenden caduceus erinnernd, ein Pfad, dessen labyrinthische Verschlungenheit des Schreckens nicht entbehrt. Auf diesem Wege kommen jene Erfahrungen zustande, die man als »schwer zugänglich« zu bezeichnen beliebt. Ihre Unzugänglichkeit beruht darauf, dass sie kostspielig sind: Sie fordern das, was man am meisten fürchtet, nämlich die *Ganzheit,* die man zwar beständig im Munde führt und mit der sich endlos theoretisieren lässt, die man aber in der Wirklichkeit des Lebens im größten Bogen umgeht.[1] Unendlich viel beliebter ist die Gepflogenheit der »Kompartimentpsychologie«, wo die eine Schublade nicht weiß, was in der andern ist.

7 Ich fürchte, dass man für diesen Zustand der Dinge nicht nur die Unbewusstheit und Ohnmacht des Einzelnen, sondern auch die allgemeine seelische Erziehung des Europäers verantwortlich machen muss. Diese Erziehung liegt nicht nur in der Kompetenz, sondern auch im Wesen der herrschenden Religionen; denn diese allein, vor allen rationalistischen Systemen, beziehen sich auf den *äußeren und inneren Menschen gleichermaßen.* Man kann dem Christentum eine rückständige Entwicklung vorwerfen, wenn man das eigene Ungenügen entschuldigen will. Ich will nicht in den Fehler verfallen, dasjenige der Sache zuzuschieben, wofür die Ungeschicktheit des Menschen in erster Linie verantwortlich ist. Ich rede daher nicht vom innersten und besten Verstande des Christentums, sondern von der Oberflächlichkeit und dem fatalen Missverstehen, das allen vor Augen liegt. Die Forderung der »imitatio« Christi, nämlich dem Vorbild nachzufolgen und diesem ähnlich zu werden, sollte die Entwicklung und Erhöhung des eigenen inneren Menschen bezwecken, wird aber vom oberfläch-

[1] Es ist bemerkenswert, dass ein protestantischer Theologe in einem Werk über Homiletik den Mut hat, die Ganzheit des Predigers vom ethischen Standpunkt aus zu fordern – und zwar unter Berufung auf meine Psychologie. (Haendler, *Die Predigt.*)

lichen und zur mechanischen Formelhaftigkeit neigenden Gläubigen zu einem außenstehenden Kultobjekt gemacht, welches gerade durch die Verehrung daran verhindert wird, in die Tiefe der Seele einzugreifen und Letztere zu jener dem Vorbild entsprechenden Ganzheit umzuschaffen. Damit steht der göttliche Mittler als ein Bild draußen, der Mensch aber bleibt Fragment und in seiner tiefsten Natur unberührt. Ja, Christus kann bis zur Stigmatisation nachgeahmt werden, ohne dass der Nachahmende auch nur annähernd dem Vorbild und dessen Sinn nachgefolgt wäre. Denn es handelt sich nicht um eine bloße Nachahmung, welche nämlich den Menschen ungewandelt lässt und damit ein bloßes Artefakt ist. Vielmehr handelt es sich um eine Verwirklichung des Vorbildes mit den eigenen Mitteln – Deo concedente – in der Sphäre des individuellen Lebens. Allerdings ist nicht zu übersehen, dass selbst in der falsch verstandenen Nachahmung eine unter Umständen gewaltige moralische Anstrengung vorliegt, welche, obgleich das eigentliche Ziel nicht erreicht wird, doch das Verdienst der gänzlichen Hingabe an einen, zwar äußerlich dargestellten, höchsten Wert hat. Es ist nicht undenkbar, dass einer gerade in und vermöge seiner totalen Anstrengung sogar die Ahnung seiner Ganzheit erlebt, mit dem Gefühl der Gnade, welche diesem Erlebnis eignet.

Der missverstehenden, nur äußerlichen Auffassung der »imitatio« 8
Christi kommt ein europäisches Präjudiz, das westliche von östlicher Haltung unterscheidet, entgegen. Der westliche Mensch ist von den »zehntausend Dingen« bezaubert; er sieht das Einzelne, er ist ich- und dingverhaftet und der tiefen Wurzel alles Seins unbewusst. Der östliche Mensch dagegen erlebt die Einzeldingwelt, ja sogar sein Ich wie einen Traum und wurzelt wesenhaft im Urgrund, der ihn so mächtig anzieht, dass seine Weltbezogenheit in einem für uns oft unbegreiflichen Maße relativiert ist. Die westliche, objektbetonte Haltung neigt dazu, das »Vorbild« Christus in seinem gegenständlichen Aspekt zu belassen und ihn damit seiner geheimnisvollen Beziehung zum inneren Menschen zu berauben. Dieses Präjudiz veranlasst zum Beispiel den protestantischen Interpreten, das auf das Gottesreich bezügliche ἐντός ὑμῶν als »zwischen euch«, statt »in euch« zu deuten. Es soll damit nichts über die Gültigkeit der westlichen Haltung gesagt sein. Wir sind ja davon hinlänglich überzeugt. Setzt man sich dagegen mit dem östlichen Menschen auseinander – was der Psychologe eben tun muss –, so kann man sich gewisser Zweifel nur noch schwer entledigen. Wem es das Gewissen erlaubt, der möge gewaltsam entscheiden und sich damit, wohl unwissentlich, zum »arbiter mundi« aufschwingen. Ich für meine Person ziehe die köstliche Gabe des Zweifels vor, weil dieser die Jungfräulichkeit der unermesslichen Erscheinung unberührt lässt.

9 Das Vorbild Christus hat sich mit der Sünde der Welt beladen. Ist es aber ganz draußen, so ist auch die Sünde des Einzelnen draußen, und damit ist Letzterer mehr Fragment als je, denn oberflächliches Missverstehen eröffnet ihm einen bequemen Weg, seine Sünden buchstäblich »auf ihn zu werfen« und so einer tieferen Verantwortung zu entgehen, was mit dem Geist des Christentums im Widerspruch steht. Diese Formalistik und diese Laxheit waren nicht nur eine der Ursachen der Reformation, sondern sie sind auch innerhalb des Protestantismus vorhanden. Wenn größter Wert (Christus) und größter Unwert (Sünde) draußen sind, so ist die Seele entleert: Es mangelt ihr Tiefstes und Höchstes. Die östliche Haltung (insbesondere die indische) verfährt umgekehrt: Alles Höchste und Tiefste ist im (transzendentalen) Subjekt. Dadurch steigert sich die Bedeutung des »âtman«, des Selbst, ins Maßlose. Beim Abendländer aber sinkt der Wert des Selbst auf den Nullpunkt. Daher kommt die im Westen allgemeine Unterschätzung der Seele. Wer von Wirklichkeit der Seele spricht, dem wird »Psychologismus« vorgeworfen. Von Psychologie wird im »Nur«-Ton gesprochen. Die Auffassung, dass es psychische Faktoren gebe, welche göttlichen Figuren entsprechen, gilt als Entwertung dieser. Es streift an Blasphemie, zu denken, dass ein religiöses Erlebnis ein psychischer Vorgang sei; denn es ist – argumentiert man – »nicht nur psychologisch«. Das Psychische ist nur Natur, und darum kann aus ihm nichts Religiöses hervorgehen, wie man meint. Dabei zögern solche Kritiker keinen Augenblick, alle Religionen – mit Ausnahme der eigenen – aus der Natur der Seele hervorgehen zu lassen. Es ist bezeichnend, dass zwei theologische Besprechungen meines Buches *»Psychologie und Religion«* – die eine katholisch, die andere protestantisch – meinen Nachweis der psychischen Entstehung religiöser Phänomene geflissentlich übersehen haben.

10 Dagegen muss man nun wirklich fragen: Woher weiß man denn solchen Bescheid über die Seele, dass man sagen kann, »nur« seelisch? So spricht und denkt nämlich der Abendländer, dessen Seele offenbar »nichtswürdig« ist. Wäre viel darin, so würde man mit Ehrfurcht davon reden. Da man dies aber nicht tut, muss man daraus schließen, dass auch kein Wert drin ist. Das aber ist nicht notwendigerweise und nicht immer und überall so, sondern nur dort, wo man nichts in die Seele hineintut und »allen Gott draußen hat«. (Etwas mehr Meister Eckhart täte manchmal gut!)

11 Eine ausschließlich religiöse Projektion kann die Seele ihrer Werte berauben, so dass sie sich infolge der Inanition nicht mehr weiter zu entwickeln vermag und in einem unbewussten Zustand steckenbleibt. Zugleich verfällt sie dem Wahn, die Ursache alles Ungemaches liege draußen, und man fragt schon gar nicht mehr, wie und wo man selber dazu

beiträgt. Die Seele kommt einem dermaßen unbedeutend vor, dass man sie kaum des Bösen, geschweige denn des Guten fähig erachtet. Wenn aber die Seele nicht mehr mitspielt, so erstarrt das religiöse Leben in Äußerlichkeit und Formelkram. Wie man sich immer das Verhältnis von Gott und Seele vorstellen mag – eines ist sicher: dass die Seele kein Nur sein kann, sondern die Dignität eines Wesens hat, dem es gegeben ist, einer Beziehung zur Gottheit bewusst zu sein. Wenn es auch nur die Beziehung eines Tropfens zum Meere ist; selbst das Meer wäre nicht ohne die Vielheit der Tropfen. Die dogmatisch festgestellte Unsterblichkeit der Seele erhöht diese über die Vergänglichkeit des körperlichen Menschen und macht sie zum Teilhaber einer übernatürlichen Eigenschaft. Sie überragt damit den sterblichen Bewusstseinsmenschen um ein Vielfaches an Bedeutung, so dass es dem Christen eigentlich verboten wäre, die Seele als ein Nur zu betrachten.[2] Wie das Auge der Sonne, so entspricht die Seele Gott. Unser Bewusstsein umfasst die Seele nicht, und es ist daher lächerlich, wenn wir in gönnerhaftem oder verkleinerndem Ton über die Dinge der Seele sprechen. Selbst der gläubige Christ kennt Gottes verborgene Wege nicht und muss es ihm anheimstellen, ob er von außen oder von innen durch die Seele auf den Menschen wirken will. So darf der Gläubige die Tatsache nicht bestreiten, dass es »somnia a Deo missa« (von Gott gesandte Träume) und Erleuchtungen seiner Seele gibt, welche auf keine äußeren Ursachen zurückgeführt werden können. Es wäre eine Blasphemie, zu behaupten, dass Gott sich überall offenbaren könne, nur gerade nicht in der menschlichen Seele. Ja, die Innigkeit der Beziehung zwischen Gott und Seele schließt jede Minderbewertung der Seele von vornherein aus.[3] Es ist vielleicht zu weit gegangen, von einem Verwandtschaftsverhältnis zu sprechen; aber auf alle Fälle muss die Seele eine Beziehungsmöglichkeit, das heißt eine Entsprechung zum Wesen Gottes in sich haben, sonst könnte ein Zusammenhang nie zustande kommen.[4] Diese Entsprechung ist, psychologisch formuliert, der *Archetypus des Gottesbildes.*

Jeder Archetypus ist unendlicher Entwicklung und Differenzierung 12

[2] Das Dogma der Gottebenbildlichkeit fällt ebenfalls schwer ins Gewicht bei der Bewertung des menschlichen Faktors – gar nicht zu reden von der Inkarnation Gottes.

[3] Dass auch der Teufel Besitz von der Seele nehmen kann, vermindert ihre Bedeutung keineswegs.

[4] Es ist darum psychologisch gänzlich undenkbar, dass Gott das »ganz Andere« schlechthin sein sollte; denn ein »ganz Anderes« ist niemals das der Seele innigst Vertraute, was Gott eben auch ist. Psychologisch richtig sind nur paradoxe bzw. antinome Aussagen über das Gottesbild.

fähig. Es ist daher möglich, dass er mehr oder weniger entwickelt ist. In einer äußerlichen Religionsform, wo aller Nachdruck auf der äußeren Figur liegt (wo es sich also um eine mehr oder weniger vollständige Projektion handelt), ist der Archetypus identisch mit äußeren Vorstellungen, bleibt aber als seelischer Faktor unbewusst. Wenn ein unbewusster Inhalt durch ein Projektionsbild dermaßen ersetzt ist, so wird er vom Mitleben im und Einflussnehmen auf das Bewusstsein ausgeschlossen. Damit büßt er sein Leben weitgehend ein, weil er an der ihm natürlichen Gestaltung des Bewusstseins verhindert ist; ja mehr noch: Er verbleibt unverändert in seiner ursprünglichen Form, denn im Unbewussten verändert sich nichts. Von einem gewissen Punkt an entwickelt er sogar eine Neigung zur Regression auf tiefere und archaischere Stufen. Es kann daher der Fall eintreten, dass ein Christ, der zwar an alle heiligen Figuren glaubt, doch im Innersten der Seele unentwickelt und unverändert bleibt, weil er den ganzen Gott »draußen« hat und ihn nicht in der Seele erfährt. Seine ausschlaggebenden Motive und seine maßgebenden Interessen und Impulse erfolgen aus der unbewussten und unentwickelten Seele, die so heidnisch und so archaisch wie nur je ist, und keineswegs aus der Sphäre des Christentums. Nicht nur das Einzelleben, sondern auch die Summierung der Einzelleben im Volke erweist die Wahrheit dieser Behauptung. Die großen Ereignisse unserer Welt, die von Menschen beabsichtigt und hervorgebracht sind, atmen nicht den Geist des Christentums, sondern des ungeschminkten Heidentums. Diese Dinge stammen aus einer archaisch gebliebenen seelischen Verfassung, welche vom Christentum auch nicht von ferne berührt worden ist. Wie die Kirche nicht ganz mit Unrecht annimmt, hinterlässt das »semel credidisse« (einmal geglaubt haben) gewisse Spuren. Von diesen Spuren ist aber in den großen Haupttatsachen nichts zu entdecken. Die christliche Kultur hat sich in erschreckendem Ausmaß als hohl erwiesen: Sie ist äußerliche Politur; der innere Mensch aber ist unberührt und darum unverändert geblieben. Der Zustand der Seele entspricht nicht dem äußerlich Geglaubten. Der Christ hat in seiner Seele mit der äußerlichen Entwicklung nicht Schritt gehalten. Ja, es steht äußerlich alles da in Bild und Wort, in Kirche und Bibel. Aber es steht nicht innen. Im Innern regieren archaische Götter, wie nur je; das heißt die innere Entsprechung des äußeren Gottesbildes ist aus Mangel an seelischer Kultur unentwickelt und darum im Heidentum steckengeblieben. Die christliche Erziehung hat zwar das Menschenmögliche geleistet; aber es genügte nicht. Zu wenige haben es erfahren, dass die göttliche Gestalt innerstes Eigentum der eigenen Seele ist. Ein Christus ist ihnen nur außen begegnet, aber nie aus der eigenen Seele entgegengetreten; darum herrscht dort noch finsteres Heidentum, welches zum Teil mit nicht mehr zu leugnender Deutlichkeit, zum Teil in allzu fadenscheiniger Verhüllung die sogenannte christliche Kulturwelt überschwemmt.

Mit den bisher angewendeten Mitteln ist es nicht gelungen, die Seele bis zu dem Grade zu christianisieren, dass auch nur die elementarsten Forderungen der christlichen Ethik irgendeinen maßgeblichen Einfluss auf die hauptsächlichsten Belange des christlichen Europäers hätten. Die christliche Mission predigt zwar das Evangelium den armen, nackten Heiden; aber die inneren Heiden, die Europa bevölkern, haben vom Christentum noch nichts vernommen. Das Christentum muss notgedrungenerweise wieder von vorne beginnen, wenn es seiner hohen Erziehungsaufgabe genügen soll. Solange die Religion nur Glaube und äußere Form und die religiöse Funktion nicht eine Erfahrung der eigenen Seele ist, so ist nichts Gründliches geschehen. Es muss noch verstanden werden, dass das »mysterium magnum« nicht nur an sich vorhanden, sondern auch vornehmlich in der menschlichen Seele begründet ist. Wer das nicht aus Erfahrung weiß, der mag ein Hochgelehrter der Theologie sein; aber von Religion hat er keine Ahnung, und noch weniger von Menschenerziehung. 13

Wenn ich aber nachweise, dass die Seele natürlicherweise eine religiöse Funktion besitzt,[5] und wenn ich fordere, dass es die vornehmste Aufgabe aller Erziehung (des Erwachsenen) sei, jenen Archetypus des Gottesbildes respektive dessen Ausstrahlungen und Wirkungen ins Bewusstsein überzuführen, da fällt mir eben gerade die Theologie in den Arm und überführt mich des »Psychologismus«. Wenn in der Seele nicht erfahrungsgemäß höchste Werte (unbeschadet des ebenfalls vorhandenen ἀντίμιμον πνεῦμα) lägen, so würde mich die Psychologie nicht im Geringsten interessieren, da die Seele dann nichts als ein armseliger Dunst wäre. Ich weiß aber aus hundertfacher Erfahrung, dass sie das nicht ist, sondern dass sie vielmehr die Entsprechung aller jener Dinge enthält, welche das Dogma formuliert hat, und einiges darüber hinaus, was eben die Seele befähigt, jenes Auge zu sein, dem es bestimmt ist, das Licht zu schauen. Dazu bedarf es unermesslichen Umfangs und unauslotbarer Tiefe. Man hat mir »Vergottung der Seele« vorgeworfen. *Nicht ich – Gott selbst hat sie vergottet!* Nicht ich habe der Seele eine religiöse Funktion angedichtet, sondern ich habe die Tatsachen vorgelegt, welche beweisen, dass die Seele »naturaliter religiosa« ist, das heißt eine religiöse Funktion besitzt: eine Funktion, die ich nicht hineingelegt oder – gedeutet habe, sondern die sie selber von sich 14

[5] Tertullian: »Anima naturaliter christiana« [*Apologeticus*, XVII].

aus produziert, ohne durch irgendwelche Meinungen oder Suggestionen dazu veranlasst zu sein. In einer geradezu tragischen Verblendung sehen diese Theologen nicht ein, dass es sich nicht darum handelt, die Existenz des Lichtes zu beweisen, sondern darum, dass es Blinde gibt, die nicht wissen, dass ihre Augen etwas sehen könnten. Man sollte nachgerade einmal merken, dass es nichts nützt, das Licht zu preisen und zu predigen, wenn es niemand sehen kann. Vielmehr wäre es notwendig, dem Menschen die Kunst des Sehens beizubringen. Es ist ja offenkundig, dass allzu viele unfähig sind, einen Zusammenhang zwischen den heiligen Figuren und ihrer eigenen Seele herzustellen; das heißt, sie können nicht sehen, dass und inwiefern entsprechende Bilder in ihrem eigenen Unbewussten schlummern. Um diese innere Schau möglich zu machen, muss der Weg zum Sehenkönnen frei gemacht werden. Wie dies ohne Psychologie, das heißt ohne Berührung der Seele, erreicht werden soll, ist mir, offen gestanden, unerfindlich.[6]

Ein weiteres, ebenso folgenschweres Missverständnis besteht darin, dass man der Psychologie die Absicht einer – womöglich häretischen – neuen Lehre unterschiebt. Wenn man einem bisher Blinden allmählich das Sehen beibringt, so ist nicht zu erwarten, dass er sofort mit Adlerblick neue Wahrheiten entdeckt. Man muss froh sein, wenn er überhaupt etwas sieht und einigermaßen verstehen kann, was er sieht. Die Psychologie befasst sich mit dem Akt des Sehens und nicht mit der Konstruktion neuer religiöser Wahrheiten, wo doch die schon bestehenden Lehren noch nicht eingesehen und verstanden sind. In religiösen Dingen kann man bekanntlich nichts verstehen, was man nicht innerlich erfahren hat. In der inneren Erfahrung erst offenbart sich die Beziehung der Seele zu dem äußerlich Vorgezeigten und Gepredigten als eine Verwandtschaft oder Entsprechung wie die von »sponsus« und »sponsa«. Wenn ich daher als Psychologe sage, Gott sei ein Archetypus, so meine ich damit den Typus in der Seele, was bekanntlich von τύπος = Schlag, Einprägung, herkommt. Schon das Wort Archetypus setzt ein Prägendes voraus. Psychologie als Wissenschaft von der Seele hat sich auf ihren Gegenstand zu beschränken und sich davor zu hüten, ihre Grenzen etwa durch metaphysische Behauptungen oder sonstige Glaubensbekenntnisse zu überschreiten. Sollte sie einen Gott auch nur als hypothetische Ursache setzen, so hätte sie implizite die Möglichkeit eines Gottesbeweises gefordert, womit sie ihre Kompetenz in absolut unzulässiger Weise überschreiten würde. Wissenschaft

[6] Da es sich hier um die Frage der menschlichen Bemühung handelt, sehe ich ab von Gnadenakten, die jenseits menschlicher Reichweite liegen.

kann nur Wissenschaft sein; es gibt keine »wissenschaftlichen« Glaubensbekenntnisse und ähnliche »contradictiones in adiecto«. Wir wissen einfach nicht, woraus der Archetypus in letzter Linie herzuleiten ist, sowenig wie wir den Ursprung der Seele kennen. Die Kompetenz der Psychologie als Erfahrungswissenschaft geht nur so weit, festzustellen, ob der in der Seele gefundene Typus aufgrund vergleichender Forschung billigerweise zum Beispiel als ein »Gottesbild« bezeichnet werden darf oder nicht. Über eine mögliche Existenz Gottes ist damit weder positiv noch negativ etwas ausgesagt, sowenig als der Archetypus des »Helden« das Vorhandensein eines solchen setzt.

Wenn nun meine psychologische Forschung das Vorhandensein gewis- 16
ser psychischer Typen und deren Analogie mit bekannten religiösen Vorstellungen nachweist, so ist damit die Möglichkeit eines Zuganges zu jenen *erfahrbaren* Inhalten gegeben, welche offenkundig und unleugbar die empirisch fassbare Grundlage der religiösen Erfahrung bilden. Es steht dem gläubigen Menschen frei, irgendwelche metaphysischen Erklärungen über den Ursprung dieser Bilder anzunehmen, nicht aber dem Intellekt, der sich strikte an die Prinzipien wissenschaftlicher Erklärung zu halten und jede Überschreitung der Wissensmöglichkeit zu vermeiden hat. Niemand kann den Glauben daran verhindern, als erste Ursache Gott, den Purusha, den Atman oder das Tao anzunehmen und damit die letztliche Unbefriedigung des Menschen im Ganzen aufzuheben. Die Wissenschaft tut fleißige Arbeit; sie ist kein Himmelstürmer. Lässt sie sich aber zu solcher Extravaganz hinreißen, so hat sie auch schon den Ast abgesägt, auf dem sie sitzt.

Tatsache ist nun, dass die Erkenntnis und Erfahrung vom Vorhanden- 17
sein dieser inneren Bilder für Verstand sowohl wie für Gefühl einen Zugang zu jenen andern Bildern eröffnet, welche die religiöse Lehre dem Menschen vorsetzt. Damit tut die Psychologie das Gegenteil von dem, was man ihr vorwirft: Sie verschafft Möglichkeiten zum besseren Verständnis des Vorhandenen, sie öffnet das Auge für die Sinnerfülltheit der Dogmen; sie zerstört eben gerade nicht, sondern bietet einem leeren Haus neue Bewohner. Ich kann dies aus vielfacher Erfahrung bestätigen: Abtrünnige oder Erkaltete der verschiedensten Bekenntnisse fanden einen neuen Zugang zu ihren alten Wahrheiten; darunter waren nicht wenige Katholiken. Selbst ein Parsi fand den Weg zum zoroastrischen Feuertempel wieder, woraus man auf die Objektivität meines Standpunktes schließen möge.

Aber eben diese Objektivität macht man meiner Psychologie zum 18
größten Vorwurf: Sie entscheide sich nicht für die oder jene bestimmte

religiöse Lehre. Ohne meiner subjektiven Überzeugung irgendwie vorzugreifen, möchte ich die Frage aufwerfen: Ist es nicht denkbar, dass auch das eine Entscheidung sein könnte, wenn man sich nicht zum »arbiter mundi« aufwirft, sondern ausdrücklich auf diese Subjektivität verzichtet und zum Beispiel dem Glauben huldigt, dass Gott sich in vielen Sprachen und in vielerlei Erscheinungsweisen ausgedrückt habe und dass all diese Aussagen *wahr* sind? Der namentlich von christlicher Seite erhobene Einwand, dass doch unmöglich die allerwidersprechendsten Aussagen wahr sein können, muss sich die höfliche Anfrage gefallen lassen: Ist eins = drei? Wie kann drei eins sein? Kann eine Mutter Jungfrau sein? Und so weiter. Hat man denn noch nicht bemerkt, dass alle religiösen Aussagen logische Widersprüche und prinzipiell unmögliche Behauptungen enthalten, ja, dass das sogar das Wesen der religiösen Behauptung ausmacht? Dafür haben wir das Bekenntnis Tertullians: »Et mortuus est Dei filius, prorsus credibile est, quia ineptum est. Et sepultus resurrexit; certum est, quia impossibile est.« (Und gestorben ist Gottes Sohn, was geradezu glaubhaft ist, weil es ungereimt ist. Und begraben ist er auferstanden; das ist gewiss, weil es unmöglich ist.)[7] Wenn das Christentum zum Glauben an solche Widersprüche auffordert, so kann es doch, wie mir scheint, den nicht verwerfen, der noch ein paar weitere Paradoxien gelten lässt. Die Paradoxie gehört sonderbarerweise zum höchsten geistigen Gut; die Eindeutigkeit aber ist ein Zeichen der Schwäche. Darum verarmt eine Religion innerlich, wenn sie ihre Paradoxien verliert oder vermindert; deren Vermehrung aber bereichert, denn nur das Paradoxe vermag die Fülle des Lebens annähernd zu fassen, die Eindeutigkeit und das Widerspruchslose aber sind einseitig und darum ungeeignet, das Unerfassliche auszudrücken.

19 Nicht jeder besitzt die Geisteskraft eines Tertullian, welcher offenbar die Paradoxie nicht nur ertragen konnte, sondern sie bedeutete ihm sogar höchste religiöse Gewissheit. Die übergroße Anzahl der geistig Schwachen macht die Paradoxie gefährlich. Solange Letztere unbesehen als nie bedachte Selbstverständlichkeit vorgefunden wird und gewohnheitsmäßiger Aspekt des Lebens ist, bleibt sie ungefährlich. Wenn es aber einem ungenügend entwickelten Verstande (der bekanntlich immer das meiste von sich hält) einfallen sollte, die Paradoxie einer Glaubensaussage zum Gegenstand seines ebenso ernstlichen wie impotenten Nachdenkens zu machen, so ginge es nicht lange, bis er in ein ikonoklastisches Hohngelächter ausbrechen und mit Fingern auf die allen preisgegebene »ineptia«

[7] [*De carne Christi*, V.]

des Mysteriums hinweisen würde. Seit der französischen Aufklärung ist es rapid bergab gegangen; denn wenn dieser Duodezverstand, der keine Paradoxien erträgt, einmal erwacht ist, kann ihn keine Predigt mehr unterdrücken. Es entsteht dann eine neue Aufgabe: nämlich diesen noch unentwickelten Verstand allmählich auf eine höhere Stufe zu bringen und die Zahl jener zu vermehren, die wenigstens eine Ahnung vom Umfang einer paradoxen Wahrheit aufbringen können. Wenn dies nicht möglich ist, kann der geistige Zugang zum Christentum so gut wie als verschüttet gelten. Man begreift einfach nicht mehr, was mit den Paradoxien des Dogmas gemeint sein könnte, und je äußerlicher deren Auffassung wird, desto mehr stößt man sich an deren irrationaler Gestalt, und schließlich werden sie als kuriose Relikte der Vergangenheit überhaupt obsolet. Inwiefern diese Entwicklung einen in seinem Umfang schwer abzuschätzenden geistigen Verlust bedeutet, ist dem Betroffenen unerfindlich, weil er die heiligen Bilder ja nie als eigenen inneren Besitz erfahren und nie um deren Verwandtschaft mit seiner eigenen seelischen Struktur gewusst hat. Aber eben diese unerlässliche Erkenntnis kann ihm die Psychologie des Unbewussten vermitteln, wobei gerade deren wissenschaftliche Objektivität von größtem Werte ist. Wäre die Psychologie konfessionsgebunden, so könnte und dürfte sie dem Unbewussten des Individuums nicht jenes freie Spiel gewähren, welches zur Produktion der Archetypen unerlässliche Vorbedingung ist. Es ist nämlich gerade die Spontaneität der archetypischen Inhalte, welche überzeugt. Der präjudizierte Eingriff dagegen verhindert unvoreingenommene Erfahrung. Wenn der Theologe wirklich an die Allgewalt Gottes einerseits und an die Gültigkeit der Dogmen anderseits glaubt, warum vertraut er dann nicht darauf, dass auch die Seele Gott ausspricht? Warum diese Angst vor der Psychologie? Oder soll die Seele (in gänzlich undogmatischer Weise) direkt als die Hölle gelten, aus der nur Dämonen sprechen? Sollte dies wirklich der Fall sein, so wäre eine solche Tatsache wohl nicht minder überzeugend; denn wie man weiß, hat die mit Entsetzen wahrgenommene Realität des Bösen mindestens ebenso viele Menschen bekehrt wie die Erfahrung des Guten.

Die Archetypen des Unbewussten sind empirisch nachweisbare Ent- 20
sprechungen der religiösen Dogmen. In der hermeneutischen Sprache der Väter besitzt die Kirche einen reichen Schatz an Analogien mit den der Psychologie vorliegenden individuellen Spontanprodukten. Was das Unbewusste ausspricht, ist nämlich keine Willkürlichkeit und keine Meinung, sondern es ist ein Geschehen oder ein Sosein, wie das irgendeines Naturwesens. Es ist selbstverständlich, dass die Ausdrücke des Unbewussten naturhaft und nicht dogmatisch formuliert sind, genau wie die patris-

tische Allegorik, welche den ganzen Umfang der Natur in den Bereich ihrer Amplifikationen zieht. Wenn es hier erstaunliche »allegoriae« Christi gibt, so finden wir Ähnliches auch in der Psychologie des Unbewussten. Der Unterschied ist aber der, dass die patristische Allegorie »ad Christum spectat« (sich auf Christus bezieht), während der psychische Archetypus er selber ist und daher je nach Zeit, Ort und Milieu gedeutet werden kann. Im Westen wird er durch das dogmatische Christusbild, im Osten durch Purusha, Atman, Hiranyagarbha, Buddha usw. ausgefüllt. Der religiöse Standpunkt verlegt den Akzent begreiflicherweise auf den prägenden Stempel, die Psychologie als Wissenschaft aber auf den ihr allein fassbaren τύπος, die Prägung. Der religiöse Standpunkt fasst den Typus als Wirkung des Stempels auf; der wissenschaftliche dagegen fasst Ersteren als Symbol eines ihm unbekannten und unfassbaren Gehaltes auf. Da nun der Typus unbestimmter und vielseitiger ist als die jeweilige religiöse Voraussetzung, so ist die Psychologie durch ihr empirisches Material gezwungen, den Typus durch einen Terminus auszudrücken, welcher nicht zeitlich, örtlich oder milieugebunden ist. Würde nämlich der Typus zum Beispiel mit der dogmatischen Gestalt Christi in jeder Einzelheit übereinstimmen und keinerlei Bestimmung enthalten, die darüber hinausginge, so müsste man den Typus zum mindesten als ein getreues Abbild der dogmatischen Gestalt ansehen und dementsprechend benennen. Der Typus würde dann mit Christus koinzidieren. Dies ist nun empirisch nicht der Fall, indem nämlich das Unbewusste, wie die Allegorik der Kirchenväter, noch zahlreiche andere, in der dogmatischen Formel nicht explizite enthaltene Bestimmungen aufstellt, welche zum Beispiel nicht christliche Figuren, wie die oben erwähnten, in den Typus einbegreifen. Aber auch diese Figuren erfüllen die Unbestimmtheit des Archetypus nicht. Es ist überhaupt undenkbar, dass es irgendeine *bestimmte* Figur geben könnte, welche archetypische *Unbestimmtheit* ausdrückte. Ich habe mich infolgedessen veranlasst gesehen, dem entsprechenden Archetypus den psychologischen Namen *Selbst* zu geben, welcher Begriff einerseits bestimmt genug ist, um einen Inbegriff menschlicher Ganzheit zu vermitteln, anderseits unbestimmt genug, um die Unbeschreiblichkeit und Unbestimmbarkeit der Ganzheit auszudrücken. Diese paradoxen Eigenschaften des Begriffes entsprechen der Tatsache, dass die Ganzheit einesteils aus dem bewussten, andernteils aus dem unbewussten Menschen besteht. Grenzen und Bestimmungen des Letzteren aber können nicht angegeben werden. Im wissenschaftlichen Sprachgebrauch weist das »Selbst« daher weder auf Christus noch auf Buddha hin, sondern auf die Gesamtheit entsprechender Gestalten, und jede dieser Gestalten ist ein *Symbol des Selbst.* Diese

Ausdrucksweise ist eine Denknotwendigkeit der wissenschaftlichen Psychologie und bedeutet in keinerlei Weise ein transzendentales Präjudiz. Im Gegenteil ermöglicht, wie oben erwähnt, dieser objektive Standpunkt dem einen die Entscheidung für die Bestimmung Christus, dem andern für Buddha usw. Wem diese Objektivität ein Ärgernis ist, der möge bedenken, dass ohne diese eine Wissenschaft unmöglich ist. Wenn er also der Psychologie das Recht auf Objektivität bestreitet, so macht er damit den unzeitgemäßen Versuch, einer Wissenschaft das Lebenslicht auszublasen. Selbst wenn ein solch unsinniger Versuch gelänge, so wäre damit nur die bereits katastrophale Entfremdung zwischen dem weltlichen Verstand einerseits und Kirche und Religion anderseits noch mehr gesteigert.

Es ist nicht nur begreiflich, sondern auch eine absolute raison d'être für 21
eine Wissenschaft, dass sie mit relativer Ausschließlichkeit sich auf ihren Gegenstand konzentriert. Da der Begriff des Selbst der Psychologie von zentralem Interesse ist, so denkt sie natürlich in umgekehrter Richtung zur Theologie: Die religiösen Gestalten weisen für die Erstere auf das Selbst; für Letztere dagegen weist das Selbst auf ihre eigene Zentralvorstellung; das heißt, das psychologische Selbst könnte von der Theologie allenfalls als eine »allegoria« Christi verstanden werden. Dieser Gegensatz ist gewiss irritierend, aber leider unumgänglich, wenn anders der Psychologie nicht das Existenzrecht überhaupt abgesprochen werden soll. Ich plädiere daher für Duldung, was der Psychologie nicht schwerfällt, denn als Wissenschaft hat sie keine totalitären Ansprüche.

Das »Christussymbol« ist der Psychologie von größter Wichtigkeit, 22
insofern es, neben der Gestalt des Buddha, vielleicht das am höchsten entwickelte und differenzierte Symbol des Selbst ist. Dies ermessen wir an der Umfänglichkeit und dem Gehalt der über Christus vorhandenen Aussagen, welche der psychologischen Phänomenologie des Selbst in selten hohem Maße entsprechen, obschon sie nicht alle Aspekte dieses Archetypus in sich begreifen. Der unabsehbar weite Umfang desselben kann als Nachteil gegenüber der Bestimmtheit einer religiösen Figur bewertet werden. Werturteile zu fällen, ist aber keineswegs die Aufgabe der Wissenschaft. Das Selbst ist nicht nur unbestimmt, sondern enthält auch paradoxerweise den Charakter der Bestimmtheit, ja der Einmaligkeit. Dies ist wohl einer der Gründe, warum gerade diejenigen Religionen, welche historische Persönlichkeiten zu Begründern haben, zu Weltreligionen geworden sind, wie das Christentum, der Buddhismus und der Islam. Die Einbeziehung der einmaligen menschlichen Persönlichkeit (und dies besonders in Vereinigung mit der nicht bestimmbaren göttlichen Natur) entspricht eben dem absolut Individuellen des Selbst, welches Einmaliges

mit Ewigem und das Einzelne mit dem Allgemeinsten verbindet. Das Selbst ist eine Vereinigung der Gegensätze κατ' ἐξοχήν. Damit unterscheidet sich dieses Symbol ganz wesentlich vom christlichen. Die Androgynie Christi ist die äußerste Konzession der Kirche an die Gegensatzproblematik. Der Gegensatz zwischen Hell und Gut einerseits und Dunkel und Böse anderseits wurde in seinem offenen Konflikt belassen, indem Christus schlechthin das Gute, der Widerpart Christi, der Teufel, aber das Böse vertritt. Dieser Gegensatz ist das eigentliche Weltproblem, welches vorderhand noch ungelöst ist. Das Selbst aber ist absolute Paradoxie, indem es in jeder Beziehung Thesis und Antithesis und zugleich Synthesis darstellt. (Die psychologischen Belege für diese Behauptung existieren in reichlichem Ausmaß. Es ist mir aber unmöglich, solche hier in extenso anzuführen. Ich verweise den Kenner dieser Materie auf die Mandalasymbolik.)

23 Der durch die Erforschung des Unbewussten dem Bewusstsein angenäherte Archetypus konfrontiert daher das Individuum mit der abgründigen Gegensätzlichkeit menschlicher Natur, womit ihm eine ganz unmittelbare Erfahrung von Licht und Finsternis, von Christus und Teufel, ermöglicht wird. Es handelt sich wohlverstanden besten- oder schlimmstenfalls nur um Ermöglichung und nicht um Gewährleistung; denn Erfahrungen dieser Art können durch unsere menschlichen Mittel nicht mit Notwendigkeit herbeigeführt werden. Es sind dabei Faktoren zu berücksichtigen, die nicht unter unserer Kontrolle stehen. Das Erlebnis des Gegensatzes hat weder mit intellektueller Einsicht noch mit Anempfindung irgendetwas zu tun. Man könnte es eher ein Schicksal nennen. Ein solches Erlebnis kann dem einen die Wahrheit Christi, dem andern die Wahrheit Buddhas beweisen, und zwar bis zur äußersten Evidenz.

24 Ohne das Erlebnis der Gegensätzlichkeit gibt es keine Erfahrung der Ganzheit und damit auch keinen inneren Zugang zu den heiligen Gestalten. Aus diesem Grunde insistiert das Christentum mit Recht auf der Sündhaftigkeit und der Erbsünde in der offenkundigen Absicht, wenigstens von außen jenen Abgrund der Weltgegensätzlichkeit in jedem Einzelnen aufzureißen. Dem einigermaßen erwachten Verstande gegenüber versagt allerdings diese Methode, indem man die Lehre einfach nicht mehr glaubt und überdies für absurd hält. Ein solcher Verstand ist eben bloß eindeutig und bleibt bei der »ineptia mysterii« stehen. Von Tertullian'scher Antinomistik ist er himmelweit entfernt; ja, er vermöchte das Leiden einer solchen Gegensätzlichkeit überhaupt nicht zu ertragen. Die Tatsache ist nicht unbekannt, dass durch die rigorosen Exerzitien und gewisse Missionspredigten auf katholischer Seite und durch eine gewisse sündenschnüffelnde protestantische Erziehung seelische Schädigungen, die nicht

zum Reiche Gottes, sondern in die ärztliche Sprechstunde führen, verursacht werden. Obschon die Einsicht in die Gegensätzlichkeit eigentlich unerlässlich ist, so kann sie doch praktisch nur von wenigen ertragen werden – ein Umstand, welcher der Beichterfahrung nicht entgangen ist. Eine palliative Reaktion darauf bildet der so oft und von verschiedenster Seite beanstandete »moralische Probabilismus«, welcher die Erdrückung durch die Sünde verhindern soll.[8] Wie man über diese Erscheinung auch denken mag, so ist doch eines sicher, und das ist die Tatsache, dass darin neben anderm auch ein großes Stück Menschlichkeit und ein Verständnis für menschliche Schwäche stecken, welche die Unerträglichkeit der Antinomie kompensieren. Das ungeheuerliche Paradox der Insistenz auf der Erbsünde einerseits und der Konzession des Probabilismus anderseits ist dem Psychologen als eine notwendige Folge der oben skizzierten christlichen Gegensatzproblematik unmittelbar verständlich – sind doch im Selbst Gut und Böse einander näher als eineiige Zwillinge! Die Realität des Bösen und dessen Unvereinbarkeit mit dem Guten reißen die Gegensätze auseinander und führen unerbittlich zur Kreuzigung und Suspension alles Lebendigen. Da die »anima naturaliter christiana« ist, müsste diese Folge so unweigerlich eintreten, wie sie im Leben Jesu eintrat: Wir alle sollten »mit Christo gekreuzigt«, das heißt in einem moralischen Leiden, das der wahrhaftigen Kreuzigung entspricht, suspendiert sein. Das ist praktisch zunächst nur annähernd möglich und dann überdies dermaßen unerträglich und lebensfeindlich, dass ein gewöhnlicher Mensch nur zeit-

[8] Zöckler [*Probabilismus*, S. 67] definiert folgendermaßen: »Probabilismus nennt man im Allgemeinen die Denkweise, welche bei Beantwortung wissenschaftlicher Fragen mit einem höhern oder geringem Grade von Wahrscheinlichkeit sich zufriedengibt. Der für uns hier allein in Betracht kommende moralische Probabilismus besteht in dem Grundsatze, bei Akten sittlicher Selbstbestimmung sich nicht nach dem Gewissen, sondern nach dem wahrscheinlich Richtigen, d. h. nach dem durch irgendwelche vorbildliche oder Lehr-Autorität Empfohlenen zu richten.« Der jesuitische Probabilist Escobar († 1669) vertritt z. B. die Meinung, dass, wenn das Beichtkind sich auf eine probable Meinung als Grund seines Handelns berufe, der Beichtvater gehalten sei, zu absolvieren, auch wenn er diese Überzeugung nicht teile. Escobar zitiert zur Frage, wie oft im Leben man zur Gottesliebe verpflichtet sei, eine Reihe jesuitischer Autoritäten. Nach einer Meinung genüge einmalige Gottesliebe kurz vor dem Tode, nach einer anderen: einmal pro Jahr oder alle drei bis vier Jahre einmal. Er selber kommt zum Schluss, es genüge, Gott zu lieben, einmal beim ersten Erwachen der Vernunft, dann alle fünf Jahre einmal und schließlich einmal in der Todesstunde. Nach seiner Meinung bildet die große Anzahl verschiedener moralischer Lehrmeinungen einen Hauptbeweis für Gottes gütige Vorsehung, weil dadurch Christi Joch so leicht werde (l. c., S. 68). Vgl. dazu auch v. Harnack, *Lehrbuch der Dogmengeschichte* III, S. 748 ff.

weise und möglichst selten in einen solchen Zustand zu geraten sich leisten kann. Denn wie könnte er neben einem solchen Leiden noch gewöhnlich sein! Eine mehr oder weniger probabilistische Einstellung zum Problem des Bösen ist daher unumgänglich. Somit stellt sich in concreto die Wahrheit des Selbst, nämlich die unausdenkbare Einheit Gut – Böse, in der Paradoxie heraus, dass die Sünde zwar das Bedenklichste und Schwerste ist, aber doch nicht so schwer wiegt, dass man sich ihrer nicht mit »probabeln« Gründen entledigen könnte. Dabei ist Letzteres nicht einmal unbedingt eine Laxheit oder ein Leichtsinn, sondern eine praktische Lebensnotwendigkeit schlechthin. Die Beichtpraxis verfährt wie das Leben selber, welches sich mit Erfolg dagegen sträubt, in einem unvereinbaren Gegensatz zugrunde zu gehen. Demgegenüber bleibt – nota bene – der Konflikt expressis verbis bestehen, was wiederum der Antinomie des Selbst entspricht, welches selber Konflikt und Einheit ist.

Das Christentum hat die Antinomie von Gut und Böse zu einem Weltproblem und durch die dogmatische Formulierung des Gegensatzes zu einem absoluten Prinzip erhoben. In diesen vorderhand ungelösten Konflikt ist der christliche Mensch hineingestellt als ein Protagonist des Guten und als Mitspieler im Weltdrama. Diese Nachfolge Christi bedeutet, wenn in tiefstem Sinne verstanden, ein Leiden, welches weitaus den meisten unerträglich ist. Die Nachfolge Christi wird daher in der Wirklichkeit nur bedingt beziehungsweise gar nicht durchgeführt, und die seelsorgerische Praxis der Kirche sieht sich sogar genötigt, das »Joch Christi zu erleichtern«. Das bedeutet nun einen ganz wesentlichen Abstrich an der Härte und Schärfe des Konfliktes und damit eine praktische Relativierung von Gut und Böse. Das Gute ist gleichbedeutend mit der unbedingten Nachfolge Christi, und das Böse eine Behinderung derselben. Moralische Schwäche und Trägheit des Menschen sind es, welche die Nachfolge am allermeisten behindern, und mit ebendiesen hat der Probabilismus ein praktisches Einsehen, welches christlicher Duldung, Milde und Nächstenliebe entsprechen kann, gelegentlich vielleicht mehr als die Gesinnung derer, die darin nur Laxheit erblicken. Obschon man der probabilistischen Bestrebung eine Reihe christlicher Haupttugenden zusprechen muss, so ist doch nicht zu übersehen, dass sie das Leiden der Nachfolge Christi hindert und damit den Kampf des Guten gegen das Böse seiner Schärfe beraubt und bis zu einem erträglichen Maß abmildert. Damit tritt eine Annäherung an den psychischen Archetypus des Selbst ein, in welchem auch dieser Gegensatz als geeint erscheint, und zwar, wie schon erwähnt, unähnlich der christlichen Symbolik, welche den Konflikt offen lässt. Für Letztere geht ein »Riss« durch die Welt: Das Licht kämpft gegen die

Nacht, und das Obere gegen das Untere. Diese zwei sind nicht eins wie im psychischen Archetypus. Wennschon das Dogma den Gedanken perhorresziert, dass die Zwei Eins ist, so ermöglicht, wie wir gesehen haben, die religiöse Praxis doch eine annähernde Durchführung des natürlichen psychologischen Symbols, eben des in sich geeinten Selbst. Dagegen insistiert das Dogma darauf, dass die Drei Eins sei, verwahrt sich aber dagegen, dass die Vier Eins sei. Die ungeraden Zahlen sind bekanntlich seit alters nicht nur bei uns im Westen, sondern auch in China männlich, die geraden aber weiblich. Damit ist die Trinität eine ausgesprochen männliche Gottheit, wozu die Androgynie Christi und die besondere Stellung und Erhöhung der Gottesmutter kein volles Äquivalent bieten.

Mit dieser den Leser vielleicht fremdartig anmutenden Konstatierung 26
kommen wir zu einem zentralen Axiom der Alchemie, nämlich dem Satz der Maria Prophetissa: »Die Eins wird zu Zwei, die Zwei zu Drei und aus dem Dritten wird das Eine als Viertes.« Wie der Leser schon aus dem Titel dieses Buches ersehen hat, beschäftigt es sich mit der psychologischen Bedeutung der Alchemie, also mit einem Problem, das, abgesehen von sehr wenigen Ausnahmen, der wissenschaftlichen Erforschung bis jetzt entgangen ist. Die Wissenschaft hat sich bis vor kurzem nur mit dem chemiehistorischen Aspekt der Alchemie beschäftigt und nur in geringem Maße mit deren philosophischer und religionshistorischer Seite. Die Bedeutung der Alchemie für die Entwicklungsgeschichte der Chemie liegt auf der Hand. Ihre geistesgeschichtliche Bedeutung dagegen ist noch so unbekannt, dass es fast unmöglich erscheint, mit wenigen Worten anzugeben, worin diese besteht. In dieser Einleitung habe ich daher den Versuch gemacht, jene religionshistorische und psychologische Problematik darzustellen, in welche sich das alchemistische Thema einfügt. Die Alchemie nämlich bildet etwas wie eine Unterströmung zu dem die Oberfläche beherrschenden Christentum. Sie verhält sich zu diesem wie ein Traum zum Bewusstsein, und wie dieser die Konflikte des Bewusstseins kompensiert, so bestrebt sich jene, die Lücken, welche die Gegensatzspannung des Christentums offen gelassen hat, auszufüllen. Dies drückt sich wohl am prägnantesten in jenem Axiom aus, das wie ein Leitmotiv fast die ganze, über siebzehnhundert Jahre sich erstreckende Lebensdauer der Alchemie durchzieht: eben jener oben zitierte Satz der Maria Prophetissa. Hier schieben sich zwischen die ungeraden Zahlen der christlichen Dogmatik die geraden Zahlen, welche das Weibliche, die Erde, das Unterirdische, ja das Böse selber bedeuten. Ihre Personifikation ist der »serpens mercurii«, der Drache, welcher sich selbst erzeugt und zerstört und die »prima materia« darstellt. Dieser Grundgedanke der Alchemie weist zurück auf die

Tehom,[9] die Tiâmat mit ihrem Drachenattribut, und damit auf die matriarchale Urwelt, welche in der Theomachie des Mardukmythus von der männlichen Vaterwelt überwunden wurde. Die welthistorische Wandlung des Bewusstseins nach der »männlichen« Seite ist kompensiert zunächst durch das Chthonisch-Weibliche des Unbewussten. Schon in gewissen vorchristlichen Religionen tritt eine Differenzierung des Männlichen ein in Gestalt der Spezifikation Vater – Sohn, welche Wandlung dann im Christentum zu höchster Bedeutung gelangt. Wäre das Unbewusste bloß komplementär, so hätte es diese Bewusstseinswandlung begleitet durch die Herausstellung von Mutter und Tochter, wozu im Demeter-Persephone-Mythus das nötige Material bereitlag. Es hat aber, wie die Alchemie zeigt, den Typus Kybele – Attis in der Gestalt von »prima materia« und »filius macrocosmi« vorgezogen und damit sich nicht als komplementär, sondern als kompensierend erwiesen. So zeigt es sich, dass das Unbewusste nicht einfach gegensätzlich zum Bewusstsein sich verhält, sondern ein mehr oder weniger modifizierender Gegen- oder Mitspieler ist. Der Sohntypus ruft als Ergänzungsbild aus dem »chthonischen« Unbewussten nicht eine Tochter, sondern ebenfalls einen Sohn hervor. Diese bemerkenswerte Tatsache hängt allem Anschein nach mit der Inkarnation des rein geistigen Gottes in der irdischen Menschennatur zusammen, ermöglicht durch die Zeugung des Heiligen Geistes im Uterus der Beata Virgo. So neigt sich das Obere, Geistige, Männliche dem Unteren, Irdischen, Weiblichen zu, und dementsprechend erzeugt die der Vaterwelt vorangehende Mutter, dem Männlichen entgegenkommend, durch das Instrument des menschlichen Geistes (der »Philosophie«) einen Sohn, nicht den Gegensatz zu Christus, sondern dessen chthonische Entsprechung, nicht einen Gottmenschen, sondern ein mit dem Wesen der Urmutter konformes Fabelwesen. Und wie dem oberen Sohn die Erlösung des Menschen (des Mikrokosmos) zur Aufgabe fällt, so hat der untere Sohn die Bedeutung eines »salvator macrocosmi«.

27 Dies ist in kurzen Zügen das dramatische Geschehen, welches sich in den Dunkelheiten der Alchemie abspielte. Es ist überflüssig, zu bemerken, dass sich diese beiden Söhne nie einigten, außer vielleicht im Geiste und im innersten Erleben einiger weniger, besonders begabter Alchemisten. Was aber mit diesem Geschehen »bezweckt« war, ist nicht allzu schwer einzusehen: Die Menschwerdung Gottes hatte den Anschein einer Annä-

[9] Vgl. Gen. 1, 2. Der Leser findet eine Zusammenstellung der Mythenmotive in: Lang, *Hat ein Gott die Welt erschaffen?* Leider wird die philologische Kritik an dieser Schrift vieles auszusetzen haben. Sie ist aber um ihrer gnostizistischen Tendenz willen bemerkenswert.

herung des männlichen Prinzips der Vaterwelt an das weibliche Prinzip der Mutterwelt, wodurch Letztere sich zu einer Angleichung an die Vaterwelt bewogen fühlte. Dies bedeutete offenbar so viel wie einen Überbrückungsversuch zur Kompensation des offenen Konfliktes.

Der Leser möge sich nicht daran stoßen, dass meine Darstellung wie ein gnostischer Mythus klingt. Wir bewegen uns hier eben in jenen psychologischen Gebieten, in denen Gnosis wurzelt. Die Aussage des christlichen Symbols ist Gnosis, und die Kompensation des Unbewussten ist es erst recht. Das Mythologem ist die ureigentlichste Sprache dieser psychischen Vorgänge, und keine intellektuelle Formulierung kann auch nur annähernd die Fülle und Ausdruckskraft des mythischen Bildes erreichen. Es handelt sich um Urbilder, die darum auch am besten und treffendsten durch eine bildhafte Sprache wiedergegeben werden. 28

Der hier geschilderte Vorgang weist alle charakteristischen Züge einer psychologischen Kompensation auf. Die Maske des Unbewussten ist bekanntlich nicht starr, sondern spiegelt jenes Gesicht, das man ihm zeigt. Feindseligkeit gibt ihm drohende Gestalt, Entgegenkommen mildert seine Züge. Dabei handelt es sich nicht um eine bloße optische Spiegelung, sondern um eine autonome Antwort, welche das eigenständige Wesen des Antwortenden erkennen lässt. So ist der »filius philosophorum« keineswegs ein bloßer Reflex des Gottessohnes in ungeeigneter Materie, sondern der Sohn der Tiâmat zeigt die Züge der mütterlichen Urgestalt. Er ist zwar ein ausgesprochener Hermaphrodit, hat jedoch männlichen Namen und verrät damit die Kompromissneigung der vom Geiste verworfenen und mit dem Bösen schlechthin identifizierten, chthonischen Unterwelt: Er ist unverkennbar eine Konzession an das Geistige und Männliche, obschon er die Schwere der Erde und die Fabulosität tierischer Urwesen an sich trägt. 29

Diese Antwort der Mutterwelt zeigt, dass die Kluft, die sie von der Vaterwelt trennt, nicht unüberbrückbar ist, weil das Unbewusste einen Keim der Einheit beider in sich enthält. Das Wesen des Bewusstseins ist Unterscheidung; es muss, um der Bewusstheit willen, die Gegensätze voneinander trennen, und zwar *contra naturam.* In der Natur suchen sich die Gegensätze – »les extrêmes se touchent« –, und so ist es im Unbewussten, insbesondere im Archetypus der Einheit, im Selbst. In diesem sind, wie in der Gottheit, die Gegensätze aufgehoben. Aber mit der Manifestation des Unbewussten beginnt die Spaltung derselben, wie bei der Schöpfung; denn jeder Akt der Bewusstwerdung ist ein Schöpferakt, und aus dieser psychologischen Erfahrung stammen die mannigfachen kosmogonischen Symbole. 30

31 In der Alchemie handelt es sich vornehmlich um den Keim der Einheit, welcher im Chaos der Tiâmat verborgen liegt und die Entsprechung zur Einheit der Gottheit bildet. Wie diese hat er trinitarische Eigenschaft bei der christlich beeinflussten und triadische bei der heidnischen Alchemie. Nach anderen Zeugnissen entspricht er der Einheit der vier Elemente und bildet damit eine Quaternität. Die überwiegende Mehrzahl der modernen psychologischen Befunde spricht zugunsten Letzterer. Die wenigen Fälle meiner Beobachtung, welche die Dreizahl produzierten, waren charakterisiert durch einen systematischen Bewusstseinsausfall, nämlich durch ein Unbewusstsein der »minderwertigen Funktion«. Die Dreizahl ist eben kein natürlicher Ganzheitsausdruck, indem die Vierzahl das Minimum der Bestimmungen eines Ganzheitsurteils darstellt. Es muss immerhin hervorgehoben werden, dass neben der deutlichen Neigung der Alchemie (wie auch des Unbewussten) zur Quaternität eine immer wieder betonte Unsicherheit zwischen drei und vier besteht. Schon im Axiom der Maria Prophetissa ist die Quaternität verklausuliert und undeutlich. In der Alchemie gibt es vier sowohl als drei »regimina« (Verfahren), vier und drei Farben. Es gibt zwar immer vier Elemente; aber öfters sind drei zusammengefasst, und eines hat eine Sonderstellung: bald ist es die Erde, bald das Feuer. Der »Mercurius«[10] ist zwar »quadratus«, aber auch eine tricephale Schlange oder eine Triunität schlechthin. Die Unsicherheit weist auf ein Sowohl-als-auch hin; das heißt, die Zentralvorstellungen sind sowohl quaternarisch wie ternarisch. Der Psychologe kann nicht umhin, auf die Tatsache zu verweisen, dass auch die Psychologie des Unbewussten eine ähnliche Perplexität kennt: Die am wenigsten differenzierte »minderwertige« Funktion ist mit dem kollektiven Unbewussten dermaßen kontaminiert, dass sie beim Bewusstwerden neben anderen auch den Archetypus des Selbst mit sich bringt, τὸ ἓν τέταρτον, wie Maria sagt. Vier hat die Bedeutung des Weiblichen, Mütterlichen, Physischen, Drei die des Männlichen, Väterlichen, Geistigen. Die Unsicherheit zwischen Vier und Drei bedeutet also so viel als ein Schwanken zwischen Geistig und Physisch: ein sprechendes Beispiel dafür, dass jede menschliche Wahrheit eine vorletzte ist.

[10] [Für die englische Ausgabe (1953) verfasste der Autor folgende Anmerkung: »In alchemistischen Schriften wird das Wort Mercurius in den verschiedensten Bedeutungsvarianten verwendet, um nicht nur das chemische Element Mercurius (Hg) oder Quecksilber, Mercurius (Hermes), den Gott, und Merkur, den Planeten, zu bezeichnen, sondern auch – und vor allem – die geheime ›verwandelnde Substanz‹, die gleichzeitig der ›Geist‹ ist, der allen Lebewesen innewohnt. Diese verschiedenen Nebenbedeutungen werden im Laufe des Buches zutage treten.«]

Ich bin einleitend von der Totalität des Menschen ausgegangen als jenem Ziel, zu welchem die seelische Entwicklung im psychotherapeutischen Prozess letzten Endes führt. Diese Frage hängt mit weltanschaulichen respektive religiösen Voraussetzungen unauflöslich zusammen. Auch wenn der Patient, wie das häufig der Fall ist, sich in dieser Hinsicht unpräjudiziert glaubt, so ist doch die Voraussetzung seines Denkens, seiner Lebensführung, seiner Moral und seiner Sprache historisch bis in die Einzelheiten hinein bedingt, was ihm zwar öfters teils aus Bildungsmangel, teils aus fehlender Selbstkritik unbewusst bleibt. Die Analyse seiner Situation führt daher früher oder später zu einer Durchleuchtung seiner allgemeinen geistigen Voraussetzungen weit über die persönlichen Determinanten hinaus, und damit wird jene Problematik aufgerollt, die ich auf den vorstehenden Seiten zu skizzieren versuchte. In diese Phase des Prozesses fällt die Produktion der Einheitssymbole, der »Mandalas«, die entweder in Träumen oder in Form von bildhaften visuellen Eindrücken während des Wachzustandes auftreten, öfters als deutlichste Kompensation zur Gegensätzlichkeit und Konflikthaftigkeit der bewussten Situation. Es wäre wohl unrichtig, zu sagen, dass das Offenbleiben des »Risses« (Przywara)[11] in der christlichen Weltordnung hierfür verantwortlich sei, indem es ein Leichtes ist, nachzuweisen, wie die christliche Symbolik diese Wunde eben gerade heilt oder zu heilen sich bemüht. Es wäre wohl korrekter, das Offenbleiben des Konfliktes als ein Symptom der psychischen Situation des westlichen Menschen aufzufassen und dessen Unvermögen, den ganzen Umfang des christlichen Symbols in sich aufzunehmen, zu beklagen. Als Arzt kann ich keine Forderungen in dieser Hinsicht an den Patienten stellen; auch fehlen mir die Gnadenmittel der Kirche. Ich bin infolgedessen mit der Aufgabe konfrontiert, den einzigen mir möglichen Weg zu beschreiten, nämlich den der Bewusstmachung der archetypischen Bilder, welche in einem gewissen Sinne den dogmatischen Vorstellungen entsprechen. Dabei muss ich es meinem Patienten überlassen, sich so zu entscheiden, wie es seinen Voraussetzungen, seiner geistigen Reife, seiner Bildung, seinem Herkommen und seinem Temperament entspricht, sofern dies ohne ernstliche Konflikte möglich ist. Als Arzt ist es meine Aufgabe, dem Patienten zur Lebensfähigkeit zu verhelfen. Über seine letzten Entscheidungen kann ich mir darum kein Urteil anmaßen, weil ich aus Erfahrung weiß, dass jeder Zwang, sei es leise Suggestion oder Zureden oder sonstige Alterierungsmethoden, letzten Endes nichts bewirken als eine Verhinderung des höchsten und entscheidenden Erlebnisses, näm- 32

[11] Przywara, *Deus semper maior* I, S. 71 ff.

lich des Alleinseins mit seinem Selbst, oder was für einen Namen man immer der Objektivität der Seele beilegen mag. Er muss schon allein sein, um zu erfahren, was ihn trägt, wenn er sich nicht mehr tragen kann. Einzig diese Erfahrung gibt ihm unzerstörbare Grundlage.

33 Diese wahrhaftig nicht leichte Aufgabe würde ich jederzeit mit Freuden dem Theologen überlassen, wenn nicht viele meiner Patienten gerade vom Theologen herkämen. Sie hätten in der kirchlichen Gemeinschaft hängen bleiben sollen, sind aber vom großen Baum wie ein welkes Blatt abgefallen und bleiben nun in der Behandlung hängen. Etwas in ihnen klammert sich an, oft mit der Kraft der Verzweiflung, wie wenn sie oder »es« ins Nichts stürzten, sollten sie sich nicht anhängen können. Sie suchen den festen Grund, auf dem sie zu stehen vermögen. Da ihnen kein äußerer Halt taugt, müssen sie ihn wohl schließlich in sich selber finden, was zugestandenermaßen eben gerade das Allerunwahrscheinlichste ist vom Standpunkt der Vernunft, aber das durchaus Mögliche vom Standpunkt des Unbewussten aus. Dies ersehen wir aus dem Archetypus der »niederen Herkunft des Erlösers«.

34 Der Weg zum Ziel ist zunächst chaotisch und unabsehbar, und nur ganz allmählich mehren sich die Anzeichen einer Zielgerichtetheit. Der Weg ist nicht geradlinig, sondern anscheinend zyklisch. Genauere Kenntnis hat ihn als *Spirale* erwiesen: Die Traummotive kehren nach gewissen Intervallen immer wieder zu bestimmten Formen zurück, die ihrer Art nach ein Zentrum bezeichnen. Und zwar handelt es sich um einen Mittelpunkt oder um eine zentrierte Anordnung, die unter Umständen schon in den ersten Träumen auftritt. Die Träume als die Manifestationen unbewusster Vorgänge rotieren oder zirkumambulieren um die Mitte und nähern sich dieser mit immer deutlicheren und umfänglicheren Amplifikationen. Wegen der Mannigfaltigkeit des symbolischen Materials ist es zunächst schwierig, überhaupt eine Ordnung irgendwelcher Art zu erkennen. Es wird ja keineswegs vorausgesetzt, dass Traumserien irgendwelchem Ordnungsprinzip unterworfen seien. Bei näherem Zusehen erweist sich aber der Entwicklungsverlauf als zyklisch respektive spiralig. Man könnte solche spiraligen Verläufe mit den Wachstumsvorgängen bei Pflanzen in Parallele setzen, wie ja auch das Pflanzenmotiv (Baum, Blume usw.) in solchen Träumen und Phantasien häufig wiederkehrt und auch spontan zeichnerisch dargestellt wird.[12] In der Alchemie ist der Baum das Symbol der hermetischen Philosophie.

[12] Siehe Illustrationen in: Wilhelm und Jung, *Das Geheimnis der Goldenen Blüte.*

Bibliographie

Haendler, Otto: Die Predigt. Tiefenpsychologische Grundlagen und Grundfragen. 2. Aufl. Alfred Töpelmann, Berlin 1949.

Harnack, Adolf von: Lehrbuch der Dogmengeschichte. 3 Bde. 5. Aufl. Tübingen 1931.

Jung, Carl Gustav: Psychologie und Religion. Die Terry-Lectures, gehalten an der Yale University. Rascher, Zürich 1940. Neuauflagen 1942, 1947 und Pb 1962. StA Walter, Olten 1971. [GW 11 (1963 und 1973)]

Lang, Joseph Bernhard: Hat ein Gott die Welt erschaffen? Francke, Bern 1942.

Przywara, Erich: Deus semper maior. Theologie der Exerzitien. 3 Bde. Freiburg i. Br. 1938–1940.

Realencyklopädie für protestantische Theologie und Kirche. Hg. von Albert Hauck. 3. Aufl. 24 Bde. Leipzig 1896–1913.

Tertullian(us) Quintus Septimius Clemens: De carne Christi. Migne P. L. II col. 151–792.

– Apologeticus adversus Gentes pro Christianis. Migne P. L. I col. 257–536.

Wilhelm, Richard: Das Geheimnis der Goldenen Blüte. Ein chinesisches Lebensbuch. Mit einem europäischen Kommentar von C. G. Jung. Dorn Verlag, München. Neuausgabe Rascher, Zürich 1938. Neuauflagen 1939, 1944, 1948 und 1957. [Jungs Beitrag in GW 11 (1963)]

Zöckler, Otto: Probabilismus. Siehe Realencyklopädie. [XVI S. 66 ff.]

Über die Beziehung der Psychotherapie zur Seelsorge[1]

Meine Damen und Herren

488 Die neuere Entwicklung der medizinischen Psychologie und der Psychotherapie verdankt den entscheidenden Anstoß in weit geringerem Maße der Neugier der Forscher als vielmehr der drängenden seelischen Problematik der Patienten. Die ärztliche Wissenschaft hat sich – fast im Gegensatz zu den Bedürfnissen der Patienten – vor der Berührung mit den eigentlichen seelischen Problemen gehütet, mit der nicht ganz unrichtigen Voraussetzung, dass dieses Gebiet der Domäne anderer Fakultäten angehöre. Wie aber die biologische Einheit des menschlichen Wesens die Medizin je und je gezwungen hat, Anleihen bei den verschiedensten Wissenszweigen, wie der Chemie, der Physik, der Biologie usw., aufzunehmen, so sah sie sich auch gezwungen, die experimentelle Psychologie in ihren Bereich zu ziehen.

489 Dabei war es selbstverständlich, dass die adoptierten Wissensgebiete in ihrer Tendenz eine charakteristische Umbiegung erfuhren: Anstelle ihres Selbstzweckes trat die Frage der praktischen Anwendung auf den Menschen. So schöpfte zum Beispiel die Psychiatrie aus dem Schatz der Methoden der experimentellen Psychologie und gliederte diese dem weitläufigen Gebäude der Psychopathologie ein. Diese Letztere ist eigentlich eine Psychologie der komplexen seelischen Phänomene. Ihre Ursprünge liegen teils in den Erfahrungen der Psychiatrie im engeren Sinne, teils in denen der Neurologie, welche ursprünglich auch das Gebiet der sogenannten psychogenen Neurosen in sich schloss und dies – nach akademischer Voraussetzung – immer noch tut. In der Praxis allerdings hat sich in den letzten Jahrzehnten, namentlich seit dem Aufkommen des Hypnotismus, eine weite Kluft zwischen dem Fachneurologen und dem Psychotherapeuten aufgetan. Dies geschah unvermeidlicherweise, denn die Neurologie ist

Quellenhinweis:
Aus: GW 11, §§ 488–538.

[1] [Vortrag gehalten vor der Elsässischen Pastoralkonferenz zu Straßburg im Mai 1932.]

eigentlich die Wissenschaft der organischen Nervenkrankheiten, während die psychogenen Neurosen keine organischen Krankheiten im gewöhnlichen Sinne sind, wie sie auch nicht zur Domäne des Psychiaters gehören, welche ausschließlich das Gebiet der Psychosen begreift. Die psychogenen Neurosen sind aber auch keine Geisteskrankheiten im landläufigen Sinne des Wortes. Vielmehr konstituieren sie ein merkwürdiges Sondergebiet ohne allzu scharfe Grenzen, in dem zahlreiche Übergangsformen nach beiden Seiten zur Geisteskrankheit sowohl wie zur Nervenkrankheit vorkommen.

Das unverkennbare Charakteristikum der Neurosen besteht in der Tatsache, dass sie aus seelischen Ursachen hervorgehen und mit ausschließlich seelischen Mitteln geheilt werden können. Die Abgrenzung und Erforschung dieses Sondergebietes, das sowohl von der psychiatrischen wie von der neurologischen Seite her aufgeschlossen wurde, hat zu einer Entdeckung geführt, die der wissenschaftlichen Medizin äußerst unbequem war, nämlich zur *Entdeckung der Seele* als eines ätiologischen, krankheitserregenden Faktors. Die Medizin war nämlich im Laufe des 19. Jahrhunderts in Methodik und Theorie zu einer naturwissenschaftlichen Disziplin geworden und huldigte derselben philosophischen Voraussetzung wie diese, nämlich dem Kausalismus und Materialismus. Die Seele als eine geistige Substanz existierte für sie nicht, wie sich auch die experimentelle Psychologie möglichst bestrebte, eine »Psychologie ohne Seele« zu sein. 490

Die Erforschung der Psychoneurosen ergab nun als unzweideutiges Resultat, dass der *psychische Faktor* die Noxe, das heißt die wesentliche Ursache des Krankseins war, damit also als vollwertiges Glied in die Reihe anderer anerkannter Krankheitsursachen trat, wie der Vererbung, der Konstitution, der bakteriellen Infektion usw. Alle Versuche, die Natur des psychischen Faktors auf andere, körperliche Faktoren zu reduzieren, erwiesen sich als verfehlt. Schon mehr Glück hatte der Versuch, den psychischen Faktor auf den der Biologie entliehenen Begriff des *Triebes* zu reduzieren. Triebe sind bekanntlich sehr wahrnehmbare, auf Drüsenfunktionen basierende physiologische Nötigungen, die erfahrungsgemäß die psychischen Vorgänge bedingen oder beeinflussen. Was lag also näher, als die spezifische Noxe der Psychoneurose, statt in einem mystischen Seelenbegriff, in einer Triebstörung zu suchen, einer Störung, die letzten Endes vielleicht gar durch eine organische Drüsenbehandlung behoben werden konnte? 491

Die Freud'sche Neurosentheorie steht, wie Sie wissen, auf diesem Standpunkt. Sie erklärt wesentlich aus den Störungen des Sexualtriebs. 492

Die Adler'sche Auffassung erklärt ebenfalls aus dem Triebbegriff, und zwar aus den Störungen des Geltungstriebes, welcher allerdings ein Gutteil psychischer ist als der physiologische Sexualtrieb.

493 Der Begriff »Trieb« ist weit davon entfernt, wissenschaftlich geklärt zu sein. Er betrifft ein biologisches Phänomen von ungeheurer Komplexität und stellt recht eigentlich ein X dar, das heißt einen bloßen Grenzbegriff von ganz unbestimmtem Gehalt. Ich will hier nicht auf eine Kritik des Triebbegriffes eingehen, sondern vielmehr die Möglichkeit in Betracht ziehen, dass der psychische Faktor nun tatsächlich nichts anderes sei als zum Beispiel eine Kombination von Trieben, die ihrerseits wieder auf Drüsenfunktionen beruhen. Ja, wir dürfen sogar von der Möglichkeit reden, dass in der Totalität der Triebe alles beschlossen sei, was man psychisch nennt, dass mithin das Psychische selbst nur ein Trieb oder Triebkonglomerat sei, das heißt, in letzter Linie, eine Drüsenfunktion. Die Psychoneurose wäre dann eine Drüsenkrankheit.

494 Der Beweis hiefür steht aber noch aus, und noch ist kein Drüsensekret gefunden, das die Neurose heilt. Auf der anderen Seite wissen wir aus nur allzu vielen Misserfolgen, dass die Organtherapie bei Neurosen im Prinzip völlig versagt, dass aber psychische Mittel die Neurose heilen, genau wie wenn diese psychischen Mittel Drüsenextrakte wären. Die Neurosen sind also nach unserer derzeitigen Erfahrung nicht vom proximalen Ende der Drüsenfunktion, sondern vom distalen Ende, nämlich vom Psychischen her zu beeinflussen respektive zu heilen, genau wie wenn das Psychische eine Substanz wäre. Zum Beispiel kann eine passende Erklärung oder ein tröstendes Wort einen annähernden Heilungseffekt haben, der letzten Endes sogar die Drüsenfunktion beeinflusst. Die Worte des Arztes sind zwar nichts als Luftschwingungen, deren besondere Beschaffenheit aber durch einen gewissen psychischen Zustand des Arztes verursacht ist. Die Worte wirken nur darum, weil sie einen Sinn oder eine Bedeutung übermitteln. Darin liegt das Wirksame. »Sinn« aber ist ein geistiges Etwas. Man kann es meinetwegen Fiktion nennen. Durch Fiktion aber beeinflussen wir die Krankheit in unendlich viel wirksamerer Weise als durch chemische Präparate, ja, wir beeinflussen sogar den biochemischen körperlichen Prozess. Ob sich nun die Fiktion in mir erzeugt oder von außen via Sprache mich erreicht – sie kann mich krank oder gesund machen – Fiktionen, Illusionen, Meinungen sind wohl die allerintangibelsten, allerunwirklichsten Dinge, die man sich denken kann, und doch sind sie seelisch und sogar psychophysisch die allerwirksamsten.

495 Auf diesem Wege hat die Medizin die Seele entdeckt. Sie kann ehrlicherweise die Substanz des Seelischen nicht mehr leugnen. Der Trieb wird

als eine Bedingung des Psychischen erkannt, wie das Psychische als eine Bedingung des Triebes erscheint.

Der Freud'schen sowohl wie der Adler'schen Theorie erwächst kein Vorwurf daraus, dass sie Triebpsychologien, sondern daraus, dass sie einseitig sind. Es ist Psychologie ohne Seele, geeignet für jedermann, der keine geistigen Ansprüche oder Bedürfnisse zu haben glaubt. Hierin allerdings täuschen sich Arzt sowohl wie Patient. Wennschon diese Theorien in unendlich viel höherem Maße der Psychologie der Neurosen gerecht werden, als irgendeine frühere medizinische Auffassung, so genügt ihre Beschränkung aufs Triebhafte den tieferen Bedürfnissen der kranken Seele nicht. Ihre Auffassung ist zu wissenschaftlich und zu selbstverständlich, zu wenig fiktiv oder imaginativ, mit einem Wort zu wenig sinngebend: *Nur das Bedeutende erlöst.* 496

Die alltägliche Vernunft, der gesunde Menschenverstand, die Wissenschaft als konzentrierter »common sense«, reichen gewiss eine ganze Strecke weit, aber doch nie weiter als die Grenzpfähle der allerbanalsten Wirklichkeit und der durchschnittlichen Normalmenschlichkeit. Sie geben im Grunde keine Antwort auf die Frage des seelischen Leidens und dessen tiefster Bedeutung. *Die Psychoneurose ist im letzten Verstande ein Leiden der Seele, die ihren Sinn nicht gefunden hat.* Aus dem Leiden der Seele aber geht alle geistige Schöpfung hervor und jeglicher Fortschritt des geistigen Menschen, und der Grund des Leidens ist der geistige Stillstand, die seelische Unfruchtbarkeit. 497

Mit dieser Erkenntnis betritt der Arzt nunmehr ein Gebiet, dem er sich nur mit größtem Zögern naht. Hier nämlich tritt die Notwendigkeit an ihn heran, die heilende Fiktion, die geistige Bedeutung zu übermitteln, denn das ist es ja, wonach der Kranke verlangt, jenseits alles dessen, was Vernunft und Wissenschaft ihm geben können. Der Kranke sucht das, was ihn ergreift und der chaotischen Verworrenheit seiner neurotischen Seele sinnvolle Gestalt verleiht. 498

Ist der Arzt dieser Aufgabe gewachsen? Er wird seinen Patienten wohl zunächst an den Theologen oder den Philosophen weisen oder ihn der großen Ratlosigkeit der Zeit überlassen. Als Arzt ist er ja durch sein professionelles Gewissen nicht verpflichtet, eine Weltanschauung zu haben. Was wird aber, wenn er nur allzu deutlich sieht, woran sein Patient krankt, dass er nämlich *keine Liebe* hat, sondern bloß Sexualität, keinen *Glauben*, weil ihn die Blindheit schreckt, keine *Hoffnung*, weil ihn Welt und Leben desillusioniert haben, und keine *Erkenntnis*, weil er seinen eigenen Sinn nicht erkannt hat? 499

Zahlreiche gebildete Patienten weigern sich kategorisch, zum Theolo- 500 gen zu gehen. Vom Philosophen wollen sie schon gar nichts hören, denn die Geschichte der Philosophie lässt sie kalt, und der Intellektualismus ist ihnen öder als die Wüste. Und wo gibt es die großen Lebens- und Weltweisen, die nicht bloß von Sinn reden, sondern ihn auch haben? Man kann sich auch schlechterdings kein System und keine Wahrheit ausdenken, welche das gäben, was der Kranke zum Leben braucht, nämlich Glaube, Hoffnung, Liebe *und Erkenntnis.*

501 Diese vier höchsten Errungenschaften menschlichen Strebens sind ebenso viele Gnaden, die man weder lehren noch lernen, weder geben noch nehmen, weder vorenthalten noch verdienen kann, denn sie sind an eine, menschlicher Willkür entzogene, irrationale Bedingung geknüpft, nämlich an das *Erlebnis.* Erlebnisse aber können nie »gemacht« werden. Sie geschehen, aber nicht absolut, sondern glücklicherweise relativ. *Man kann sich ihnen nähern.* So viel liegt in unserer menschlichen Reichweite. Es gibt Wege, die in die Nachbarschaft des Erlebnisses führen, aber man sollte sich scheuen, die Wege »Methoden« zu nennen, denn dieser Name wirkt lebenertötend, und überdies ist der Weg zum Erlebnis nichts weniger als ein Kunstgriff, sondern vielmehr ein Wagnis, das den *unbedingten Einsatz der ganzen Persönlichkeit* fordert.

502 Die therapeutische Notwendigkeit gelangt damit zu einer Frage und zugleich zu einem Hindernis, das unübersteiglich zu sein scheint. Wie können wir der leidenden Seele zum erlösenden Erlebnis verhelfen, aus dem ihr die vier großen Charismata zukommen und ihre Krankheit heilen sollen? Wohlmeinend raten wir wohl: Du solltest die wahre Liebe haben, oder den wahren Glauben, oder die wahre Hoffnung, oder »erkenne dich selbst«. Aber woher soll der Kranke das vorher nehmen, was er eben erst nachher erhalten kann?

503 Saulus verdankt seine Bekehrung weder der wahren Liebe noch dem wahren Glauben noch sonst irgendeiner Wahrheit, einzig sein *Christenhass* hat ihn auf den Weg nach Damaskus und damit zu jenem Erlebnis geführt, das für sein Leben entscheidend werden sollte. Er hat seinen schlimmsten Irrtum mit Überzeugung gelebt, und das führte ihn zum Erlebnis.

504 Hier öffnet sich eine Problematik des Lebens, die man gar nicht ernst genug nehmen kann, und hier stellt sich dem Seelenarzt ein Problem, das ihn in nächste Berührung mit dem Seelsorger bringt.

505 Das Problem des seelisch Leidenden ginge eigentlich den Seelsorger in viel höherem Maße an als den Arzt. Aber der Kranke sucht wohl in den meisten Fällen zunächst den Arzt auf, weil er meint, er sei körperlich krank, und weil gewisse neurotische Symptome durch Medikamente wenigstens gelindert werden können. Auf der anderen Seite fehlen dem

Seesorger in der Regel die Kenntnisse, die ihn befähigen würden, den seelischen Hintergrund der Krankheit zu durchschauen; auch besitzt er nicht die Autorität, den Kranken davon zu überzeugen, dass sein Leiden seelisch ist.

Aber es gibt auch Kranke, die zwar die seelische Natur ihres Leidens 506
sehr genau kennen, aber sich trotzdem weigern, den Seelsorger aufzusuchen, weil sie ihm nämlich nicht zutrauen, dass er wirklich helfen könne. Dasselbe Misstrauen haben solche Kranke gegenüber den Ärzten, und zwar mit Recht, denn in Tat und Wahrheit stehen Arzt sowohl wie Seelsorger mit leeren Händen da, wenn nicht – schlimmer noch – mit leeren Worten. Dass der Arzt zu den letzten Fragen der Seele schließlich nichts zu sagen weiß, ist natürlich. Solches dürfte der Kranke nicht vom Arzt, sondern vom Theologen erwarten. Der protestantische Seelsorger sieht sich aber bisweilen vor eine fast unmögliche Aufgabe gestellt, denn er hat mit praktischen Schwierigkeiten zu ringen, denen der katholische Priester enthoben ist. Dieser hat vor allem die Autorität der Kirche hinter sich, sodann befindet er sich in einer sozial ganz anders gesicherten und unabhängigen Stellung als der womöglich verheiratete reformierte Pfarrer, den die Verantwortlichkeit für eine Familie belastet und den im schlimmsten Fall kein gastliches Stift oder Kloster aufnimmt. Ist der Priester gar ein Jesuit, so verfügt er über die modernste psychologische Bildung. So weiß ich zum Beispiel, dass in Rom meine Schriften einem ernstlichen Studium unterzogen wurden, lange bevor ein protestantischer Theologe sie eines Blickes gewürdigt hätte.

Die Zeiten sind ernst geworden. Die Flucht aus der protestantischen 507
Kirche in Deutschland ist bloß *ein* Symptom. Es gibt noch viele andere, welche dem Theologen zeigen könnten, dass der alleinige Hinweis auf den Glauben oder die karitative Tätigkeit der Erwartung des modernen Menschen zu wenig bedeuten. Die Tatsache, dass viele Theologen psychologische Stützung oder praktische Hilfe bei der Freud'schen Sexual- oder bei der Adler'schen Machttheorie suchen, mutet sonderbar an, denn beide Theorien sind, im Grunde genommen, geistfeindlich, weil es »Psychologien ohne Seele« sind. Es sind rationalistische Methoden, welche das Zustandekommen des geistigen Erlebnisses geradezu verhindern. Weitaus die meisten Psychotherapeuten sind Anhänger *Freuds* oder *Adlers.* Das bedeutet, dass weitaus die meisten Patienten notwendigerweise dem geistigen Standpunkt entfremdet werden. Das kann einem, dem das Schicksal der Seele am Herzen liegt, nicht gleichgültig sein. Die psychologische Welle, welche gegenwärtig die protestantischen Länder Europas überflutet, ist fern davon, im Abflauen begriffen zu sein. Sie geht Hand in Hand

mit den massenhaften Austritten aus der Kirche. Ich zitiere einen protestantischen Seelsorger, wenn ich sage: »Heutzutage gehen die Leute zum Seelenarzt, statt zum Seelsorger.«

508 Ich bin überzeugt, dass diese Aussage auf das relativ gebildete Publikum zu beschränken ist. Für die große Masse gilt sie wohl nicht. Vergessen Sie aber nicht, dass das, was heute der Gebildete denkt, etwa zwanzig Jahre braucht, bis es zum Denken der Masse wird. Ludwig Büchners *»Kraft und Stoff«* zum Beispiel wurde, nachdem es für die Gebildeten sozusagen ausgestorben war, nach etwa zwanzig Jahren zu einem der meist gelesenen Bücher der deutschen Volksbibliotheken. Ich bin überzeugt, dass das psychologische Bedürfnis des Gebildeten von heute das Interesse des Volkes von morgen sein wird.

509 Ich möchte folgende Tatsachen zum Bedenken geben: Seit dreißig Jahren habe ich eine clientèle aus allen Kulturländern der Erde. Viele Hunderte von Patienten sind durch meine Hände gegangen; es waren in der Großzahl Protestanten, in der Minderzahl Juden und nicht mehr als fünf bis sechs praktizierende Katholiken. Unter allen meinen Patienten jenseits der Lebensmitte, das heißt jenseits fünfunddreißig, ist nicht ein einziger, dessen endgültiges Problem nicht das der religiösen Einstellung wäre. Ja, jeder krankt in letzter Linie daran, dass er das verloren hat, was lebendige Religionen ihren Gläubigen zu allen Zeiten gegeben haben, und keiner ist wirklich geheilt, der seine religiöse Einstellung nicht wieder erreicht, was mit Konfession oder Zugehörigkeit zu einer Kirche natürlich nichts zu tun hat.

510 Hier breitet sich für den Seelsorger ein ungeheures Gebiet aus. Aber es scheint fast, als ob es noch niemand bemerkt hätte. Es hat auch nicht den Anschein, als ob der protestantische Seelsorger von heute genügend ausgerüstet wäre, um dem gewaltigen seelischen Anspruch unserer Zeit zu genügen. Es wäre höchste Zeit, dass der Seelsorger und der Seelenarzt sich die Hand reichten zur Bewältigung dieser geistigen Riesenaufgabe.

511 Wie aktuell dieses Problem ist, möchte ich anhand eines Beispieles zeigen: Vor etwas mehr als Jahresfrist wurde mir vonseiten der Leitung der Aarauer Christlichen Studenten-Konferenz die Frage vorgelegt, ob und warum die Leute heutzutage in seelischen Nöten eher den Arzt als den Pfarrer aufsuchten. Diese Frage ist sehr direkt und sehr praktisch. Ich hatte bis dahin nur gesehen, dass *meine* Patienten sicher den Arzt aufgesucht haben und nicht den Pfarrer. Ob das nun aber allgemein so sei, schien mir doch sehr fraglich, auf alle Fälle wusste ich darüber nichts Bestimmtes. Ich habe deshalb in Kreisen, die mir persönlich fernstehen, mit Hilfe von Drittpersonen eine Umfrage in diesem Sinne veranstaltet,

eine Umfrage, die von schweizerischen, deutschen und französischen Protestanten beantwortet wurde. Daneben lief auch eine Anzahl katholischer Antworten ein. Das Ergebnis ist nun sehr interessant. Ich will es Ihnen in allgemeinen Zügen schildern: Für den Arzt entschieden sich 57 % aller Protestanten und bloß 25 % der Katholiken. Für den Pfarrer bloß 8 % Protestanten, dagegen 58 % der Katholiken. Das waren die unzweideutigen Entscheide. Der Rest von 35 % der Protestanten konnte die Frage nicht entscheiden. Der katholische Rest von Unentschiedenen aber betrug nur 17 %.

Als Gegengründe gegen den Pfarrer wurden hauptsächlich hervorgehoben: Der Mangel an psychologischen Kenntnissen und entsprechendem Verständnis, und zwar in 52 % der Antworten. 28 % gaben als Gegengrund an, dass der Pfarrer eine vorgefasste Meinung habe und dogmatisch und traditionell befangen sei. Als Kuriosum möchte ich erwähnen, dass sogar ein Pfarrer sich für den Arzt entschieden hat, während ein anderer mir irritiert antwortete: »Theologie hat mit Menschenbehandlung nichts zu tun.« Sämtliche Angehörige von Theologen, die meine Umfrage beantwortet haben, haben sich gegen den Pfarrer ausgesprochen. 512

Diese Umfrage, die sich naturgemäß auf gebildete Kreise beschränkte, ist bloß eine Stichprobe von sehr beschränkter Gültigkeit. Ich bin überzeugt, dass ungebildete Volksschichten wohl anders reagiert hätten. Aber ich bin geneigt anzunehmen, dass die Stichprobe für die gebildeten Kreise wenigstens eine gewisse Gültigkeit besitzt, denn es ist eine bekannte Tatsache, dass die kirchliche und religiöse Indifferenz in diesen Kreisen beträchtlich zunimmt. Und man vergesse nicht die vorhin erwähnte massenpsychologische Tatsache, dass die weltanschauliche Problematik des Gebildeten etwa zwanzig Jahre braucht, um die ungebildeten Volksschichten zu erreichen. Wer hätte zum Beispiel den unerhörten geistigen Umschwung in Spanien, dem katholischsten aller europäischen Länder, vor zwanzig, ja vor zehn Jahren vorauszusagen vermocht?[2] Und doch ist er plötzlich mit der Gewalt einer Naturkatastrophe hereingebrochen. 513

Es scheint mir, als ob parallel mit dem Niedergang des religiösen Lebens die Neurosen sich beträchtlich vermehrt hätten. Es gibt jedoch keine Statistik, die mit Zahlen diese Zunahme beweisen könnte. Eines aber weiß ich sicher, nämlich, dass der allgemeine Geisteszustand des Europäers ungefähr überall einen bedenklichen Mangel an Gleichgewicht aufweist. Wir leben unleugbar in einer Epoche von Rastlosigkeit, Nervo- 514

2 [Während der 2. Republik, die 1931 proklamiert und 1936 wieder aufgehoben wurde.]

sität, Verwirrung und weltanschaulicher Desorientiertheit größten Ausmaßes. Unter meiner internationalen clientèle, die ausnahmslos den gebildeten Kreisen entstammt, habe ich eine nicht unbeträchtliche Anzahl von Fällen, die mich aufgesucht haben, nicht etwa, weil sie an einer Neurose litten, sondern weil sie in ihrem Leben keinen Sinn fanden oder sich mit Problemen abquälten, für die unsere Philosophie oder Religion keine Antwort hatte. Einige dachten vielleicht, ich wüsste einen Zauberspruch, aber ich musste sie bald – und damit kommen wir nun auf das praktische Gebiet – dahin aufklären, dass auch ich keine Antwort weiß.

515 Nehmen wir zum Beispiel die allerbanalste und allerhäufigste dieser Fragen, die Frage nach dem Sinn »meines« oder des Lebens. Der moderne Mensch glaubt zur Genüge zu wissen, was der Pfarrer auf diese Frage sagt, was er ja sagen muss. Über den Philosophen lächelt man, vom Doktor im Allgemeinen hält man nicht viel, aber vom Seelenarzt, der das Unbewusste analysiert, da könnte man am Ende etwas hören; vielleicht hat er in seinen abstrusen Hintergründen unter anderem auch einen Sinn ausgegraben, den man gegen Entgelt eines Honorars erwerben könnte. Für jeden ernsthaften Menschen ist es daher eine Gewissenserleichterung, zu vernehmen, dass auch der Seelenarzt nichts zu sagen weiß. Man hat daher nicht so weit am Ziel vorbeigeschossen. Häufig ist dies der Anfang des Vertrauens zum Arzt.

516 Ich habe gefunden, dass im modernen Menschen ein unausrottbarer Widerstand gegen hergebrachte Meinungen und bisherige Wahrheiten vorhanden ist. Der Moderne ist ein »Bolschewist«, dem alle bisherigen geistigen Formen und Normen irgendwie ungültig geworden sind und der darum mit dem Geist experimentieren will wie der Bolschewist mit der Wirtschaft. Diesem modernen Geiste gegenüber ist jedes kirchliche System, sei es nun katholisch oder protestantisch oder buddhistisch oder konfuzianisch, in einer misslichen Lage. Gewiss gibt es unter diesen Modernen auch jene negativen, zerstörerischen, perversen Naturen, degenerierte, desequilibrierte Sonderlinge, denen es nirgends wohl ist und die daher in allen neuen Bewegungen und Unternehmungen – sehr zum Schaden dieser – sich ansiedeln, in der Hoffnung, diesmal etwas gefunden zu haben, was ihrem eigenen Ungenügen auf billige Weise abhelfen könnte. Selbstverständlich kenne ich schon aus professionellen Gründen sehr viele moderne Menschen und natürlich auch ihre pathologischen Mitläufer. Aber von diesen Letzteren sehe ich ab. Die anderen dagegen sind nicht nur keine krankhaften Sonderlinge, sondern sehr oft besonders tüchtige, tapfere und gute Menschen, welche traditionelle Wahrheiten nicht aus Bosheit, sondern aus ehrlichen und anständigen Gründen ablehnen. Sie

fühlen samt und sonders, dass unsere religiösen Wahrheiten irgendwie hohl geworden sind. Entweder können sie wissenschaftliche und religiöse Weltanschauung nicht in Einklang bringen, oder die christlichen Wahrheiten haben ihre Autorität und ihre psychologische Daseinsberechtigung verloren. Man fühlt sich durch den Tod Christi nicht mehr erlöst, man kann nicht glauben; ja, gewiss ist der glücklich, der glauben kann, aber man kann den Glauben nicht erzwingen. Sünde ist etwas ganz Relatives, was für den einen *böse,* ist für den andern gut. Warum sollte nicht Buddha ebenso recht haben?

Sie kennen ja diese Fragen und Zweifel ebenso gut wie *ich.* Die 517
Freud'sche Analyse würde alle diese Dinge als uneigentlich auf die Seite schieben, denn nach ihrer Auffassung handelt es sich in der Hauptsache um Verdrängung der Sexualität, welcher Umstand durch philosophische und religiöse Probleme verschleiert werden soll. Wenn man nun einen solchen Individualfall genau untersucht, so stellt es sich heraus, dass tatsächlich die Sexualsphäre in eigentümlicher Weise gestört ist, überhaupt die unbewusste Triebsphäre. Freud erklärt nun aus dem Vorhandensein dieser Störung die ganze seelische Störung überhaupt und interessiert sich ausschließlich für die Kausalität der sexualpsychologischen Symptome. Er übersieht dabei vollständig, dass gegebenenfalls die angeblichen Ursachen zwar stets vorhanden waren, aber so lange nicht zur Wirkung gelangten, bis eine Störung der bewussten Haltung eintrat, welche das Umkippen in die Neurose herbeiführte. Es ist, wie wenn ein leckes Schiff sänke und die Mannschaft sich nun wesentlich dafür interessiert, wie das ins Schiff eindringende Wasser beschaffen sei, statt das Leck zu verstopfen. Die Störung der Triebsphäre ist kein primäres, sondern ein sekundäres Phänomen. Das Bewusstsein hat seinen Sinn und seine Hoffnung verloren, es ist, wie wenn eine Panik ausgebrochen wäre – »lasst uns essen und trinken, denn morgen sind wir tot« –, diese aus der Sinnlosigkeit geborene Stimmung verursacht die Störung der Unterwelt und löst die mühsam gebändigten Triebe wieder aus. Der Grund, warum einer neurotisch wird oder ist, ist im Heute so gut vorhanden wie im Gestern. Nur ein aktuell vorhandener Grund kann eine Neurose am Leben erhalten. Eine Tuberkulose ist nicht darum vorhanden, weil einmal vor zwanzig Jahren eine Infektion mit Tuberkelbazillen stattgefunden hat, sondern weil *jetzt* floride Herde vorhanden sind. Wann und wie die Infektion stattgefunden hat, ist völlig irrelevant. Auch die genaueste Kenntnis der Vorgeschichte könnte die Tuberkulose nicht heilen. Genau so ist es mit der Neurose.

Deshalb nehme ich die religiösen Probleme, die mir der Patient vor- 518
legt, durchaus als eigentlich und als mögliche Ursache der Neurose.

Nehme ich sie aber als ernsthaft an, so muss ich dem Patienten zugeben können: »Ja, Sie haben recht, man kann so fühlen wie Sie; Buddha könnte ebenso recht haben wie Christus, Sünde ist relativ, und es ist nicht recht einzusehen, inwiefern wir uns durch den Tod Christi als irgendwie erlöst empfinden sollten.« Die Bestätigung dieser Zweifel fällt mir als Arzt leicht, dem Pfarrer aber schwer. Meine Haltung fühlt der Patient als Verständnis, während er das Zögern des Pfarrers als menschlich trennende historische Befangenheit fühlt. Er denkt sich: »Wenn ich gar anfangen wollte von all den Peinlichkeiten meines gestörten Trieblebens zu sprechen, was wird der Pfarrer dann sagen?« Mit Recht vermutet er wohl, dass die moralische Befangenheit noch ungleich größer sei als die dogmatische. Es gibt in dieser Hinsicht eine hübsche Anekdote vom schweigsamen Präsidenten Coolidge. Eines Sonntagmorgens ging er aus, und als er wieder zurückkehrte, fragte ihn seine Frau: »Wo warst du?« »In der Kirche.« »Was hat der Pfarrer gesagt?« »Er hat über die Sünde gesprochen.« »Und was hat er über die Sünde gesagt?« »Er war dagegen.«

519 Der Arzt hat es leicht, in dieser Hinsicht verständnisvoll zu sein, wird man sagen. Man vergisst aber, dass es auch unter den Ärzten moralische Naturen gibt und dass es unter den Geständnissen der Patienten solche gibt, die auch der Arzt nicht ohne weiteres verdauen kann. Und doch fühlt sich der andere nicht angenommen, wenn sein Schlimmstes nicht angenommen ist. Das kann niemand mit bloßen Worten tun, sondern nur durch die Gesinnung und durch die Einstellung, sich selber und seiner eigenen Dunkelheit gegenüber. Will der Arzt die Seele eines anderen führen oder sie auch nur begleiten, so muss er mit ihr Fühlung haben. Diese Fühlung kommt nie zustande, wenn der Arzt verurteilt. Ob er das nun mit so viel Worten laut tut oder unausgesprochen im Stillen, ändert nichts an der Wirkung. Auch das Umgekehrte, nämlich dem Patienten unbesehen recht geben, hilft nichts. Es wirkt ebenso entfremdend wie das Verurteilen. Fühlung entsteht nur durch *vorurteilslose Objektivität.* Das klingt beinahe wie etwas Wissenschaftliches. Man könnte es mit einer rein intellektuellen, abstrakten Einstellung verwechseln. Was ich aber meine, ist etwas ganz anderes: Es ist etwas Menschliches, etwas wie eine Hochachtung vor der Tatsache, vor dem Menschen, der an dieser Tatsache leidet, vor dem Rätsel eines solchen Menschenlebens. Der wahrhaft religiöse Mensch hat diese Einstellung. Er weiß, dass Gott allerhand Wunderliches und Unbegreifliches erschaffen hat und auf den allerabsonderlichsten Wegen der Menschen Herz zu erreichen sucht. Deshalb fühlt er in allen Dingen die dunkle Gegenwart des göttlichen Willens. Unter »vorurteilsloser Objektivität« meine ich diese Einstellung. Sie ist die moralische Leis-

tung des Arztes, der sich vor Krankheit und Fäulnis nicht ekeln soll. *Man kann nichts ändern, was man nicht annimmt.* Verurteilung befreit nicht, sie unterdrückt. Ich bin nicht der Freund und der erleidende Mitmensch des *Verurteilten,* sondern sein Unterdrücker. Das heißt beileibe nicht, man dürfe nie verurteilen. Man darf aber nicht da verurteilen, wo man helfen und bessern will und kann. Will der Arzt einem Menschen helfen, so muss er ihn in seinem Sosein annehmen können. Er kann dies aber nur dann wirklich tun, wenn er zuvor sich selber in seinem Sosein angenommen hat.

Das klingt vielleicht sehr einfach. Das Einfache aber ist immer das 520
Schwierigste. In Wirklichkeit ist nämlich Einfachsein höchste Kunst, und so ist das Sich-selbst-Annehmen der Inbegriff des moralischen Problems und der Kern einer ganzen Weltanschauung. Dass ich den Bettler bewirte, dass ich dem Beleidiger vergebe, dass ich den Feind sogar liebe im Namen Christi, ist unzweifelhaft hohe Tugend. Was ich dem Geringsten unter meinen Brüdern tue, das habe ich Christus getan. Wenn ich nun aber entdecken sollte, dass der Geringste von allen, der Ärmste aller Bettler, der Frechste aller Beleidiger, ja der Feind selber in *mir* ist, ja dass ich selber des Almosens meiner Güte bedarf, dass ich mir selber der zu liebende Feind bin, was dann? Dann dreht sich in der Regel die ganze christliche Wahrheit um, dann gibt es keine Liebe und Geduld mehr, dann sagen wir zum *Bruder in uns* »racha«, dann verurteilen wir und wüten gegen uns selbst. Nach außen verbergen wir es, wir leugnen es ab, diesem Geringsten in uns je begegnet zu sein, und sollte Gott selber es sein, der in solch verächtlicher Gestalt an uns herantritt, so hätten wir ihn tausendmal verleugnet, noch ehe überhaupt ein Hahn gekräht hätte.

Wer mit Hilfe der modernen Psychologie nicht nur hinter die Kulissen 521
seiner Patienten, sondern vor allem hinter seine eigenen geblickt hat – und das muss ein Psychotherapeut, der nicht ein naiver Schwindler ist, getan haben –, der muss gestehen, dass es das Allerschwierigste, ja das Unmögliche ist, sich selber in seinem erbärmlichen Sosein anzunehmen. Schon der bloße Gedanke daran kann einen in Angstschweiß versetzen, deshalb zieht man mit Vergnügen und ohne Zögern das Komplizierte vor, nämlich das Nichtwissen um sich selbst und die geschäftige Bekümmerung um andere und anderer Schwierigkeiten und Sünden. Dort winken sichtbare Tugenden, die die anderen und einen selbst wohltätig täuschen. Man ist – Gott sei Dank – sich selbst entlaufen. Es gibt unzählige Menschen, die dies ungestraft tun können, aber nicht alle, und diese brechen dann vor ihrem Damaskus mit einer Neurose zusammen. Wie kann ich diesen Leuten helfen, wenn ich selber zu den Ausreißern gehöre und womöglich

selber am morbus sacer der Neurose leide? »Vorurteilslose Objektivität« besitzt nur der, der sich selber angenommen hat. Niemand aber kann sich rühmen, dies getan zu haben. Man kann auf Christus hinweisen, der seine historische Befangenheit dem Gott in ihm geopfert und sein Leben so gelebt hat, wie es war, bis zum bitteren Ende, wahrlich ohne Rücksicht auf Konvention oder auf das, was pharisäischer Ansicht als gut galt.

522 Wir Protestanten sind auf dem besten Wege, zu diesem Problem zu gelangen: Sollen wir die Imitatio Christi so verstehen, dass wir sein Leben kopieren, gewissermaßen *seine* Wundmale nachäffen, oder, ihn in tieferem Sinne verstehend, unser Leben so leben, wie er das seinige in seinem ihm allein eigentümlichen Sosein gelebt hat? Das Christusleben nachahmen ist keine leichte Sache; aber es ist unsäglich viel schwieriger, das eigene Leben so zu leben, wie Christus das seine gelebt hat. Jeder würde gegen seine historische Bedingtheit verstoßen – und sie dadurch zwar erfüllen; jedoch würde er in seiner Art verkannt, verspottet, gequält und gekreuzigt sein. Ja, er wäre eine Art von verrücktem Bolschewist, der mit Recht ans Kreuz geschlagen würde. Man zieht daher die historisch prämiierte, durch Heiligkeit verklärte Imitatio Christi vor. Ich würde einen Mönch in der Ausübung dieser Identifikation mit Christus nie stören. Er ist verehrungswürdig. Aber ich bin kein Mönch, und meine Patienten sind es auch nicht, und zudem bin ich als Arzt mit der Aufgabe belastet, meinen Kranken den Weg zu weisen, wie sie ihr Leben leben können, ohne neurotisch zu werden. Neurose ist innere Spaltung, Entzweiung mit sich selbst. Alles, was diese Entzweiung verstärkt, macht kränker. Alles, was sie mildert, macht gesund. Das, was sie zur Entzweiung mit sich selber zwingt, ist die Ahnung oder sogar die Erkenntnis, dass sie aus zwei Menschen bestehen, die sich gegensätzlich zueinander verhalten, etwa so wie Faust sagt: »Zwei Seelen wohnen, ach! in meiner Brust«, etwa der sinnliche und der geistige Mensch oder das Ich und der Schatten. Neurose ist in letzter Linie Persönlichkeitsspaltung.

523 Das Problem der Heilung ist ein religiöses Problem. Auf der Ebene der sozialen oder der Völkerbeziehung ist der leidende Zustand zum Beispiel Bürgerkrieg. Durch die christliche Tugend der Feindesliebe und der Vergebung heilen wir diesen leidenden Zustand. Was wir aus christlicher Überzeugung außen empfehlen, das müssen wir in der Neurosentherapie auch innerlich anwenden. Darum wollen moderne Menschen nichts mehr von Schuld und Sünde hören. Sie haben an ihrem eigenen bösen Gewissen genug und wollen vielmehr wissen, wie man sich mit seinen eigenen Tatsachen *aussöhnen,* wie man den Feind im eigenen Herzen lieben und zum Wolf »Bruder« sagen kann.

Auch will der Moderne nicht wissen, wie er Christus nachahmen könnte, sondern wie er zunächst seinen individuellen Lebenstypus, so ärmlich und so uninteressant er auch sei, leben kann. Alles Nachahmen erscheint ihm deshalb lebenswidrig, lebensfeindlich, darum sträubt er sich gegen die Historie, die ihn an gebahnte Wege verhaften will. Diese Wege sind ihm alle Abwege. Er weiß es nicht, aber er benimmt sich so, wie wenn sein individuelles Leben ein besonderer Gotteswille wäre, der einzig erfüllt werden müsste – daher sein Egoismus, eines der tastbarsten Laster des neurotischen Zustandes. Wer ihm aber sagt, er sei zu egoistisch, hat es mit ihm verspielt. Ganz richtig, denn er hat ihn noch mehr in die Neurose gedrängt. 524

Es ist gerade der Egoismus der Kranken, der mich zwingt, um ihrer Heilung willen, den tiefen Sinn des Egoismus anzuerkennen. Darin steckt – ich müsste blind sein, es nicht zu sehen – ein wahrhafter Gotteswille. Gelingt es nämlich dem Kranken – und dazu muss ich ihm helfen – seinen Egoismus durchzusetzen, so entfremdet er sich andere Menschen, er schlägt sie zurück, und so kommen sie zu sich selbst; was ihnen nur recht geschieht, denn sie wollten dem Kranken den »sacro egoismo« austreiben. Dieser aber muss ihm gelassen werden, denn es ist seine stärkste und gesündeste Kraft, wie ich sagte, ein wahrhaftiger Gotteswille, der ihn in eine oft gänzliche Vereinsamung treibt. So elend dieser Zustand ist, so nützlich ist er auch; denn darin allein kann der Kranke sich selbst erkennen, kann ermessen lernen, was für ein unschätzbares Gut die Liebe anderer Menschen ist, und überdies ist es nur in der Verlassenheit und tiefsten Einsamkeit mit sich selbst, wo hilfreiche Mächte erfahren werden. 525

Hat man einige Male solche Entwicklungen gesehen, so kann man nicht mehr leugnen, dass das, was böse war, zum Guten wurde und dass das, was gut schien, das Böse lebendig erhielt. Der Erzteufel des Egoismus selber ist die via regia zu jener Stille, welche religiöse Urerfahrung fordert. Es ist das große Lebensgesetz der Enantiodromie, der Verkehrung ins Gegenteil, welches die Vereinigung der feindlichen Hälften der Persönlichkeit ermöglicht und damit den Bürgerkrieg beendet. 526

Ich habe den neurotischen Egoismus als eines der gewöhnlichsten Symptome als Beispiel gewählt. Ich hätte ebenso gut irgendwelche anderen Charaktersymptome wählen können, um daran zu demonstrieren, wie die ärztliche Einstellung sich zu den Unzulänglichkeiten der Patienten verhält, mit anderen Worten, wie sie das Problem des Bösen handhabt. 527

Vielleicht klingt auch dies sehr einfach. In Wirklichkeit aber bedeutet das Annehmen der Schattenseite der menschlichen Natur etwas, was ans Unmögliche streift. Man bedenke, was es heißt, die Daseinsberechtigung 528 des Unvernünftigen, des Sinnlosen und des Bösen anzuerkennen! Das will aber der moderne Mensch; er will mit dem leben, was er ist; er will das kennen, was er ist, und darum wirft er die Historie zur Seite. Er will unhistorisch sein, um experimentell zu leben und um festzustellen, was die Dinge an sich für einen Wert und Sinn haben, ungeachtet dessen, was die historische Voraussetzung darüber behauptet. Die moderne Jugend liefert hiefür erstaunliche Belege. Wie weit aber diese Tendenz geht, zeigt eine Anfrage, die von einer deutschen Gesellschaft an mich gerichtet wurde: Ob der Inzest zu verwerfen sei und was für Tatsachen dagegen angeführt werden könnten!

529 Es ist nicht schwer, sich vorzustellen, in was für Konflikte die Menschen mit solchen Tendenzen geraten. Ich begreife, dass man alles aufwenden möchte, um seine Mitmenschen vor solchen Abenteuern zu schützen. Merkwürdigerweise aber scheinen uns hiezu die Mittel zu fehlen, denn alle bisher wirksamen Argumente gegen Unvernunft, Illusion, Unmoral haben ihre Zugkraft in hohem Maße eingebüßt. Man erntet jetzt die Früchte der Erziehung des 19. Jahrhunderts: Die Kirche predigte den jungen Menschen den blinden Glauben, die Universität aber einen rationalistischen Intellektualismus, mit dem Resultat, dass heute das Argument des Glaubens sowohl wie das der Vernunft seine Überzeugungskraft verloren haben. Der Moderne, des Streites der Meinungen müde, will daher erkunden, was eigentlich an den Dingen ist. Und diese Tendenz, die zwar gefährlichsten Möglichkeiten Tür und Tor öffnet, ist ein mutiges Wagnis, dem man die Sympathie nicht ganz versagen kann. Dieses Wagnis ist kein mutwilliges Abenteuer, sondern ein aus tiefster seelischer Not geborener Versuch, aufgrund einer unpräjudizierten Urerfahrung die Einheit von Leben und Sinn wiederzuentdecken. Die Ängstlichkeit in allen Ehren – aber ein ernsthaftes Wagnis, welches den ganzen Menschen in die Schranken fordert, muss man unterstützen. Bekämpft man es, so versucht man eigentlich, das Beste eines Menschen, seinen Wagemut, sein höchstes Streben, zu unterdrücken, und wenn es gelingen sollte, so hätte man jene unendlich kostbare Erfahrung verhindert, welche einzig dem Leben einen Sinn hätte verleihen können. Was wäre geschehen, wenn sich Paulus durch irgendwelche Vernünftelei von seiner Reise nach Damaskus hätte abhalten lassen?

530 Mit diesem Problem hat sich der ernsthafte Psychotherapeut auseinanderzusetzen. Er muss sich in jedem einzelnen Fall entscheiden, ob er gewillt ist, einem Menschen mit Rat und Hilfe auf dem wagnisreichen Irrwege beizustehen oder nicht. Man darf nicht mehr wissen oder zu wissen vermeinen, was richtig und was unrichtig ist, um die Fülle des Lebens

nicht auszuschließen, sondern man muss sein Augenmerk ausschließlich auf das richten, was wirklich ist. *Wirklich aber ist, was wirkt.* Ist das, was mir als Irrtum erscheint, wirksamer und stärker als die Wahrheit, so liegt es mir zunächst ob, dem Irrtum zu folgen, denn in ihm liegt Kraft und Leben, die ich verliere, wenn ich bei dem, was mir wahr scheint, bleibe. Das Licht bedarf der Dunkelheit, wie anders könnte es denn Licht sein?

Die Freud'sche Psychoanalyse beschränkt sich, wie Sie wissen, darauf, 531
die Schattenwelt und das Böse bewusstzumachen. Sie eröffnet einfach den vorher latenten Bürgerkrieg. Und damit hat es dann sein Bewenden. Der Patient muss sehen, wie er selber damit fertigwird. Freud hat leider ganz übersehen, dass der Mensch noch zu keiner Zeit imstande war, allein mit den Mächten der Unterwelt, das heißt des Unbewussten, fertigzuwerden. Er bedurfte dazu stets der geistigen Hilfe, welche ihm seine jeweilige Religion gewährte. Die Eröffnung des Unbewussten bedeutet den Ausbruch eines großen seelischen Leidens, denn es ist gerade so, wie wenn eine blühende Zivilisation dem Einbruch von Barbarenhorden preisgegeben oder wie wenn fruchtbares Ackerland durch Zerstörung der Schutzdämme dem Wüten eines Wildbaches ausgeliefert *würde.* Ein solcher Durchbruch war auch der Weltkrieg, der wie nichts anderes beweist, wie dünn die *Scheidewand* ist, die eine geordnete Welt vom ewig lauernden Chaos trennt. Aber so ist es in jedem Einzelnen: Hinter seiner vernünftig geordneten Welt wartet rachsüchtig eine durch Vernunft vergewaltigte Natur auf den Augenblick, wo die trennende Wand fällt, um sich verheerend ins bewusste Dasein zu ergießen. Seit urältesten und primitivsten Zeiten ist sich der Mensch dieser Gefahr bewusst, der Gefahr der Seele, und er hatte darum religiöse und magische Bräuche, um sich vor der Bedrohung zu schützen oder um entstandenen seelischen Schaden zu heilen. Darum ist der Medizinmann auch immer zugleich der Priester, der Heiland des Körpers sowohl als auch der Seele, und die Religionen sind Heilsysteme für die Leiden der Seele. Das gilt in ganz besonderem Maße von den beiden größten Religionen der Menschheit, dem Christentum und dem Buddhismus. Dem leidenden Menschen hilft nie, was er selbst ersinnt, sondern nur übermenschliche, geoffenbarte Wahrheit, die ihn dem leidenden Zustand enthebt.

Heute sind wir von der Zerstörung bereits erreicht, die Seele hat Scha- 532
den gelitten, und darum zwingen die Kranken den Seelenarzt in eine priesterliche Rolle, indem sie von ihm erwarten und verlangen, von ihrem Leiden erlöst zu werden. Darum müssen wir Seelenärzte uns mit Problemen beschäftigen, die, streng genommen, eigentlich der theologischen Fakultät zufielen. Wir können aber diese Problematik nicht der Theologie

überlassen, da wir Tag für Tag herausgefordert werden durch die ganz unmittelbar an uns herantretende seelische Not der Kranken. Da nun in der Regel alle hergebrachten Begriffe und Anschauungen versagen, müssen wir zunächst den Weg der Krankheit gehen, der Irrweg, der die Konflikte noch verschärft und die Vereinsamung zur Unerträglichkeit steigert, in der Hoffnung, dass aus der Tiefe der Seele, aus der alle Zerstörung kommt, auch das Rettende wachse.

533 Als ich ursprünglich diesen Weg beschritt, wusste ich nicht, wohin er führte. Ich wusste nicht, was die Tiefe der Seele barg. Sie haben vielleicht von meiner Theorie des kollektiven Unbewussten und seiner Archetypen gehört. Schon in grauen Vorzeiten und seitdem immer wieder haben sich Durchbrüche des Unbewussten ereignet; denn das Bewusstsein war nicht immer, wie es ja auch beim Kinde stets wieder aufs Neue in den ersten Lebensjahren entsteht. Am Anfang ist das Bewusstsein schwach und wird leicht vom Unbewussten überwältigt, und so geschah es auch in der seelischen Geschichte der Menschheit. Diese Kämpfe haben ihre Spuren hinterlassen. Naturwissenschaftlich ausgedrückt: Es haben sich instinktive Abwehrmechanismen herausgebildet, die, wenn die Not aufs Höchste steigt, automatisch intervenieren; es sind dies hilfreiche Vorstellungen, die, unausrottbar, der menschlichen Seele eingeboren sind und von sich aus handelnd eingreifen, wenn die Not es erfordert. Die Naturwissenschaft kann nur das Vorhandensein dieser seelischen Faktoren konstatieren und versuchen, sie rationalistisch zu erklären, wobei aber die Lösung des Rätsels einfach in einen hypothetischen Anfangszustand zurückverschoben wird, ohne gelöst zu sein. Wir stoßen hier an letzte Fragen: Woher kommt das Bewusstsein? Was ist überhaupt Seele? Und hier ist die ganze Wissenschaft am Ende.

534 Es ist, wie wenn auf dem Höhepunkt der Krankheit das Zerstörende sich in das Heilende umkehrte. Dies geschieht dadurch, dass die sogenannten Archetypen zu selbstständigem Leben erwachen und die Führung der seelischen Persönlichkeit übernehmen, anstelle des untauglichen Ichs und seines ohnmächtigen Wollens und Strebens. Der religiöse Mensch würde sagen: Gott hat die Führung übernommen. Ich muss bei den meisten meiner Patienten diese an sich durchaus passende Formulierung vermeiden, denn sie klingt zu sehr an das an, was sie ursprünglich verwerfen mussten. Ich muss mich bescheidener ausdrücken und sagen: *Die Eigentätigkeit der Seele erwacht.* Zugleich passt diese Formulierung besser auf die beobachtbaren Tatsachen. Die große Umkehrung erfolgt nämlich in dem Moment, wo in Träumen oder Phantasien Inhalte oder Motive auftreten, deren Ursprung im Bewusstsein nicht nachzuweisen ist. Die Tatsache,

dass aus dem dunklen Reich der Seele dem Kranken etwas Fremdes, das nicht Ich ist und deshalb jenseits aller ichhaften Willkür steht, gegenübertritt, wirkt wie eine große Erleuchtung. Man hat den Zugang zu den Quellen des seelischen Lebens wiedergefunden, und damit ist der Anfang der Heilung gemacht.

Um diesen Vorgang zu verdeutlichen, sollte ich ihn wohl an Beispielen 535
erläutern. Es ist aber fast unmöglich, einen überzeugenden Einzelfall ausfindig zu machen, da es sich in der Regel um äußerst subtile und komplizierte Dinge handelt. Oft ist es einfach der tiefe Eindruck, den ein Patient erhält von der selbstständigen Art, wie die Träume sein Problem behandeln. Oder ein andermal tritt in einer Phantasie eine Wendung auf, auf die das Bewusstsein nicht im Geringsten gefasst war. Meist aber sind es Inhalte oder Inhaltszusammenhänge archetypischer Natur, die, unabhängig davon, ob sie vom Bewusstsein verstanden werden oder nicht, von sich aus eine beträchtliche Wirkung ausüben. Oft steigert sich diese Eigentätigkeit der Seele bis zur Wahrnehmung einer inneren Stimme oder visionärer Bilder, zu einer wahrhaften Urerfahrung des Geistes.

Solche Erfahrung söhnt mit dem leidensvollen Irrweg aus; denn von 536
hier an klärt sich alle Verwirrung, und mehr noch: der Mensch kann sich nun auch mit seinem inneren Gegensatz versöhnen und damit die krankhafte Zerspaltung auf höherer Ebene wieder aufheben.

Bei der Wichtigkeit und dem Umfang des prinzipiellen Problems der 537
modernen Psychotherapie musste ich es mir natürlich versagen, im Rahmen eines Vortrages auf irgendwelche Einzelheiten einzutreten, so wünschenswert, um des Verständnisses willen, solche auch gewesen wären. Ich hoffe immerhin, es sei mir gelungen, Ihnen die Einstellung des Seelenarztes klarzumachen. Davon werden Sie, wie ich hoffe, mehr Gewinn haben als von Methoden und Rezepten, die in seelischen Dingen ja doch nur dann richtig wirken, wenn sie in der ihnen entsprechenden richtigen Gesinnung verwendet werden. Die psychotherapeutische Einstellung aber ist unendlich viel wichtiger als psychologische Theorien und Methoden, und es lag mir darum besonders am Herzen, Sie mit der Problematik dieser Einstellung bekanntzumachen. Ich glaube, Ihnen in dieser Hinsicht ehrliche Auskunft erteilt und zugleich die Mittel in die Hand gegeben zu haben, selber zu entscheiden, inwiefern und auf was für eine Art der Pfarrer mit diesen Bemühungen und Bestrebungen einiggehen kann. Obschon ich keinen Anspruch auf Unfehlbarkeit erhebe, glaube ich doch, dass das Gemälde der modernen Geisteshaltung, das ich Ihnen wenigstens skizziert habe, der Wirklichkeit entspricht. Auf alle Fälle aber ist das, was ich Prinzipielles über das Problem der Neurosenheilung vorbrachte, die unge-

schminkte Wahrheit. Wir Ärzte würden es natürlich begrüßen, wenn unsere Bemühungen um die Heilung des seelischen Leidens von der Seite der Theologie ein sympathisches Verständnis fänden. Wir geben uns aber andererseits auch völlige Rechenschaft über die vorhandenen, ganz ungewöhnlichen Schwierigkeiten prinzipieller Natur, die einer Zusammenarbeit im Wege stehen könnten. Obschon meine Stellung im Parlamente des protestantischen Geistes sich auf dem äußersten linken Flügel befindet, so bin ich doch der Erste, der vor kritikloser Verallgemeinerung seines eigenen Standpunktes warnt. Als Schweizer und darum als eingefleischter Demokrat bekenne ich trotzdem, dass die Natur aristokratisch, und mehr noch, dass sie esoterisch ist. »Quod licet Jovi, non licet bovi« ist eine unangenehme, aber ewige Wahrheit. Wem sind die vielen Sünden vergeben? Denen, die viel geliebt haben. Aber denen, die wenig lieben, sind wenig Sünden vergeben. Ich bin unerschütterlich davon überzeugt, dass eine ungemessen große Anzahl von Menschen in den Schoß der katholischen Kirche gehören, und sonst nirgends hin, weil sie dort am besten und nützlichsten untergebracht sind. Wie ich auch überzeugt bin – und zwar aus eigener Erfahrung –, dass eine primitive Religion dem Primitiven viel besser bekommt, als wenn er das ihm unverständliche, blutfremde Christentum in ekelerregender Weise nachahmt. Darum glaube ich auch, dass es Protestanten gegen die katholische Kirche geben muss, wie auch Protestanten gegen Protestanten; denn die Erscheinung des Geistes ist wunderlich und mannigfaltig wie die Schöpfung.

538 Und ein lebendiger Geist wächst und überwächst sogar seine eigenen alten Formen und sucht sich nach freier Wahl seine Menschen, die ihn verkünden und in denen er lebt. Neben diesem ewig erneuten Leben des Geistes, der auf vielfachen und unbegreiflichen Wegen durch die Geschichte der Menschheit sein Ziel sucht, wollen von Menschen festgehaltene Namen und Formen wenig sagen, sind sie doch nur die wechselnden Blätter und Blüten am selben Stamme des ewigen Baumes.

»Religion und Psychologie« Eine Antwort auf Martin Buber*

Vor einiger Zeit hatten die Leser Ihrer Zeitschrift Gelegenheit, einen postumen Aufsatz Graf Keyserlings[1] zu lesen, in welchem ich als »ungeistig« qualifiziert wurde. Nun finde ich in der letzten Nummer einen Aufsatz Martin Bubers[2], welcher sich ebenfalls um meine Klassifikation bemüht. Ich bin seiner Darstellung insofern zu Dank verpflichtet, als sie mich aus dem Stande der Ungeistigkeit, in welchem mich Graf Keyserling dem deutschen Publikum vorgestellt hat, in die Sphäre der Geistigkeit hebt, wennschon in jene des frühchristlichen Gnostizismus, welcher seitens der Theologen von jeher scheel angesehen wurde. Komischerweise fällt dieses Urteil zeitlich zusammen mit einer Meinungsäußerung aus maßgeblicher theologischer Quelle, die mich des Agnostizismus, also des geraden Gegenteils von »Gnostizismus«, bezichtigt. 1499

Wenn die Meinungen über einen Gegenstand dermaßen weit auseinandergehen, so besteht meines Erachtens der begründete Verdacht, dass keine derselben richtig sei, das heißt, dass ein Missverständnis vorliege. Warum wird der Frage, ob ich ein Gnostiker oder Agnostiker sei, so viel Aufmerksamkeit geschenkt? Warum wird nicht einfach gesagt, dass ich ein Psychiater bin, dem es in erster Linie daran gelegen ist, sein Erfahrungsmaterial darzustellen und zu deuten? Ich versuche ja Tatsachen zu erforschen und dem Verständnis näherzubringen. Darüber darf die Kritik nicht einfach hinweghuschen, um dann einzelne Sätze außerhalb ihres Zusammenhangs anzugreifen. 1500

Zur Stützung seiner Diagnose benützt Buber sogar eine von mir vor beinahe vierzig Jahren begangene Jugendsünde, die darin bestand, einmal

Quellenhinweis:
Aus: GW 18/II, §§ 1499–1513.

* [Brief vom 22. Febr. 1952 an den Herausgeber, erschienen in: *Merkur* VI/5 (Stuttgart, Mai 1952), S. 467–473. – Vgl. S. 709 dieses Bandes {d. h. GW 18/II}, Anmerkung.]

[1] [Hermann Keyserling (1880–1946), »Begegnungen mit der Psychoanalyse«, in: *Merkur* IV/ 11 (Stuttgart, November 1950), S. 1151–1168.]

[2] [»Religion und modernes Denken«, in: *Merkur* VI/2 (Februar 1952).]

ein Gedicht[3] verbrochen zu haben. Ich habe darin gewisse psychologische Einsichten in »gnostischem« Stil ausgedrückt, weil ich damals begeistert die Gnostiker studierte. Mein Enthusiasmus gründete sich auf die Entdeckung, dass sie anscheinend die ersten Denker waren, die sich (auf ihre Art) mit den Inhalten des sogenannten kollektiven Unbewussten beschäftigten. Ich ließ damals das »Gedicht« unter einem Pseudonym drucken und verschenkte einige Exemplare an Bekannte, nicht ahnend, dass es in einem Ketzerprozess einmal wider mich zeugen würde.

1502 Ich darf meinen Kritiker darauf hinweisen, dass ich nicht bloß als Gnostiker und dessen Gegenteil, sondern auch als Theist und Atheist, als Mystiker und als Materialist aufgefasst worden bin. Ich will in dem Konzert so mannigfaltiger Meinungen dem, was ich von mir selber halte, kein zu großes Gewicht geben, sondern ein Urteil über mich aus anscheinend unverdächtiger Quelle, nämlich einem Artikel des *British Medical Journal* vom 9. Februar 1952, zitieren: »Facts first and theories later is the keynote of Jung's work. He is an empiricist first and last.«[4] Diese Ansicht findet meinen Beifall.

1503 Wer meine Arbeiten nicht kennt, wird sich gewiss die Frage vorlegen, woher es dann eigentlich komme, dass derart gegensätzliche Meinungen über einen und denselben Gegenstand entstehen können? Darauf ist zu antworten, dass sie samt und sonders von »Metaphysikern« erdacht sind, nämlich von Leuten, die aus irgendwelchen Gründen über unwissbare Dinge des Jenseits Bescheid zu wissen glauben. Ich habe nie gewagt zu behaupten, dass es derartige Dinge *nicht* gebe; ich habe aber auch nicht gewagt, zu meinen, dass eine meiner Aussagen diese Dinge irgendwie berühre oder sie auch nur korrekt darstelle. Ich bezweifle, dass unsere Vorstellung mit der Natur der Dinge an sich identisch ist, und dies aus sehr naheliegenden naturwissenschaftlichen Gründen.

1504 Da nun in der empirischen Psychologie Vorstellungen von und Meinungen über metaphysische beziehungsweise religiöse Gegenstände eine sehr große Rolle spielen,[5] so bin ich aus praktischen Gründen genötigt, entsprechende Begriffe zu handhaben. Dabei bin ich mir bewusst, dass ich es mit anthropomorphen Anschauungen zu tun habe und nicht mit wirk-

[3] [*VII Sermones ad Mortuos* von Basilides in Alexandria. Geschrieben 1916. Von der 2. Auflage an in: *Erinnerungen, Träume, Gedanken,* hg. von Aniela Jaffé.]

[4] [Erst Fakten, Theorien später, ist der Grundton von Jungs Werk. Er ist in erster und letzter Linie Empiriker. (»A Great Thinker«, S. 315.)]

[5] Vgl. dazu die erleuchtende Darstellung bei G. Schmaltz, *Östliche Weisheit und westliche Psychotherapie* (Stuttgart 1951).

lichen Göttern und Engeln, obschon dergleichen (archetypische) Bilder kraft ihrer spezifischen Energie sich so autonom benehmen, dass man sie metaphorisch als »psychische Dämonen« bezeichnen könnte. Diese Tatsache der Autonomie ist sehr ernst zu nehmen; erstens einmal vom theoretischen Standpunkt, indem sie die Dissoziabilität und faktische Dissoziation der Psyche ausdrückt; und zweitens praktisch, da sie die Grundlage zur dialektischen Auseinandersetzung zwischen dem Ich und dem Unbewussten, einem Hauptstück der psychotherapeutischen Methode, bildet. Jedermann, der einige Kenntnis von der psychologischen Struktur einer Neurose hat, weiß, dass der pathogene Konflikt auf der Gegensatzposition des Unbewussten zum Bewussten beruht. Die sogenannten »Mächte des Unbewussten« sind keine willkürlich zu manipulierenden, intellektuellen *Begriffe,* sondern gefährliche Gegner, die in der Ökonomie der Persönlichkeit mitunter furchtbare Verwüstungen anrichten können. Sie sind alles, was man als ein seelisches »Gegenüber« je nachdem wünschen oder fürchten kann. Der Laie allerdings vermeint es mit einer dunklen Organkrankheit zu tun zu haben. Der Theologe, der dahinter den Teufel vermutet, steht aber der psychischen Wahrheit bedeutend näher.

Ich fürchte, dass Buber aus begreiflicher Unkenntnis der psychiatri- 1505
schen Erfahrung nicht versteht, was ich mit »Wirklichkeit der Seele« und mit dem dialektischen Prozess der Individuation meine. Das Ich steht nämlich in erster Linie seelischen Mächten gegenüber, welche uralt geheiligte Namen tragen, um derentwillen sie von jeher mit metaphysischen Existenzen identifiziert werden. Die Analyse des Unbewussten hat schon längst das Vorhandensein dieser »Mächte« in Gestalt archetypischer Bilder nachgewiesen, die aber *nicht mit den entsprechenden Denkbegriffen identisch sind.* Man kann glauben, dass die Begriffe des Bewusstseins vermöge der Inspiration des Heiligen Geistes unmittelbare und korrekte Darstellungen ihres metaphysischen Gegenstandes seien. Diese Überzeugung ist natürlich nur dem möglich, der das Charisma des Glaubens besitzt. Dieses Besitzes kann ich mich leider nicht rühmen, weshalb ich mir auch nicht einbilde, dass ich, wenn ich über einen Erzengel etwas aussage, damit eine metaphysische Feststellung gemacht hätte. Vielmehr habe ich über etwas Erfahrbares, nämlich über eine der sehr fühlbaren »Mächte des Unbewussten« geurteilt. Letztere sind numinose typi beziehungsweise unbewusste Inhalte, Vorgänge und Dynamismen. Diese typi sind, wenn man so sagen darf, immanent-transzendent. Da mein einziges Erkenntnismittel die Erfahrung ist, kann ich diese Grenze nicht überschreiten und mir deshalb nicht vorstellen, dass ich mit meiner Beschreibung das Porträt eines wirklichen metaphysischen Erzengels getroffen hätte. Ich habe nur

einen psychischen Faktor dargestellt, welchem allerdings ein bedeutender Einfluss auf das Bewusstsein zukommt. Er bildet kraft seiner Autonomie eine Gegenposition zum subjektiven Ich, indem er ein Stück der *objektiven Psyche* darstellt. Man kann ihn daher als ein »Du« bezeichnen. Für dessen Wirklichkeit zeugen mir die geradezu teuflischen Taten unserer Zeit, die sechs Millionen ermordeter Juden, die ungezählten Opfer der Sklavenschinderei in Russland und die Erfindung der Atombombe, um einige Beispiele der düsteren Seite zu nennen. Ich habe andererseits aber auch jenes gesehen, das mit den Worten Schönheit, Güte, Weisheit und Gnade ausgedrückt wird. Diese Erfahrungen von den Tiefen und Höhen menschlicher Natur berechtigen zum metaphorischen Gebrauch des Terminus »Daimon«.

1506 Man wolle nicht übersehen, dass ich mich mit jenen psychischen Phänomenen befasse, welche sich empirisch als die Grundlagen metaphysischer *Begriffe* erweisen lassen, und dass, wenn ich zum Beispiel »Gott« sage, ich mich überhaupt auf gar nichts anderes beziehen kann als auf nachweisbare psychische Vorlagen, die nun allerdings von erschütternder Wirklichkeit sind. Wem dies unglaubwürdig vorkommen sollte, dem möchte ich einen nachdenklichen Gang durch eine Irrenanstalt empfehlen.

1507 Die »Wirklichkeit der Seele« ist meine Arbeitshypothese, und meine Haupttätigkeit besteht darin, ein Tatsachenmaterial zu sammeln, zu beschreiben und zu erklären. Ich habe weder ein System noch eine allgemeine Theorie aufgestellt, sondern nur Hilfsbegriffe formuliert, die mir als Werkzeuge dienen, wie dies in jeder Naturwissenschaft üblich ist. Wenn Buber meinen Empirismus als Gnostizismus missversteht, so liegt ihm ob, zu beweisen, dass die Tatsachen, die ich beschreibe, nichts als Erfindungen sind. Wenn ihm dieser Beweis am empirischen Material gelingen sollte, dann bin ich in der Tat ein Gnostiker. Aber dann wird sich mein Kritiker in der unangenehmen Lage befinden, alle religiösen Erlebnisse überhaupt als Selbsttäuschungen abtun zu müssen. Vorderhand bin ich der Ansicht, dass Bubers Urteil irregeführt worden ist. Dies wird vor allem deutlich darin, dass er anscheinend nicht begreifen kann, inwiefern ein »autonomer seelischer Inhalt«, wie das Gottesbild, dem Ich gegenüberzutreten vermag, und dass einer derartigen Beziehung nichts an Lebendigkeit mangelt. Es ist gewiss nicht die Aufgabe einer Erfahrungswissenschaft, festzustellen, inwiefern ein solcher seelischer Inhalt vom Dasein einer metaphysischen Gottheit bewirkt und bestimmt sei. Das ist Sache der Theologie, der Offenbarung und des Glaubens. Mein Kritiker scheint sich nicht bewusst zu sein, dass, wenn er selber von Gott spricht, er zunächst aus seinem Bewusstsein und sodann aus seiner unbewussten Voraussetzung aussagt. Von welchem metaphysischen Gott er spricht, weiß ich nicht; ist er ein orthodoxer Jude, so spricht er von der Gottheit, welche ihre im Jahre 1 erfolgte Inkarnation noch nicht offenbart hat. Ist er ein Christ, so weiß er um die Menschwerdung, von der Jahwe noch nichts vermuten lässt. Ich zweifle nicht an seiner Überzeugung, in lebendiger Beziehung zu einem göttlichen Du zu stehen, bin aber nach wie vor der Meinung, dass diese Beziehung zunächst zu einem autonomen seelischen Inhalt geht, welcher von ihm so und vom Papst anders definiert wird. Dabei erlaube ich mir nicht das geringste Urteil darüber, ob oder inwiefern es einem metaphysischen Gott gefallen hat, sich dem gläubigen Juden als denjenigen vor der Menschwerdung, den Kirchenvätern als den nachherigen Dreieinigen, den Protestanten als den alleinigen Erlöser *ohne* und dem jetzigen Papste als *mit* einer *Corredemptrix* zu offenbaren. Oder sollen wir daran zweifeln, dass die Vertreter anderer Observanzen, einschließlich des Islam, Buddhismus, Hinduismus, Taoismus usw. nicht eben dieselbe lebendige Beziehung zu »Gott« beziehungsweise zu Nirvana und Tao haben, wie Buber zu seinem ihm eigentümlichen Gottesbegriff?

Es ist merkwürdig, dass er an meiner Behauptung, Gott könne nicht 1508
losgelöst vom Menschen existieren, Anstoß nimmt und sie für eine transzendente Aussage hält. Ich sage doch ausdrücklich, dass alles, schlechthin alles, was von »Gott« ausgesagt wird, menschliche Aussage, das heißt psychisch sei. Das Bild, das wir von Gott haben oder uns machen, ist doch nie »losgelöst vom Menschen«? Kann mir Buber angeben, wo Gott sein eigenes Bild, losgelöst vom Menschen, gemacht hat? Wie kann etwas derartiges konstatiert werden und von wem? Ich will hier einmal – ausnahmsweise – transzendent spekulieren beziehungsweise »dichten«: Gott hat allerdings, ohne Mithilfe des Menschen, ein unbegreiflich herrliches und zugleich unheimlich widerspruchsvolles Bild von sich selber gemacht und es dem Menschen als einen Archetypus, ein ἀρχέτυπον φῶς, ins Unbewusste gelegt, nicht damit die Theologen aller Zeiten und Zonen sich darüber in die Haare geraten, sondern damit der nicht anmaßliche Mensch in der Stille seiner Seele auf ein ihm verwandtes, aus seiner eigenen seelischen Substanz erbautes Bild blicken mag, welches alles in sich hat, was er sich je über seine Götter oder über seinen Seelengrund ausdenken wird.

Dieser Archetypus, dessen Vorhandensein nicht nur die Völkerge- 1509
schichte, sondern auch die psychologische Erfahrung am einzelnen Individuum bestätigt, genügt mir vollkommen. Er ist so menschlich nahe und doch so fremd und anders und, wie alle Archetypen, von größter determinierender Wirkung, mit welcher Auseinandersetzung unbedingt angezeigt ist. Die dialektische Beziehung zu den autonomen Inhalten des kollekti-

ven Unbewussten bildet deshalb, wie gesagt, einen wesentlichen Teil der Therapie.

1510 Buber irrt sich in der Annahme, dass ich von einer »gnostischen Grundanschauung« ausgehend metaphysische Aussagen »bearbeite«. Man darf ein Ergebnis der Empirie nicht als eine philosophische Voraussetzung missverstehen, denn es ist nicht deduktiv gewonnen, sondern aus einem klinischen Tatsachenmaterial abgeleitet. Ich möchte meinem Kritiker empfehlen, einmal Biographien von Geisteskranken zu lesen, wie John Custance, *»Wisdom, Madness, and Folly«* (London 1951) oder Daniel Paul Schreber, *»Denkwürdigkeiten eines Nervenkranken«* (Leipzig 1903), die gewiss nicht, so wenig wie ich, von gnostischen Voraussetzungen ausgegangen sind, oder die Analyse eines Mythenstoffes, wie zum Beispiel die vortreffliche Arbeit seines Nachbarn in Tel Aviv, Dr. Erich Neumann, *»Apuleius: Amor und Psyche«* (Zürich 1952). Meine Behauptung der Analogie und nahen Verwandtschaft der Produkte des Unbewussten mit gewissen metaphysischen Vorstellungen gründet sich auf meine professionelle Erfahrung. Ich darf in diesem Zusammenhang darauf hinweisen, dass ich eine ganze Anzahl von maßgebenden Theologen katholischer wie protestantischer Observanz kenne, welche meinen empirischen Standpunkt ohne weiteres verstehen. Ich habe daher keinen Anlass, meine Darstellungsweise für dermaßen irreführend zu halten, wie die Andeutungen Bubers es wollen glauben machen.

1511 Noch ein Missverständnis, das mir öfters begegnet ist, möchte ich erwähnen. Es betrifft die merkwürdige Annahme, dass, wenn die Projektionen »zurückgezogen« würden, vom Objekt nichts mehr übrig bleibe. Wenn ich meine Fehlurteile über einen Menschen korrigiere, so habe ich diesen damit nicht negiert und zum Verschwinden gebracht; im Gegenteil, ich sehe ihn jetzt annähernd richtig, was einer Beziehung nur förderlich sein kann. Wenn ich nun der Ansicht bin, dass alle Aussagen über Gott aus der Seele in erster Linie hervorgehen und daher vom metaphysischen Wesen unterschieden werden müssen, so ist damit weder Gott geleugnet noch der Mensch an Stelle Gottes gesetzt. Es ist mir, offen gestanden, unsympathisch, denken zu müssen, dass jedes Mal, wenn ein Redner die Bibel zitiert oder seine sonstigen religiösen Meinungen ventiliert, der metaphysische Gott selber durch ihn rede. Der Glaube ist gewiss eine großartige Sache, wenn man ihn besitzt, und das Glaubenswissen ist vielleicht viel vollkommener, als was wir mit unserer mühseligen und kurzatmigen Empirie je zustande bringen. Das Gebäude der christlichen Dogmatik zum Beispiel steht zweifellos auf viel höherer Stufe als die etwas wilden *philosophoumena* der Gnostiker. Die Dogmen sind pneumatische

Strukturen von höchster Schönheit und einem bewundernswerten Sinn, um den ich mich in meiner Art gemüht habe. Daneben lassen sich unsere wissenschaftlichen Versuche, Modelle der »objektiven Psyche« herzustellen, überhaupt nicht sehen. Sie sind erd- und wirklichkeitsnah, widerspruchsvoll, unfertig, logisch und ästhetisch unbefriedigend. Naturwissenschaftliche Begriffe und vollends medizinisch-psychologische gehen nicht aus sauberen und wohlanständigen Denkprinzipien hervor, sondern ergeben sich aus der täglichen Arbeit in den Niederungen des banalen menschlichen Daseins und seiner Qual. Empirische Begriffe sind irrationaler Natur. Der Philosoph, der sie so kritisiert, wie wenn sie philosophische Begriffe wären, führt einen Kampf gegen Windmühlen und gerät, wie Buber mit dem Begriff des Selbst, in die größten Schwierigkeiten. Empirische Begriffe sind Namen für vorhandene Tatsachenkomplexe. Angesichts der furchtbaren Paradoxie unseres Daseins ist es begreiflich, wenn das Unbewusste ein entsprechend widerspruchsvolles Gottesbild enthält, welches mit der Schönheit, Erhabenheit und Reinheit des dogmatischen Gottesbegriffes nicht recht zusammenstimmen will. Der Gott Hiobs und des 89. Psalmes ist allerdings etwas wirklichkeitsnaher und passt in seinem Verhalten nicht übel zu dem Gottesbild des Unbewussten. Letzteres begünstigt freilich mit seiner Anthropos-Symbolik die Inkarnationsidee. Ich fühle mich nicht dafür verantwortlich, dass seit dem Alten Testament die Dogmengeschichte einige Fortschritte gemacht hat. Ich predige damit keine neue Religion, denn dazu müsste ich mich ja zum mindesten – nach althergebrachtem Brauch – auf eine göttliche Offenbarung berufen. Ich bin essentiell Arzt, der es mit der Krankheit des Menschen und seiner Zeit zu tun hat und auf Heilmittel bedacht ist, die der Wirklichkeit des Leidens entsprechen. Es steht nicht nur Buber, sondern jedem Theologen frei, in Umgehung meiner odiosen Psychologie meine Patienten mit dem »Wort« zu heilen. Ich heiße diesen Versuch mit offenen Armen willkommen. Da jedoch die geistliche cura animarum nicht immer den gewünschten Erfolg zeitigt, haben vorderhand die Ärzte zu tun, die eben nichts Besseres zur Hand haben als jene bescheidene »Gnosis«, welche die Empirie ihnen bietet. Oder weiß da einer meiner Kritiker besseren Rat?

Man ist als Arzt in einer peinlichen Lage, denn man kann mit dem 1512
Wörtchen »sollte« leider gar nichts anfangen. Wir können von unseren Patienten keinen Glauben verlangen, den sie ablehnen, weil sie ihn nicht verstehen, oder der ihnen nicht zusagt, auch wenn wir ihn selber hätten. Wir sind auf die Heilungsmöglichkeiten angewiesen, welche in der Natur des Kranken vorhanden sind, gleichgültig ob die daraus hervorgehenden Anschauungen mit irgendwelchen bekannten Konfessionen oder Philoso-

phien übereinstimmen oder nicht. Mein Tatsachenmaterial scheint von allem etwas zu enthalten, Primitives, Westliches und Östliches. Es gibt kaum ein Mythologem, das nicht gelegentlich angetönt wird, und keine Ketzerei, die nicht etwas von ihrer Absonderlichkeit beimischt. So muss wohl die kollektive Tiefenschicht der menschlichen Seele beschaffen sein. Darüber mag sich der glaubensfrohe Intellektualist und Rationalist wohl entsetzen und mich des ruchlosesten Eklektizismus anklagen, wie wenn ich die Tatsachen der menschlichen Natur- und Geistesgeschichte erfunden und daraus ein widerliches theosophisches Gebräu hergestellt hätte. Wer einen Glauben hat oder philosophisch zu reden vorzieht, der braucht sich allerdings nicht mit Tatsachen abzumühen. Ein Arzt aber kommt um die schauervolle Wirklichkeit der menschlichen Natur nicht herum.

1513 Meine Formulierungen können von Vertretern überlieferter Systeme natürlich kaum richtig verstanden werden. So wäre ein Gnostiker mit mir keineswegs zufrieden, sondern würde mir den Mangel an einer Kosmogonie und die Stümperhaftigkeit meiner Gnosis in Bezug auf die Ereignisse im Pleroma vorwerfen. Ein Buddhist würde meine Verblendung durch die Maja und ein Taoist meine Kompliziertheit beanstanden. Ein orthodoxer Christ vollends kann kaum anders als sich darüber aufhalten, mit welcher Unbekümmertheit und Respektlosigkeit ich durch den Himmel der dogmatischen Ideen navigiere. Ich muss aber meine unbarmherzigen Kritiker bitten, beachten zu wollen, dass ich von *Tatsachen* ausgehe, für welche ich Deutung suche.

C. G. Jung

Bibliographie

Buber, Martin: Eclipse of God. Studies in the Relation Between Religion and Philosophy. New York 1952. Deutsch: Gottesfinsternis. Betrachtungen zur Beziehung zwischen Religion und Philosophie. Zürich 1953. [Enthält »Religion und modernes Denken« aus: Merkur VI/2 (Stuttgart 1952)]

Jung, Carl Gustav*: Erinnerungen, Träume, Gedanken. Hg. von Aniela Jaffé. Zürich 1961.

– Septem sermones ad mortuos. [Privatdruck 1916.] In: Erinnerungen, Träume, Gedanken. [Von der 2. Auflage an.] Siehe dort.

Keyserling, Graf Hermann: Begegnungen mit der Psychoanalyse. In: Merkur. Deutsche Zeitschrift für europäisches Denken IV/11 (Stuttgart, November 1950) S. 1151–1168.

Schmaltz, Gustav: Östliche Weisheit und westliche Psychotherapie. Stuttgart 1951.

* Die Daten beziehen sich auf das erste Erscheinungsdatum bzw. die je erste Auflage der Einzelausgaben und der Gesammelten Werke [GW].

Spirituelle Wege und östliche Weisheit

Das Ziel östlicher Praktik ist dasselbe
wie das der westlichen Mystik:
Der Schwerpunkt wird vom Ich zum Selbst,
vom Menschen zu Gott verschoben;
was bedeuten will, dass das Ich im Selbst,
der Mensch in Gott verschwindet.
GW 11, § 958

In religiösen Dingen kann man
bekanntlich nichts verstehen, was man
nicht innerlich erfahren hat.
GW 12, § 15

Psychologischer Kommentar zu: Das tibetische Buch der großen Befreiung[1]

I. Der Unterschied zwischen östlichem und westlichem Denken

Dr. Evans-Wentz hat mich mit der Aufgabe betraut, einen Text zu kommentieren, der eine wichtige Darstellung der östlichen »Psychologie« enthält. Schon die Tatsache, dass ich Anführungszeichen brauchen muss, zeigt, dass die Anwendbarkeit dieses Ausdrucks fraglich ist. Es ist vielleicht nicht überflüssig zu erwähnen, dass der Osten kein Äquivalent zu unserer Psychologie hervorgebracht hat, sondern nur eine Metaphysik. Kritische Philosophie, die Mutter der modernen Psychologie, ist dem Osten so fremd wie dem mittelalterlichen Europa. So hat das Wort »Geist«, wie es im Osten gebraucht wird, metaphysische Bedeutung. Unsere westliche Auffassung von Geist hat diese Bedeutung nach dem Mittelalter verloren, und das Wort bezeichnet jetzt eine »psychische Funktion«. Trotz der Tatsache, dass wir weder wissen noch zu wissen vorgeben, was »Psyche« ist, können wir uns doch mit dem Phänomen »Geist« abgeben. Wir nehmen nicht an, dass der Geist eine metaphysische Wesenheit ist oder dass eine Verbindung zwischen dem individuellen Geist und einem hypothetischen Allgeist (Universal Mind) besteht. Daher ist unsere Psychologie eine Wissenschaft der bloßen Phänomene ohne irgendwelche metaphysischen Implikationen. Die Entwicklung der westlichen Philosophie in den zwei letzten Jahrhunderten hat den Erfolg gehabt, den Geist in seiner eigenen Sphäre zu isolieren und ihn aus seiner ursprünglichen Einheit mit dem Weltall zu lösen. Der Mensch selber hat aufgehört, Mikrokosmos und Abbild des Kosmos zu sein, und seine »anima« ist nicht mehr die wesensgleiche scintilla oder ein Funke der Anima Mundi, der Welt-Seele. 759

Quellenhinweis:
Aus: GW 11, §§ 759–830. Hier: §§ 759–787.

[1] [Geschrieben 1939. Erstmals erschienen auf Englisch in: *The Tibetan Book of the Great Liberation,* hg. von W. Y. Evans-Wentz, 1954. Deutsche Ausgabe: Rascher, 1955.]

760 Demgemäß behandelt die Psychologie alle metaphysischen Forderungen und Behauptungen als geistige Phänomene und betrachtet sie als Aussagen über den Geist und seine Struktur, welche letztlich aus gewissen unbewussten Dispositionen stammen. Die Psychologie betrachtet sie nicht als absolut gültig und gesteht ihnen auch nicht die Fähigkeit zu, eine metaphysische Wahrheit auszusagen. Wir haben keine intellektuellen Mittel, festzustellen, ob diese Haltung richtig oder falsch ist. Wir wissen nur, dass es keine Gewissheit und keine Beweismöglichkeit gibt für die Gültigkeit eines metaphysischen Postulates, wie zum Beispiel eines Allgeistes. Wenn der Verstand uns die Existenz eines Allgeistes versichert, denken wir, er stelle nur eine Behauptung auf. Wir nehmen nicht an, dass durch solch eine Behauptung die Existenz eines Allgeistes bewiesen sei. Es gibt kein Argument gegen diese Überlegung, aber es besteht auch keine Gewissheit, dass unser Schluss richtig ist. Mit anderen Worten, es ist ebenso möglich, dass unser Geist nur eine wahrnehmbare Manifestation eines Allgeistes ist; aber das wissen wir nicht und sehen auch keine Möglichkeit zu erkennen, ob es so ist oder nicht. Die Psychologie nimmt daher an, dass der Geist nichts feststellen oder beweisen kann, was außerhalb seiner Grenzen liegt.

761 Wenn wir also die unserem Geist auferlegten Grenzen anerkennen, zeigen wir unseren gesunden Menschenverstand. Ich gebe zu, es ist ein gewisses Opfer, Abschied zu nehmen von der Wunderwelt, in der vom Geist geschaffene Dinge und Wesen leben und sich bewegen. Es ist die Welt des Primitiven, wo sogar unbeseelte Objekte mit lebendiger, heilender, magischer Kraft ausgestattet werden, durch die sie an uns und wir an ihnen teilhaben. Früher oder später mussten wir verstehen, dass ihre Macht eigentlich unsere, und ihre Bedeutsamkeit eine Projektion unsererseits ist. Erkenntnistheorie ist nur der letzte Schritt aus der Jugend der Menschheit, aus einer Welt, wo geistgeschaffene Figuren einen metaphysischen Himmel und eine metaphysische Hölle bevölkerten.

762 Trotz dieser unvermeidlichen erkenntnistheoretischen Kritik haben wir dennoch an der Überzeugung festgehalten, dass ein Glaubensorgan den Mensch befähige, Gott zu erkennen. So entwickelte der Westen eine neue Krankheit, den Konflikt zwischen Wissenschaft und Religion. Die kritische Philosophie der Wissenschaft wurde negativ-metaphysisch – mit anderen Worten materialistisch – auf der Basis eines Fehlurteils; man hielt Materie für eine berühr- und erkennbare Realität. Doch ist sie ein gänzlich metaphysischer Begriff, hypostasiert von unkritischen Köpfen. Materie ist eine Hypothese. Wenn man sagt »Materie«, schafft man eigentlich ein Symbol für etwas Unbekanntes, welches sowohl Geist als irgendetwas

anderes sein kann; es kann sogar Gott sein. Der religiöse Glaube andererseits weigert sich, seine vorkritische *Weltanschauung* aufzugeben. Im Widerspruch zu Christi Wort versuchen die Gläubigen, Kinder zu *bleiben,* statt zu *werden* wie die Kinder. Sie klammern sich an die Welt der Kindheit. Ein berühmter moderner Theologe gesteht in seiner Autobiographie, dass Jesus sein guter Freund gewesen sei »seit seiner Kindheit«. Jesus ist das einleuchtende Beispiel eines Mannes, der etwas anderes predigte als die Religion seiner Väter. Aber die *imitatio* Christi scheint das geistige und seelische Opfer nicht einzuschließen, welches er am Anfang seiner Laufbahn bringen musste und ohne welches er nie ein Erlöser geworden wäre.

Der Konflikt zwischen Wissenschaft und Religion ist in Wirklichkeit 763
ein Missverstehen von beiden. Der wissenschaftliche Materialismus hat nur eine neue Hypostase eingeführt, und das ist eine intellektuelle Sünde. Er hat dem höchsten Realitätsprinzip einen anderen Namen gegeben und hat angenommen, dass er dadurch etwas Neues erschaffen und etwas Altes zerstört habe. Ob man nun das Prinzip des Seins Gott, Materie, Energie oder sonst wie benennt, man hat damit nichts erschaffen; man hat nur ein Symbol gewechselt. Der Materialist ist ein Metaphysiker malgré lui. Der Gläubige andererseits versucht aus rein sentimentalen Gründen einen primitiven geistigen Zustand beizubehalten. Er ist nicht gewillt, die primitive, kindliche Beziehung zu geistgeschaffenen und hypostasierten Gestalten aufzugeben, er will sich weiter der Sicherheit und des Vertrauens in einer Welt erfreuen, in der mächtige, verantwortliche und gütige Eltern die Aufsicht führen. Der Glaube schließt möglicherweise ein sacrificium intellectus ein (vorausgesetzt, dass Intellekt zum Opfern vorhanden ist), aber nie ein Gefühlsopfer. So bleiben die Gläubigen Kinder, statt zu werden wie die Kinder, und sie gewinnen ihr Leben nicht, weil sie es nicht verloren haben. Dazu kommt noch, dass der Glaube mit der Wissenschaft kollidiert und auf diese Weise seinen Lohn bekommt, denn er weigert sich, am geistigen Abenteuer unserer Zeit teilzunehmen.

Jeder ehrliche Denker muss die Unsicherheit aller metaphysischen 764
Positionen zugeben, speziell die Unsicherheit aller Glaubensbekenntnisse. Er muss auch die unverbürgbare Natur aller metaphysischen Behauptungen zugeben und die Tatsache annehmen, dass es gar keinen Beweis gibt für die Fähigkeit des Menschenverstandes, sich an den eigenen Haaren aus dem Sumpf zu ziehen. Es ist also sehr fraglich, ob der menschliche Geist etwas Transzendentales feststellen kann.

Materialismus ist eine metaphysische Reaktion gegen die plötzliche 765
Einsicht, dass Erkenntnis eine geistige Fähigkeit und, wenn über die Grenzen des menschlichen Bereichs hinausgeführt, eine Projektion ist.

Die Reaktion war »metaphysisch«, insofern als ein Mensch von durchschnittlicher philosophischer Bildung die zu folgernde Hypostase nicht durchschauen konnte; er merkte nicht, dass Materie einfach ein anderer Name für das höchste Prinzip war. Demgegenüber zeigt die Glaubenshaltung, mit welchem Widerstreben die Menschen philosophische Kritik annehmen. Sie zeigt auch, wie groß die Furcht ist, die Sicherheit der Kindheit aufgeben zu müssen und in eine fremde, unbekannte Welt zu stürzen; eine Welt, die von Kräften regiert wird, denen der Mensch gleichgültig ist. Es verändert sich eigentlich nichts in beiden Fällen: Der Mensch und seine Umgebung bleiben gleich. Er muss nur einsehen, dass er in seiner Psyche eingeschlossen ist und dass er nie, nicht einmal im Wahnsinn, diese Grenzen überschreiten kann; ebenso muss er erkennen, dass die Erscheinungsform seiner Welt oder seiner Götter in hohem Maße von seiner eigenen geistigen Verfassung abhängt.

766 Wie ich schon betont habe, ist die Struktur des Geistes in erster Linie verantwortlich für unsere Aussagen über metaphysische Dinge. Wir haben auch verstanden, dass der Intellekt nicht ein »ens per se« oder eine unabhängige geistige Fähigkeit ist, sondern eine psychische Funktion und als solche abhängig von der Beschaffenheit der Psyche als eines Ganzen. Eine philosophische Feststellung ist das Produkt einer bestimmten Persönlichkeit, die zu einer bestimmten Zeit an einem bestimmten Orte lebt. Sie ist nicht das Resultat eines rein logischen und unpersönlichen Vorganges. So weit ist die Aussage hauptsächlich subjektiv. Ob sie objektive Gültigkeit hat oder nicht, hängt davon ab, ob viele oder wenige Menschen in derselben Art denken. Die Isolierung des Menschen in seiner Psyche als Resultat der erkenntnistheoretischen Kritik hat folgerichtigerweise zur psychologischen Kritik geführt. Diese Art von Kritik ist bei den Philosophen nicht beliebt, da sie den philosophischen Intellekt gern als das vollkommene und unvoreingenommene Instrument der Philosophie betrachten. Dennoch ist dieser Intellekt eine Funktion, die von der individuellen Psyche abhängt und von allen Seiten durch subjektive Bedingungen bestimmt wird, ganz abgesehen von den Einflüssen der Umgebung. Wir haben uns ja schon dermaßen an diese Anschauung gewöhnt, dass »Geist« seinen universellen Charakter ganz verloren hat. Er ist zu einer mehr oder weniger vermenschlichten Größe geworden ohne irgendwelche Spuren des früheren metaphysischen und kosmischen Aspektes als anima rationalis. Geist wird heutzutage als etwas Subjektives oder sogar Willkürliches betrachtet. Nachdem es sich gezeigt hat, dass die früher hypostasierten universellen Ideen geistige Prinzipien sind, dämmert es uns, in welchem Ausmaße unsere ganze Erfahrung der sogenannten Wirklichkeit psychisch

ist; jeder Gedanke, jedes Gefühl und jede Wahrnehmung besteht aus psychischen Bildern, und die Welt selbst existiert nur insofern, als wir fähig sind, ein Bild von ihr zu produzieren. Wir sind so tief beeindruckt von der Tatsache unserer Gefangenschaft und Begrenzung in der Psyche, dass wir sogar bereit sind, die Existenz von Dingen, die wir nicht kennen, in der Psyche anzunehmen; diese Dinge nennen wir »das Unbewusste«.

Die scheinbar universale und metaphysische Weite des Geistes hat sich 767
so zum kleinen Kreis der individuellen Bewusstheit verengt, und das Bewusstsein ist aufs Tiefste beeindruckt von seiner beinahe grenzenlosen Subjektivität und infantil-archaischen Tendenz zur hemmungslosen Projektion und Illusion. Manche wissenschaftlich denkenden Menschen haben sogar ihre religiösen und philosophischen Neigungen geopfert aus Furcht vor unkontrolliertem Subjektivismus. Als Kompensation für den Verlust einer Welt, die mit unserem Blut lebte und mit unserem Atem atmete, haben wir einen Enthusiasmus für *Tatsachen* entwickelt, Berge von Tatsachen, die vom Einzelnen nie ganz überblickt werden können. Wir hegen die fromme Hoffnung, dass diese zufällige Anhäufung einst ein bedeutungsvolles Ganzes bilden werde; aber niemand ist dessen sicher, weil kein menschliches Gehirn die gigantische Schlusssumme dieses in Massen produzierten Wissens umfassen kann. Die Tatsachen begraben uns, aber wer zu spekulieren wagt, muss dafür bezahlen mit einem schlechten Gewissen – und nicht zu Unrecht, denn er wird sofort über Tatsachen stolpern.

Der westlichen Psychologie ist der Geist bekannt als die geistige Funk- 768
tion der Psyche. Er ist die »Mentalität« eines Individuums. In der philosophischen Sphäre kann man noch einen unpersönlichen Allgeist finden, der ein Überbleibsel der ursprünglichen menschlichen »Seele« zu sein scheint. Dieses Bild unserer westlichen Anschauung erscheint vielleicht etwas drastisch, aber es dünkt mich nicht sehr weit von der Wahrheit entfernt zu sein. Auf alle Fälle präsentiert sich etwas Derartiges, wenn wir die *östliche Mentalität* betrachten. Im Osten ist der Geist ein kosmisches Prinzip, die Essenz des Seins überhaupt, während wir im Westen zur Einsicht gelangt sind, dass Geist die unerlässliche Bedingung zur Erkenntnis und daher auch zur Welt als Vorstellung bildet. Im Osten gibt es keinen Konflikt zwischen Religion und Wissenschaft, weil keine Wissenschaft auf der Leidenschaft für Tatsachen begründet ist und keine Religion bloß auf dem Glauben; es gibt religiöse Erkenntnis und erkennende Religion.[2] Bei uns

[2] Ich übergehe den modernisierten Osten absichtlich.

ist der Mensch unendlich klein, und die Gnade Gottes bedeutet alles; im Osten dagegen ist der Mensch Gott und erlöst sich selber. Die Götter des tibetischen Buddhismus gehören zur Sphäre der illusorischen Getrenntheit und zu den geistgeschaffenen Projektionen, und doch existieren sie; aber was uns anbetrifft, bleibt eine Illusion eine Illusion und ist demnach überhaupt nichts. Es ist paradox und doch wahr, dass bei uns ein Gedanke keine richtige Wirklichkeit hat; wir behandeln ihn, wie wenn er ein Nichts wäre. Obgleich der Gedanke möglicherweise richtig ist, nehmen wir an, dass er nur existiert kraft gewisser von ihm formulierter Tatsachen. Wir können eine höchst destruktive Tatsache, wie zum Beispiel die Atombombe, mit Hilfe dieser schillernden Phantasiegebilde von nicht wirklich existierenden Gedanken erfinden, aber es erscheint uns ganz absurd, dass man je die Wirklichkeit des Gedankens selber im Ernste annehmen könnte.

769 »Psychische Wirklichkeit« ist ein umstrittener Begriff; ebenso wie »Psyche« oder »Geist«. Die letzteren Begriffe werden von den einen als das Bewusstsein und seine Inhalte verstanden, andere wieder geben die Existenz von »dunklen« oder »unterbewussten« Bildern zu. Die einen schließen die Instinkte in den psychischen Bereich ein, die anderen schließen sie davon aus. Die große Mehrzahl betrachtet die Seele als ein Resultat von biochemischen Prozessen in den Hirnzellen. Einige mutmaßen, dass die Psyche die Funktion der kortikalen Zellen verursache. Einige identifizieren »Leben« mit Psyche. Aber nur eine unbedeutende Minderheit betrachtet das psychische Phänomen als eine Kategorie des Seins an und für sich und zieht die notwendigen Schlüsse. Es ist in der Tat ein Widerspruch, dass *die* Kategorie des Seins, die unerlässliche Bedingung alles Seins, nämlich die Psyche, als nur halb wirklich behandelt wird. Psychisches Sein ist in Wahrheit die einzige Kategorie des Seins, von der wir unmittelbare Kenntnis haben, weil nichts bekannt sein kann, wenn es nicht als psychisches Bild erscheint. Nur psychische Existenz ist unmittelbar nachweisbar. Wenn die Welt nicht die Form eines psychischen Bildes annimmt, ist sie praktisch nicht existierend. Das ist eine Tatsache, die der Westen mit wenigen Ausnahmen – zum Beispiel in Schopenhauers Philosophie – noch nicht vollständig realisiert hat. Aber Schopenhauer war ja vom Buddhismus und den *Upanishaden* beeinflusst.

770 Sogar eine oberflächliche Kenntnis des östlichen Denkens genügt, um zu sehen, dass eine fundamentale Verschiedenheit Osten und Westen trennt. Der Osten basiert auf psychischer Realität, das heißt auf der Psyche als hauptsächlicher und einziger Existenzbedingung. Es scheint, als wäre diese östliche Erkenntnis eher eine psychologische Erscheinung als

das Resultat philosophischen Denkens. Es handelt sich um einen typisch introvertierten Standpunkt im Gegensatz zum ebenso typisch extravertierten Gesichtspunkt des Westens.[3] Introversion und Extraversion sind bekanntlich temperamentmäßige oder sogar konstitutionelle Haltungen, die unter normalen Umständen nie absichtlich angenommen werden. In Ausnahmefällen können sie willentlich hervorgebracht werden, aber nur unter sehr speziellen Bedingungen. Introversion ist, wenn man es so ausdrücken darf, der Stil des Ostens, eine habituelle und kollektive Haltung; Extraversion ist der Stil des Westens. Introversion wird im Westen als anomal, morbid oder sonst als unzulässig empfunden. Freud identifiziert sie mit einer autoerotischen Geisteshaltung. Er hat die gleiche negative Einstellung wie die Naziphilosophie des modernen Deutschland,[4] welche die Introversion als ein Vergehen gegen das Gemeinschaftsgefühl ansieht. Im Osten dagegen wird unsere zärtlich gehegte Extraversion als trügerische Begehrlichkeit gewertet, als Existenz im Sangsara, als innerstes Wesen der Nidana-Kette, die ihren Höhepunkt in der Summe des Leidens der Welt erreicht.[5] Wer die gegenseitige Herabsetzung der Werte zwischen Introvertierten und Extravertierten praktisch erfahren hat, wird den emotionalen Konflikt zwischen dem östlichen und dem westlichen Standpunkt wohl verstehen. Der erbitterte Streit um die »universalia«, der mit Platon begann, wird dem in der europäischen Geschichte der Philosophie Bewanderten ein lehrreiches Beispiel sein. Ich möchte nicht auf alle Verzweigungen des Konfliktes zwischen Introversion und Extraversion eingehen, aber ich muss die religiösen Aspekte des Problems erwähnen. Der christliche Westen betrachtet den Menschen als gänzlich abhängig von der Gnade Gottes oder wenigstens von der Kirche als ausschließlichem und von Gott sanktioniertem, irdischem Instrument der Erlösung. Der Osten dagegen beharrt darauf, dass der Mensch selber die einzige Ursache zu seiner höheren Entwicklung sei; denn der Osten glaubt an die Selbsterlösung.

Der religiöse Standpunkt stellt immer die wesentliche psychologische 771
Einstellung und *ihre* spezifischen Vorurteile dar, auch für Menschen, die ihre eigene Religion vergessen oder nie etwas von ihr gehört haben. Was die Psychologie anbetrifft, ist der Westen trotz allem durch und durch christlich. Tertullians »anima naturaliter christiana« gilt für den Westen,

[3] Siehe [Jung,] *Psychologische Typen,* Definitionen, s.v. »Extraversion« und »Introversion«. [GW 6]

[4] Dieser Kommentar wurde 1939 verfasst.

[5] *Samyutta-nikâya* 12, *Nidâna-samyutta.*

nicht, wie er dachte, in religiösem, sondern in psychologischem Sinne. Gnade kommt von anderswo; auf alle Fälle von außen. Jede andere Ansicht ist reine Ketzerei. So ist es ganz verständlich, warum die menschliche Seele an Minderwertigkeitsgefühlen leidet. Wer es wagt, an eine Beziehung zwischen der Seele und der Gottesidee zu denken, wird sofort angeklagt, Psychologismus zu treiben, oder er wird eines krankhaften Mystizismus verdächtigt. Der Osten andererseits duldet mitleidig diese »unteren« geistigen Stufen, wo sich der Mensch in seiner blinden Unkenntnis von *Karma* mit der Sünde beschäftigt oder seine Imagination quält mit einem Glauben an absolute Götter, die, wenn er nur tiefer sähe, bloße Schleier von Illusionen sind, welche sein eigener unerleuchteter Geist gewoben hat. Die Psyche ist daher das Allerwichtigste; sie ist der alles durchdringende Atem, das Buddha-Wesen; sie ist der Buddha-Geist, der Eine, der Dharma-Kaya. Alles Leben strömt von ihr, und alle verschiedenen Erscheinungsformen lösen sich wieder auf in ihr. Dieses ist die grundlegende psychologische Vorbedingung, von welcher der östliche Mensch in jeder Faser seines Wesens durchdrungen ist, die all seine Gedanken, Gefühle und Taten bestimmt, zu welchem Glauben auch immer er sich bekennt.

772 Gleicherweise ist der westliche Mensch christlich, gleichgültig zu welcher Konfession er gehört. Für ihn ist der Mensch innerlich ganz klein, fast nichts; dazu kommt noch, wie Kierkegaard sagt, dass der Mensch immer im Fehler ist vor Gott. Er sucht die große Macht gnädig zu stimmen durch Furcht, Buße, Versprechen, Unterwerfung, Selbsterniedrigung, gute Taten und Lobpreisungen. Die große Macht ist nicht er selber, sondern »totaliter aliter«, das ganz Andere, welches absolut vollkommen und außerhalb ist, die einzige Wirklichkeit.[6] Wenn man die Formel etwas verschiebt und für Gott eine andere Größe, zum Beispiel die Welt oder das Geld, einsetzt, bekommt man das vollständige Bild eines westlichen Menschen – fleißig, furchtsam, fromm, sich selbst demütigend, unternehmend, gierig und leidenschaftlich im Erraffen von Gütern dieser Welt wie Besitztümer, Gesundheit, Wissen, technische Meisterschaft, öffentliche Wohlfahrt, politische Macht, Eroberungen usw. Welches sind die großen populären Bewegungen unserer Zeit? Versuche, Geld oder Besitz von anderen an uns zu reißen und unseren eigenen Besitz zu bewahren. Der Geist wird hauptsächlich damit beschäftigt, passende »-ismen« zu erfinden, um die wirklichen Motive zu verbergen oder mehr Beute zu erringen. Ich will nicht beschreiben, was dem östlichen Menschen geschehen würde, wenn er sein Buddha-Ideal vergäße; ich möchte meinem westlichen Vor-

[6] [Otto, *Das Heilige*, S. 28; vgl. auch *Das Gefühl des Überweltlichen*, S. 212 ff.]

urteil nicht solch einen unfairen Vorteil geben. Aber ich kann mich nicht enthalten, die Frage aufzuwerfen, ob es für beide Teile möglich oder ratsam wäre, des anderen Standpunkt zu imitieren. Die Verschiedenheit ist so groß, dass man keine vernünftige Möglichkeit zur Nachahmung sieht, noch viel weniger deren Ratsamkeit. Man kann Feuer und Wasser nicht mischen. Die östliche Haltung verdummt den westlichen Menschen und vice versa. Man kann nicht ein guter Christ sein und sich selbst erlösen, auch kann man nicht ein Buddha sein und Gott verehren. Es ist viel besser, den Konflikt anzunehmen; denn wenn es überhaupt eine Lösung gibt, dann nur eine irrationale.

Durch einen unvermeidlichen Schicksalsbeschluss wird nun der Wes- 773
ten mit der Eigenart der östlichen Geisteshaltung bekannt. Es ist nutzlos, diese entwerten zu wollen oder falsche und trügerische Brücken über gähnende Abgründe zu bauen. Statt die geistigen Techniken des Ostens auswendig zu lernen und sie in einer ganz christlichen Art mit entsprechend forcierter Einstellung zu imitieren – Imitatio Christi! – wäre es viel wichtiger, herauszufinden, ob im Unbewussten eine introvertierte Tendenz existiert, die dem führenden geistigen Prinzip des Ostens ähnlich ist. Wir wären dann in der Lage, auf unserem Boden und mit unseren Methoden aufzubauen. Wenn wir diese Dinge uns direkt vom Osten aneignen, haben wir nur unserer westlichen Erwerbstüchtigkeit nachgegeben. Damit bestärken wir wieder, dass »alles Gute draußen ist«, von wo es geholt und in unsere unfruchtbaren Seelen gepumpt werden muss.[7] Es scheint mir, dass wir wirklich etwas vom Osten gelernt haben, wenn wir verstehen, dass die Seele genug Reichtümer enthält, ohne dass sie von außen befruchtet werden muss, und wenn wir uns fähig fühlen, uns mit oder ohne Gnade Gottes zu entwickeln. Aber wir können uns nicht auf dieses anspruchsvolle Unternehmen einlassen, ehe wir gelernt haben, ohne geistigen Hochmut und blasphemische Selbstsicherheit zu handeln. Die östliche Haltung verletzt die speziell christlichen Werte, und es nützt nichts, diese Tatsache zu übersehen. Wenn unsere neue Haltung ehrlich, das heißt verankert in unserer eigenen Geschichte, sein soll, müssen wir uns diese Haltung aneignen mit dem vollen Bewusstsein der christlichen Werte und mit dem Bewusstsein des Konfliktes zwischen diesen Werten und der introvertierten Einstellung des Ostens. Wir müssen von innen zu den öst-

[7] »Wem … Gott nicht solch innerer Besitz ist, sondern sich allen Gott von draußen holen muss … so hat man ihn eben nicht, und da kommt dann leicht etwas, was einen stört.« (*Meister Eckeharts Schriften und Predigten,* hg. von Büttner, II, S. 8.)

lichen Werten gelangen, nicht von außen; wir müssen sie in uns, im Unbewussten, suchen. Dann werden wir entdecken, wie groß unsere Furcht vor dem Unbewussten ist und wie heftig unsere Widerstände sind. Dieser Widerstände wegen bezweifeln wir gerade das, was dem Osten so offensichtlich erscheint, nämlich die Kraft der introvertierten Mentalität zur Selbstbefreiung.

774 Dieser Aspekt des Geistes ist dem Westen sozusagen unbekannt, obschon er die wichtigste Komponente des Unbewussten bildet. Viele Leute leugnen die Existenz des Unbewussten gänzlich, oder sie behaupten, es bestehe nur aus Instinkten oder aus verdrängten und vergessenen Inhalten, die vorher ein Teil des Bewusstseins waren. Wir können ruhig annehmen, dass der östliche Ausdruck für »mind« eher mit unserem »Unbewussten« zu tun hat, während unser Ausdruck »Geist« mehr oder weniger identisch ist mit Bewusstheit. Für uns ist Bewusstheit undenkbar ohne ein Ich. Sie ist gleichgesetzt mit der Bezogenheit von Inhalten auf ein Ich. Wenn kein Ich existiert, ist niemand da, dem etwas bewusst werden kann. Das Ich ist daher unentbehrlich für den Bewusstwerdungsprozess. Dem östlichen Geist hingegen fällt es nicht schwer, sich ein Bewusstsein ohne Ich zu denken. Man hält das Bewusstsein für fähig, über den Ich-Zustand hinauszugelangen; in diesem »höheren« Zustand verschwindet das Ich sogar vollständig. Solch ein ichloser geistiger Zustand kann für uns nur unbewusst sein, weil ganz einfach kein Zeuge dabei wäre. Ich bezweifle die Existenz von geistigen Zuständen, die über das Bewusstsein hinausgehen, nicht. Aber die Bewusstheit nimmt in dem Maße ab, wie der Zustand über sie hinausgeht. Ich kann mir einen bewussten geistigen Zustand, der nicht auf ein Subjekt, das heißt ein Ich bezogen ist, nicht vorstellen. Dem Ich kann seine Macht entzogen werden – zum Beispiel kann es seines Körpergefühls beraubt werden –; aber solange noch Wahrnehmungen gemacht werden, muss jemand da sein, der wahrnimmt. Nur mittelbar und auf indirektem Wege wird uns schließlich bewusst, dass ein Unbewusstes existiert. Bei Geisteskranken können wir Manifestationen von unbewussten Fragmenten der Persönlichkeit beobachten, die von der Bewusstheit des Patienten losgelöst sind. Aber es gibt keinen Beweis dafür, dass die unbewussten Inhalte auf ein unbewusstes Zentrum, analog dem Ich, bezogen wären; es gibt im Gegenteil gute Gründe dafür, dass solch ein Zentrum nicht einmal wahrscheinlich ist.

775 Die Tatsache, dass der Osten das Ich so leicht beiseite stellt, scheint auf einen Geist zu deuten, der nicht mit unserem »Geist« identifiziert werden kann. Das Ich spielt im Osten sicher nicht dieselbe Rolle wie bei uns. Der östliche Geist scheint weniger egozentrisch, seine Inhalte scheinen nur

lose auf das Subjekt bezogen, und wichtiger scheinen jene Zustände zu sein, welche ein geschwächtes Ich voraussetzen. Es scheint auch, als ob Hatha-Yoga hauptsächlich dazu dienen würde, das Ich durch Beherrschung seiner ungezähmten Impulse auszulöschen. Es ist nicht zu bezweifeln, dass die höheren Yogaformen, sofern sie *samadhi* zu erreichen versuchen, auf einen Geisteszustand hinzielen, in dem das Ich praktisch aufgelöst ist. Bewusstheit in unserem Sinne des Wortes wird entschieden als inferior angesehen, nämlich als Zustand von *avidya* (Unwissenheit), während das, was wir den »dunklen Hintergrund der Bewusstheit« nennen, im Osten als »höhere« Bewusstheit verstanden wird.[8] So wäre unser Begriff vom »kollektiven Unbewussten« das europäische Äquivalent zu *buddhi,* dem erleuchteten Geist.

Wenn man alles dies betrachtet, läuft die östliche Form der »Sublima- 776
tion« darauf hinaus, den psychischen Schwerpunkt zurückzunehmen aus dem Ich-Bewusstsein, welches eine mittlere Position zwischen dem Körper und den ideellen Prozessen der Psyche einnimmt. Die unteren, halb physiologischen Schichten der Psyche werden beherrscht durch Askese, das heißt »Übung«, und so unter Kontrolle gehalten. Sie werden nicht gerade geleugnet oder durch höchste Willensanstrengung unterdrückt, wie es bei der westlichen Sublimation üblich ist. Man könnte eher sagen, dass die unteren psychischen Schichten durch geduldige Übung von Hatha-Yoga angepasst und geformt werden, bis sie die Entwicklung des »höheren« Bewusstseins nicht länger stören. Dieser eigenartige Prozess scheint gefördert zu werden durch die Tatsache, dass das Ich und seine Wünsche eingedämmt werden durch die größere Wichtigkeit, welche der Osten gewöhnlich dem »subjektiven Faktor« einräumt.[9] Damit meine ich den »dunklen Hintergrund« des Bewusstseins, das Unbewusste. Die introvertierte Haltung ist gewöhnlich charakterisiert durch die A-priori-Gegebenheiten der Apperzeption. Wie bekannt, besteht die Tatsache der Apperzeption aus zwei Phasen: erstens die Wahrnehmung des Objektes und zweitens die Assimilation der Wahrnehmung in das schon vorhandene Bild oder in den Begriff, mittels dessen das Objekt »verstanden« wird. Die Psyche ist keine Nonentität, die jeder Qualität ermangelt. Sie ist ein

[8] Insofern als »höher« und »niederer« klassifizierende Urteile des Bewusstseins sind, unterscheidet die westliche Psychologie unbewusste Inhalte nicht in dieser Art. Es scheint, dass der Osten untermenschliche psychische Konditionen anerkennt, ein wirkliches »Unterbewusstsein«, das Instinkte und halb physiologische Psychismen enthält, aber als »höheres Bewusstsein« bezeichnet wird.

[9] *Psychologische Typen* [GW 6, §§ 691 ff.].

bestimmtes System, das aus bestimmten Bedingungen besteht, und sie reagiert auf spezifische Art. Jede neue Vorstellung, sei es eine Wahrnehmung oder ein spontaner Gedanke, erweckt Assoziationen, welche aus dem Vorrat des Gedächtnisses stammen. Diese springen sofort ins Bewusstsein und produzieren das komplexe Bild eines Eindrucks, obschon das bereits eine Art von Interpretation darstellt. Die unbewusste Disposition, von welcher die Qualität des Eindrucks abhängig ist, nenne ich den »subjektiven Faktor«. Er verdient die Qualifikation »subjektiv«, weil Objektivität bei einem ersten Eindruck fast nie möglich ist. Gewöhnlich ist ein eher mühsamer Prozess von Verifikation, Analyse und Vergleichung nötig, um die unmittelbaren Reaktionen des subjektiven Faktors zu mäßigen und anzupassen.

777 Trotz der Bereitschaft der extravertierten Einstellung, den subjektiven Faktor als »nur subjektiv« zu bezeichnen, zeigt dessen Prominenz nicht notwendigerweise einen persönlichen Subjektivismus an. Die Psyche und ihre Struktur sind wirklich genug. Wie bereits gesagt, verwandeln sie sogar materielle Gegenstände in psychische Bilder. Sie nehmen nicht die Wellen wahr, sondern den Ton, nicht die Wellenlängen, sondern die Farben. Wie wir es sehen und verstehen, so *ist* das Sein. Es gibt unzählige Dinge, die auf ganz verschiedenartige Weise gesehen, gefühlt und verstanden werden können. Abgesehen von rein persönlichen Vorurteilen assimiliert die Psyche äußere Tatsachen auf ihre eigene Art, die sich letztlich auf die Gesetze oder Grundformen der Apperzeption stützt. Diese Formen ändern sich nicht, obwohl sie in verschiedenen Zeiten oder verschiedenen Weltteilen verschieden benannt werden. Auf einem primitiven Niveau fürchten sich die Menschen vor Zauberern, auf dem modernen Niveau beobachten wir ängstlich die Mikroben. Dort glaubt jedermann an Geister, hier glaubt jeder an Vitamine. Früher waren die Menschen vom Teufel besessen, heute sind sie es nicht weniger von Ideen usw.

778 Der subjektive Faktor wird schließlich vollendet durch die ewigen Formen der psychischen Tätigkeit. Jeder, der sich auf den subjektiven Faktor verlässt, stützt sich daher auf die Wirklichkeit der psychischen Voraussetzungen. So kann man kaum sagen, er irre sich. Wenn es ihm dadurch gelingt, sein Bewusstsein nach unten auszudehnen, so dass er die grundlegenden Gesetze des seelischen Lebens berühren kann, dann gelangt er in den Besitz der Wahrheit, welche natürlicherweise aus der Psyche hervorgeht, wenn sie dabei nicht gestört wird durch die nicht psychische, *äußere Welt.* Auf jeden Fall würde diese Wahrheit die Summe alles Wissens aufwiegen, das durch die Erforschung des Äußeren erworben werden kann. Wir im Westen glauben, dass eine Wahrheit nur überzeugend ist, wenn sie

durch äußere Tatsachen verifiziert werden kann. Wir glauben an genaueste Beobachtung und Erforschung der Natur; unsere Wahrheit muss mit dem Verhalten der äußeren Welt übereinstimmen, sonst ist sie »nur subjektiv«. Wie der Osten seinen Blick vom Tanz der *prakrti* (physis) und den vielfältigen Scheinformen der *maya* abwendet, so scheut der Westen das Unbewusste und seine nichtigen Phantasien. Der Osten versteht aber trotz seiner introvertierten Einstellung sehr gut, mit der äußeren Welt umzugehen, und trotz seiner Extraversion kann auch der Westen auf die Psyche und ihre Forderungen eingehen. Er besitzt eine Institution, die Kirche, welche der Psyche des Menschen Ausdruck gibt durch ihre Riten und Dogmen. Auch sind Naturwissenschaft und moderne Technik keineswegs nur westliche Erfindungen. Ihre östlichen Äquivalente sind etwas altmodisch oder sogar primitiv, aber was wir vorweisen können an geistiger Einsicht und psychologischer Technik muss, verglichen mit Yoga, ebenso rückständig erscheinen wie östliche Astrologie und Medizin, wenn wir diese mit den westlichen Wissenschaften vergleichen. Ich möchte die Wirksamkeit der christlichen Kirche nicht bestreiten; aber wenn man die Exerzitien des Ignatius von Loyola mit Yoga vergleicht, wird verständlich, was ich sagen will. Es ist ein Unterschied, und zwar ein beträchtlicher. Von diesem Niveau direkt zum östlichen Yoga überzugehen, ist ebenso wenig ratsam wie die plötzliche Verwandlung der Asiaten in halbe Europäer. Der Segen der westlichen Zivilisation scheint mir zweifelhaft, und ich habe ähnliche Bedenken in Bezug auf die Übernahme der östlichen Geisteshaltung durch den Westen. Diese zwei gegensätzlichen Welten sind sich jedoch begegnet. Der Osten ist in voller Umwandlung begriffen; er ist ernstlich und in folgenschwerer Weise gestört worden. Sogar die wirksamsten Methoden der europäischen Kriegsführung werden mit Erfolg nachgeahmt. Was uns betrifft, scheint die Schwierigkeit eher psychologischer Art zu sein. Unser Verhängnis sind Ideologien – sie entsprechen dem lang erwarteten Antichrist. Der Nationalsozialismus ist so ähnlich einer religiösen Bewegung, wie irgendeine Bewegung seit anno 622[10] es war. Der Kommunismus erhebt den Anspruch, das Paradies auf Erden zu sein. Wir sind tatsächlich besser geschützt gegen Missernten, Überschwemmungen und Epidemien als gegen unsere eigene klägliche geistige Minderwertigkeit, die so wenig Widerstand gegen psychische Epidemien aufzubringen scheint.

[10] [Datum von Mohammeds Flucht (Hedschra) nach Medina: Beginn der islamischen Zeitrechnung.]

779 Der Westen ist auch in seiner religiösen Haltung extravertiert. Heutzutage wirkt es beleidigend, zu sagen, das Christentum enthalte Feindseligkeit oder auch nur Indifferenz gegen die Welt und ihre Genüsse. Der gute Christ ist im Gegenteil ein jovialer Bürger, ein unternehmungslustiger Geschäftsmann, ein ausgezeichneter Soldat, der Beste in jedem Beruf. Oft werden weltliche Güter als spezielle Belohnung für christliches Verhalten aufgefasst, und im Unser-Vater ist das Adjektiv ἐπιούσιος, »supersubstantialis«[11], das sich auf das Brot bezog, schon lange weggelassen worden; denn das wirkliche Brot ist offensichtlich so viel sinnvoller. Es ist nur logisch, dass so weitgehende Extraversion dem Menschen keine Seele zutrauen kann, die irgendetwas enthält, das nicht von außen durch menschliche Lehren oder göttliche Gnade in sie hineingebracht wurde. Von diesem Standpunkt aus ist die Behauptung, der Mensch trage die Möglichkeit zur eigenen Erlösung in sich, offene Blasphemie. Nichts in unserer Religion unterstützt die Idee von der selbstbefreienden Kraft des Geistes; aber eine sehr moderne Form der Psychologie – Analytische oder Komplexe Psychologie – zieht die Möglichkeit in Betracht, dass sich im Unbewussten gewisse Prozesse abspielen, welche kraft ihres Symbolismus die Mängel und Verworrenheiten der bewussten Einstellung kompensieren. Wenn diese unbewussten Kompensationen durch die analytische Technik bewusstgemacht werden, verursachen sie solch eine Veränderung in der bewussten Einstellung, dass wir berechtigt sind, von einem neuen Bewusstseinsniveau zu sprechen. Die Methode kann jedoch den eigentlichen Prozess der unbewussten Kompensation nicht hervorbringen; dieser hängt ganz von der unbewussten Psyche oder der »Gnade Gottes« ab – Namen tun hier nichts zur Sache. Aber der unbewusste Prozess selber erreicht das Bewusstsein fast nie ohne technische Hilfe. Wenn er an die Oberfläche gebracht wird, offenbart er Inhalte, die einen auffallenden Gegensatz zur allgemeinen Richtung der bewussten Gedanken und Gefühle bilden. Wenn dem nicht so wäre, hätten diese Inhalte keinen kompensatorischen Effekt. Die erste Wirkung ist jedoch gewöhnlich ein Konflikt, da die bewusste Einstellung dem Eindringen von scheinbar inkompatibeln und fremdartigen Tendenzen, Gedanken und Gefühlen Widerstand entgegensetzt. Bei Schizophrenien sieht man die erstaunlichsten Beispiele solcher Intrusionen von gänzlich fremden und unannehmbaren Inhalten. In solchen Fällen handelt es sich natürlich oft um

[11] [Supersubstantialis entspricht nicht der eigentlichen (korrekten) Bedeutung von ἐπιούσιος (Hieronymus), wie spätere Forschungen gezeigt haben, sondern der alten spirituellen Interpretation durch Tertullian, Origenes und andere. Vgl. angloamerikanische Ausgabe, S. 488.]

pathologische Verzerrungen und Übertreibungen, aber mit der leisesten Kenntnis des normalen Materials wird man leicht die Gleichartigkeit des zugrunde liegenden Schemas erkennen. Es sind übrigens die gleichen Bilder, die man in der Mythologie und bei anderen archaischen Gedankenformen findet.

Unter normalen Bedingungen regt jeder Konflikt die Psyche zur Aktivität an, damit eine möglichst befriedigende Lösung zustande gebracht werde. Gewöhnlich – das heißt im Westen – entscheidet der bewusste Standpunkt willkürlich gegen das Unbewusste, da alles, was von innen her kommt, durch ein Vorurteil als inferior oder nicht ganz richtig angesehen wird. Aber in den Fällen, welche uns hier beschäftigen, ist man übereingekommen, dass die scheinbar inkompatibeln, unverständlichen Inhalte nicht wieder verdrängt werden dürfen und dass der Konflikt angenommen und ertragen werden soll. Zuerst erscheint keine Lösung möglich, und auch diese Tatsache muss mit Geduld ertragen werden. Der so eingetretene Stillstand »konstelliert« das Unbewusste – mit anderen Worten, der bewusste Aufschub bewirkt im Unbewussten eine neue kompensatorische Reaktion. Diese Reaktion (sie manifestiert sich gewöhnlich in Träumen) wird nun ihrerseits zur bewussten Realisierung gebracht. Das Bewusstsein wird so mit einem neuen Aspekt der Psyche konfrontiert, wodurch ein anderes Problem aufgeworfen oder ein bereits vorhandenes auf unerwartete Weise modifiziert wird. Diese Prozedur dauert an, bis der ursprüngliche Konflikt in befriedigender Weise gelöst ist. Der ganze Prozess wird »die transzendente Funktion« genannt.[12] Es ist zugleich ein Prozess und eine Methode. Die Produktion von unbewussten Kompensationen ist ein *spontaner Prozess;* die bewusste Realisierung ist eine *Methode.* Die Funktion wird »transzendent« genannt, weil sie den Übergang von einer seelischen Verfassung in eine andere durch wechselseitige Konfrontation von Gegensätzen ermöglicht. 780

Dies ist eine sehr skizzenhafte Beschreibung der transzendenten Funktion; für Einzelheiten muss ich den Leser auf die in der Fußnote angegebene Literatur verweisen. Aber ich musste auf diese psychologischen Beobachtungen und Methoden aufmerksam machen, weil sie den Weg anzeigen, auf dem wir zu jener Art von Geist Zugang finden, auf die sich unser Text bezieht. Es ist dies der bilderschaffende Geist, die Matrix aller jener Grundformen, die der Apperzeption ihren besonderen Charakter geben. Diese Formen sind der unbewussten Psyche eigen; sie sind ihre strukturellen Elemente, und nur durch sie kann erklärt werden, warum 781

[12] Siehe *Psychologische Typen,* Definitionen, s. v. »Symbol« [GW 6].

gewisse mythologische Motive mehr oder weniger überall erscheinen, sogar dort, wo Migration als Übertragung sehr unwahrscheinlich ist. Träume, Phantasien und Psychosen bringen Bilder hervor, die allem Anschein nach identisch sind mit mythologischen Motiven, von denen die betreffenden Menschen keinerlei Kenntnis hatten, nicht einmal indirekte Kenntnis durch Redewendungen oder durch die symbolische Sprache der Bibel.[13] Ohne Zweifel weist die Psychopathologie der Schizophrenie ebenso wie die Psychologie des Unbewussten das Vorhandensein von archaischem Material nach. Was auch immer die Struktur des Unbewussten sein mag, so viel ist sicher: Es enthält eine unbestimmte Anzahl von Motiven oder Formen von archaischem Charakter, die im Prinzip identisch sind mit den Grundideen der Mythologie und ähnlichen Gedankenformen.

782 Weil das Unbewusste die geistige Matrix ist, haftet ihm die Qualität des Schöpferischen an, es ist der Geburtsort von Gedankenformen, so wie unser Text es von dem universalen Geist annimmt. Da wir dem Unbewussten keine bestimmte Form zuschreiben können, scheint die östliche Behauptung, dass der Allgeist ohne Form, *arupaloka,* und doch der Entstehungsort aller Formen sei, psychologisch gerechtfertigt. Da die Formen des Unbewussten zu keiner bestimmten Zeit gehören, also anscheinend ewig sind, geben sie ein eigenartiges Gefühl von Zeitlosigkeit, wenn sie bewusst realisiert werden. Wir können ähnliche Feststellungen in der primitiven Psychologie finden; das australische Wort *aljira*[14] zum Beispiel bedeutet zugleich »Traum« und »Geisterland« und die »Zeit«, in welcher die Vorfahren lebten und immer noch leben. Es ist, wie sie sagen, die »Zeit, als noch keine Zeit war«. Dies sieht aus wie eine offensichtliche Konkretisierung und Projektion des Unbewussten mit all seinen charakteristischen Qualitäten – seinen Traummanifestationen, seinen urtümlichen Gedankenformen und seiner Zeitlosigkeit.

783 Eine introvertierte Einstellung, bei welcher die Betonung nicht auf der äußeren Welt (der Welt des Bewusstseins), sondern auf dem subjektiven Faktor (dem Hintergrund des Bewusstseins) liegt, ruft daher notwendi-

[13] Manche Leute finden solche Feststellungen unglaubhaft; aber entweder kennen sie die primitive Psychologie nicht, oder sie wissen nichts von den Resultaten der psychopathologischen Forschungen. Spezifische Beobachtungen liegen vor in: [Jung,] *Symbole der Wandlung* [GW 5]; in: *Psychologie und Alchemie* [GW 12]; ferner in: Nelken, *Analytische Beobachtungen über Phantasien eines Schizophrenen,* S. 504 ff.; Spielrein, *Über den psychologischen Inhalt eines Falles von Schizophrenie,* S. 329 ff.; Meier, *Spontanmanifestationen des kollektiven Unbewußten.*

[14] Lévi-Bruhl, *La Mythologie primitive,* S. 23 ff.

gerweise die charakteristischen Manifestationen des Unbewussten hervor, nämlich archaische Gedankengebilde, durchsetzt mit »anzestralen« oder »historischen« Gefühlen und außerdem mit dem Gefühl von Unbestimmtheit, Zeitlosigkeit und Einheit. Das besondere Gefühl von *Einheit* ist eine typische Erfahrung bei allen Formen von Mystik und kommt wahrscheinlich von der allgemeinen Kontamination der Inhalte, die sich verstärkt mit der Abschwächung der Bewusstheit (abaissement du niveau mental). Die fast unbeschränkte Vermischung von Bildern in Träumen, wie auch in den Produkten der Geisteskranken, zeugt von deren unbewusstem Ursprung. Im Gegensatz zu der klaren Unterscheidung und Differenzierung der Formen im Bewusstsein sind die unbewussten Inhalte äußerst unbestimmt und vermischen sich daher leicht. Wenn wir versuchten, uns einen Zustand vorzustellen, in welchem nichts deutlich ist, würden wir sicherlich das Ganze als Eines empfinden. Es ist daher nicht unwahrscheinlich, dass die eigenartige Empfindung von Einheit von dem unterschwelligen Wissen um den All-Zusammenhang im Unbewussten herrührt.

Durch die transzendente Funktion gewinnen wir nicht nur den Zugang 784
zum »Einen Geiste« (One Mind); wir lernen auch verstehen, warum der Osten an die Möglichkeit der Selbstbefreiung glaubt. Wenn es einem durch Introspektion und bewusste Realisierung von unbewussten Kompensationen möglich wird, den psychischen Zustand umzugestalten und so die Lösung von schmerzlichen Konflikten zu erreichen, scheint man berechtigt, von »Selbstbefreiung« zu sprechen. Wie ich aber schon andeutete, ist der stolze Anspruch auf Selbstbefreiung nicht ohne weiteres zu realisieren; denn man kann diese unbewussten Kompensationen nicht willentlich hervorrufen; man muss hoffen, dass sie vielleicht produziert werden. Man kann auch den besonderen Charakter der Kompensation nicht ändern: »Est ut est aut non est.«[15] Es ist seltsam, dass die östliche Philosophie auf diesen höchst wichtigen Faktor fast nicht zu achten scheint. Und es ist gerade diese Tatsache, die den westlichen Gesichtspunkt psychologisch rechtfertigt. Die westliche Psyche scheint ein intuitives Wissen zu haben von der Abhängigkeit des Menschen von einer dunklen Macht, die mitwirken muss, wenn alles gut gehen soll. Wenn und wo das Unbewusste nicht mitwirkt, befindet er sich sofort in Verlegenheit, auch in seinen gewöhnlichsten Tätigkeiten. Es kann sich dabei handeln um ein Versagen des Gedächtnisses, des koordinierten Handelns, des Interesses und der Konzentration; und solch ein Versagen kann die Ursa-

[15] [Es ist, wie es ist, oder es ist überhaupt nicht.]

che von ernstlichen Unannehmlichkeiten oder möglicherweise einem fatalen Unfall sein. Es kann zu einem beruflichen oder moralischen Zusammenbruch führen. In früheren Zeiten nannten die Menschen dann die Götter ungnädig; heute nennen wir es eine Neurose. Den Grund suchen wir im Vitaminmangel, in endokrinen oder sexuellen Störungen oder in Überarbeitung. Wenn die Mitarbeit des Unbewussten, über die wir nie nachdenken und die wir für ganz selbstverständlich halten, plötzlich aussetzt, ist es eine sehr ernste Angelegenheit.

785 Im Vergleich mit anderen Rassen – der chinesischen zum Beispiel – scheint das geistige Gleichgewicht oder, grob gesagt, das Gehirn, die schwache Stelle des Europäers zu sein. Verständlicherweise wollen wir so weit weg wie nur möglich von unseren Schwächen gelangen, eine Tatsache, welche die Art von Extraversion erklärt, die immer Sicherheit sucht, indem sie ihre Umgebung beherrscht. Extraversion geht immer Hand in Hand mit dem Misstrauen dem inneren Menschen gegenüber, wenn man sich seiner überhaupt irgendwie bewusst ist. Überdies neigen wir alle dazu, die Dinge, die wir fürchten, zu unterschätzen. Unsere absolute Überzeugung, »nihil sit in intellectu quod non antea fuerit in sensu«,[16] welches das Motto der westlichen Extraversion ist, muss einen solchen Grund haben. Aber wie wir betont haben, ist diese Extraversion psychologisch gerechtfertigt durch die wesentliche Tatsache, dass die unbewusste Kompensation jenseits der menschlichen Kontrolle liegt. Ich weiß, dass der Yoga sich dessen rühmt, sogar die unbewussten Prozesse kontrollieren zu können, so dass in der Psyche als Ganzem nichts vorgehen kann, was nicht durch ein höchstes Bewusstsein gelenkt wird. Ich habe keinen Zweifel, dass solch ein Zustand mehr oder weniger möglich ist. Aber er ist nur unter einer Bedingung möglich: Man muss identisch werden mit dem Unbewussten. Diese Identität ist das östliche Äquivalent unseres westlichen Idols der absoluten Objektivität, der maschinenmäßigen Ausrichtung auf ein Ziel, eine Idee oder Sache, selbst auf die Gefahr hin, dass jede Spur von innerem Leben verloren geht. Für den östlichen Standpunkt ist diese absolute Objektivität erschreckend, denn sie ist gleichbedeutend mit vollständiger Identität mit dem *sansara;* für den Westen hingegen ist *samadhi* nichts als ein bedeutungsloser Traumzustand. Im Osten hat der innere Mensch immer solche Macht über den äußeren Menschen gehabt, dass die Welt nie die Möglichkeit hatte, ihn von seinen inneren Wurzeln loszureißen; im Westen aber trat der äußere Mensch so sehr in den Vorder-

[16] [Nichts sei im Verstande, was nicht vorher durch die Sinne wahrgenommen wurde.]

grund, dass er sich seinem innersten Wesen entfremdet hat. Der Eine Geist, Einheit, Unbestimmbarkeit und Ewigkeit blieben dem Einen Gott vorbehalten. Der Mensch wurde klein, nichtig und war grundsätzlich im Unrecht.

Es dürfte aus meinen Ausführungen hervorgehen, dass jeder dieser 786
Standpunkte, obwohl sie im Widerspruch zueinanderstehen, seine psychologische Berechtigung hat. Beide sind einseitig, indem sie versäumen, jene Faktoren, die nicht zu ihrer typischen Einstellung passen, zu sehen und zu berücksichtigen. Der eine unterschätzt die Welt der Bewusstheit, der andere die Welt des Einen Geistes. Das Resultat ist, dass in ihrer extremen Haltung beide eine Hälfte des Universums verlieren; ihr Leben ist von der totalen Wirklichkeit abgeschnitten und wird leicht künstlich und unmenschlich. Im Westen haben wir die Manie der »Objektivität«, die asketische Einstellung des Wissenschaftlers oder die Einstellung des Börsenmaklers, der die Schönheit und Universalität des Lebens für ein mehr oder weniger ideales Ziel wegwirft. Im Osten sind es Weisheit, Friede, Losgelöstheit und Unbewegtheit einer Psyche, die zu ihrem dunklen Ursprung zurückgekehrt ist, und allen Kummer und alle Freude des Lebens, wie es ist und wahrscheinlich auch sein soll, hinter sich gelassen hat. Es ist kein Wunder, dass diese Einseitigkeit in beiden Fällen sehr ähnliche Formen des Mönchtums hervorbringt; sie garantiert dem Eremiten, dem heiligen Mann, dem Mönch oder dem Wissenschaftler ungestörte Konzentration auf ein Ziel. Ich habe nichts gegen Einseitigkeit als solche. Der Mensch, das große Experiment der Natur oder sein eigenes großes Experiment, ist offensichtlich zu derartigen Unternehmungen berechtigt – wenn er sie ertragen kann. Ohne Einseitigkeit könnte sich der menschliche Geist nicht in seiner Differenziertheit entwickeln. Aber es kann wohl nicht schaden, wenn man versucht, beide Seiten zu verstehen.

Die extravertierte Tendenz des Westens und die introvertierte Tendenz 787
des Ostens haben einen wichtigen gemeinsamen Zweck; beide machen verzweifelte Anstrengungen, die bloße Naturhaftigkeit des Lebens zu besiegen. Es ist die Behauptung des Geistes über die Materie, das »opus contra naturam«, ein Symptom für die Jugendlichkeit des Menschen, der sich immer noch daran ergötzt, die mächtigste von der Natur je erfundene Waffe, den bewussten Geist, zu gebrauchen. Der Nachmittag der Menschheit, der in einer fernen Zukunft liegt, kann immer noch ein anderes Ideal mit sich bringen. Mit der Zeit wird man vielleicht nicht einmal mehr von Eroberungen träumen.

Bibliographie

Büttner, Hermann: Meister Eckehart's Schriften und Predigten. 2 Bde. Jena 1917.

Evans-Wentz, W. Y.: Das tibetische Buch der großen Befreiung. München 1955.

Jung, Carl Gustav*: Psychologie und Alchemie. (Psychologische Abhandlungen V) Rascher, Zürich 1944. Rev. Neuaufl. 1952. [GW 12 (1972, ³1980)]

– Symbole der Wandlung. Analyse des Vorspiels zu einer Schizophrenie. Rascher, Zürich 1952. 4., umgearbeitete Auflage von: Wandlungen und Symbole der Libido (1912). [GW 5 (1973, ³1983)]

– Psychologische Typen. Rascher, Zürich 1921. Neuaufl. 1925, 1930, 1937, 1940, 1942, 1947 und 1950. [GW 6 (1960 neunte, rev. Aufl., 1967 zehnte, rev. Aufl., ¹⁴1981)]

Lévy-Bruhl, Lucien: Les Fonctions mentales dans les sociétiés inférieures. 2. Aufl. Paris 1912.

Meier, C. A.: Spontanmanifestationen des kollektiven Unbewußten. In: Zentralblatt für Psychotherapie XI. Leipzig 1939, S. 284–303.

Nelken, Jan: Analytische Beobachtungen über Phantasien eines Schizophrenen. In: Jahrbuch für psychoanalytische und psychopathologische Forschung IV. Wien und Leipzig 1912.

Otto, Rudolf: Das Gefühl des Überweltlichen. München 1932.

– Das Heilige. Breslau 1917.

Saṃyutta-Nikāya. Übers. von Wilhelm Geiger. 2 Bde. München 1930.

Spielrein, Sabina: Über den psychologischen Inhalt eines Falles von Schizophrenie. In: Jahrbuch für psychoanalytische und psychopathologische Forschung III. Leipzig und Wien 1912, S. 329–400.

* In diesem Band {d.h. GW 11} zitierte Werke, alphabetisch. Die der letzten Jahreszahl vorangestellte kleine Nummer gibt die {bei Veröffentlichung von GW 11} bisherige Auflage an.

Yoga und der Westen[1]

Es ist weniger als ein Jahrhundert her, seitdem der Westen einige Kenntnis des Yoga besitzt. Zwar sind schon vor zweitausend Jahren allerhand Wundererzählungen aus dem märchenhaften Indien mit seinen Weisen und Omphaloskepten nach Europa gekommen, aber eine wirkliche Kenntnis indischer Philosophie und philosophischer Praxis begann erst mit dem Bekanntwerden der *Upanishaden,* die durch den Franzosen Anquetil du Perron dem Westen vermittelt wurden. Eine allgemeine und vertieftere Kenntnis wurde aber erst ermöglicht durch das Verdienst von Max Müller, Oxford, und die durch ihn edierten *Sacred Book of the East.* Diese wirkliche Kenntnis blieb allerdings zunächst dem Indologen und Philosophen reserviert. Bald aber bemächtigte sich die von Madame Blavatsky ausgelöste theosophische Bewegung der östlichen Traditionen und promulgierte diese einem allgemeinen Publikum. Während mehrerer Jahrzehnte bestand nunmehr im Westen die Kenntnis des Yoga einerseits als streng akademische Wissenschaft und andererseits als etwas, was man wohl als Religion bezeichnen muss, obschon es sich nicht zu einer organisierten Kirche entwickelte – trotz den Bemühungen einer Annie Besant und des Begründers der anthroposophischen Sezession, des von Madame Blavatsky herkommenden Rudolf Steiner. 859

Die Eigenart dieser westlichen Entwicklung lässt sich kaum mit dem vergleichen, was der Yoga in Indien bedeutet. Im Westen nämlich stießen die östlichen Lehren auf eine besondere geistige Lage, welche – wenigstens das frühere – Indien nicht kannte, nämlich die strenge Scheidung von Wissenschaft und Religion, die in höherem oder minderem Grade schon seit dreihundert Jahren bestand, als die Yogalehren im Westen allmählich bekannt zu werden anfingen. Der Beginn dieser Trennung, die eine spezifisch westliche Angelegenheit ist, setzte im Grunde genommen mit der Renaissance im 15. Jahrhundert ein. Damals erwachte ein allgemeines 860

Quellenhinweis:
Aus: GW 11, §§ 859–876.

[1] [In englischer Übersetzung erschienen in: *Prabuddha Bharata* (Kalkutta, Februar 1936.]

und leidenschaftliches Interesse für die Antike, gefördert durch den Fall des oströmischen Reiches, das dem Ansturm des Islam erlag. Damals erst verbreitete sich die Kenntnis der griechischen Sprache und der griechischen Literatur. In direkter Folge mit diesem Einbruch der sogenannten heidnischen Philosophie entstand das große Schisma der römischen Kirche, der Protestantismus, der bald das ganze nördliche Europa erfasste. Aber auch diese Erneuerung des Christentums vermochte nicht mehr die befreiten Geister zu bannen.

861 Die Zeit der Weltentdeckung in geographischem und naturwissenschaftlichem Sinne war angebrochen, und in immer zunehmendem Maße emanzipierte sich das Denken von den beengenden Fesseln der religiösen Tradition. Die Kirchen blieben zwar bestehen, indem sie vom strikte religiösen Bedürfnis des Publikums gehalten wurden, sie verloren aber die Führerschaft in kultureller Hinsicht. Während die römische Kirche dank ihrer unübertrefflichen Organisation eine Einheit blieb, splitterte sich der Protestantismus in annähernd vierhundert Denominationen auf. Dies ist einerseits ein Beweis für sein Unvermögen, andererseits für eine religiöse Lebendigkeit, welche weiterdrängt. Im Laufe des 19. Jahrhunderts kam es allmählich zu synkretistischen Bildungen und zu Massenimporten exotischer Religionssysteme, wie zum Beispiel die Religion des Abdul Bahai, die sufischen Sekten, die Ramakrishna-Mission, der Buddhismus usw. Viele dieser Systeme, wie zum Beispiel die Anthroposophie, verbanden sich mit christlichen Elementen. Das hieraus entstandene Bild entspricht ungefähr dem hellenistischen Synkretismus des 3. und 4. Jahrhunderts, der ebenfalls, in Spuren wenigstens, bis nach Indien reichte.[2]

862 Alle diese Systeme bewegen sich aber auf der religiösen Linie und rekrutieren ihre Anhänger in ihrer großen Mehrzahl aus dem Protestantismus. Sie sind also, im Grunde genommen, protestantische Sekten. Insofern der Protestantismus seinen Hauptschlag gegen die *Autorität* der Kirche führte, erschütterte er hauptsächlich den Glauben an sie als die unerlässliche Vermittlerin des göttlichen Heils. Dadurch fiel natürlich dem Individuum die Last der Autorität zu und damit eine bisher nie da--gewesene religiöse Verantwortlichkeit. Der Untergang der Beichte und der Absolution verschärfte den moralischen Konflikt des Einzelnen und belastete ihn mit einer Problematik, welche früher die Kirche für ihn erledigt hatte, indem ihre Sakramente, insbesondere das Messopfer, die Erlösung

[2] Vgl. Apollonius von Tyana, die orphisch-pythagoräischen Geheimlehren, die Gnosis usw.

des Einzelnen durch die priesterliche Vornahme der heiligen Handlung gewährleisteten. Dazu hatte der Einzelne nur Bekenntnis, Bereuung und Buße beizutragen. Durch den Wegfall der wirksamen heiligen Handlung fehlte nun die Antwort Gottes auf den Vorsatz des Einzelnen. Aus diesem Ungenügen heraus erklärt sich das Verlangen nach Systemen, welche jene Antwort, nämlich ein sicht- oder merkbares Entgegenkommen eines Anderen (Höheren, Geistigen oder Göttlichen) versprechen.

Die europäische Wissenschaft beachtete diese Hoffnungen und Erwar- 863
tungen nicht. Sie lebte ihr intellektuelles Leben abgesondert von religiösen Überzeugungen und Bedürfnissen. Diese, historisch betrachtet, unvermeidliche Spaltung des westlichen Geistes hat sich auch der Yogalehre, insofern sie im Westen Eingang fand, bemächtigt und sie einerseits zum Gegenstand der Wissenschaft gemacht, andererseits als Heilsweg begrüßt. Es gibt zwar innerhalb der religiösen Bewegung eine Reihe von Versuchen, Wissenschaft mit religiöser Überzeugung und Praxis zu vereinigen, wie zum Beispiel Christian Science, Theosophie und Anthroposophie, wobei namentlich Letztere sich gerne einen wissenschaftlichen Anstrich gibt und daher auch, wie die Christian Science, in intellektuell gebildete Kreise eingebrochen ist.

Da der protestantische Mensch eines vorgezeichneten Weges erman- 864
gelt, ist ihm sozusagen jedes System, das einen erfolgreichen Entwicklungsgang verspricht, willkommen. Er sollte ja das tun, was die Kirche als Mittlerin stets getan hatte, und jetzt weiß er nicht, *wie*. Wenn er sein religiöses Bedürfnis ernst genommen hat, so hat er auch unsägliche Anstrengungen des Glaubens gemacht, weil seine Lehre sozusagen ausschließlich auf den Glauben abstellt. Der Glaube ist aber ein Charisma, ein Gnadengeschenk, und keine Methode. Eine solche fehlt dem Protestanten in dem Maße, dass nicht wenige sich sogar ernsthaft für die streng katholischen Exerzitien des Ignatius von Loyola interessiert haben. Was sie aber am meisten stört, ist natürlich der Widerspruch zwischen religiöser und wissenschaftlicher Wahrheit, der Konflikt zwischen Glauben und Wissen, der sogar weit über den Protestantismus hinaus bis in den Katholizismus hinein reicht. Dieser Konflikt besteht einzig und allein aufgrund der historischen Spaltung des europäischen Geistes. Wenn nicht einerseits ein natürlicher psychologischer Zwang zum Glauben und andererseits ein entsprechend unnatürlicher Glaube an die Wissenschaften bestünde, so hätte dieser Konflikt überhaupt keinen Grund zur Existenz. Es ließe sich leicht ein Zustand vorstellen, wo man etwas einfach *weiß* und noch dazu *glaubt*, was einem aus soundso viel guten Gründen wahrscheinlich ist. Zwischen diesen beiden Dingen braucht überhaupt kein Konfliktgrund

zu liegen. Allerdings sind sie beide zusammen nötig, denn das Wissen allein, wie das Glauben allein, sind stets ungenügend.

865 Wenn sich daher eine »religiöse« Methode zugleich als »wissenschaftlich« empfiehlt, so kann sie im Westen ihres Publikums sicher sein. *Der Yoga erfüllt diese Erwartung.* Ganz abgesehen vom Reiz des Neuen und von der Faszination des Halbverstandenen hat der Yoga aus guten Gründen viele Anhänger. Er gibt nicht nur den viel gesuchten Weg, sondern auch eine Philosophie von unerhörter Tiefe. Er gibt die Möglichkeit kontrollierbarer Erfahrung und befriedigt damit das wissenschaftliche Bedürfnis nach »Tatsachen«, und überdies verspricht er vermöge seiner Weite und Tiefe, seines ehrwürdigen Alters und seiner alle Gebiete des Lebens umfassenden Lehre und Methodik ungeahnte Möglichkeiten, welche zu unterstreichen von Missionaren der Lehre selten unterlassen wurde.

866 Von der Bedeutung des Yoga für Indien will ich schweigen, denn ich kann mir über eine Sache, die ich aus eigener Erfahrung nicht kenne, kein Urteil anmaßen. Was er aber für den Westen bedeutet, darüber kann ich einiges sagen. Die Wegelosigkeit bei uns grenzt an seelische Anarchie. Infolgedessen bedeutet jede religiöse oder philosophische Praktik eine *psychologische Disziplinierung,* also eine *Methode seelischer Hygiene.* Die vielfachen, rein körperlichen Prozeduren des Yoga bedeuten auch physiologische Hygiene, die insofern der gewöhnlichen Gymnastik oder Atmungsübung überlegen ist, als sie nicht bloß mechanistisch-wissenschaftlich, sondern auch zugleich philosophisch ist. Denn sie verbindet die übenden Körperteile in diesen Übungen mit dem Ganzen des Geistes, was zum Beispiel deutlich ist bei den Übungen des Prânayâma, wo Prâna zugleich der Atem und die universale Dynamik des Kosmos ist. Wenn das Tun des Einzelnen zugleich auch kosmisches Geschehen ist, so verbindet sich die Ergriffenheit des Körpers (die Innervation) mit der Ergriffenheit des Geistes (die allgemeine Idee), und daraus entsteht eine lebendige Ganzheit, welche keine noch so wissenschaftliche Technik jemals erzeugen kann. Die Yogapraxis ist undenkbar und wäre auch unwirksam ohne die Yogavorstellungen. Sie arbeitet Körperliches und Geistiges ineinander in einer selten vollkommenen Weise.

867 Im Osten, wo diese Ideen und Praktiken entstanden sind und wo seit vier Jahrtausenden eine ununterbrochene Tradition alle nötigen geistigen Voraussetzungen geschaffen hat, ist der Yoga, wie ich mir leicht denken kann, der adäquate Ausdruck und die lückenlos passende Methodik, Körper und Geist so zusammenzuschmelzen, dass sie eine schwer zu bezweifelnde Einheit bilden und damit eine psychologische Disposition schaffen, welche bewusstseinstranszendente Ahnungen ermöglicht. Die

historische Mentalität Indiens hat keine prinzipielle Schwierigkeit, einen Begriff wie Prâna und Ähnliches sinngemäß zu handhaben. Der Westen aber mit seiner schlechten Gewohnheit des Glaubenwollens einerseits und seiner ausgebildeten wissenschaftlichen und philosophischen Kritik andererseits fällt entweder in die Fallgrube des Glaubens und schluckt Begriffe wie Prâna, Âtman, Châkra, Samâdhi usw. unbesehen ein. Die wissenschaftliche Kritik aber stolpert schon über den Begriff des Prâna und des Purusha. Die Spaltung des westlichen Geistes verunmöglicht daher schon von allem Anfang an die adäquate Verwirklichung der Intentionen des Yoga. Entweder ist er eine strikt religiöse Angelegenheit oder ein Training wie Mnemotechnik, Atmungsgymnastik, Eurhythmie usw. Aber von jener dem Yoga eigentümlichen Einheit und Ganzheit des Wesens findet sich keine Spur. Der Inder kann weder den Körper noch den Geist vergessen, der Europäer vergisst immer das eine oder das andere. Mit dieser Fähigkeit hat er vorderhand die Welt erobert, der Inder dagegen nicht. Der Inder kennt nicht nur seine *Natur,* sondern er weiß auch, bis zu welchem Grade er sie selber ist. Der Europäer dagegen hat eine *Wissenschaft* von der Natur und weiß von seiner eigenen Natur, der Natur in ihm, erstaunlich wenig. Es ist dem Inder eine Wohltat, um eine Methode zu wissen, welche ihm hilft, die Allgewalt der Natur innen und außen zu beherrschen. Für den Europäer ist es Gift, seine bereits verstümmelte Natur noch gänzlich zu unterdrücken und einen ihm zusagenden Roboter daraus zu machen.

Man sagt zwar vom Yogi, dass er Berge versetzen könne, jedoch wird 868
ein realer Beweis dafür schwerlich erbracht werden können. Das Können der Yogi bewegt sich in für die Umwelt annehmbaren Grenzen. Der Europäer dagegen kann Berge in die Luft sprengen, und was er sonst noch kann, wenn sein der menschlichen Natur entfremdeter Intellekt losgelassen wird, davon hat der Weltkrieg uns einen bitteren Vorgeschmack gegeben. Mehr »Kontrolle«, mehr Macht über die Natur in und um uns kann ich als Europäer dem Europäer nicht wünschen. Ja, ich muss es zu meiner Schande gestehen, dass ich meine besten Einsichten (es sind einige ganz gute darunter) dem Umstande verdanke, dass ich sozusagen stets das Gegenteil von allen Regeln des Yoga tat. Der Europäer hat sich durch seine historische Entwicklung so weit von den Wurzeln entfernt, dass sich sein Geist schließlich in Glauben und Wissen gespalten hat, wie sich jede psychologische Übertreibung in ihre Gegensatzpaare auflöst. Er bedarf der Rückkehr, nicht in Rousseau'scher Manier zur Natur, sondern zu *seiner* Natur. Seine Aufgabe ist es, den natürlichen Menschen wieder aufzufinden. Er möchte aber stattdessen nichts lieber als Systeme und Methoden, um den natürlichen Menschen, der ihm überall in die Quere kommt, zu

unterdrücken. Er wird unfehlbar einen falschen Gebrauch vom Yoga machen, denn seine seelische Disposition ist eine ganz andere als die des östlichen Menschen. Ich sage, wem ich kann: »Studieren Sie den Yoga. Sie werden unendlich viel daraus lernen, aber wenden Sie ihn nicht an; denn wir Europäer sind nicht so beschaffen, dass wir diese Methoden ohne weiteres richtig anwenden könnten. Ein indischer Guru kann Ihnen alles erklären, und Sie können alles nachmachen. Aber wissen Sie, *wer* den Yoga anwendet? Mit anderen Worten: Wissen Sie, wer Sie sind und wie Sie beschaffen sind?«

869 Die Macht der Wissenschaft und Technik in Europa ist so groß und unzweifelhaft, dass es fast zwecklos ist zu wissen, was man alles kann und was man alles erfunden hat. Man erschrickt vor den ungeheuren Möglichkeiten. Eine ganz andere Frage beginnt hier zu dämmern: Wer wendet dieses Können an? In wessen Händen liegt diese Macht? Der Staat ist vorderhand ein provisorisches Schutzmittel: Er bewahrt den Bürger anscheinend vor den ungeheuren Mengen an Giften und sonstigen infernalischen Zerstörungsmitteln, die jederzeit in kürzester Frist zu Tausenden von Tonnen fabriziert werden können. Das Können ist so gefährlich geworden, dass die Frage immer dringender wird, nicht was man noch kann, sondern wie der Mensch beschaffen sein sollte, dem man die Kontrolle über dieses »Können« anvertraut, oder wie man den Sinn des westlichen Menschen so ändern könnte, dass er auf sein furchtbares Können verzichtet. Es wäre unendlich viel wichtiger, ihm die Illusion seiner Macht zu nehmen, als ihn noch weiter in seinem Irrtum zu bestärken, dass er alles kann, was er will. Der Slogan: Wo ein Wille ist, ist auch ein Weg, hat Millionen das Leben gekostet.

870 Der westliche Mensch bedarf der Überlegenheit über die Natur außen und innen *nicht*. Er hat beides in beinahe teuflischer Vollendung. Was er aber nicht hat, ist die bewusste Anerkennung seiner *Unterlegenheit* unter die Natur um ihn und in ihm. Was er lernen sollte, ist, dass er nicht kann, wie er will. Lernt er das nicht, so wird seine eigene Natur ihn zerstören. Er kennt seine Seele nicht, die sich selbstmörderisch gegen ihn empört.

871 Da er alles und jedes zur Technik machen kann, ist im Prinzip alles, was nach Methode aussieht, gefährlich oder zur Erfolglosigkeit verdammt. Insofern der Yoga Hygiene ist, so ist er für den westlichen Menschen so nützlich wie irgendein anderes System. Der Yoga im tiefsten Sinne meint das aber nicht, sondern er will viel mehr, nämlich, wenn ich es richtig verstehe, die endgültige Lösung und Befreiung des Bewusstseins von aller Objekt- und Subjektverhaftung. Da man sich aber von nichts befreien kann, was einem unbewusst ist, so muss der Europäer sein Subjekt zuerst

kennenlernen. Dies ist, was man im Westen das *Unbewusste* nennt. Die Yogamethode wendet sich nun ausschließlich an das Bewusstsein und an den bewussten Willen. Eine solche Unternehmung ist aber nur dann erfolgversprechend, wenn das Unbewusste kein nennenswertes Potential besitzt, das heißt, wenn es nicht große Teile der Persönlichkeit enthält. Tut es dies, so ist alle bewusste Anstrengung erfolglos, und was bei dieser Krampfhaftigkeit herauskommt, ist ein Zerrbild oder sogar das Gegenteil von dem, was das natürliche Resultat sein sollte.

Durch die reiche Metaphysik und Symbolik des Ostens ist ein großer 872
und wichtiger Teil des Unbewussten ausgedrückt, und dadurch ist das Potential desselben vermindert. Wenn der Yogi »Prâna« sagt, so meint er damit erheblich mehr als bloß Atem. Ihm klingt beim Worte Prâna noch die ganze metaphysische Komponente mit, und es ist, als ob er wirklich wüsste, was Prâna auch in dieser Hinsicht heißt. Er weiß es nicht aus seinem Verstand, sondern aus dem Herzen, dem Bauch und dem Blut. Der Europäer aber ahmt nach und lernt Begriffe auswendig und ist darum nicht imstande, durch den indischen Begriff seine subjektive Tatsache auszudrücken. Es ist mir mehr als zweifelhaft, ob der Europäer, wenn er die ihm entsprechenden Erfahrungen machen könnte, gerade eine Anschauung wie Prâna wählen würde, um diese Erfahrung auszudrücken.

Yoga war ursprünglich ein natürlicher Introversionsvorgang, der sich 873
in allen möglichen individuellen Variationen abspielte. Solche Introversionen führen zu eigentümlichen, persönlichkeitsverändernden Innenvorgängen. Im Laufe der Jahrtausende sind diese Introversionen allmählich als Methoden organisiert worden, und zwar in der allerverschiedensten Art und Weise. Selbst der indische Yoga kennt zahlreiche, äußerst verschiedene Formen. Der Grund hiefür ist die ursprüngliche Verschiedenheit der individuellen Erfahrung. Es ist nun gar nicht gesagt, dass irgendeine dieser Methoden auf die eigentümliche historische Struktur des Europäers passt. Es ist vielmehr wahrscheinlich, dass sein natürlicher Yoga aus historischen Vorlagen hervorgeht, die der Osten nicht kennt. Tatsächlich haben im Westen jene beiden Kulturbestrebungen, die sich am meisten mit der Seele praktisch befassen müssen, nämlich die Medizin und die katholische Seelsorge, Methoden hervorgebracht, die sich dem Yoga wohl vergleichen lassen. Ich habe die Exerzitien der Kirche bereits erwähnt. Was die Medizin anbetrifft, so sind es die modernen psychotherapeutischen Methoden, von denen einige dem Yoga nahekommen. Die Psychoanalyse Freuds führt das Bewusstsein des Patienten zurück auf die innere Welt der Kindheitserinnerungen einerseits und andererseits auf Wünsche und

Triebe, die vom Bewusstsein verdrängt waren. Dies ist eine konsequente Weiterentwicklung der Beichtpraxis. Die Tendenz ist eine künstliche Introversion zum Zwecke der Bewusstmachung der unbewussten Komponenten des Subjektes.

874 Eine etwas andere Methode ist das sogenannte Autogene Training von J. H. Schultz[3], das sich sogar bewusst dem Yoga anschließt. Sein Hauptzweck ist die Auflösung des Bewusstseinskrampfes und der dadurch bedingten Verdrängung des Unbewussten.

875 Meine Methodik ist wie diejenige Freuds auf der Beichtpraxis aufgebaut. Wie er, so berücksichtige auch ich die Träume, aber in der Bewertung des Unbewussten trennen sich unsere Auffassungen. Für ihn ist es wesentlich ein Anhängsel des Bewusstseins, in dem alle Inkompatibilitäten aufgestapelt sind. Für mich ist das Unbewusste eine kollektive psychische Disposition schöpferischer Art. Aus dieser prinzipiellen Verschiedenheit der Auffassung ergibt sich natürlich auch eine ganz andere Bewertung der Symbolik und ihrer Deutungsmethode. Freud verfährt in der Hauptsache analytisch-reduktiv. Ich füge dazu aber noch eine Synthetik, welche die Zweckmäßigkeit der unbewussten Tendenzen hinsichtlich der Persönlichkeitsentwicklung hervorhebt. In diesem Forschungszweig haben sich wichtige Parallelen mit dem Yoga ergeben, speziell mit dem Kundalini-Yoga und der Symbolik des Tantra-Yoga, des Lamaismus und des taoistischen Yoga in China. Diese Yogaformen mit ihrer reichen Symbolik liefern mir die wertvollsten Vergleichsmaterialien für die Deutung des kollektiven Unbewussten. Die Methoden des Yoga aber wende ich prinzipiell nicht an, weil im Westen dem Unbewussten nichts aufgedrängt werden darf. Meist ist das Bewusstsein von *krampfhafter Intensität und Beschränktheit* und darf daher nicht noch mehr betont werden. Im Gegenteil muss dem Unbewussten möglichst geholfen werden, das Bewusstsein zu erreichen, um dieses aus seiner Erstarrung zu befreien. Ich benütze dazu auch eine Methode der Aktiven Imagination, welche in einem besonderen Training der relativen Ausschaltung des Bewusstseins besteht, um den unbewussten Inhalten zur Entfaltung zu verhelfen.

876 Wenn ich mich dermaßen kritisch abkehrend gegenüber dem Yoga verhalte, so bedeutet das keineswegs, dass ich diese geistige Errungenschaft des Ostens nicht für etwas vom Größten hielte, was menschlicher Geist je geschaffen hat. Ich hoffe, es gehe aus meiner Darlegung mit genügender Deutlichkeit hervor, dass meine Kritik sich einzig und allein gegen die Anwendung des Yoga auf den westlichen Menschen richtet. Die geistige

[3] Vgl. Schultz, *Das autogene Training.*

Entwicklung ist im Westen ganz andere Wege gegangen als im Osten und hat deshalb Bedingungen erzeugt, welche einen für die Anwendung des Yoga denkbar ungünstigen Boden bedeuten. Die westliche Zivilisation ist kaum tausend Jahre alt und muss sich zuerst noch von ihren barbarischen Einseitigkeiten befreien. Dazu gehört vor allem tiefere Einsicht in die Natur des Menschen. Durch Unterdrückung und Beherrschung aber gewinnt man keine Einsicht, und am wenigsten durch Nachahmung von Methoden, die unter ganz anderen psychologischen Bedingungen entstanden sind. Der Westen wird im Laufe der Jahrhunderte seinen eigenen Yoga hervorbringen, und zwar auf der durch das Christentum geschaffenen Basis.

Bibliographie

Schultz, J. H.: Das autogene Training. Berlin 1932.

Vorwort zu Daisetz Teitaro Suzuki: Die große Befreiung[1]

Wem Zeit ist wie Ewigkeit
Und Ewigkeit wie die Zeit,
Der ist befreit
Von allem Streit.
Jacob Böhme (1575–1624)

877 Daisetz Teitaro Suzukis Werke über den Zen-Buddhismus gehören zum Besten, was die letzten Jahrzehnte zur Kenntnis des lebenden Buddhismus beigebracht haben, und das Zen selber ist wohl das Bedeutendste, was aus jenem Baum, dessen Wurzeln die Sammlungen des Pali-Kanon sind, hervorging.[2] Man kann dem Autor nicht dankbar genug sein, erstens für die Tatsache, dass er das Zen dem westlichen Verständnis nahegebracht hat, und zweitens für die Art und Weise, wie er sich dieser Aufgabe entledigt. Östliche religiöse Vorstellungen pflegen dermaßen von unseren westlichen verschieden zu sein, dass selbst schon die bloße Wortübersetzung oft auf die größten Schwierigkeiten stößt, ganz abgesehen vom Sinn des Begriffes, der unter Umständen sogar besser unübersetzt bleibt. Ich erinnere nur an das chinesische »Tao«, dem noch keine europäische Übersetzung beigekommen ist. Schon die urbuddhistischen Schriften enthalten Anschauungen und Begriffe, die dem gewöhnlichen europäischen Verstande so gut wie unverdaulich sind. Ich weiß nicht, was für geistige (oder klimatische?) Voraussetzungen oder Vorbereitungen dazu gehören, bis man sich etwas lückenlos Klares unter dem urbuddhistischen »Kamma« vorstellen oder denken kann. Nach allem, was wir vom Wesen des Zen wissen, handelt es sich auch hier um eine zentrale Anschauung von nicht zu überbietender

Quellenhinweis:
Aus: GW 11, §§ 877–907.

[1] [D. T. Suzuki, *Die große Befreiung. Einführung in den Zen-Buddhismus* (Rascher, Zürich 1939; Neuauflage 1958).]

[2] Ursprung [des Zen] ist, wie östliche Autoren selber angeben, die »Blumenpredigt« des Buddha, welche darin bestand, dass er einmal wortlos in der Versammlung der Schüler eine Blume emporhob. Nur Kasyapa verstand ihn. (Ohasama, *Zen. Der lebendige Buddhismus in Japan,* S. 3.)

Fremdartigkeit. Diese eigenartige Anschauung wird als »Satori« bezeichnet und ist als »Erleuchtung« zu übersetzen. »Satori ist die raison d'être des Zen. Ohne Satori ist Zen kein Zen«[3], sagt Suzuki. Was ein Mystiker etwa unter »Erleuchtung« versteht oder was in der religiösen Sprache so genannt wird, das zu begreifen dürfte dem westlichen Verstande nicht allzu schwerfallen. »Satori« aber bezeichnet eine Art und einen Weg der Erleuchtung, welche nachzufühlen dem Europäer fast unmöglich ist. Ich verweise auf die Erleuchtung des Hyakujo (Pai-chang Huai-hai, 724–814 nach Christus) und auf die Legende von Kozankoku (Huang Shan-ku), dem konfuzianischen Dichter und Staatsmann, wie Suzuki sie beschreibt.[4]

Als ein weiteres Beispiel möge das Folgende dienen: Einmal kam ein 878
Mönch zu Gensha und wünschte zu erfahren, wo der Eingang zum Pfade der Wahrheit wäre. Gensha fragte: »Hörst du das Murmeln des Baches?« »Ja, ich höre«, antwortete der Mönch. »Dort ist der Eingang«, belehrte ihn der Meister.

Ich will mich begnügen mit diesen wenigen Beispielen, aus denen die 879
Undurchsichtigkeit des Satori-Erlebnisses klar hervorgeht. Es bleibt bemerkenswert dunkel, auch wenn wir viele Beispiele häuften, wieso es überhaupt zu einer Erleuchtung kommt und woraus eine solche besteht, das heißt, wovon oder worüber man erleuchtet wird. Von der Erleuchtung sagt Kaiten Nukariya, welcher selber Professor am Sō-Tō-Shū Buddhist College in Tokio ist:

> »Wenn wir uns vom Missverständnis des Selbst befreit haben, so müssen wir unsere innerste, reine und göttliche Weisheit aufwecken. Diese nennen die Zen-Meister den Buddhageist (Mind of Buddha) oder Bodhi (das Wissen, durch das man Erleuchtung erfährt) oder Prajñā (höchste Weisheit). Sie ist das göttliche Licht, der innere Himmel, der Schlüssel zu allen Schätzen des Gemütes, der Mittelpunkt von Denken und Bewusstsein, die Quelle von Einfluss und Macht, der Sitz der Güte, der Gerechtigkeit, des Mitfühlens, des Maßes aller Dinge. Wenn dieses innerste Wissen völlig erwacht ist, so sind wir imstande zu verstehen, dass jeder von uns identisch ist, im Geiste, im Wesen und in der Natur, mit dem universalen Leben oder Buddha, dass jeder mit Buddha lebt von Angesicht zu Angesicht, dass jeder die überquellende Gnade des Geheiligten (Buddha) empfängt, dass Er unsere moralischen Kräfte erweckt, dass Er uns das geistige

[3] Suzuki, *Die große Befreiung*, S. 133.
[4] [l. c., S. 125 und 129 f.]

> Auge öffnet, dass Er unser neues Vermögen entwickelt, dass Er uns Sendung gibt, und dass das Leben kein Meer von Geburt, Krankheit, Alter und Tod, auch nicht ein Tal der Tränen ist, sondern vielmehr Buddhas heiliger Tempel, das ›Reine Land‹ (Sukhāvatī, das Land der Seligkeit), wo wir die Wonne des Nirvāna genießen können. Dann wird unser Geist völlig verwandelt. Wir sind nicht mehr gestört von Zorn und Hass, nicht mehr verwundet von Neid und Ehrgeiz, nicht mehr gekränkt von Sorge und Kummer und nicht mehr überwältigt von Traurigkeit und Verzweiflung«[5] usw.

880 So drückt sich ein östlicher Mensch und dazu ein Kenner des Zen über das Wesen der Erleuchtung aus. Man muss gestehen, dass dieser Text nur geringfügiger Änderungen bedürfte, um jederzeit Eingang in ein christlich-mystisches Andachtsbuch finden zu können. Aber irgendwie lässt er uns leer ausgehen hinsichtlich des Verständnisses des von der umfangreichen Kasuistik geschilderten Satori-Erlebnisses. Vermutlich spricht Nukariya zum westlichen Rationalismus, von dem er selber eine gute Dosis zu sich genommen hat, und darum klingt alles so flach-erbaulich. Man zieht das abstruse Dunkel der Zen-Anekdoten dieser Zustutzung ad usum delphini entschieden vor. Es sagt irgendwie viel mehr, indem es viel weniger spricht.

881 *Zen ist alles, nur keine Philosophie im westlichen Sinne dieses Wortes.*[6] So meint auch Rudolf Otto in seinem Geleitwort zu Ohasamas Buch über Zen, dass Nukariya die »Magische Ideenwelt des Ostens … in unsere westlichen philosophischen Kategorien« hineingedacht und mit diesen verwechselt habe, »… wenn die hölzernste aller Lehren, der ›psychophysische Parallelismus‹ angerufen wird, um diese mystische Intuition der Nichtzweiheit und der Einheit und der coincidentia oppositorum zu deuten, so ist man sicherlich aus der Sphäre der Kôan und des Kwatsu und des Satori gründlich hinausgejagt.«[7] Man tut gewiss viel besser daran, sich vorderhand einmal vom fremdartigen Dunkel der Zen-Anekdote tief beeindrucken zu lassen und sich immer wieder vor Augen zu halten, dass das Satori, wie es auch die Zen-Meister wollen, ein mysterium ineffabile ist. Zwischen der Anekdote und der mystischen Erleuchtung klafft für unser Gefühl ein Abgrund, dessen Überbrückungsmöglichkeit höchstens

5 Nukariya, *The Religion of the Samurai,* S. 133 f.

6 »Zen ist weder Psychologie noch Philosophie.« (Suzuki, *Essays in Zen Buddhism* II, S. 84.)

7 Otto, in: Ohasama, *Zen,* S. VIII.

angedeutet, aber niemals in praktische Ausführung übersetzt werden kann.[8] Man hat das Gefühl, hier ein wirkliches und kein eingebildetes oder vorgegebenes Geheimnis zu berühren, das heißt, es handelt sich nicht um mystifizierende Geheimniskrämerei, sondern um ein Erlebnis, das allen die Sprache verschlägt. Satori kommt als ein Unerwartetes, nicht zu Erwartendes.

Wenn innerhalb des Christentums nach langer geistiger Vorbereitung 882
die Heilige Trinität, die Gnadenmutter, der Crucifixus oder der Schutzpatron in der Vision erscheinen, so kommt es einem vor, als ob dies mehr oder weniger in der Ordnung sei. Dass Jacob Böhme mittels des im Zinnteller reflektierten Sonnenstrahls einen Blick ins centrum naturae tun konnte, geht auch noch. Schwieriger zu digerieren ist Meister Eckharts Vision vom »schonen nackenden buoben«[9] und gar Swedenborgs Mann im Purpurmantel, der ihm das Zuviel-Essen abgewöhnen wollte und den er doch oder vielleicht gerade darum als Gott den Herrn erkannte.[10] Solche Dinge gehen nicht leicht ein, da sie zu nahe ans Groteske streifen. Viele der Satori-Erlebnisse aber streifen nicht nur an das Groteske, sondern stehen mitten drin und hören sich an wie blühender Unsinn.

Wer sich aber längere Zeit in verständnis- und liebevoller Weise mit 883
der Blumenhaftigkeit des fernöstlichen Geistes beschäftigt hat, für den fallen viele jener Erstaunlichkeiten weg, welche den allzu naiven Europäer von einer Verlegenheit in die andere versetzen. Zen ist wohl eine der wunderbarsten Blüten des chinesischen Geistes,[11] welcher sich willig von der ungeheuren Gedankenwelt des Buddhismus befruchten ließ. Wer sich daher auch nur einigermaßen – das heißt unter Verzicht auf gewisse abendländische Vorurteile – mit der buddhistischen Lehre auseinandergesetzt hat, der wird unter der bizarren Hülle der individuellen Satori-Erlebnisse Tiefen erahnen oder beunruhigende Schwierigkeiten wittern, von

[8] Wenn ich trotzdem im Folgenden »Erklärungen« versuche, so bin ich mir doch völlig bewusst, im Sinne des Satori nur Ungültiges gesagt zu haben. Ich musste aber den Versuch wagen, unseren westlichen Verstand wenigstens in die Nachbarschaft eines Verständnisses hineinzumanövrieren, was ein so schwieriges Unternehmen ist, dass man dafür schon einige Vergehen gegen den Geist des Zen auf sich nehmen muss.

[9] Vgl. *Texte aus der deutschen Mystik des 14. und 15. Jahrhunderts,* hg. von Spamer, S. 143.

[10] White, *Emanuel Swedenborg* I, S. 243 ff.

[11] »Ohne Zweifel ist Zen eines der kostbarsten und in vielen Hinsichten eines der bemerkenswertesten geistigen Güter, mit denen der östliche Mensch begnadet ist.« (Suzuki, *Essays* I, S. 249.)

denen der philosophische und religiöse Westen bisher glaubte, absehen zu dürfen. Wenn man ein Philosoph ist, so hat man es ja ausschließlich mit jenem Verstand zu tun, der seinerseits mit dem Leben nichts zu tun hat. Und wenn man ein »Christ« ist, so hat man es überhaupt mit keinen Heidentümern zu tun. (»Herr, ich danke dir, dass ich nicht bin wie dieser da.«) Innerhalb dieser abendländischen Bezirke gibt es kein Satori. Letzteres ist eine östliche Angelegenheit. Ist sie es wirklich? Gibt es bei uns in der Tat kein Satori?

884 Wenn man die Zen-Texte aufmerksam liest, so kommt man wohl nicht um den Eindruck herum, dass es sich, bei all der Bizarrerie, im Satori um ein *natürliches Geschehen* handelt, ja sogar um etwas dermaßen Einfaches,[12] dass man vor lauter Bäumen den Wald nicht sieht, und wenn man es erklären will, immer gerade das sagt, was den anderen in die größte Verwirrung stürzt. Nukariya sagt daher mit Recht, dass es ein vergeblicher Versuch wäre, den Inhalt des Zen respektive der Erleuchtung erklären oder analysieren zu wollen. Immerhin wagt es dieser Autor doch, von der Erleuchtung zu behaupten, dass sie eine »Einsicht in die Natur des Selbst«[13] in sich schließe und dass sie eine Emanzipation des Bewusstseins von einer illusionären Auffassung des Selbst sei.[14] Die Illusion bezüglich der Natur des Selbst ist die vulgäre Verwechslung von Ich und Selbst. Nukariya versteht unter »Selbst« den Allbuddha, das heißt eine Bewusstseinstotalität des Lebens schlechthin. Er zitiert Pan Shan, welcher sagte: »Der Mond des Geistes (mind) schließt das ganze Universum ein in seinem Lichte«, und fügt hinzu: »Es ist kosmisches Leben und kosmischer Geist (spirit) und zugleich individuelles Leben und individueller Geist (spirit).«[15]

885 Wie man das Selbst immer definieren mag, so ist es etwas anderes als das Ich, und insofern eine höhere Einsicht vom Ich überleitet zum Selbst, so ist dieses ein Umfänglicheres, welches die Erfahrung des Ich in sich schließt und es daher überragt. Gleich wie das Ich eine gewisse Erfahrung meiner selbst ist, so ist das Selbst eine Erfahrung meines Ich, welche aber

[12] Ein Meister sagte: »Bevor Einer Zen studiert, sind ihm Berge Berge, und Gewässer sind Gewässer. Wenn er aber eine Einsicht in die Wahrheit des Zen bekommt durch die von einem guten Meister erteilte Belehrung, dann sind ihm Berge nicht mehr Berge und Gewässer keine Gewässer; aber nachmals, wenn er wirklich zum Orte der Ruhe gelangt ist, ›d. h. Satori erlangt hat‹, so sind ihm Berge wieder Berge und Gewässer Gewässer.« (Suzuki, l. c., S. 12.)

[13] In: *The Religion of the Samurai,* S. 123.

[14] l. c., S. 124: »Die Erleuchtung schließt eine Einsicht in die Natur des Selbst in sich. Sie ist eine Befreiung des Geistes (mind) von der Täuschung über das Selbst.«

[15] l. c., S. 132.

nicht mehr in Form eines erweiterten oder höheren Ich, sondern in Form eines Nicht-Ich erlebt wird.

886 Solche Gedanken sind auch dem Verfasser der Deutschen Theologie geläufig:

> »In welcher Kreatur immer dies Vollkommene bewusst werden soll, da muss Kreatürlichkeit, Geschöpfesart, Etwasheit, Selbstheit verloren und verschwunden sein.«[16] »Dass ich mir Gutes zueigne, das kommt von dem Wahne, es sei mein, oder ich sei gut. Das ist immer ein Zeichen von Unvollkommenheit und Torheit. Wäre die Wahrheit in mir bewusst geworden, so wäre ich mir auch bewusst, dass ich es nicht bin, es mein nicht ist und nicht aus mir.« »So spricht denn der Mensch: Ich armer Tor, ich wähnte, ich war's, nun ist es und war es wahrlich Gott.«[17]

887 Damit ist aber über den »Inhalt der Erleuchtung« schon Erhebliches ausgesagt. Der Vorgang des Satori ist gedeutet und formuliert als ein *Durchbruch* eines in der Ich-Form beschränkten Bewusstseins in die Form des *nicht ichhaften Selbst.* Diese Auffassung entspricht dem Wesen des Zen, aber auch der Mystik des Meister Eckhart. In der Predigt übt er »beati pauperes spiritu«, sagt der Meister:

> »Als ich aus Gott heraustrat, da sprachen alle Dinge: ›Es giebt einen *Gott!*‹ Nun kann mich das nicht selig machen, denn hierbei fasste *ich mich* als *Kreatur.* Aber in dem Durchbruche[18], da ich ledig stehn will im Willen Gottes und ledig auch von diesem Gotteswillen, und aller seiner Werke, und Gottes selber – da bin ich mehr als alle Kreaturen, da bin ich weder Gott noch Kreatur: ich bin was ich war und was ich bleiben werde, jetzt und immerdar! Da erhalte ich einen Ruck, dass er mich emporbringt über alle Engel. In dem Ruck werd' ich so reich, dass *Gott* mir nicht genug sein kann, nach allem was er als Gott ist, nach allen seinen göttlichen Werken: denn ich empfahe in diesem Durchbruche, was ich und Gott *gemeinsam* sind. Da bin ich, was ich

[16] *Das Büchlein vom vollkommenen Leben,* hg. von Büttner, S. 4.

[17] l. c., S. 8.

[18] Ein ähnliches Bild findet sich auch im Zen: Als ein Meister gefragt wurde, worin die Buddhaschaft bestünde, antwortete er: »Der Boden eines Kruges ist durchgebrochen.« (Suzuki, *Essays* I, S. 217.) Ein anderes Gleichnis ist das »Aufplatzen des Sackes« (l. c. II, S. 100).

war,[19] da nehme ich weder ab noch zu, denn ich bin da ein Unbewegliches, welches alle Dinge bewegt. Hier findet Gott keine Stätte mehr im Menschen, denn hier hat der Mensch durch seine *Armut* wieder errungen, was er ewiglich gewesen ist und immer bleiben wird.«[20]

888 Der Meister schildert hier wohl ein Satori-Erlebnis, eine Ablösung des Ich durch das Selbst, dem »Buddha-Natur«, also göttliche Universalität zukommt. Da ich hiemit – aus wissenschaftlicher Selbstbescheidung – keine metaphysische Aussage mir anmaße, sondern eine erfahrbare Bewusstseinsveränderung meine, so behandle ich das Satori zunächst als *psychologisches Problem.* Wer aber diesen Standpunkt nicht teilt oder nicht versteht, für den besteht die »Erklärung« aus lauter Wörtern, die ihm keinen tastbaren Sinn ergeben. Man ist dann eben nicht imstande, von diesen Abstraktionen eine Brücke zu den Tatsachenberichten zu schlagen, das heißt, man kann nicht einsehen, wieso der Wohlgeruch des blühenden Lorbeers[21] oder die gezwickte Nase[22] eine so erhebliche Bewusstseinsveränderung bewirken sollten. Es wäre natürlich das Einfachste, alle diese Anekdoten ins Gebiet der amüsanten Märchen zu verweisen, oder, wenn man die Tatsachen als solche gelten lässt, sie wenigstens als Selbsttäuschung abzutun. (Man gebraucht hierfür auch gerne den Ausdruck »Autosuggestion«, diesen traurigen Ladenhüter aus dem Arsenal geistiger Unzulänglichkeiten!) Eine ernsthafte, verantwortliche Untersuchung des befremdlichen Phänomens kann an dessen Tatsächlichkeit nicht achtlos vorübergehen. Selbstverständlich können wir nie endgültig entscheiden, ob jemand *wirklich* »erleuchtet« oder »erlöst« sei oder ob er es sich bloß einbildet. Dazu fehlen uns alle Kriterien. Überdies weiß man zur Genüge, dass ein eingebildeter Schmerz oft viel peinlicher ist als ein sogenannter wirklicher, indem sich dazu noch ein subtiles moralisches Leiden gesellt aus der dumpfen Ahnung eines geheimen Selbstverschuldens. Es handelt sich also nicht in diesem Sinne um »Tatsächlichkeit«, sondern um die *seelische Wirklichkeit,* nämlich das psychische Geschehen des als Satori bezeichneten Vorganges.

[19] Vgl. l.c., S. 220 und 241. Zen bedeutet, einen Blick tun in die ursprüngliche Natur des Menschen oder die Erkenntnis des ursprünglichen Menschen. Vgl. auch Suzuki, *Die große Befreiung,* S. 144.

[20] *Meister Eckeharts Schriften und Predigten,* hg. von Büttner I, S. 176f.

[21] Suzuki, *Die große Befreiung,* S. 130.

[22] l.c., S. 125.

Alles seelische Geschehen ist ein Bild und eine Ein-Bildung, sonst 889
könnten ja gar kein Bewusstsein und keine Phänomenalität des Vorganges existieren. Auch die Einbildung ist ein psychischer Vorgang, weshalb es völlig irrelevant ist, ob eine Erleuchtung »wirklich« oder »eingebildet« genannt wird. Der, welcher eine Erleuchtung hat oder zu haben vorgibt, meint auf alle Fälle, erleuchtet zu sein. Was andere davon halten, entscheidet ihm in Bezug auf seine Erfahrung gar nichts. Selbst wenn er löge, wäre seine Lüge eine seelische Tatsache. Ja, wenn alle religiösen Berichte nichts anderes wären als bewusste Erfindungen und Fälschungen, so könnte noch immer eine sehr interessante psychologische Abhandlung über die Tatsache solcher Lügen geschrieben werden, mit der gleichen Wissenschaftlichkeit, mit der man die Psychopathologie der Wahnideen darstellt. Die Tatsache, dass es eine religiöse Bewegung gibt, an der viele Jahrhunderte und viele geistvolle Köpfe gearbeitet haben, ist genügend Anlass, wenigstens den ernsthaften Versuch zu wagen, solche Vorgänge in den Bereich des wissenschaftlichen Verständnisses zu ziehen.

Ich habe oben die Frage aufgeworfen, ob es auch bei uns im Westen 890
etwas gäbe wie Satori. Wenn wir die Aussagen unserer westlichen Mystiker ausnehmen, so gibt es bei oberflächlichem Zusehen allerdings nichts, was man damit auch nur im Entferntesten vergleichen könnte. In unserem Denken spielt die Möglichkeit, dass es Stufen der Bewusstseinsentwicklung gibt, eigentlich keine Rolle. Schon der bloße Gedanke, dass zwischen dem Bewusstsein von der Existenz eines Objektes und dem »Bewusstsein vom Bewusstsein« eines Objektes ein gewaltiger psychologischer Unterschied bestünde, grenzt an kaum mehr zu verantwortende Spitzfindigkeit. Man könnte sich darum auch nur schwer dazu entschließen, ein solches Problem überhaupt so weit ernst zu nehmen, dass man sich von den psychologischen Bedingungen einer derartigen Problemstellung Rechenschaft ablegen würde. Es ist bezeichnend, dass solche und ähnliche Fragestellungen auch in der Regel nie einem intellektuellen Bedürfnis entspringen, sondern, wo sie vorhanden sind, fast stets in einer ursprünglich religiösen Übung wurzeln. In Indien war es der Yoga und in China der Buddhismus, welche die Triebkraft zu diesen Versuchen, sich der Gebundenheit an eine bestimmte, als unvollkommen empfundene Bewusstseinslage zu entwinden, geliefert haben. Was die westliche Mystik betrifft, so sind ihre Texte voll von Anweisungen, wie der Mensch sich der Ichhaftigkeit seines Bewusstseins entledigen kann und soll, um durch die Erkenntnis seines Wesens sich über dieses zu erheben und zum inwendigen (göttlichen) Menschen zu gelangen. Ruysbroeck gebraucht dafür ein Bild, das auch die indische Philosophie kennt, nämlich den Baum, der die Wurzeln

oben, die Krone aber unten hat:[23] »Und er muss hinaufklettern in den Baum des Glaubens, der von oben nach unten wächst, da er in der Gottheit wurzelt.«[24] Ähnlich wie der Yoga spricht auch Ruysbroeck: »Der Mensch soll frei und ohne Bilder sein, befreit von allen ihm anhängenden Beziehungen und entleert aller Kreaturen.«[25] »Er muss unberührt sein von Lust und Leid, Vorteil und Verlust, Steigen und Fallen, Bekümmerung um andere, Vergnügen und Furcht, und er soll keiner Kreatur anhängen.«[26] Daraus entsteht die »Einheit« des Wesens, und diese bedeutet »Einwärtsgewandtsein«. Einwärtsgewandtsein heißt, »dass ein Mensch nach innen gewendet sei, in sein eigenes Herz, so dass er dadurch das innere Wirken und die inneren Worte Gottes verstehen und fühlen kann«[27]. Dieser durch religiöse Übung entstandene neue Bewusstseinszustand ist dadurch gekennzeichnet, dass die äußeren Dinge nicht mehr ein ichhaftes Bewusstsein affizieren, wodurch eine gegenseitige Verklammerung entstanden ist, sondern dass ein leeres Bewusstsein einer anderen Wirkung offensteht. Diese »andere« Wirkung wird nicht mehr empfunden als eigene Tätigkeit, sondern als die Wirkung eines Nicht-Ich, welche das Bewusstsein zum Objekt hat.[28] Es ist also, wie wenn der Subjektcharakter des Ich übergewandert oder von einem anderen Subjekt übernommen worden wäre, welches an die Stelle des Ich getreten ist.[29] Es handelt sich um jene bekannte religiöse Erfahrung, die schon von Paulus formuliert worden ist.[30] Zweifellos wird damit eine neue Bewusstseinslage geschildert, welche durch einen tief eingreifenden religiösen Wandlungsprozess vom früheren Bewusstseinszustand getrennt ist.

891 Man mag dagegen einwenden, dass sich das *Bewusstsein an sich* nicht geändert hätte, sondern nur das *Bewusstsein von etwas,* gleichsam wie wenn

[23] »Da ist der alte Baum, seine Wurzeln wachsen nach oben, seine Äste nach unten … Er heißt Brahman, und er allein heißt der Unsterbliche.« (*Katha-Upanishad,* II Adhyâya, 6 Vallî, 1 [in: *Sacred Books of the East* XV, S. 21].)

[24] John of Ruysbroeck, *The Adornment of the Spiritual Marriage,* S. 47 [diese Zitate nicht identif.]. Man kann nicht wohl annehmen, dass dieser flämische Mystiker, der 1273 geboren ist, dieses Bild etwa indischen Texten entnommen hätte.

[25] l.c., S. 51.

[26] l.c., S. 57.

[27] l.c., S. 62.

[28] »O Herr, unterrichte mich in deiner Lehre, die sich gründet auf die Selbst-Natur des Geistes (self-nature of mind). Unterrichte mich in der Lehre des Nicht-Ich« usw. (Zit. aus dem *Lānkāvatārasūtra.* Suzuki, *Essays* I, S. 78.)

[29] Ein Zen-Meister sagt: »Der Buddha ist nichts anderes als der Geist (mind) oder vielmehr jener, der diesen Geist zu sehen strebt.« (1. c. II, S. 104.)

[30] [*Gal.* 2,20: »… ich lebe, aber nicht mehr ich, sondern Christus lebt in mir.«]

man in einem Buche eine Seite umgeblättert hätte und nun mit denselben Augen bloß ein anderes Bild betrachtete. Ich fürchte, dass diese Auffassung nichts anderes sei als eine willkürliche Deutung, denn sie trägt den Tatsachen nicht Rechnung. Tatsache ist, dass in den Texten nicht bloß ein anderes Bild oder Objekt beschrieben wird, sondern vielmehr ein oft unter den heftigsten Konvulsionen erfolgendes Wandlungserlebnis. Die Auslöschung des einen Bildes und dessen Ersetzung durch ein anderes ist ein höchst alltäglicher Vorgang, dem niemals die Eigenschaften eines Wandlungserlebnisses zukommen. Es handelt sich eben nicht darum, dass etwas *anderes gesehen* wird, sondern dass man *anders sieht*. Es ist, wie wenn der räumliche Seh-Akt durch eine neue Dimension geändert worden wäre. Wenn der Meister fragt: »Hörst du das Murmeln des Baches?«, so meint er damit offenbar ein ganz anderes »Hören« als das gewöhnliche.[31] Bewusstsein ist etwas wie Wahrnehmen, und wie Letzteres Bedingungen und Beschränkungen unterliegt, so auch das Bewusstsein. Man kann zum Beispiel auf verschiedenen Stufen bewusst sein, in engerem oder weiterem Kreise, oberflächlicher oder tiefer. Diese Gradunterschiede sind aber häufig auch Wesensunterschiede, indem sie von der Entwicklung der Persönlichkeit im Ganzen abhängen, nämlich von der Beschaffenheit des erkennenden Subjektes.

Der Intellekt hat kein Interesse an der Beschaffenheit des erkennenden 892
Subjektes, insofern dieses nur logisch denkt. Er beschäftigt sich wesentlich mit der Verarbeitung der Bewusstseinsinhalte und etwa noch mit den Methoden der Verarbeitung. Es bedarf schon einer philosophischen Leidenschaft, um den Versuch zu erzwingen, den Intellekt zu überwinden und zur Erkenntnis des Erkennenden durchzustoßen. Solche Leidenschaft aber lässt sich von religiösen Triebkräften kaum mehr unterscheiden, und darum gehört auch dieses ganze Problem zum religiösen Wandlungsprozess, der mit Intellekt inkommensurabel ist. Wohl steht die antike Philosophie in weitem Umfang im Dienste des Wandlungsprozesses, was sich von der neueren Philosophie in zunehmendem Maße nicht mehr behaupten lässt. Schopenhauer ist noch bedingt antik. Aber Nietzsches *»Zarathustra«* ist keine Philosophie mehr, sondern ein dramatischer Wandlungsprozess, der den Intellekt völlig verschlungen hat. Es geht nicht mehr um

[31] Suzuki sagt von dieser Veränderung: »Die frühere Anschauungsform wird verlassen, und die Welt gewinnt einen neuen Sinn. Einige von ihnen (die Erleuchteten) erklären, dass sie in der Täuschung gelebt haben oder dass ihr früheres Wissen in Vergessenheit geriet; andere bekennen, dass sie bis zur Stunde nichts ahnten von der neuen Schönheit des ›erfrischenden Windes‹ oder des ›glänzenden Edelsteins‹.« (*Essays* I, S. 235) Siehe auch Suzuki, *Die große Befreiung*, S. 123f.

das Denken, sondern in höchstem Verstande um den Denker des Denkens – und zwar auf jeder Seite des Buches: Ein Neuer, ein gänzlich Gewandelter soll auf den Plan treten, einer, der die Schalen des Alten zerbrochen und einen neuen Himmel und eine neue Erde nicht nur erschaut, sondern auch erschaffen hat. Bescheidener wohl als Zarathustra hat es Angelus Silesius ausgedrückt:

> Mein Leib ist ein Schal, in dem ein Küchelein
> Vom Geist der Ewigkeit will ausgebrütet sein.[32]

893 Im christlichen Bereiche entspricht Satori einem religiösen *Wandlungserlebnis.* Da es aber verschiedene Stufen und Arten eines solchen gibt, so dürfte es wohl nicht überflüssig sein, jene Kategorie genauer zu bezeichnen, welche dem Zen-Erlebnis am ehesten entspräche. Dies ist wohl ohne Zweifel jenes Mystikerlebnis, welches sich von ähnlichen dadurch unterscheidet, dass dessen Vorbereitung aus einem »Sich-Lassen«, einer »Entleerung von Bildern« und Ähnlichem besteht; dies im Gegensatz zu religiösen Erlebnissen, die, wie die Exerzitien des Ignatius, auf der Einübung und »Einbildung« heiliger Bilder beruhen. Ich möchte dieser Kategorie auch die Wandlung durch Glauben und Gebet und durch das Gemeinschaftserlebnis innerhalb des Protestantismus zurechnen, indem hier eine sehr bestimmte Voraussetzung die ausschlaggebende Rolle spielt, und keineswegs eine »Leere« oder ein »Ledigsein«. Die da charakteristische Aussage: »Gott ist ein Nichts«, dürfte mit Passionsbetrachtung, Glauben und Gemeinschaftserwartung im Prinzip unvereinbar sein.

894 Damit beschränkt sich die Analogie von Satori mit westlichem Erleben auf jene wenigen christlichen Mystiker, deren Aussage um ihrer Paradoxie willen die Grenze der Heterodoxie berühren oder bereits überschritten haben. Diese Eigenschaft hat bekanntlich den Schriften des Meister Eckhart das kirchliche Verdammungsurteil zugezogen. Wäre der Buddhismus eine »Kirche« in unserem Sinne, so wäre die Zen-Bewegung ihr gewiss eine unerträgliche Belastung. Der Grund hierfür ist ohne weiteres gegeben in der extrem individuellen Gestaltung der Methode sowohl wie in der ikonoklastischen Einstellung vieler Meister.[33] Insofern Zen eine Bewe-

[32] *Cherubinischer Wandersmann.*

[33] »Satori ist das allerintimste individuelle Erlebnis.« (Suzuki, *Essays* I, S. 247) Ein Meister sagt zu seinem Schüler: »Ich habe dir in der Tat nichts mitzuteilen, und wenn ich es doch versuchte, so gäbe ich dir Gelegenheit, mich später zu verlachen. Überdies, was ich dir immer lehren kann, gehört mir und wird nimmer zu deinem Eigenen werden.« (l. c. I, S. 227) – Ein Mönch sagte zum Meister: »Ich habe den

gung ist, so haben sich im Laufe der Jahrhunderte zwar kollektive Formen herausgebildet, wie aus der Schrift Suzukis über die Erziehung der Zenbuddhistischen Mönche[34] zu ersehen ist, aber sie betreffen in Form und Inhalt doch nur das Äußere. Abgesehen vom Typus der Lebensweise scheint der geistige Erziehungs- oder Gestaltungsmodus in der Methode des »Kōan« zu bestehen. Als Kōan wird eine paradoxe Frage, Äußerung oder Handlung des Meisters verstanden. Nach der Schilderung Suzukis scheint es sich hauptsächlich um überlieferte Meisterfragen in Anekdotenform zu handeln. Diese werden vom Lehrer dem Schüler zur Meditation vorgelegt. Ein klassisches Beispiel ist die Wu- oder Mu-Anekdote. Ein Mönch fragte einmal den Meister: »Hat der Hund auch Buddha-Natur?« Worauf der Meister antwortete: »Wu.« Mit diesem »Wu« ist, wie Suzuki bemerkt, ganz einfach Wu gemeint, offenbar das, was der Hund selber auf diese Frage zu antworten hätte.[35]

Auf den ersten Blick scheint es, als ob mit der Verlegung einer solchen Frage als Meditationsgegenstand eine Vorwegnahme oder Präjudizierung des Endergebnisses geschehen und damit das Erlebnis inhaltlich bedingt wäre, wie etwa die jesuitischen Exerzitien oder gewisse Yogameditationen, die inhaltlich durch eine vom Lehrer gestellte Aufgabe bestimmt werden. Die Kōans sind aber von einer solchen Mannigfaltigkeit, Vieldeutigkeit und über alles hinaus von einer nicht mehr zu überbietenden Paradoxie, dass es auch einem Kenner völlig unerfindlich ist, was als passende Lösung in Betracht kommen könnte. Zudem sind die Schilderungen des Enderlebnisses von solcher Dunkelheit, dass man in keinem einzigen Fall zwischen dem Kōan und dem Erlebnis eine einwandfreie rationale Beziehung erkennen könnte. Da sich nirgends eine logische Folge nachweisen lässt, so steht zu vermuten, dass die Kōan-Methode der Freiheit des seelischen Geschehens nirgends auch nur die geringste Fessel anlegt und darum das Endergebnis auch aus nichts anderem hervorgeht als aus der *individuellen Disposition* des Initianden. Die durch die Erziehung angestrebte völlige Vernichtung des rationalen Intellekts schafft eine möglichst vollkommene Voraussetzungslosigkeit des Bewusstseins. Damit ist zwar die bewusste Voraussetzung tunlichst ausgeschlossen, nicht aber die unbewusste Voraussetzung, nämlich die vorhandene, aber unerkannte psychologische

895 (margin, beside "Auf den ersten Blick …")

Buddha gesucht, aber ich weiß nicht, wie ich meine Nachforschung fortsetzen soll.« »Es ist dasselbe, wie wenn man den Ochsen sucht, auf dem man reitet.« (l.c. II, S. 59) – Ein Meister sagte: »Der Verstand, der nicht versteht, das ist der Buddha. Es gibt keinen anderen« (l.c. II, S. 57).

34 Suzuki, *The Training of the Zen Buddhist Monk.*

35 Suzuki, *Essays* II, S. 74.

Disposition, die alles, nur keine Leere und keine Voraussetzungslosigkeit ist. Sie ist ein naturgegebener Faktor, und wenn sie antwortet – was offenbar das Satori-Erlebnis ist –, so ist es eine *Antwort der Natur,* der es gelungen ist, ihre Reaktion dem Bewusstsein unmittelbar zuzuführen.[36] Was die unbewusste Natur des Schülers dem Lehrer oder dem Kōan als Antwort entgegenstellt, ist offenbar Satori. Dies scheint mir wenigstens die Anschauung zu sein, welche das Wesen des Satori, den Beschreibungen entsprechend, mehr oder weniger zutreffend formuliert. Diese Anschauung stützt sich auch auf die Tatsache, dass dem Zen-Meister der »Blick in die eigene Natur«, der »ursprüngliche Mensch« und die Tiefe des Wesens häufig ein besonderes Anliegen sind.[37]

896 Zen unterscheidet sich von allen andern philosophischen und religiösen Meditationsübungen durch seine *prinzipielle Voraussetzungslosigkeit.* Buddha selbst erfährt oft strengste Abweisung, ja beinahe blasphemische Missachtung, obschon – oder vielleicht gerade weil – er stärkste geistige Voraussetzung der Übung sein könnte. Aber auch er ist noch Bild und darum abzulehnen. Es soll nichts vorhanden sein als das eben Vorhandene: Das ist der Mensch mit seiner ganzen unbewussten geistigen Voraussetzung, deren er sich, eben wegen ihrer Unbewusstheit, nie und nimmer entledigen kann. Die Antwort darum, die anscheinend aus dem Leeren kommt, das Licht, das aus schwärzester Finsternis aufleuchtet, ist stets als wunderbare, beglückende Erleuchtung empfunden worden.

897 Die Welt des Bewusstseins ist unvermeidlicherweise eine Welt voll von Beschränkungen und Wege versperrenden Mauern. Sie ist stets eine notwendige Einseitigkeit, welche dem Wesen des Bewusstseins selber entspringt. Kein Bewusstsein kann mehr als eine ganz kleine Anzahl simultaner Vorstellungen beherbergen. Alles andere muss im Schatten liegen und

[36] Suzuki (l. c. II, S. 46) sagt wörtlich: »... das Zen-Bewusstsein muss sich bis zur Reife entwickeln. Ist es voll ausgereift, so bricht es mit Sicherheit durch *in Gestalt des Satori, das ein Einblick in das Unbewusste ist.*« [Von Jung hervorgehoben.]

[37] Maxime IV des Zen lautet: Einblick in die eigene Natur und Erreichung der Buddhaschaft (l. c. I, S. 7 und 204 ff.). – Als ein Mönch Hui-neng um Unterricht bat, sagte der Meister zu ihm: »Zeig mir dein ursprüngliches Gesicht, bevor du geboren warst.« (l. c. I, S. 210) – Ein japanisches Zen-Buch sagt: »Wenn du den Buddha willst, so solltest du in deine eigene Natur hineinblicken, denn diese Natur ist der Buddha selbst.« (l. c. I, S. 219) – Ein Satori-Erlebnis offenbart einem Meister den »ursprünglichen Menschen«. (l. c. I, S. 241) – Hui-neng sagte: »Denke nicht an Gutes, denke nicht an Böses, sondern sieh, was in diesem Augenblick dein eigenes ursprüngliches Aussehen ist, das du schon hattest vor deiner Geburt.« (l. c. II, S. 28.)

der Sicht entzogen sein. Eine Vermehrung der simultanen Inhalte erzeugt sofort eine Bewusstseinsdämmerung, ja Verwirrung bis zur Desorientiertheit. Bewusstsein selber verlangt nicht bloß, sondern ist, seinem Wesen gemäß, strengste Beschränkung auf Weniges und darum Deutliches. Wir verdanken eine allgemeine Orientierung einzig und allein dem Umstande, dass wir durch Aufmerksamkeit eine relativ rasche Abfolge der Bilder bewirken können. Aufmerksamkeit ist aber eine Anstrengung, deren wir nicht beständig fähig sind. Wir müssen daher sozusagen mit einem Minimum simultaner Vorstellungen und Bildabfolgen auskommen. Dabei scheiden beständig gewaltige Bezirke möglicher Vorstellungen aus, und damit bleibt auch das Bewusstsein immer an engste Zirkel gebunden. Es ist darum völlig unausdenkbar, was dann geschehen würde, wenn es einem individuellen Bewusstsein gelänge, mit *einem* Blick ein Simultangemälde dessen, was es sich überhaupt vorstellen könnte, zu umfassen. Wenn es dem Menschen schon gelungen ist, aus dem wenigen Deutlichen, was er sich zugleich vorstellen kann, das Gebäude der Welt aufzubauen, welche göttliche Gesamtschau müsste sich seinem Auge öffnen, wenn er vieles und Deutliches zugleich sich vorstellen könnte? Diese Frage gilt nur den uns *möglichen* Vorstellungen. Wenn wir nun aber die unbewussten, das heißt noch nicht oder nicht mehr bewusstseinsfähigen Inhalte hinzunehmen und uns dann eine Totalschau vorzustellen versuchen, so versagt auch die kühnste Phantasie. Diese Unausdenkbarkeit ist natürlich in der bewussten Form eine völlige Unmöglichkeit, aber in der unbewussten Form insofern eine Tatsache, als alles Unterschwellige eine stets vorhandene Möglichkeit von Vorstellung ist. Das Unbewusste ist eine nicht anschaubare Ganzheit aller subliminalen psychischen Faktoren, eine »Totalschau« potentieller Natur. Es macht die Gesamtdisposition aus, von welcher das Bewusstsein jeweils nur kleinste Stücke heraushebt.

Wenn nun das Bewusstsein von Inhalten möglichst entleert wird, so 898
geraten auch diese in einen (wenigstens vorübergehenden) Zustand von Unbewusstsein. Die Verdrängung erfolgt im Zen in der Regel dadurch, dass den Inhalten die Energie des Bewusstseins entzogen und entweder auf die Vorstellung der Leere oder auf das Kōan übergeleitet wird. Da diese stabil sein müssen, fällt auch die Bildabfolge weg, und damit die Energie, welche die Bewusstseinskinetik unterhält. Die ersparten Energiebeträge verfallen dem Unbewussten und verstärken dessen natürliche Ladung bis zu einem gewissen Maximum. Dadurch vermehrt sich die Bereitschaft der unbewussten Inhalte, ins Bewusstsein einzubrechen. Weil nun die Entleerung und Stilllegung des Bewusstseins keine einfache Sache ist, bedarf es eines besonderen Trainings sowohl wie einer unbestimmt

langen Zeitdauer,[38] um jenes Maximum an Spannung herzustellen, welches zum schließlichen Durchbruch unbewusster Inhalte ins Bewusstsein führt.

899 Die durchbrechenden Inhalte sind keineswegs x-beliebige. Wie die psychiatrische Erfahrung bei Geisteskranken zeigt, bestehen eigentümliche Beziehungen zwischen den Bewusstseinsinhalten und den einbrechenden Wahnideen und Delirien. Es sind die gleichen Beziehungen, die zwischen den Träumen und dem Wachbewusstsein normaler Menschen bestehen. Der Zusammenhang ist ein im Wesentlichen *kompensatorisches* Verhältnis.[39] Die Inhalte des Unbewussten bringen nämlich alles an die Oberfläche, was im weitesten Sinne zur Ergänzung, das heißt zur *Ganzheit der bewussten Orientierung* nötig ist.[40] Wenn es gelingt, die vom Unbewussten dargebotenen oder aufgezwungenen Stücke dem Bewusstseinsleben sinnvoll einzubauen, so entsteht daraus eine psychische Existenzform, welche dem Ganzen der individuellen Persönlichkeit besser entspricht und darum auch fruchtlose Konflikte zwischen der bewussten und der unbewussten Persönlichkeit aufhebt. Auf diesem Prinzip beruht die moderne Psychotherapie, insofern sie sich von dem historischen Vorurteil freimachen konnte, dass das Unbewusste nur infantile und moralisch minderwertige Inhalte beherberge. Gewiss gibt es auch eine minderwertige Ecke, eine Rumpelkammer schmutziger Geheimnisse, welche aber nicht so sehr unbewusst, als vielmehr versteckt und nur halbwegs vergessen sind. Aber das hat mit dem Ganzen des Unbewussten gerade so viel zu tun, wie etwa ein hohler Zahn mit der Gesamtpersönlichkeit. Das Unbewusste ist der Mutterboden aller metaphysischen Aussagen, aller Mythologie, aller Philosophie (insofern sie nicht bloß kritisch ist) und aller auf psychologischen Voraussetzungen beruhenden Lebensformen.

900 Jeder Einbruch des Unbewussten ist eine Antwort auf eine bestimmte Bewusstseinslage, und zwar erfolgt diese Antwort aus der Gesamtheit der

[38] Bodhidharma, der Gründer des Zen in China, sagt: »Die unvergleichliche Lehre des Buddha ist nur zu verstehen nach langer harter Übung, durch Ertragen dessen, was am schwersten zu ertragen, durch Ausüben dessen, was am schwersten auszuüben ist. Menschen von geringerer Kraft und Weisheit können nichts davon verstehen. Jede Bemühung solcher Menschen muss scheitern.« (l. c. I, S. 176.)

[39] Wahrscheinlicher als ein bloß komplementäres.

[40] Dieses »Nötigsein« ist eine Arbeitshypothese. Man kann darüber verschiedener Ansicht sein und ist es auch. Sind z. B. religiöse Vorstellungen »nötig«? Darüber kann nur der Ablauf des individuellen Lebens entscheiden, d. h. die Erfahrung am Einzelnen. Es gibt hier keine abstrakten Kriterien.

vorhandenen Vorstellungsmöglichkeiten, das heißt aus der Gesamtdisposition, welche, wie oben erläutert, ein Simultanbild in potentia psychischer Existenz überhaupt ist. Die Aufsplitterung in Einzelnes, das Einseitige, der fragmentarische Charakter eignet dem Wesen des Bewusstseins. Die Reaktion aus der Disposition hat stets Ganzheitscharakter, da sie einer durch kein diskriminierendes Bewusstsein aufgeteilten Natur entspricht.[41] Daher ihre überwältigende Wirkung! Es ist die unerwartete, umfassende, völlig einleuchtende Antwort, die umso mehr als Erleuchtung und Offenbarung wirkt, als das Bewusstsein sich in einer aussichtslosen Sackgasse festgerannt hat.[42]

Wenn daher dem Zen-Beflissenen, nach vielen Jahren härtester Übung und angestrengtester Verödung des rationalen Verstandes, die Natur selber eine – die einzig richtige – Antwort gib, so lässt sich alles, was von Satori *gesagt* wird, verstehen. Wie man unschwer sehen kann, leuchtet aus weitaus den meisten Zen-Anekdoten *Nahrhaftigkeit* der Antwort hervor. Ja, man kann es irgendwie mit urinnigem Behagen verstehen, dass der erleuchtete Schüler, wie eine Geschichte berichtet, dem Meister eine Tracht Prügel als Belohnung wünscht.[43] Wie viel Weisheit liegt im »Wu« des Meisters, der auf die Frage nach der Buddha-Natur des Hundes antwortet! Man muss dabei nur immer berücksichtigen, dass es einerseits eine Unzahl von Menschen gibt, die zwischen einem geistreichen Witz und Unsinn nicht unterscheiden können, und andererseits recht viele, die von ihrer Gescheitheit dermaßen überzeugt sind, dass sie in ihrem Leben immer nur Dummköpfe angetroffen haben. 901

So groß der Wert des Zen-Buddhismus für das Verständnis des religiösen Wandlungsprozesses ist, so wenig wahrscheinlich ist seine Verwendbarkeit beim westlichen Menschen. Die zum Zen nötigen, geistigen Vorbedingungen fehlen im Westen. Wer würde bei uns das unbedingte Vertrauen in einen überlegenen Meister und dessen unverständliche Wege aufbringen? Diese Achtung vor der größeren menschlichen Persönlichkeit findet sich nur im Osten. Wer könnte sich rühmen, an die Möglichkeit 902

[41] »Wenn der Geist (mind) unterscheidet, so entsteht die Vielheit der Dinge; wenn er nicht unterscheidet, sieht er die wahre Beschaffenheit der Dinge.« (Zit. aus *Lānkāvatārasūtra,* in: Suzuki, *Essays* I, S. 88.)

[42] Hsüan-Tse sagte: »Euer Geist soll sein wie der Raum und soll doch nicht am Gedanken der Leerheit festhalten. Dann wird sich die Wahrheit in voller Kraft und ungehindert entfalten. Jede Regung eures Wollens komme aus einem unschuldigen Herzen, und ihr werdet mit dem Unwissenden und mit dem Weisen gleichermaßen verfahren.« (l. c. I, S. 209.)

[43] Vgl. Suzuki, *Die große Befreiung,* S. 131.

eines über alle Maßen paradoxen Wandlungserlebnisses zu glauben, und zwar in dem Maße, dass er viele Lebensjahre der mühseligen Verfolgung solchen Zieles opferte? Wer würde es schließlich wagen, die Autorität einer erlebten heterodoxen Wandlung auf sich zu nehmen? Es sei denn einer von geringer Vertrauenswürdigkeit, einer, der vielleicht aus pathologischen Gründen den Mund zu voll nimmt. Eben ein solcher wird sich auch bei uns nicht über Mangel an Gefolgschaft zu beklagen haben. Stellt der »Meister« aber eine schwierige Aufgabe, welche mehr als Nachplappern erfordert, dann verfällt der Europäer dem Zweifel, denn traurig und düster wie der Hades erscheint ihm der steile Pfad der Selbstwerdung.

903 Ich zweifle nicht, dass das Erlebnis des Satori auch im Westen vorkommt, denn auch bei uns gibt es Menschen, welche letzte Ziele wittern und keine Mühe scheuen, sich diesen anzunähern. Aber sie werden das Erfahrene verschweigen, nicht nur aus Scheu, sondern weil sie wissen, dass jeder Versuch zur Übermittlung aussichtslos ist. Denn nichts in unserer Kultur kommt diesem Streben entgegen, nicht einmal die Kirche, die Verwalterin religiöser Güter. Es ist sogar ihre raison d'être, sich aller Urerfahrung entgegenzustemmen, denn diese kann nur heterodox sein. Die einzige Bewegung innerhalb unserer Kultur, welche für dieses Streben ein Verständnis teils hat, teils haben sollte, ist die Psychotherapie. Es ist daher kein Zufall, dass es gerade ein Psychotherapeut ist, der dieses Geleitwort schreibt.

904 Die Psychotherapie ist, im Grunde genommen, eine dialektische Beziehung zwischen Arzt und Patient. Es ist eine Auseinandersetzung zwischen zwei seelischen Ganzheiten, in welcher alles Wissen nur Werkzeug ist. Das Ziel ist die Wandlung, und zwar eine nicht vorausbestimmte, sondern vielmehr unbestimmbare Veränderung, deren einziges Kriterium das Verschwinden der Ichhaftigkeit ist. Kein Bemühen des Arztes erzwingt das Erlebnis. Er kann dem Patienten höchstens den Weg ebnen zur Erreichung einer Haltung, welche dem entscheidenden Erlebnis den geringsten Widerstand entgegensetzt. Wenn bei unserem westlichen Verfahren dem Wissen keine geringe Rolle zufällt, so entspricht dies der Bedeutung, welche die traditionelle geistige Atmosphäre des Buddhismus im Zen hat. Das Zen und dessen Technik konnten nur auf dem Boden der buddhistischen Geisteskultur entstehen und haben diese zur Voraussetzung. Es kann kein rationalistischer Intellekt vernichtet werden, welcher nie vorhanden war. Kein Adept des Zen geht aus der Unwissenheit und der Unkultur hervor. Daher kommt es auch bei uns nicht allzu selten vor, dass zuallererst einmal durch die Therapie ein bewusstes Ich und ein bewusster, kultivierter Verstand hergestellt werden muss, bevor man überhaupt daran denken kann,

eine Ichhaftigkeit oder einen Rationalismus aufzuheben. Überdies hat es auch die Psychotherapie keineswegs mit Menschen zu tun, die um der Wahrheit willen, wie die Zen-Mönche, zu jedem Opfer bereit wären, sondern oft geradezu mit den verstocktesten aller Europäer. So sind natürlich die Aufgaben der Psychotherapie viel mannigfaltiger und die einzelnen Phasen des langen Prozesses viel widerspruchsvoller als im Zen.

Aus diesen und vielen anderen Gründen ist daher eine direkte Übertra- 905
gung des Zen auf westliche Verhältnisse weder empfehlenswert noch überhaupt möglich. Es kann aber den Psychotherapeuten, der sich ernstlich um die Frage des Zieles seiner Therapie bemüht, nicht kaltlassen, zu sehen, nach welchem Endergebnis eine östliche Methode der seelischen »Heilung«, das heißt Ganzmachung strebt. Im Osten hat bekanntlich dieses Problem die kühnsten Geister für mehr als zwei Jahrtausende aufs Stärkste beschäftigt, und es haben sich Methoden und philosophische Lehren in dieser Hinsicht entwickelt, welche alle westlichen Ansätze ähnlicher Art schlechtweg in den Schatten stellen. Unsere Versuche – mit wenigen Ausnahmen – sind alle entweder im Magischen (Mysterienkulte, zu denen auch das Christentum zu rechnen ist) oder im Intellektuellen (die Philosophie von Pythagoras bis Schopenhauer) steckengeblieben. Erst die geistigen Tragödien des Goethe'schen *»Faust«* und des *»Zarathustra«* Nietzsches markieren den ahnungsweise erfassten Einbruch eines Ganzheitserlebnisses in unserer westlichen Hemisphäre.[44] Und wir wissen heutzutage noch nicht einmal, was diese zukunftsträchtigsten aller Erzeugnisse europäischen Geistes im letzten Grunde bedeuten, so sehr sind sie beladen mit der ganzen Stofflichkeit und Anschaulichkeit unseres griechisch präformierten Geistes.[45] Obschon unser Intellekt jene Fähigkeit des Raubvogels, aus größter Höhe die kleinste Maus zu erspähen, bis zu annähernder Vollkommenheit entwickelt hat, so fasst ihn die Erdenschwere, und die »Sangskâras« verwickeln ihn in eine Welt bestürzender Bilder, wenn er nicht mehr nach Beute sucht, sondern wenigstens sein eigenes Auge einwärts wendet, um *den, der sucht, zu finden.* Ja, er fällt in die Wehen einer dämonischen Geburt, die von unbekannten Schrecknissen und Gefahren umlauert und von täuschenden Spiegelungen und labyrinthischen Irrwegen bedroht ist. Dem Wagemutigen droht das schlimmste Schicksal:

[44] Ich muss in diesem Zusammenhang auch den englischen Mystiker William Blake erwähnen. Vgl. die treffliche Darstellung in: Milton A. Percival, *William Blake's Circle of Destiny.*

[45] Der Genius der Griechen bedeutet den Einbruch des Bewusstseins in die Stofflichkeit der Welt, wodurch Letztere ihrer ursprünglichen Traumhaftigkeit beraubt wurde.

die abgründige, lautlose *Einsamkeit* in der Zeit, die er die seine nennt. Wer weiß von den tiefsten Beweggründen zum »Hauptgeschäft«, wie Goethe den *»Faust«* nannte, oder von den Schauern des »Dionysos-Erlebnisses«? Man muss schon den *Bardo Thödol*, das Tibetanische Totenbuch, rückwärts lesen, wie ich es vorgeschlagen habe,[46] um eine östliche Parallele zu finden zu den Qualen und Katastrophen des westlichen »Erlösungsweges« zur Ganzheit. Um solche handelt es sich und nicht um gute Absichten, tüchtige Nachahmungen oder gar um intellektuelle Akrobatik. Solches bekommt der Psychotherapeut, der sich von vorschnellen und allzu kurzsichtigen Lehrmeinungen befreit hat, in Andeutungen oder in kleineren oder größeren Bruchstücken vorgesetzt. Ist er ein Sklave seines quasi-biologischen Glaubensbekenntnisses, so wird er stets versuchen, das Geschaute auf ein banal Bekanntes zu reduzieren und damit auf einen rationalistischen Nenner zu bringen, welcher nur dem genügt, dem eben Illusionen genug sind. Die vornehmste aller Illusionen aber ist, dass einem etwas genüge. Sie steht hinter allen Unerträglichkeiten und vor allen Fortschritten, und es gehört zum Schwersten, sie zu überwinden. Hat der Psychotherapeut neben seiner hilfreichen Tätigkeit noch Zeit zu einigem Nachdenken oder stößt es ihm etwa gar zu, seine eigenen Illusionen durchschauen zu müssen, so kann es ihm aufdämmern, wie hohl und schal, ja wie lebenswidrig alle rationalistischen Reduktionen sind, wenn sie auf ein Lebendiges stoßen, das werden will. Folgt er diesem aber, so bekommt er bald eine Ahnung, was es heißen will, »jene Pforten aufzureißen, an denen jeder gern vorüberschleicht«[47].

906 Ich möchte unter keinen Umständen dahin verstanden werden, dass ich mit dem Gesagten etwas empfehle oder anrate. Wenn man im Westen aber vom Zen zu sprechen anfängt, so halte ich es für meine Pflicht, dem Europäer auch zu zeigen, wo bei uns der Eingang liegt zu jener »längsten Straße«, die zu Satori führt, und mit was für Schwierigkeiten jener Pfad besät ist, den bei uns nur wenige Große beschritten haben – vielleicht als Feuerzeichen auf hohen Bergen, in dämmerige Zukunft hinausleuchtend. Es wäre ein unheilvoller Irrtum, anzunehmen, dass Satori oder Samâdhi irgendwo unterhalb jener Höhen anzutreffen wäre. Als Ganzheitserlebnis kann es nichts Billigeres und Geringeres sein als eben das Ganze. Was dies psychologisch bedeutet, kann man sich klarmachen an der einfachen Überlegung, dass nämlich das Bewusstsein jeweils nur ein Teil des Seeli-

[46] Evans-Wentz, *Das tibetanische Totenbuch* [vgl. §§ 844ff. dieses Bandes {d.h. GW 11}].
[47] [*Faust*, 1. Teil, 1. Szene.]

schen überhaupt ist und daher nie der seelischen Ganzheit fähig: Es gehört dazu noch die unbestimmte Ausdehnung des *Unbewussten.* Dieses aber lässt sich weder mit geschickten Formeln einfangen, noch mit wissenschaftlichen Lehrsätzen bannen; denn es haftet ihm Schicksalsmäßiges an, ja es ist bisweilen das große Schicksal selbst, wie *»Faust«* sowohl als *»Zarathustra«* nur allzu deutlich erkennen lassen. Die Erreichung der Ganzheit fordert den Einsatz des Ganzen. Diese Forderung kann niemand unterbieten, und darum gibt es weder billigere Bedingungen noch Ersatz, noch Kompromiss. Insofern aber *»Faust«* sowohl wie *»Zarathustra«* trotz höchster Anerkennung an der Grenze des europäisch Begreifbaren stehen, so kann man auch von einem gebildeten Publikum, das eben erst angefangen hat, von der Dunkelwelt der Seele zu hören, kaum erwarten, dass es sich eine irgendwie zureichende Vorstellung machen kann von der geistigen Verfassung eines Menschen, der in die Wirrnisse des *Individuationsprozesses,* als welchen ich die Ganzwerdung bezeichnet habe, hineingeraten ist. Man zieht dann das Vokabular der Pathologie hervor und tröstet sich mit Neurosen- und Psychosenterminologie, oder man flüstert vom »schöpferischen Geheimnis« – was »schöpft« der aber, der zufällig kein Dichter ist? Diesem Missverständnis zuliebe sahen sich in neuerer Zeit nicht wenige veranlasst, sich aus eigenen Gnaden zu »Künstlern« zu ernennen. Wie wenn »Kunst« mit »Können« gar nichts zu tun hätte. Wenn man schon gar nichts zu »schöpfen« hat, so schafft man vielleicht sich selbst.

Zen zeigt, wie viel dem Osten die Ganzwerdung bedeutet. Die Beschäf- 907
tigung mit den Rätseln des Zen mag vielleicht dem kleinmütigen Europäer den Rücken stärken oder seiner seelischen Kurzsichtigkeit eine Brille aufsetzen, so dass er von seinem »dumpfen Mauerloch« aus wenigstens die Aussicht auf eine Welt seelischer Erfahrung, die bisher vernebelt lag, genießen kann. Schlimm wird es ja nicht ausgehen, denn die allzu Erschrockenen werden durch die hilfreiche Idee der »Autosuggestion«[48] vor weiterem Verderben sowohl wie vor aller Bedeutsamkeit wirksam geschützt werden. Den aufmerksamen und anteilnehmenden Leser aber möchte ich davor warnen, die Geistigkeit des Ostens zu unterschätzen und irgendetwas Billiges hinter Zen zu vermuten.[49] Die im Westen so eifrig gepflegte Wortgläubigkeit östlichem Gedankengut gegenüber ist in diesem Fall eine geringere Gefahr, da es im Zen glücklicherweise keine so wundersam

[48] Vgl. Suzuki, *Die große Befreiung,* S. 132.

[49] Zen »ist kein Zeitvertreib, sondern die allerernsthafteste Aufgabe im Leben. Kein leerer Kopf wird sich jemals daran wagen.« (Suzuki, *Essays* I, S. 16; siehe auch *Die große Befreiung,* S. 76.)

unverständlichen Wörter gibt wie im Indischen. Auch spielt Zen nicht mit komplizierten Hatha-Yoga-Techniken,[50] welche dem physiologisch denkenden Europäer die trügerische Hoffnung vorspiegeln, man könne am Ende den Geist doch noch ersitzen und eratmen. Dagegen fordert Zen Intelligenz und Willenskraft, wie alle größeren Dinge, welche *wirklich* werden wollen.

Bibliographie

Angelus Silesius (Johann Scheffler): Cherubinischer Wandersmann. Sämtl. poet. Werke III. Hg. von H. L. Held. München 1924.

[Büttner, Hermann:] Das Büchlein vom vollkommenen Leben. Hg. von H' B'. Jena 1907.

– Meister Eckehart's Schriften und Predigten. 2 Bde. Jena 1917.

Evans-Wentz, W. Y.: Das tibetanische Totenbuch. Hg. von E' W'. 6. Aufl. Zürich 1960.

Katha-Upanishad: Siehe Sacred Books of the East XV.

Ruysbroeck, John of: The Adornment of the Spiritual Marriage usw. Übers. von C. A. Wynschenk Dom. London 1916.

Sacred Books of the East. Hg. von Max Müller. 50 Bde. Oxford 1879–1910.

Suzuki, Daisetz Teitaro: An Introduction to Zen-Buddhism. London und New York 1949.

– Die große Befreiung. Zürich 1958.

– Essays in Zen Buddhism. 3 Bde. London 1927–1934.

– The Training of the Zen Buddhist Monk. Kyoto 1934.

Ohazama, Shuei (Ohasama Schuej): Zen. Der lebendige Buddhismus in Japan. Übers. von August Faust. Gotha und Stuttgart 1925.

Percival, Milton A.: William Blake's Circle of Destiny. New York 1938.

[Spamer, Adolf:] Texte aus der deutschen Mystik des 14. und 15. Jahrhunderts. Hg. von A' S'. Jena 1912.

[50] »Wenn du Buddhaschaft suchst, indem du mit gekreuzten Beinen sitzest, so mordest du ihn. Solange du dich nicht von dieser Art des Sitzens befreist, wirst du nimmer zur Wahrheit kommen«, sagt ein Meister. (Suzuki, *Essay* I, S. 222.)

Zur Psychologie östlicher Meditation[1]

Mein leider zu früh verstorbener Freund Heinrich Zimmer hat in seinem Buche *»Kunstform und Yoga«*[2] die tiefen Zusammenhänge hervorgehoben, welche zwischen der hieratischen Architektur Indiens und dem Yoga bestehen. Wer einmal den Borobudur oder die Stûpas von Barhut und Sânchi gesehen hat, der kann sich in der Tat schwer dem Eindruck entziehen, dass hier eine dem Europäer ungewohnte Geisteshaltung und Anschauung am Werke ist, wenn er nicht schon durch tausend andere Eindrücke des indischen Lebens davon belehrt worden ist. In den ungezählten Facetten des überquellenden Reichtums indischer Geistigkeit spiegelt sich eine innere Anschauung der Seele wider, welche dem griechisch geschulten Verstande des Europäers zunächst fremdartig und unzugänglich erscheint. Unser Verstand erschaut die Dinge, unser »Auge trinkt« – um mit Gottfried Keller zu reden – »was die Wimper hält, von dem goldnen Überfluss der Welt«, und wir schließen aus der Fülle äußerer Eindrücke auf das Innere. Ja, wir leiten sogar dessen Inhalte von Äußerem ab nach dem Satze: »Nichts ist im Verstand, was nicht vorher in den Sinnen war.« Dieser Satz scheint in Indien keine Geltung zu haben. Indisches Denken und Gestalten erscheint bloß in der Sinnenwelt, lässt sich aber nicht aus dieser ableiten. Trotz aller oftmals aufdringlichen Sinnlichkeit des Ausdruckes ist es doch in seinem eigentlichsten Wesen unsinnlich, um nicht zu sagen *übersinnlich*. Es ist nicht die Welt der Sinne, der Körper, Farben und Töne, nicht menschliche Leidenschaft, welche durch die Gestaltungskraft der indischen Seele in verklärter Gestalt oder in realistischem Pathos wiedergeboren werden, sondern es ist eine Unter- oder Überwelt metaphysischer Natur, aus welcher fremde Gestalt in irdisch 908

Quellenhinweis:
Aus: GW 11, §§ 908–949.

[1] [Vortrag, gehalten in der Schweizerischen Gesellschaft der Freunde ostasiatischer Kultur, in Zürich, Basel und Bern im Zeitabschnitt März–Mai 1943, und veröffentlicht unter obigem Titel in den *Mitteilungen* dieser Gesellschaft (St. Gallen 1943) V, S. 33–53; dann in: (Jung,) *Symbolik des Geistes* (Rascher, Zürich 1948).]

[2] *Kunstform und Yoga im indischen Kultbild.*

bekanntes Weltbild durchbricht. Wenn man die ungeheuer eindrucksvollen Götterdarstellungen der südindischen Kathakalitänzer aufmerksam beobachtet, so wird man nicht *eine* natürliche Geste sehen. Alles ist bizarr unter- und übermenschlich: Sie gehen nicht wie Menschen, sondern gleiten, sie denken nicht mit dem Kopf, sondern mit den Händen. Selbst das menschliche Antlitz verschwindet hinter blau emaillierter kunstvoller Maske. Unsere bekannte Welt bietet nichts, was sich auch nur im Entferntesten mit dieser grotesken Großartigkeit vergleichen ließe. Man wird durch solchen Anblick in einen Traum versetzt, als dem einzigen Orte, an dem einem etwa schon Ähnliches begegnet ist. Es sind aber keine nächtlichen Spukgestalten, die uns im Kathakali oder in den Tempelbildern entgegentreten, sondern gespannt dynamische, bis in feinste Einzelheiten gesetzmäßig gebildete oder organisch gewachsene Figuren. Es sind keine Schemen und Abbilder einstmaliger Wirklichkeiten, sondern vielmehr Wirklichkeiten, die *noch nicht* waren, potentielle Realitäten, die jeden Moment über die Schwelle des Seins treten können.

909 Wer sich solchen Eindrücken ungeteilten Herzens hingibt, wird bald merken, dass diese Gestalten dem Inder nicht als traumhaft, sondern als wirklich vorkommen, wie sie auch in uns selber mit beinahe erschreckender Lebendigkeit an etwas rühren, wofür wir allerdings keine Sprache haben. Und zugleich merkt man, je tiefer man ergriffen ist, dass unsere Sinnenwelt zum Traum wird, und dass man in einer Götterwelt von unmittelbarster Wirklichkeit *erwacht.*

910 Was der Europäer zunächst in Indien sieht, ist äußerlich angeschaute Körperhaftigkeit. Das ist aber nicht Indien, wie es der Inder sieht, das ist nicht *seine* Wirklichkeit. Wirklichkeit ist, wie das deutsche Wort besagt, das, was *wirkt.* Der Inbegriff des Wirkenden ist für uns mit der Erscheinung der Welt verknüpft, für den Inder dagegen mit der *Seele.* Welt ist ihm Schein, und seine Realität nähert sich dem, was wir etwa Traum nennen würden.

911 Dieser seltsame Gegensatz zum Westen drückt sich zuallermeist in der religiösen Übung aus. Wir reden von religiöser Erbauung und Erhebung, Gott ist uns der Herr des Weltalls, wir haben eine Religion der Nächstenliebe, in unseren in die Höhe strebenden Kirchen gibt es einen *Hochaltar;* Indien dagegen spricht von Dhyâna, Meditation und Versenkung, die Gottheit ist im Innern aller Dinge und vor allem im Menschen, man wendet sich vom Äußern ab zum Innern; in den alten indischen Tempeln ist der Altar zwei bis drei Meter tief in die Erde versenkt, und was wir auf das Schamhafteste verhüllen, ist dem Inder heiligstes Symbol. Wir glauben an das Tun, der Inder an das unbewegte Sein. Unsere religiöse Übung besteht

in Anbetung, Verehrung und Lobpreisung; die wesentlichste Übung des Inders dagegen ist der Yoga, die Versenkung in einen, wie wir sagen würden, bewusstlosen Zustand, den er aber als höchstes Bewusstsein preist. Der Yoga ist einerseits der sprechendste Ausdruck des indischen Geistes, andererseits das stets gebrauchte Instrument zur Erzeugung eben dieser eigenartigen Geisteshaltung.

Was ist nun der Yoga? Das Wort »yoga« bedeutet wörtlich *Anjochung,* 912
nämlich Disziplinierung der seelischen Triebkräfte, im Sanskrit als kleças bezeichnet. Die Anjochung bezweckt die Beherrschung jener Kräfte, die den Menschen an die Welt verhaften. In der Sprache Augustins entsprechen die kleças der superbia und der concupiscentia. Es gibt vielerlei verschiedene Formen des Yoga, die aber alle dasselbe Ziel verfolgen. Ich will sie nicht alle aufführen, sondern nur erwähnen, dass es neben rein psychischen Übungen auch den sogenannten Hatha-Yoga gibt, der in einer Art *Gymnastik* besteht, hauptsächlich in Atemübungen und besonderen Körperhaltungen. Ich habe mir nun vorgenommen, in diesem Vortrag einen Yogatext zu schildern, der einen tiefen Einblick in die psychischen Vorgänge des Yoga vermittelt. Es ist dies ein wenig bekannter buddhistischer Text in chinesischer Sprache, welcher aber eine Übersetzung aus dem ursprünglichen Sanskrit ist. Er stammt aus dem Jahre 424 nach Christus. Sein Name ist Amitâyur-dhyâna-sûtra, zu Deutsch: Traktat der Amitâbha-Meditation.[3] Das besonders in Japan hochgeschätzte Sûtra gehört in das Gebiet des sogenannten theistischen Buddhismus, in welchem sich die Lehre vom Âdhibuddha oder Mahâbuddha, dem Urbuddha, findet, aus welchem die fünf Dhyâni-Buddhas oder Dhyâni-Bodhisattvas hervorgehen. Einer der fünf ist Amitâbha, der »Buddha der *untergehenden Sonne* des unermesslichen Lichtes«, der Herr von Sukhâvatî, dem Lande der Glückseligkeit. Er ist der Protektor unserer gegenwärtigen Weltperiode, wie Çâkyamuni, nämlich der historische Buddha, der Lehrer derselben ist. Im Kulte des Amitâbha findet bemerkenswerterweise eine Art Eucharistiefeier mit konsekriertem Brot statt. Er wird dargestellt, wie er in der Hand das Gefäß der lebenspendenden *Unsterblichkeitsspeise* oder des heiligen *Wassers* hält.

Der Text beginnt mit einer Rahmenerzählung, deren Inhalt uns hier 913
nicht weiter interessiert. Ein Kronprinz trachtet seinen Eltern nach dem Leben, und die Königin in ihrer Not ruft Buddhas Hilfe an, der ihr seine beiden Schüler, den Maudgalyâyana und den Ânanda, schicken möge. Buddha erfüllt ihren Wunsch, und sofort erscheinen ihr die beiden. Eben-

[3] *Sacred Books of the East* XLIX, 2, S. 161 ff.

so erscheint Çâkyamuni, der Buddha selber, vor ihren Augen. Er zeigt ihr in der Vision alle zehn Welten, um sie wählen zu lassen, in welcher sie wiedergeboren werden will. Sie wählt das westliche Reich des Amitâbha. Er lehrt sie nun den Yoga, der sie zur Wiedergeburt im Amitâbha-Reiche befähigen soll. Nach verschiedenen moralischen Vorschriften teilt er ihr Folgendes mit:

914 »Du und alle andern Wesen ‹nämlich die mit derselben Absicht› sollten es zu ihrem einzigen Ziel machen, eine Wahrnehmung des westlichen Reiches zu erzeugen durch den konzentrierten Gedanken. Du fragst wohl, wie diese Wahrnehmung geschaffen werden kann. Ich will es Dir jetzt erklären. Alle Wesen, insofern sie nicht von Geburt an blind sind, haben einen Gesichtssinn und alle sehen die untergehende Sonne. Du solltest Dich in der richtigen Haltung hinsetzen, den Blick nach Westen gerichtet, und dann bereite Deine Gedanken vor für eine konzentrierte Meditation über die Sonne. Veranlasse Dein Bewusstsein zu einer festen Fixation an die Sonne, so dass Du eine ungestörte Wahrnehmung derselben hast durch die ausschließliche Konzentration darauf. Schaue auf sie hin, wenn sie im Begriffe ist, unterzugehen, und wenn sie aussieht wie eine aufgehängte Trommel. Nachdem Du so die Sonne gesehen hast, behalte dieses Bild klar und fixiert, gleichgültig, ob Deine Augen offen sind oder geschlossen. Dies ist die Wahrnehmung der Sonne und das ist die erste Meditation.«

915 Wie wir bereits gesehen haben, ist die untergehende Sonne eine Allegorie des Unsterblichkeit spendenden Amitâbha. Der Text fährt fort:

»Dann sollst Du die Wahrnehmung des Wassers erschaffen. Blicke auf das klare und reine Wasser und lass dieses Bild klar und unverändert vor Dir verharren. Erlaube Deinen Gedanken nie, sich zu zerstreuen und verloren zu gehen.«

916 Wie schon erwähnt ist Amitâbha auch der Spender des Wassers der Unsterblichkeit.

917 »Nachdem Du so das Wasser gesehen hast, solltest Du die Wahrnehmung des Eises erschaffen. So wie Du es leuchtend und durchsichtig schaust, solltest Du auch die Erscheinung des lapis lazuli imaginieren. Nachdem Du das getan hast, wirst Du den Boden sehen, wie wenn er aus lapis lazuli bestünde, durchsichtig und leuchtend, beides

innen und außen. Unter diesem Boden von lapis lazuli wirst Du die goldene Fahne sehen mit den sieben Juwelen, Diamanten und andern ‹Edelsteinen›, welche den Boden tragen. Diese Fahne erstreckt sich nach den acht Richtungen des Kompasses, und auf diese Weise sind die acht Ecken der Grundlage vollkommen ausgefüllt. Jede Seite der acht Richtungen besteht aus hundert Juwelen, und jedes Juwel hat tausend Strahlen, und jeder Strahl hat vierundachtzigtausend Farben, welche, reflektiert auf dem Boden von lapis lazuli, den Anschein haben von tausend Millionen Sonnen, und es ist schwierig, diese getrennt voneinander zu sehen. Über die Oberfläche dieses Bodens von lapis lazuli strecken sich goldene Taue, die kreuzweise verbunden sind, und die Abteilungen sind gemacht von Schnüren mit jeweils sieben Juwelen, und jeder Teil ist klar und deutlich.

Wenn diese Wahrnehmung geformt worden ist, so solltest Du meditieren über ihre Bestandteile, einen nach dem andern. Und mache die Bilder so klar wie möglich, so dass sie niemals sich auflösen und verloren gehen, gleichgültig ob Deine Augen geschlossen oder offen sind. Mit Ausnahme der Zeit Deines Schlafes solltest Du dieses Bild immer vor Deinem inneren Auge tragen. Einer, der den Zustand dieser Wahrnehmung erreicht hat, von dem wird gesagt, er habe undeutlich das Land des höchsten Glückes gesehen (Sukhâvatî). Einer, der aber den Zustand von Samâdhi erreicht hat, ist imstande, das Land klar und deutlich zu sehen. Dieser Zustand kann nicht ganz erklärt werden. Dies ist die Wahrnehmung des Landes und dies ist die dritte Meditation.«

Samâdhi ist »Eingezogenheit«, das heißt ein Zustand, in welchem aller 918
Weltzusammenhang ins Innere absorbiert ist. Samâdhi ist das *Achte* des *Achtfachen Pfades.*

Darauf folgt die Meditation über die Juwelen-Bäume des Amitâbha- 919
Landes und dann die Meditation über das Wasser.

»Im Lande der höchsten Glückseligkeit findet sich Wasser in acht Seen. Das Wasser in jedem See besteht aus sieben Juwelen, welche weich und nachgiebig sind. Die Quelle kommt vom König der Juwelen ‹Cintâmani ›Wunsch-Perle‹› … In der Mitte jedes Sees sind sechzig Millionen Lotusblüten, jede aus sieben Juwelen bestehend. Alle Blüten sind vollkommen rund und genau gleich groß. Das zwischen den Blüten fließende Wasser erzeugt melodische und angenehme Töne, welche alle vollkommenen Tugenden ausdrücken, wie

Leiden, Nichtexistenz, Vergänglichkeit und Nichtselbst. Sie drücken auch das Lob der Zeichen der Vollkommenheit aus und der minderen Zeichen von Ausgezeichnetheit aller Buddhas. Dem König der Juwelen ‹Citâmani› entfließen die goldfarbenen Strahlen von äußerster Schönheit. Ihr Leuchten verwandelt sich in Vögel, welche die Farben von hundert Juwelen haben. Sie singen harmonische Töne, süß und entzückend, die Erinnerung an Buddha lobend, ebenso die Erinnerung an das Gesetz und die Erinnerung der Kirche. Das ist die Wahrnehmung des Wassers der acht guten Eigenschaften und das ist die fünfte Meditation.«

920 Über die Meditation des Amitâbha selber belehrt Buddha die Königin folgendermaßen: »Gestalte die Wahrnehmung einer Lotusblüte auf dem Boden von sieben Juwelen.« Die Blüte besitzt vierundachtzigtausend Blütenblätter, jedes Blatt vierundachtzigtausend Adern und jede Ader vierundachtzigtausend Strahlen, »von denen jeder einzelne klar gesehen werden kann«.

921 »Darauf solltest Du Buddha selbst wahrnehmen. Du fragst, wie? Jeder Buddha Tathâgata ‹der Vollendete› ist einer, dessen Hauchkörper das Prinzip der Natur ist (Dharma-dhâtu-kâya, dhâtu = Element), so dass er in das Bewusstsein aller Wesen eingehen kann.

Deshalb, wenn Du Buddha wahrgenommen hast, dann besitzt in der Tat Dein Bewusstsein jene zweiunddreißig Zeichen der Vollkommenheit und die achtzig kleineren Zeichen der Ausgezeichnetheit, welche Du an Buddha wahrnimmst. Schließlich ist es Dein Bewusstsein, das Buddha wird, oder besser, es ist Dein Bewusstsein, das in der Tat Buddha ist. Der Ozean des wahren und universellen Wissens aller Buddhas hat seine Quelle in unserem eigenen Bewusstsein und Gedanken. Deshalb solltest Du Deinen Gedanken mit einer ungeteilten Aufmerksamkeit auf eine sorgfältige Meditation über jenen Buddha Tathâgata, den Arhat, den Heiligen und vollkommen Erleuchteten, richten. Wenn Du die Wahrnehmung dieses Buddha gestaltest, so solltest Du zuerst das Bild dieses Buddha wahrnehmen, gleichgültig ob Deine Augen offen oder geschlossen sind. Schaue ihn an, wie ein Idol in Jâmbûnada-Gold ‹Saft des Jambubaumes›, das auf der Blüte sitzt.[4]

[4] Jambunadî = Fluss aus dem Saft der Jambufrucht, fließt rings um den Berg Meru herum und kehrt wieder zum Baum zurück.

Wenn Du die sitzende Figur gesehen hast, so wird Dein geistiges Gesicht klar werden und Du wirst imstande sein, die Schönheit jenes Buddha-Landes klar und deutlich zu sehen. Indem Du diese Dinge siehst, lasse sie klar und fest Dir erscheinen, so deutlich wie die Fläche deiner Hände.«

»Wenn Du durch dieses Erlebnis hindurch gehst, so wirst Du zugleich alle Buddhas der zehn Welten sehen. Diejenigen, welche diese Meditation ausgeübt haben, von denen wird gesagt, dass sie die Körper aller Buddhas betrachtet haben. Da sie über den Körper Buddhas meditiert haben, werden sie auch den Geist Buddhas wahrnehmen. Es ist das große Mitleid, welches Buddhas Geist genannt wird. Durch das allumfassende Mitleid geschieht es, dass er alle Wesen annimmt. Diejenigen, welche diese Meditation ausgeübt haben, werden nach ihrem Tode wiedergeboren werden in der Gegenwart der Buddhas in einem anderen Leben und werden einen Geist des Verzichtes erreichen, mit dem sie allen Folgen begegnen, welche sich nach diesem ereignen werden. Darum sollten die, welche Weisheit besitzen, ihre Gedanken zu einer sorgfältigen Meditation über diesen Buddha Amitâyus sammeln.«

Von denen, welche diese Meditation ausüben, wird gesagt, dass sie nicht 922
mehr in einem embryonischen Zustand leben, sondern freien Zugang haben werden zu den ausgezeichneten und wunderbaren Ländern der Buddhas.

»Wenn Du diese Wahrnehmung erreicht hast, solltest Du Dir ein 923
Bild machen von Dir selber, wie Du geboren wirst in der Welt des höchsten Glückes, in der Region des Westens, und wie Du dort sitzest mit gekreuzten Beinen auf einer Lotusblüte. Dann mache Dir ein Bild davon, wie diese Blüte Dich in sich einschließt und wie sie sich nachher wiederum entfaltet. Wenn sich nämlich die Blüte wieder entfaltet, so ist Dein Körper von fünfhundert farbigen Strahlen umspielt. Deine Augen werden geöffnet sein, so dass Du die Buddhas und Bodhisattvas siehst, wie sie den ganzen Himmel erfüllen. Du wirst das Geräusch des Wassers und der Bäume hören, den Gesang der Vögel und die Stimme der vielen Buddhas.«

Buddha spricht darauf zu Ânanda und Vaidehî ‹der Königin›: 924

»Diejenigen, die wünschen, vermittels ihrer reinen Gedanken im westlichen Lande wiedergeboren zu werden, sollten zuerst über ein Bild des Buddha meditieren, das sechzehn Ellen hoch ist und auf dem Lotus im Wasser des Sees sitzt. Wie vorher gesagt wurde, ist der wirkliche Körper und sein Maß unbegrenzt und unbegreiflich für den gewöhnlichen Verstand. Aber durch die Wirksamkeit des alten Ge-betes dieses Tathâgata werden sicherlich alle, die daran denken und sich seiner erinnern, ihr Ziel erreichen.«

925 Der Text fährt fort:

»Als Buddha diese Rede vollendet hatte, da konnte Vaidehî, die Königin, zusammen mit ihren fünfhundert Begleiterinnen, geleitet von den Worten Buddhas, den Anblick der weit sich erstreckenden Welt der Glückseligkeit sehen, und sie konnte ebenso den Körper Buddhas und den Körper der beiden Bodhisattvas sehen. Ihr Geist war erfüllt mit Freude, sie pries diese, indem sie sagte: ›Niemals habe ich solch ein Wunder gesehen.‹ Auf der Stelle wurde sie ganz und gar erleuchtet und erreichte den Geist des Verzichtes, nunmehr vorbereitet, alle Folgen zu erdulden, was immer auch diese seien. Ihre fünfhundert Begleiterinnen ebenso erfreuten sich des Gedankens, dass sie nunmehr die höchste vollkommene Erkenntnis erreichten und wünschten in jenem Lande des Buddha wiedergeboren zu werden. Der durch alle Welt Geehrte sagte voraus, dass sie alle in jenem Lande wiedergeboren würden und dass sie imstande sein würden, Samâdhi ‹die übernatürliche Ruhe› der Gegenwart vieler Buddhas zu erreichen.«

926 In einem Exkurs über das Schicksal des Unerleuchteten sagt Buddha, die Yogaübung zusammenfassend:

»Aber da er von Schmerzen geplagt ist, so wird er keine Zeit finden, an Buddha zu denken. Ein guter Freund wird dann zu ihm sagen: Auch wenn Du die Erinnerung an Buddha nicht üben kannst, so mögest Du wenigstens den Namen aussprechen: ›Buddha Amitâyus.‹ Er möge dies in reiner Gesinnung tun mit konstanter Stimme. Er möge beständig an Buddha denken, bis er zehnmal den Gedanken vollendet hat, indem er wiederholt: ›Namo (A) mitâyushe Buddhâya‹ ‹Verehrung dem Buddha Amitâyus›. Vermöge des Verdienstes des Aussprechens des Buddha-Namens wird er durch jede Wiederholung seine Sünden austilgen, die ihn sonst in Geburt und Tod während achtzig Millionen Kalpas verwickeln würden. Er wird, wenn er stirbt, einen goldenen Lotus sehen, gleich der Scheibe der Sonne vor seinen Augen, und in einem Augenblick wird er wiedergeboren sein in Sukhâvatî, der Welt der höchsten Glückseligkeit.«

Das sind die wesentlichen, uns hier interessierenden Inhalte der Yogaübung. Der Text zerfallt in sechzehn Meditationen, von denen ich hier nur Stücke hervorgehoben habe. Sie mögen aber genügen, um die bis Samâdhi, der höchsten Entzückung und Erleuchtung, aufsteigende Meditation zu schildern. 927

Die Übung beginnt mit der Konzentration auf die untergehende Sonne. In südlichen Breiten ist die Strahlungsintensität der untergehenden Sonne noch so stark, dass einige Augenblicke des Hinsehens genügen, um ein intensives Nachbild zu erzeugen. Man sieht dann, auch mit geschlossenen Augen, die Sonne noch für eine ganze Weile. Bekanntlich besteht eine der hypnotischen Methoden darin, dass ein glänzender Gegenstand, zum Beispiel ein Diamant oder Kristall, fixiert wird. Man darf vermuten, dass die Fixierung der Sonne einen ähnlichen hypnotischen Effekt bewirken soll. Allerdings soll es kein einschläfernder Effekt sein, insofern mit der Fixierung auch eine »Meditation« der Sonne verknüpft werden muss. Meditation ist ein Nachdenken über die Sonne, ein Sich-Klarmachen und Realisieren der Sonne, ihrer Gestalt, ihrer Eigenschaften und Bedeutungen. Da das Runde in den folgenden Stücken eine bedeutsame Rolle spielt, so darf man auch vermuten, dass die runde Sonnenscheibe als Vorlage zu den nachfolgenden runden Phantasiegebilden dienen soll. Ebenso soll sie vermöge ihres intensiven Lichtes die nachfolgenden strahlenden Visionen vorbereiten. Auf diese Weise soll, wie der Text sagt, »die Wahrnehmung erschaffen« werden. 928

Die nächste Meditation, die des Wassers, stützt sich auf keinen Sinneseindruck mehr, sondern erschafft nun durch Aktive Imagination das Bild einer spiegelnden Wasserfläche, die, wie man aus Erfahrung weiß, das Sonnenlicht vollkommen widerspiegelt. Es soll nun vorgestellt werden, dass das Wasser sich in »leuchtendes und durchsichtiges Eis« verwandelt. Durch diese Prozedur wird das immaterielle Licht des Sonnennachbildes in die Materie des Wassers und dieses schließlich in die feste Stofflichkeit des Eises gewandelt. Dadurch wird offenbar eine Konkretisierung und Verstofflichung der Vision bezweckt, und damit entsteht eine Materialität der Phantasieschöpfung, welche an die Stelle der physischen Natur, dieser uns bekannten Welt, tritt. Es wird eine *andere Wirklichkeit* geschaffen, 929 gewissermaßen aus seelischem Stoff. Das Eis, das natürlicherweise eine bläuliche Farbe hat, wandelt sich nun zu dem blauen lapis lazuli, zu einem festen steinernen Gebilde, welches seinerseits zu einem »Boden« wird, der allerdings »leuchtend und durchsichtig« ist. Mit diesem »Boden« ist eine unveränderliche, sozusagen absolut reale Grundlage geschaffen. Dieser blaue, durchsichtige Boden ist wie ein gläserner See, durch dessen durchsichtige Schichten der Blick in die Tiefe dringt.

930 Aus dieser Tiefe leuchtet nun die sogenannte »goldene Fahne« auf. Es ist hier zu bemerken, dass das Sanskritwort dhvaja für Fahne überhaupt die Bedeutung von »Zeichen« und »Symbol« hat. Man könnte daher ebensogut vom Erscheinen eines Symboles reden. Es wird hier klar, dass, indem das Symbol sich »nach den acht Richtungen des Kompass« erstreckt, die Grundlage ein achtstrahliges System darstellt. Wie der Text sagt, sind durch die Fahne die »acht Ecken der Grundlage vollkommen ausgefüllt«. Das System leuchtet wie »tausend Millionen Sonnen«. Das leuchtende Sonnennachbild hat also an Strahlungsenergie bedeutend gewonnen und sich zu einer unermesslichen Leuchtkraft gesteigert. Die eigentümliche Vorstellung von »goldenen Tauen«, die sich wie ein Netz über das System ausbreiten, will vermutlich besagen, dass Letzteres zusammengebunden und auf diese Weise befestigt sei, so dass es nicht mehr auseinanderfallen kann. Leider sagt der Text nirgends etwas über die Möglichkeit eines Versagens der Methode und über die Zerfallserscheinungen, die infolge eines Fehlers eintreten könnten. Derartige Störungen eines imaginativen Prozesses sind aber für den Kenner nichts Unerwartetes; sie bilden im Gegenteil ein regelmäßiges Vorkommnis. Es ist daher nicht erstaunlich, dass in der Yogavision eine Art innerer Verfestigung des Bildes durch goldene Taue vorgesehen ist.

931 Obschon der Text es nicht ausdrücklich erwähnt, ist das achtstrahlige System bereits das Amitâbha-Land. Darin wachsen wunderbare Bäume, wie sich dies für ein Paradies, das es ist, geziemt. Eine besondere Wichtigkeit kommt dem Wasser des Amitâbha-Landes zu. Es findet sich, dem Oktogon entsprechend, in der Gestalt von acht Seen. Die Quelle dieses Wassers ist ein zentrales Juwel, Cintâmani, die Wunschperle, ein Symbol der »schwer erreichbaren Kostbarkeit«[5] und des höchsten Wertes. In der chinesischen Kunst ist es jenes mondartige Gebilde, das häufig mit dem Drachen verbunden erscheint.[6] Die wundersamen »Töne« des Wassers

[5] Vgl. [Jung,] *Wandlungen und Symbole der Libido,* [Neuauflage: *Symbole der Wandlung* (GW 5, § 248)] und anderenorts.

[6] [Vgl. Jung, *Psychologie und Alchemie* (GW 12), Abb. 61.]

bestehen in zwei Gegensatzpaaren, die dogmatische Grundwahrheiten des Buddhismus ausdrücken, »Leiden und Nichtsein, Vergänglichkeit und Nichtselbst«, was besagen will, dass alles Sein leidvoll, und alles Ichhafte vergänglich sei. Aus diesen Irrtümern erlösen das Nichtsein und das Nicht-Ich-Sein. Das tönende Wasser ist also etwas wie die Lehre Buddhas überhaupt, ein erlösendes Wasser der Weisheit, eine »aqua doctrinae«, um einen Ausdruck des Origenes zu gebrauchen. Die Quelle dieses Wassers, die Perle ohnegleichen, ist der Tathâgata, der Buddha selber. Daher folgt nun die imaginative Rekonstruktion des Buddha-Bildes, und indem dieser Aufbau vorgenommen wird, ergibt sich die Einsicht, dass Buddha eigentlich nichts anderes ist als die in der Meditation tätige Psyche des Yogin, des Meditierenden selber. Aus dem »eigenen Bewusstsein und Gedanken« geht nicht nur die Gestalt des Buddha hervor, sondern die Seele, die diese Gedankenbilder erzeugt, *ist Buddha selber.*

Die Gestalt des Buddha sitzt im runden Lotus, im Zentrum des okto- 932
gonalen Amitâbha-Landes. Buddha ist ausgezeichnet durch das große Mitleid, mit dem er »alle Wesen annimmt«, also auch den Meditierenden; das heißt, das innerste Wesen, welches Buddha ist, tritt in der Vision hervor und offenbart sich als das eigentliche Selbst des Meditierenden. Er erfährt sich selber als das alleinig Seiende, als das höchste Bewusstsein, welches eben Buddha ist. Um zu diesem letzten Ziel zu gelangen, brauchte es den ganzen Weg mühsamer geistiger Rekonstruktionsübung, um vom verblendeten Ich-Bewusstsein, das die Schuld an der leidvollen Illusion der Welt trägt, loszukommen und an jenen anderen seelischen Pol zu gelangen, in welchem Welt als Illusion aufgehoben wird.

Unser Text ist insofern kein bloßes literarisches Museumsstück, als er in 933
dieser und in vielen anderen Formen in der Seele des Inders lebt und dessen Leben und Denken durchdringt bis in die kleinsten Einzelheiten, die dem Europäer so überaus fremdartig vorkommen. Es ist nicht etwa der Buddhismus, der diese Seele formt und erzieht, sondern der Yoga. Der Buddhismus selber ist eine Geburt aus dem Geiste des Yoga, der älter und universaler ist als die historische Reformation Buddhas. Mit diesem Geiste muss sich derjenige wohl oder übel befreunden, welcher danach strebt, indische Kunst, Philosophie und Ethik von innen her zu verstehen. Unser gewohntes Verstehen aus dem Äußeren versagt hier, weil es dem Wesen indischer Geistigkeit hoffnungslos inadäquat ist. Und insbesondere möchte ich warnen vor der so oft versuchten Nachahmung und Anempfindung östlicher Praktiken. Es kommt dabei in der Regel nicht mehr heraus als eine besonders künstliche Verdummung unseres westlichen Verstandes. Ja,

wer es fertigbrächte, in jeder Hinsicht auf Europa zu verzichten und wirklich auch nichts anderes zu sein als ein Yogin mit allen ethischen und praktischen Konsequenzen und im Lotussitz auf dem Gazellenfell unter einem staubigen Banyanbaum dahinzuschwinden und seine Tage in namenlosem Nichtsein zu beschließen, einem solchen würde ich es zugestehen müssen, dass er den Yoga auf indisch verstanden hat. Wer das nicht kann, der soll auch nicht tun, als ob er den Yoga verstünde. Er kann und soll nicht auf seinen westlichen Verstand verzichten, sondern im Gegenteil diesen anstrengen, um ohne Nachahmung und Anempfindelei in ehrlicher Weise so viel vom Yoga zu verstehen, als unserem Verstande eben möglich ist. Da die Geheimnisse des Yoga dem Inder so viel oder noch mehr bedeuten als uns die Mysterien des christlichen Glaubens, und wir es doch jedem Exoten verwehren würden, unser mysterium fidei lächerlich zu machen, so dürfen auch wir die seltsamen indischen Vorstellungen und Übungen nicht gering schätzen und für absurden Irrtum halten. Damit würden wir uns nur den Zugang zu einem sinngemäßen Verständnis verbauen. Allerdings haben wir es in Europa schon weit gebracht in dieser Hinsicht, indem uns die geistigen Inhalte des christlichen Dogmas in einem rationalistischen und aufklärerischen Nebel bis zu einem bedenklichen Grade entschwunden sind, und allzu leicht ist es, zu unterschätzen, was man nicht kennt und versteht.

934 Wenn wir überhaupt verstehen wollen, so kann dies nur auf europäische Weise geschehen. Man kann zwar vieles mit dem Herzen verstehen, aber dabei findet es oft der Verstand schwierig, mit der intellektuellen Formulierung nachzukommen und dem Verstandenen den gebührlichen Ausdruck zu geben. Es gibt zwar ein Begreifen mit dem Kopfe und insbesondere mit dem wissenschaftlichen Verstand, wobei aber manchmal das Herz zu kurz kommt. Wir müssen daher bald das eine, bald das andere der wohlwollenden Mitarbeit des Publikums überlassen. Versuchen wir es also zunächst mit dem Kopfe, jene verborgene Brücke aufzufinden oder zu bauen, welche vom Yoga zum europäischen Verständnis herüberführen soll.

935 Zu diesem Zwecke müssen wir uns noch einmal die Reihe der bereits besprochenen Symbole vergegenwärtigen, aber diesmal mit Rücksicht auf ihren *Sinngehalt.* Die Sonne, mit der die Reihe anhebt, ist die Quelle von Wärme und Licht und unzweifelhafter Mittelpunkt unserer sichtbaren Welt. Als Spenderin des Lebens ist sie daher sozusagen immer und überall entweder die Gottheit selber oder wenigstens ein Bild derselben. Sogar in der christlichen Vorstellungswelt ist sie eine beliebte Allegorie Christi. Eine zweite Quelle des Lebens, und dies namentlich in südlichen Län-

dern, ist das Wasser, das bekanntlich auch in der christlichen Allegorik eine bedeutende Rolle spielt, zum Beispiel in der Gestalt der vier Paradiesesströme und der Quelle, die an der Seite des Tempelberges entsprang. Diese wurde dem Blute aus der Seitenwunde Christi verglichen. In diesem Zusammenhang erinnere ich auch an das Gespräch Christi mit der Samariterin am Brunnen (*Johannes* 4,5 ff.) und an die Ströme lebendigen Wassers aus dem Leibe Christi (7,38). Eine Meditation über Sonne und Wasser wird unfehlbar solche und ähnliche Bedeutungszusammenhänge evozieren, womit der Meditierende allmählich aus dem Vordergrund der sichtbaren Erscheinung zum Hintergrund, das heißt zu dem *dahinterliegenden geistigen Sinn* der Meditationsgegenstände übergeleitet wird. Dadurch wird er in die psychische Sphäre versetzt, wo Sonne und Wasser ihrer physischen Gegenständlichkeit entkleidet und damit zu Symbolen seelischer Inhalte werden, nämlich zu Bildern der Lebensquelle in der eigenen Seele. Unser Bewusstsein schafft sich ja nicht selber, sondern es quillt auf aus unbekannter Tiefe. Es erwacht allmählich im Kinde, und es erwacht jeden Morgen aus der Tiefe des Schlafes aus einem unbewussten Zustande. Es ist wie ein Kind, das täglich aus dem mütterlichen Urgrunde des Unbewussten geboren wird. Ja, eine genauere Erforschung des Bewusstseinsprozesses ergibt die Tatsache, dass es nicht nur vom Unbewussten beeinflusst wird, sondern sogar in Form zahlloser spontaner Einfälle überhaupt beständig dem Unbewussten entquillt. Die Meditation der Bedeutung von Sonne und Wasser ist daher etwas wie ein Abstieg zur seelischen Quelle, eben zum Unbewussten selber.

Hier liegt nun allerdings ein Unterschied zwischen östlichem und 936
westlichem Geiste vor. Es ist der gleiche Unterschied, dem wir schon begegnet sind es ist der zwischen Hochaltar und Tiefaltar. Der Westen sucht immer Erhebung, der Osten aber Versenkung oder Vertiefung. Die äußere Wirklichkeit mit ihrem Geist der Körperhaftigkeit und Schwere scheint den Europäer viel stärker und schärfer anzupacken als den Inder. Darum sucht jener sich über die Welt zu erheben, dieser aber kehrt gern in die mütterlichen Tiefen der Natur zurück.

Wie nun die christliche Kontemplation, zum Beispiel in den »*Exercitia* 937
spiritualia« des Ignatius von Loyola, mit allen Sinnen sich bestrebt, die heilige Gestalt so konkret wie möglich zu erfassen, so verfestigt auch der Yogin das Wasser, das er betrachtet, zunächst zu Eis und sodann zu lapis lazuli und schafft dadurch einen festen »Boden«, wie er es nennt. Er schafft seiner Vision sozusagen einen soliden Körper. Damit gibt er dem Inneren, nämlich den Gestalten seiner seelischen Welt, eine konkrete Realität, welche an die Stelle der äußeren Welt tritt. Er sieht zwar zunächst nichts als

eine spiegelnde blaue Oberfläche, etwa wie die eines Sees oder Meeres, das auch in unseren Träumen ein beliebtes Symbol des Unbewussten ist. Denn unter der spiegelnden Wasserfläche bergen sich unbekannte Tiefen, die dunkel und geheimnisvoll sind.

938 Wie der Text sagt, ist der blaue Stein *durchsichtig,* womit ausgesagt wird, dass der Blick des Meditierenden in die Tiefe des seelischen Geheimnisses einzudringen vermag. Dort erblickt er nun das, was zuvor nicht gesehen werden konnte, das heißt, was unbewusst war. Wie Sonne und Wasser die physischen Lebensquellen sind, so drücken sie als Symbole das essentielle Lebensgeheimnis des Unbewussten aus: In der Fahne, das heißt dem Symbol, das der Yogin durch den Lapislazuliboden erblickt, schaut er gewissermaßen eine Gestalt der vordem unsichtbaren und anscheinend gestaltlosen Bewusstseinsquelle. Durch Dhyâna, das heißt Versenkung und Vertiefung der Kontemplation hat das Unbewusste, wie es scheint, Gestalt angenommen. Es ist, wie wenn das Licht des Bewusstseins, das aufgehört hat, Gegenstände der äußeren Sinneswelt zu beleuchten, nunmehr das Dunkel des Unbewussten erleuchtete. Wenn die Sinneswelt und der Gedanke an sie gänzlich ausgelöscht sind, so tritt das Innere deutlicher hervor.

939 Hier überspringt nun der östliche Text ein psychisches Phänomen, das dem Europäer zur Quelle endloser Schwierigkeiten wird. Versucht ein solcher die Vorstellungen der äußeren Welt zu verbannen und seinen Geist von allem Äußeren zu entleeren, so wird er zunächst zur Beute seiner subjektiven Phantasien, die mit den Inhalten unseres Textes nichts zu tun haben. Phantasien haben keinen guten Ruf, sie sind billig und wertlos und werden daher als nutz- und sinnlos verworfen. Sie sind die kleças, jene unordentlichen und chaotischen Triebkräfte, die der Yoga eben »anjochen« will. Dasselbe Ziel verfolgen auch die *»Exercitia spiritualia«,* und zwar suchen beide Methoden den Erfolg dadurch zu erreichen, dass sie dem Meditierenden den Gegenstand der Kontemplation vorhalten, indem sie ihm dasjenige Bild zeigen, auf das er sich konzentrieren soll, eben um die sogenannten wertlosen Phantasien auszuschalten. Beide Methoden, sowohl die östliche wie die westliche, versuchen auf direktem Wege zum Ziel zu gelangen. Ich will die Erfolgsmöglichkeiten dort, wo sich die Meditationsübung in einem bedeutsamen kirchlichen Rahmen abspielt, nicht in Frage stellen. Außerhalb eines solchen aber geht die Sache in der Regel nicht, oder sie führt sogar zu deplorabeln Resultaten. Durch die Erhellung des Unbewussten nämlich gerät man zunächst in die Sphäre des chaotischen persönlichen Unbewussten, in welchem sich alles findet, was man gerne vergisst und was man unter allen Umständen weder sich selber

noch einem anderen eingestehen und überhaupt nicht für wahr haben möchte. Man glaubt daher am besten wegzukommen, wenn man möglichst nicht in diese dunkle Ecke schaut. Allerdings, wer so verfährt, der wird auch um diese Ecke nie herumkommen. Keinesfalls wird er auch nur eine Spur von dem erreichen, was der Yoga verspricht. Nur wer diese Dunkelheit durchschreitet, kann hoffen, irgendwie weiterzukommen. Ich bin darum prinzipiell gegen die kritiklose Übernahme von Yogapraktiken durch Europäer, denn ich weiß zu genau, dass sie sich damit um ihre dunkle Ecke herumzudrücken hoffen. Ein solches Beginnen ist aber völlig sinn- und wertlos.

Hier liegt auch der tiefere Grund, warum wir im Westen (abgesehen von der sehr beschränkten Anwendung der jesuitischen *»Exercitia«)* nichts entwickelt haben, was sich mit dem Yoga vergleichen ließe. Wir haben eine abgrundtiefe Scheu vor der Scheußlichkeit unseres persönlichen Unbewussten. Daher zieht es der Europäer vor, lieber den anderen zu sagen, wie sie es zu machen hätten. Dass die Besserung des Ganzen beim Einzelnen, ja bei mir selber anfängt, das will uns schon gar nicht in den Kopf. Viele denken sogar, es sei krankhaft, einmal ins eigene Innere zu blicken, man werde davon melancholisch, wie mir sogar einmal ein Theologe versicherte. 940

Ich habe vorhin gesagt, es hätte sich bei uns nichts entwickelt, was sich dem Yoga vergleichen ließe. Das ist nicht ganz richtig. Es hat sich bei uns, wie das dem europäischen Präjudiz entspricht, eine ärztliche Psychologie entwickelt, die sich speziell mit dem kleças befasst. Wir nennen dies die »Psychologie des Unbewussten«. Die von Freud inaugurierte Richtung hat die Bedeutung der menschlichen Schattenseite und ihres Einflusses auf das Bewusstsein erkannt und sich in dieses Problem verwickelt. Diese Psychologie beschäftigt sich ausgerechnet mit dem, was unser Text verschweigt und als erledigt voraussetzt. Der Yoga weiß sehr wohl um die Welt des kleças, aber die Naturhaftigkeit seiner Religion kennt den *moralischen Konflikt* nicht, welchen die kleças für uns bedeuten. Ein ethisches Dilemma trennt uns von unserem Schatten. Der Geist Indiens wächst aus der Natur. Unser Geist steht gegen die Natur. 941

Darum ist uns der Boden aus lapis lazuli undurchsichtig, weil die Frage des *Bösen in der Natur* zuerst beantwortet werden muss. Diese Frage kann beantwortet werden, aber sicherlich nicht mit seichter rationalistischer Argumentation oder intellektuellem Geschwätz. Die ethische Verantwortung des Einzelnen *kann* eine gültige Antwort geben. Aber Rezepte oder Lizenzen gibt es nicht, sondern nur Bezahlung bis zum letzten Heller. Dann kann der Boden aus lapis lazuli durchsichtig wer- 942 den. Unser Sûtra setzt also voraus, dass die Schattenwelt unserer persönlichen Phantasien, das heißt des *persönlichen Unbewussten,* durchschritten sei, und fährt nun fort, eine symbolische Gestalt zu schildern, die uns zunächst fremdartig anmutet. Es handelt sich um ein radiäres, achtteiliges, geometrisches Gebilde, um eine sogenannte Ogdoas, eine Achtheit. In der Mitte erscheint ein Lotus, in welchem Buddha sitzt, und das entscheidende Erlebnis ist schließlich die Erkenntnis, dass der Meditierende selber Buddha ist, wodurch der durch die Rahmenerzählung geschürzte Schicksalsknoten als gelöst erscheint. Das konzentrisch gebaute Symbol drückt offenbar höchste Konzentration aus, welche nur dadurch erreicht wird, dass die vorhin geschilderte Abziehung und Überleitung des Interesses von den Eindrücken der Sinneswelt und den objektgebundenen Vorstellungen weg und die Zuwendung zum Bewusstseinshintergrund auf die Spitze getrieben wurde. Die Bewusstseinswelt mit ihrer Verhaftung ans Objekt, ja sogar das Zentrum des Bewusstseins, das Ich, erlischt, und dafür erscheint in endloser Steigerung des Glanzes die Amitâbha-Welt.

943 Psychologisch heißt dies so viel, als dass hinter oder unter der persönlichen Phantasie- und Triebwelt eine noch tiefere Schicht des Unbewussten erscheint, welche im Gegensatz zur chaotischen Unordnung der kleças von höchster Ordnung und Harmonie ist, und im Gegensatz zu deren *Vielheit* die allumfassende *Einheit* des »bodhimandala«, des Zauberkreises der Erleuchtung, darstellt.

944 Was hat nun unsere Psychologie zu dieser indischen Feststellung eines überpersönlichen, weltumfassenden Unbewussten zu sagen, welches gewissermaßen dann erscheint, wenn die Dunkelheit des persönlichen Unbewussten durchsichtig geworden ist? Unsere moderne Psychologie weiß, dass das persönliche Unbewusste nur eine Oberschicht ist, die auf einem ganz anders gearteten Fundament ruht. Dieses wird als *kollektives Unbewusstes* bezeichnet. Der Grund zu dieser Bezeichnung ist der Umstand, dass, unähnlich dem persönlichen Unbewussten und dessen rein persönlichen Inhalten, die Bilder des tieferen Unbewussten von ausgesprochen *mythologischem* Charakter sind. Das will besagen, dass sie nach Form und Inhalt mit jenen allverbreiteten Urvorstellungen, wie sie den Mythen zugrunde liegen, übereinstimmen. Sie sind nicht mehr persönlicher, sondern rein überpersönlicher Natur und darum allen Menschen gemeinsam. Darum lassen sie sich auch in allen Mythen und Märchen aller Völker und Zeiten und ebenso bei einzelnen Individuen nachweisen, ohne dass diese die geringste bewusste Kenntnis der Mythologie hätten.

Unsere abendländische Psychologie ist tatsächlich so weit wie der Yoga, indem sie nämlich imstande ist, eine tiefere Einheitsschicht des Unbewussten wissenschaftlich nachzuweisen. Die mythologischen Motive, deren Vorhandensein die Erforschung des Unbewussten erwiesen hat, bilden zwar an sich eine Vielheit, aber diese gipfelt in einer konzentrischen oder radiären Anordnung, welche recht eigentlich das Zentrum oder das Wesen des kollektiven Unbewussten ausmacht. Wegen der bemerkenswerten Übereinstimmung der Einsichten des Yoga mit den Ergebnissen der psychologischen Forschung habe ich für dieses Zentralsymbol den Sanskrit-Terminus »Mandala«, was »Kreis« bedeutet, gewählt. 945

Man wird nun gewiss fragen: Aber wie in aller Welt kommt die Wissenschaft auf dergleichen Feststellungen? Dazu gibt es zwei Wege. Der erste ist der *historische*. Untersuchen wir zum Beispiel die introspektive Methode der mittelalterlichen Naturphilosophie, so sehen wir, dass sie sich immer wieder des Kreises, und zwar meistens des viergeteilten, zur Symbolisierung des zentralen Prinzips bedient hat, und dies in offenkundiger Anlehnung an die kirchliche Quaternitätsallegorik, wie sie sich in zahlreichen Darstellungen des Rex gloriae mit den vier Evangelisten, den vier Paradiesesströmen, den vier Winden usw. findet. 946

Der zweite Weg ist der *empirisch-psychologische*. In einem gewissen Stadium der psychischen Behandlung zeichnen die Patienten gelegentlich spontan solche Mandalas, entweder weil sie sie träumen oder weil sie plötzlich das Bedürfnis spüren, ihre seelische Unordnung durch die Darstellung einer geordneten Einheit zu kompensieren. Einen solchen Prozess hat zum Beispiel auch unser nationaler Heiliger, der selige Bruder Niklaus von Flüe, durchlaufen, den Endzustand kann man noch im Bilde der Dreifaltigkeitsvision in der Pfarrkirche von Sachseln sehen. Bruder Klaus hat seine große Schreckvision, die ihn aufs Tiefste erschütterte, mit Hilfe der Kreiszeichnungen im Büchlein eines deutschen Mystikers geordnet.[7] 947

Was aber sagt unsere empirische Psychologie zu dem im Lotus sitzenden Buddha? Folgerichtigerweise müsste ja beim Abendländer Christus in der Mitte des Mandalas thronen. Das war, wie schon gesagt, im Mittelalter bei uns auch der Fall. Aber unsere modernen Mandalas, deren spontane Entstehung wir bei zahlreichen Individuen ohne äußere Voraussetzung oder Einmischung beobachten, enthalten keine Christusfigur, und noch weniger einen Buddha im Lotussitz. Wohl aber kommt das 948

[7] Vgl. Stöckli, *Die Visionen des Seligen Bruder Klaus* [vgl. §§ 474 ff. dieses Bandes {d. h. GW 11}].

gleichschenklige Kreuz oder gar eine unverkennbare Andeutung der Swastika nicht selten vor. Ich will diese seltsame Tatsache, die an sich allerdings von höchstem Interesse ist, hier nicht diskutieren.[8]

949 Zwischen dem christlichen und dem buddhistischen Mandala besteht ein feiner, aber enormer Unterschied. Der Christ wird in der Kontemplation nie sagen: *Ich* bin Christus, sondern mit Paulus wird er bekennen: »Ich lebe, aber nicht mehr ich, sondern Christus lebt in mir« (*Galater* 2,20). Unser Sûtra aber sagt: Du wirst erkennen, dass du Buddha bist. Im Grunde ist das Bekenntnis identisch, insofern der Buddhist diese Erkenntnis nur erreicht, wenn er »anâtman«, das heißt ohne Selbst ist, aber in der Formulierung besteht ein grenzenloser Unterschied: Der Christ erreicht sein Ende in Christus, der Buddhist erkennt, dass er Buddha ist. Der Christ kommt eben aus der vergänglichen und ichhaften Bewusstseinswelt, der Buddhist aber ruht noch auf dem ewigen Grunde der inneren Natur, deren Einssein mit der Gottheit oder dem universalen Wesen uns auch in anderen indischen Bekenntnissen entgegentritt.

Bibliographie

Jung, Carl Gustav*: Psychologie und Alchemie. (Psychologische Abhandlungen V) Rascher, Zürich 1944. Rev. Neuaufl. 1952. [GW 12 (1972, ³1980)]
– Symbolik des Geistes. Studien über psychische Phänomenologie, mit einem Beitrag von Riwkah Schärf. (Psychologische Abhandlungen VI) Rascher, Zürich 1948. Neuaufl. 1953. [Jungs Beiträge GW 9/I (1976, ⁵1983) und GW 13 (1978, ³1982) und in diesem Band {d. h. GW 11}]
– Symbole der Wandlung. Analyse des Vorspiels zu einer Schizophrenie. Rascher, Zürich 1952. 4., umgearbeitete Auflage von: Wandlungen und Symbole der Libido (1912). [GW 5 (1973, ³1983)]
– Wandlungen und Symbole der Libido. Wien 1912. Siehe Symbole der Wandlung.
Sacred Books of the East. Hg. von Max Müller. 50 Bde. Oxford 1879–1910.
Stöckli, Alban: Die Visionen des seligen Bruder Klaus. Einsiedeln 1933.
Zimmer, Heinrich: Kunstform und Yoga im indischen Kultbild. Berlin 1926.

[8] Der Leser findet die nötigen Angaben in: *Psychologie und Religion* [§§ 136 ff. dieses Bandes {d. h. GW 11}].

* In diesem Band {d. h. GW 11} zitierte Werke, alphabetisch. Die der letzten Jahreszahl vorangestellte kleine Nummer gibt die {bei Veröffentlichung von GW 11} bisherige Auflage an.

Vorwort zum I Ging[1]

Dem Wunsche der Übersetzerin der Wilhelm'schen Ausgabe des *I Ging* nach einem Vorwort von meiner Hand komme ich umso lieber nach, als ich damit auch einen Akt der Pietät gegenüber meinem verstorbenen Freunde Richard Wilhelm erfüllen kann. Wie er durchdrungen war vom Bewusstsein der kulturhistorischen Bedeutung seiner Bearbeitung und Darstellung des *I Ging*, die im Abendlande ihresgleichen nicht hat, so fühle auch ich mich diesem Werke gegenüber verpflichtet, es der Englisch sprechenden Welt nach bestem Vermögen zu vermitteln. 964

Wäre das *Buch der Wandlungen* eine populäre Schrift, so würde es keiner Einleitung bedürfen. Es ist aber nichts weniger als populär, sondern steht im Verdachte, eine Sammlung alter Zaubersprüche und dementsprechend einerseits schwer verständlich, andererseits wertlos zu sein. Legges Übersetzung in Max Müllers Serie der *Sacred Books of the East* hat wenig dazu beigetragen, das Buch der westlichen Mentalität näherzubringen.[2] Umso mehr hat sich Wilhelm bemüht, dem Verständnis einen Zugang zu 965

Quellenhinweis:
Aus: GW 11, §§ 964–1017. Hier: §§ 964–975.

[1] [Geschrieben 1948 für die englische Ausgabe von: *I Ging, Das Buch der Wandlungen*, erschienen 1950. Übers. von Mrs. Cary F. Baynes. Die englische Übersetzung weicht weitgehend von der vorliegenden, ursprünglichen Fassung ab. Die Paragraphierung dieses Vorwortes stimmt daher auch nicht durchgehend überein mit der angloamerikanischen Ausgabe.]

[2] Über den die einzelnen Linien erläuternden Text macht Legge folgende Bemerkung: »According to our notions, a framer of emblems should be a good deal of a poet, but those of the Yî only make us think of dry as dust. Out of more than 350, the greater number are only grotesque.« [Nach unseren Begriffen sollte ein Gestalter von Emblemen so etwas wie ein Poet sein, aber diejenigen des I (Ging) erinnern uns an Stubengelehrte. Von mehr als 350 sind die größere Anzahl nur grotesk.] (*Sacred books of the east* XVI, S. 22) Von den »lessons« der Hexagramme sagt derselbe Autor: »But why, it may be asked, why should they be conveyed to us by such an array of lineal figures, and in such a farrago of emblematic representations?« [Doch warum, so mag man sich fragen, warum sollten sie uns in einer solchen Anordnung von linearen Figuren übermittelt werden und in einem solchen Mischmasch emblematischer Vorstellungen?] (l. c., S. 25) Wir vernehmen aber nirgends, dass Legge die Methode praktisch einmal probiert hätte.

der oft sehr dunklen Symbolik des Textes zu öffnen. Er konnte dies umso eher tun, als er sich jahrelang auch praktisch mit der eigentümlichen Technik dieses Orakelbuches beschäftigt hatte, was ihm natürlich eine ganz andere Möglichkeit gab, ein Gefühl für den lebendigen Sinn des Textes zu entwickeln, als es eine mehr oder weniger wörtliche Übersetzung allein getan haben würde.

966 Ich verdanke Wilhelm die wertvollsten Aufschlüsse über das komplizierte Problem des *I Ging* sowohl wie über die praktische Auswertung der gewonnenen Resultate. Ich selber habe mich schon seit mehr als zwei Jahrzehnten mit dieser Orakeltechnik, die mir vom psychologischen Standpunkt aus von beträchtlichem Interesse erschien, beschäftigt und kannte sie, als ich Wilhelm anfangs der Zwanzigerjahre zum ersten Mal begegnete, schon ziemlich gut. Es war mir aber trotzdem ein Erlebnis, als ich Wilhelm selber an der Arbeit sah und mit eigenen Augen verfolgen konnte, wie er die Resultate praktisch verwertete. Zu meiner großen Genugtuung konnte ich feststellen, dass meine Kenntnisse der Psychologie des Unbewussten mir die nützlichsten Dienste leisteten.

967 Da ich kein Chinesisch verstehe, so konnte ich mich dem *I Ging* natürlich nur von der praktischen Seite nähern, und meine einzige Frage war die nach der Verwendbarkeit und Tauglichkeit der Methode. Die abstruse Symbolik dieser »Zaubersprüche« hätte mich, bei meiner völligen Unkenntnis der Sinologie, wenig interessieren können. Um die philologischen Schwierigkeiten des Textes konnte ich mich nicht kümmern, sondern einzig und allein um die psychologische Ausbeute der im *I Ging* verwendeten Methode.

968 Als Wilhelm seinerzeit bei mir in Zürich weilte, bat ich ihn, ein Hexagramm über den Zustand unserer psychologischen Gesellschaft auszuarbeiten. Die Situation war mir bekannt, ihm aber ganz und gar nicht. Die Diagnose, die sich herausstellte, war verblüffend richtig, und ebenso war es die Prognose, welche ein Ereignis beschrieb, das erst später eintrat und das ich selber nicht vorausgesehen hatte. Mir selber war dieses Resultat allerdings nicht mehr so erstaunlich, da ich bereits früher eine Reihe von bemerkenswerten Erfahrungen mit dieser Methode gemacht hatte. Anfangs verwendete ich die umständlichere Technik der 49 Schafgarbenstängel[3]; später, als ich einigen Überblick über das Funktionieren der Methode erlangt hatte, genügte mir das sogenannte Münzenorakel, von dem ich in der Folge reichlichen Gebrauch machte. Im Laufe der Zeit

[3] Die Stängel sind die der Ptarmica sibirica, die Legge noch auf dem Grabe des Kung-Fu-Tse wachsen sah.

stellte es sich heraus, dass sozusagen regelmäßig gewisse Zusammenhänge zwischen der in Frage stehenden Situation und dem Inhalt der Hexagramme bestehen. Das ist zugegebenermaßen merkwürdig und sollte nach unseren landläufigen Voraussetzungen nicht vorkommen, abgesehen von sogenannten Zufallstreffern. Ich muss aber bemerken, dass wir trotz unserem Glauben an die Naturgesetzlichkeit mit dem Begriff des Zufalls etwas zu liberal verfahren. Wie viele psychische Phänomene zum Beispiel bezeichnen wir als »zufällig«, wo der Wissende nur allzu deutlich sieht, dass es sich um nichts weniger als einen Zufall handelt! Ich erinnere nur an alle jene Fälle von Versprechen, Verlesen und Vergessen, die schon Freud als keineswegs zufällig aufgeklärt hat. Ich bin daher in Bezug auf die sogenannten Zufallstreffer des *I Ging* zur Skepsis geneigt. Es scheint mir sogar, dass die Anzahl der deutlichen Treffer eine Prozentzahl erreicht, die weit über aller Wahrscheinlichkeit liegt. Ich glaube, dass es sich überhaupt nicht um Zufall, sondern um Regelmäßigkeit handelt.

Damit kommen wir nun zur Frage: Wie ist diese behauptete Regelmä- 969
ßigkeit zu beweisen? Hier muss ich den Leser enttäuschen: Die Beweisführung ist äußerst schwierig, wenn nicht überhaupt unmöglich, wobei ich das Letztere für wahrscheinlicher halte. Einem rationalistischen Standpunkt muss diese Feststellung durchaus katastrophal erscheinen, und ich gewärtige den Vorwurf, eine leichtfertige Behauptung aufgestellt zu haben, indem ich von einer Regelmäßigkeit der Übereinstimmung zwischen Situation und Hexagramm spreche. Ich müsste mir in der Tat diesen Vorwurf selber machen, wenn ich nicht aus langer praktischer Erfahrung wüsste, wie schwierig respektive wie unmöglich Beweise in gewissen psychologischen Angelegenheiten zu erbringen sind. Wenn es sich um etwas kompliziertere Tatbestände des praktischen Lebens handelt, so erledigen wir die Angelegenheiten aufgrund von Auffassungen, Gefühlen, Affekten, Intuitionen, Überzeugungen usw., für deren Berechtigung oder deren Anwendbarkeit sogar ein »wissenschaftlicher« Beweis schlechthin unmöglich ist, und doch können alle Beteiligten mit der Lösung zufrieden sein. Die praktisch vorkommenden psychologischen Situationen sind eben in der Regel von solch unabsehbarer Kompliziertheit, dass deren »wissenschaftlich« zureichende Erforschung einfach unmöglich ist. Man kann höchstens einen gewissen Grad von Wahrscheinlichkeit erhoffen. Und dies auch nur dann, wenn die Beteiligten nicht nur möglichst ehrlich, sondern darüber hinaus noch guten Willens sind. Wann aber sind wir vollkommen ehrlich und wann gänzlich guten Willens? Wir können einen höheren Grad von Ehrlichkeit und gutem Willen nur so weit erlangen, als unser Bewusstsein reicht. Was wir dabei aber im Unbewussten

sind, das entzieht sich unserer Kontrolle, das heißt, unser Bewusstsein glaubt ehrlich und guten Willens zu sein, aber das Unbewusste weiß vielleicht darüber hinaus, dass nämlich unsere scheinbare Ehrlichkeit und unsere Gutwilligkeit eine Fassade ist, die das Gegenteil verdeckt. Infolge der Existenz des Unbewussten kann kein Mensch und keine psychologische Situation restlos beschrieben und erfasst, und darum kann auch nichts Derartiges wirklich bewiesen werden. Gewisse eng umschriebene Phänomene können allenfalls noch aufgrund eines ungeheuren Erfahrungsmaterials statistisch als wahrscheinlich erwiesen werden.[4] An den individuell einmaligen, hoch komplizierten psychologischen Situationen ist aber so gut wie nichts zu beweisen, da sie ihrer Natur entsprechend auch gar nichts an sich haben, was sich zur experimentellen Wiederholung eignen würde. Zu diesen einmaligen und nicht wiederholbaren Situationen gehört auch das Orakel des *I Ging.* Wie überall in solchen Situationen ist man auch hier darauf angewiesen, ob etwas als wahrscheinlich oder als unwahrscheinlich erscheint. Wenn zum Beispiel jemand nach längerer Vorbereitung den Entschluss fasst, einen ausgedachten Plan durchzuführen, dabei aber plötzlich innewird, dass durch diesen Schritt gewisse Interessen anderer Leute geschädigt werden, und er befragt nun in dieser suspendierten Situation das Orakel, so erhält er vielleicht unter anderem die Antwort (Hexagramm 41):

> Wenn die Geschäfte fertig sind, rasch hingehen,
> ist kein Makel.
> Doch muss man überlegen,
> wieweit man andere mindern darf.

970 Es ist nun keinesfalls möglich zu *beweisen,* dass dieser Satz trotz seiner unverkennbaren Entsprechung mit der psychologischen Situation des Fragestellers irgendetwas zu tun hat. Es ist diesem überlassen, entweder darüber erstaunt zu sein, dass der Satz des Hexagramms mit seiner Situation so vorzüglich übereinstimmt, oder diese anscheinende Übereinstimmung als lächerlichen Zufall abzutun oder eine solche überhaupt zu leugnen. Im ersten Fall wird er sich dem zweiten Vers zuwenden, welcher lautet:

> Etwas zu unternehmen, ist von Unheil.
> Ohne sich selbst zu mindern,
> vermag man die andern zu mehren.

[4] Hier könnten sich die Arbeiten J. B. Rhines noch als recht hilfreich erweisen. Vgl. *Extra-Sensory Perception und New Frontiers of the Mind.*

Er wird vielleicht die Weisheit dieser Folgerung anerkennen, oder er wird sie als belanglos übergehen. In ersterem Fall findet er, dass da kein Zufall vorliegen könne, in letzterem, dass es sich um Zufall handeln *müsse,* oder am Ende gar, dass es überhaupt nichts bedeute. Zu beweisen ist da aber nichts. Infolgedessen schreibe ich dieses Vorwort nur für diejenigen, die geneigt sind, dieser eigentümlichen Prozedur einigen Kredit zu schenken. 971

Obschon derartige »wörtliche« Übereinstimmungen nicht allzu selten vorkommen, so sind sie doch nicht in der Überzahl. Die Zusammenhänge sind häufig lockerer oder indirekter und erheben einen noch größeren Anspruch auf Kredit. Dies ist namentlich dann der Fall, wenn die psychologische Ausgangssituation nicht allzu klar respektive dunkel oder nur einseitig erfasst ist. Unter solchen Umständen ereignen sich Fälle, in denen – falls der Fragesteller willig ist, seine Situation in einem anderen Lichte zu betrachten – ein mehr oder weniger symbolischer Zusammenhang mit dem Hexagramm wahrgenommen werden kann. Ich drücke mich absichtlich vorsichtig aus, da ich nicht den Eindruck erwecken möchte, als ob man à tout prix einen Konnex konstruieren müsste. Dergleichen Kunststücke lohnen sich nicht und führen nur zu ungesunden Spekulationen. Die Methode steht jedem Missbrauch offen. Sie eignet sich darum nicht für unreife, kindische und spielerisch eingestellte Menschen, so wenig wie für intellektualistische und rationalistische Naturen, wohl dagegen für meditative und reflexive Leute, die es lieben, über das, was sie tun und was ihnen geschieht, nachzudenken, was mit hypochondrischem Grübeln nichts zu tun hat. Dieses stellt den morbiden Missbrauch des Nachdenkens dar. Der *I Ging* empfiehlt sich mit keinen Beweisen und mit keinen Resultaten, er preist sich nicht an und kommt nicht bereitwillig entgegen; wie ein Stück Natur wartet er, bis ihn einer entdeckt. Er bietet kein Wissen und kein Können an, aber für Liebhaber der Selbsterkenntnis und der Weisheit des Denkens und Tuns, falls es solche geben sollte, scheint er das richtige Buch zu sein. Er verspricht nichts und braucht darum auch nichts zu halten, und auf keinen Fall ist er dafür verantwortlich, wenn jemand falsche Schlüsse zieht. Die Methode will mit einiger Intelligenz gehandhabt sein. Dummsein ist bekanntlich keine Kunst. 972

Nehmen wir die Hypothese an, es sei nicht purer Unsinn, was in dem Buche steht, und nicht lauter Autosuggestion, was der Fragesteller hineindeutet, so ist unser westlicher, philosophisch und naturwissenschaftlich gebildeter Geist trotz bereitwilliger Krediterteilung doch ernstlich durch die Tatsachenerfahrung beunruhigt. Man muss sich ja, wenn man nur im Geringsten geneigt ist, etwas daran zu finden, mit der unleidlichen Tat- 973 sache auseinandersetzen, dass eine psychologische Situation sich in der Zufallsteilung der 49 Schafgarbenstängel oder dem ebenso oder noch mehr zufälligen Fallen der Münzen auszudrücken vermöge, und zwar in einer solchen Totalität, dass sogar ein Sinnzusammenhang sichtbar wird. Diese Konsequenz ist für unseren westlichen Verstand, der ganz andere Denkgewohnheiten hat, doch etwas unerhört. Es ist daher nur allzu begreiflich, wenn unser Geist Derartiges als unmöglich ablehnt. Es wäre zwar zur Not noch denkbar, dass jemand, der die Hexagramme gründlich kennt, »unbewussterweise« so geschickt greift, dass er die Stängel entsprechend teilt. Beim Münzenorakel allerdings versagt aber diese ohnehin dünne Möglichkeit, denn hier spielen so viele andere äußere Bedingungen (Beschaffenheit der Unterlage, Rollen der Münzen usw.) hinein, dass eine psychische Tendenz, nach unserer Auffassung wenigstens, sich nicht durchzusetzen vermöchte. Stimmt also etwas an der Methode, so muss man annehmen, dass ein unerwarteter Parallelismus von psychischem und physikalischem Geschehen existiert. Dieser Gedanke ist zwar »shocking«, aber keineswegs neu, denn er bildet ja die einzig mögliche Hypothese der Astrologie, und zwar besonders der modernen Charakterhoroskopie, wennschon diese mehr auf die Zeit, als auf die aktuellen Gestirnspositionen abstellt; denn auch die Zeit wird auf physikalischem Wege bestimmt und gemessen. Sollte die Charakterhoroskopie im Allgemeinen stimmen (wofür einige Wahrscheinlichkeit vorhanden ist), so wäre sie nicht wunderbarer als die Fähigkeit eines guten Weinkenners, der aus dem Charakter des Weines dessen Region, örtliche Lage (Weinberg) und Jahrgang mit Sicherheit bestimmt, was dem Nichtkenner zunächst fragwürdig vorkommt. Aber ebenso kann ein guter Astrologe mir auf den Kopf zu sagen, in welchen Zeichen meine Geburtssonne und mein Geburtsmond stehen und welches mein Aszendent ist. Der psycho-physikalische Parallelismus des Phänomens, das man sich als Grundlage des *I-Ging*-Orakels denken müsste, wäre daher nichts als ein anderer Aspekt jenes Vorganges, den man auch der Astrologie zugrunde legen muss, wenn man nämlich der astrologischen Charakterdiagnose irgendwelche Bedeutung beimisst. Zweifellos beschäftigen sich sehr viele Leute mit Astrologie, und es sind ebenso unzweifelhaft nachdenkende und psychologisch interessierte Naturen, welche aus dieser Beschäftigung allerhand erkennerischen Gewinn ziehen. Auch hier liegt die Möglichkeit des Missbrauchs auf der Hand.

974 Ich würde meine wissenschaftliche Kompetenz weit überschreiten, wollte ich diese hier aufgerollte Frage beantworten. Ich kann nur feststellen, dass jeder, der das Orakel befragt, so handelt, als ob ein notwendiger

Parallelismus von innerem und äußerem, psychischem und physikalischem Geschehen bestünde, und, indem er dem Resultat seiner Befragung auch nur die geringste Bedeutung beimisst, sich schon zugunsten einer solchen Möglichkeit entschieden hat. – Mein Verhalten solchen Dingen gegenüber ist ein pragmatisches, und die große Lehrmeisterin, die mir dieses Verhalten als praktisch und nützlich beigebracht hat, ist die Psychotherapie und ärztliche Psychologie. Nirgends wohl hat man mit mehr Unbekanntem zu rechnen, als eben auf diesem Gebiete, und nirgends wird man mehr daran gewöhnt, das anzuwenden, was wirkt, auch wenn man die längste Zeit nicht merkt, warum es wirkt. Man erlebt unerwartete Heilungen bei fragwürdigen Therapien und unerwartete Versager angeblich zuverlässiger Methoden. Bei der Erforschung des Unbewussten begegnet man den merkwürdigsten Dingen, von denen sich ein Rationalist mit Abscheu wegwendet und nachher behauptet, nichts gesehen zu haben. Die irrationale Fülle des Lebens hat mich gelehrt, nie etwas zu verwerfen, auch wenn es gegen alle unsere (ach so kurzlebigen) Theorien verstößt oder sich sonst wie als vorderhand unerklärlich erweist. Man ist dadurch zwar beunruhigt; man ist nicht ganz sicher, ob der Kompass richtig zeigt, aber in Sicherheit, Gewissheit und Ruhe macht man keine Entdeckungen. So ist es auch mit dieser chinesischen Divinationsmethode. Sie erstrebt offenkundig Selbsterkenntnis, auch wenn zu allen Zeiten daneben ein abergläubischer Gebrauch vorhanden war. Selbsterkenntnis erscheint nur dummen und minderwertigen Menschen als ein Nachteil. Niemand wird sie in dieser Überzeugung stören. Intelligentere Leute aber dürfen es ruhig riskieren, mit dieser Methode einige vielleicht lehrreiche Erfahrungen zu sammeln.

Die Methode selber ist leicht und einfach. Die Schwierigkeit beginnt 975
aber, wie schon gesagt, bei der Auswertung des Resultates. Vor allem ist das Verständnis der Symbolik auch mit Hilfe der trefflichen Kommentare Wilhelms keine ganz einfache Sache. Je mehr Kenntnisse der Leser in der Psychologie des Unbewussten besitzt, desto leichter wird ihm diese Arbeit fallen. Eine weitere und noch wesentlichere Schwierigkeit aber besteht in der allgemein verbreiteten Unkenntnis des eigenen Schattens, nämlich der minderwertigen Seite der eigenen Persönlichkeit, die zu einem großen Teil aus verdrängten Komplexen besteht. Die bewusste Persönlichkeit sträubt sich oft mit aller Macht gegen solche Inhalte und schiebt sie gerne in Form von Projektionen dem Nebenmenschen zu. Man sieht nur allzu genau den Splitter in des Bruders Auge, nicht aber den Balken im eigenen. Die Tatsache, dass man häufig für eigene Fehler mit systematischer Blindheit geschlagen ist, erweist sich dem Studium und dem Verständnis des *I Ging*

gegenüber als äußerst hinderlich. Man könnte beinahe sagen, dass jemand, der bei öfterem Gebrauche der Methode nichts Verständliches findet, höchstwahrscheinlich einen blinden Fleck von beträchtlicher Ausdehnung besitzt. Es würde sich wohl lohnen, vom Standpunkt der modernen Psychologie aus einen Kommentar zu den einzelnen Zeichen zu verfassen, wie dies schon Kung-Fu-Tse getan hat. Eine solche Arbeit würde aber den Umfang eines bloßen Vorwortes um ein Vielfaches übersteigen und eine höchst anspruchsvolle Aufgabe bedeuten. Ich musste mich daher für ein anderes Prozedere entschließen.

Bibliographie

I Ging. Siehe Wilhelm.

Rhine, J. B.: The Reach of the Mind. London und New York 1948.

Sacred Books of the East. Hg. von Max Müller. 50 Bde. Oxford 1879–1910.

Wilhelm, Richard: I Ging. Das Buch der Wandlungen. Aus dem Chinesischen verdeutscht und erläutert von R' W'. Jena 1923 [und Neuausgaben].

Wirklichkeit und Transzendenz der Psyche

Der Schritt zu höherem Bewusstsein führt aus allen Rückendeckungen und Sicherungen heraus.
GW 13, § 25

Gott will werden in der immer höher steigenden Flamme des menschlichen Bewusstseins.
Briefe I, S. 92

Wirklichkeit und Überwirklichkeit*

Von einer Überwirklichkeit weiß ich nichts. Wirklichkeit enthält alles, 742
was man wissen kann, denn wirklich ist, was wirkt. Wirkt es nicht, so merkt man nichts und kann daher auch gar nicht darum wissen. Ich kann daher nur über wirkliche Dinge etwas aussagen, nichts aber über überwirkliche oder unwirkliche oder unterwirkliche. Es sei denn, dass es irgendjemand einfalle, den Begriff der Wirklichkeit irgendwie einzuschränken, so dass nur einem bestimmten Ausschnitt der Weltwirklichkeit das Attribut »wirklich« zukäme. Die Denkweise des sogenannten gesunden Menschenverstandes und des gewöhnlichen Sprachgebrauches erzeugt diese Beschränkung auf die sogenannte materielle oder konkrete Wirklichkeit der sinnenfälligen Gegenstände nach dem berühmten Satz »Nihil est in intellectu quod non antea fuerit in sensu«[1], dies ganz unbeschadet der Tatsache, dass eine ganze Menge im Verstande ist, was nicht aus den Daten der Sinne herrührt. In diesem Sinne ist alles »wirklich«, was direkt oder indirekt der durch die Sinne erschließbaren Welt entstammt oder wenigstens zu entstammen scheint.

Diese Beschränkung des Weltbildes entspricht der Einseitigkeit des 743
abendländischen Menschen, mit der man öfters zu Unrecht den griechischen Geist belastet. Die Einschränkung auf *materielle* Wirklichkeit schneidet aus dem Weltganzen ein zwar ungemessen großes, aber eben doch nur ein Stück heraus und erzeugt damit ein dunkles Gebiet, welches man unwirklich oder überwirklich nennen müsste. Das östliche Weltbild kennt diesen beschränkten Rahmen nicht, weshalb es auch keiner philosophischen Überwirklichkeit bedarf. Unsere willkürlich abgezirkelte Wirklichkeit ist beständig von »Übersinnlichem«, »Übernatürlichem«, »Übermenschlichem« und dergleichen mehr bedroht. Die östliche Wirklichkeit schließt dies alles selbstverständlich ein. Die Störungszone beginnt bei uns schon mit dem Begriff des Psychischen. In unserer »Wirklichkeit« kann das Psychische gar nichts anderes sein als Wirkung dritter Hand, von

Quellenhinweis:
In: GW 8, §§ 742–748.

* [Erschienen in: Der Querschnitt XII/12 (Berlin, Dezember 1932), S. 844–845.]

1 [Nichts ist im Intellekt, was nicht zuvor in den Sinnen gewesen ist.]

physischen Ursachen ursprünglich hervorgebracht, ein »Gehirnsekret« oder ähnlich Schmackhaftes. Dabei wird diesem Anhängsel der Stoffwelt zugetraut, dass es sich selbst überspringen und nicht nur die Geheimnisse der physischen Welt, sondern auch noch in der Form von »Geist« sich selber erkennen könne, all dies, ohne dass ihm eine andere als eine indirekte Wirklichkeit zugestanden wird.

744 Ist ein Gedanke »wirklich«? Doch wohl nur insofern, als – nach dieser Denkweise – er auf ein sinnenfällig Reales bezogen ist. Ist er es nicht, so gilt er als »unreal«, »unwirklich«, »phantastisch«, und damit wird er als nicht existent abgelehnt. Das geschieht praktisch unaufhörlich, obschon es eine philosophische Ungeheuerlichkeit ist. Der Gedanke *war* und *ist,* obschon er sich auf keine tastbare Wirklichkeit bezieht, er wirkt sogar, sonst hätte ihn ja niemand gewusst. Weil aber das Wörtchen »ist« für unsere Denkweise auf ein materielles Sein anspielt, so muss sich der »unreale« Gedanke mit der dunklen Existenz in einer Überwirklichkeit begnügen, die praktisch das Gleiche wie Unwirklichkeit bedeutet. Und doch hat der Gedanke eine unleugbare Spur seiner Wirklichkeit hinterlassen, vielleicht hat man sogar danach spekuliert und damit eine schmerzliche Lücke in seinem Bankguthaben erzeugt.

745 Unser praktischer Wirklichkeitsbegriff scheint demnach revisionsbedürftig zu sein, so dass sogar der alltägliche Lesestoff anfängt, allerhand »Über-« in seinen Horizont einzubeziehen. Ich bin damit einverstanden, denn mit unserem Weltbild stimmt es wirklich nicht ganz. Wir denken nämlich theoretisch viel zu wenig und praktisch sozusagen nie daran, dass das Bewusstsein überhaupt in keiner direkten Beziehung zu irgendwelchen materiellen Objekten steht. Wir nehmen nur *Bilder* wahr, die uns indirekt durch einen komplizierten nervösen Apparat vermittelt sind. Zwischen die Nervenenden der Sinnesorgane und das dem Bewusstsein erscheinende Bild ist ein unbewusster Prozess eingeschaltet, der die physische Tatsache eines Lichtes zum Beispiel in das psychische Bild »Licht« verwandelt. Ohne diesen komplizierten und unbewussten Verwandlungsprozess kann das Bewusstsein überhaupt nichts Materielles wahrnehmen.

746 Die Folge davon ist, dass die unmittelbar erscheinende Wirklichkeit aus sorgfältig zubereiteten Bildern besteht und dass wir mithin unmittelbar nur in einer Bilderwelt leben. Um die wirkliche Natur der materiellen Dinge auch nur annähernd festzustellen, bedürfen wir der komplizierten Apparate und Methoden der Physik und der Chemie. Diese Wissenschaften sind eigentlich Hilfsmittel, die den menschlichen Geist befähigen sollen, ein wenig hinter den trügerischen Schleier der Bilderwelt in eine nicht psychische Wirklichkeit zu sehen.

Weit davon entfernt also, eine materielle Welt zu sein, ist sie vielmehr eine psychische Welt, die nur indirekte und hypothetische Schlüsse auf die Beschaffenheit der wirklichen Materie zulässt. Dem Psychischen allein kommt unmittelbare Realität zu, und zwar jeglicher Form des Psychischen, selbst den »unrealen« Vorstellungen und Gedanken, die sich auf kein »Außen« beziehen. Nennen wir solche Inhalte Einbildung oder Wahn, so ist damit nichts von ihrer Wirksamkeit weggenommen, ja es gibt keinen »realen« Gedanken, der nicht gegebenenfalls von einem »unrealen« zur Seite könnte geschoben werden, womit letzterer eine größere Kraft und Wirksamkeit erweist als ersterer. Größer als alle physischen Gefahren sind die gigantischen Wirkungen der Wahnvorstellungen, denen doch unser Weltbewusstsein jegliche Wirklichkeit absprechen möchte. Unsere hochgepriesene Vernunft und unser maßlos überschätzter Wille erweisen sich gegebenenfalls als machtlos gegenüber dem »unrealen« Gedanken. Die Weltmächte, welche die gesamte Menschheit auf Gedeih und Verderb regieren, sind unbewusste psychische Faktoren, und sie sind es auch, welche das Bewusstsein und damit die conditio sine qua non für die Existenz einer Welt überhaupt hervorbringen. Wir sind überwältigt von einer Welt, welche durch unsere Seele geschaffen wurde. 747

Daran lässt sich die Größe des Irrtums ermessen, den unser abendländisches Bewusstsein begeht, wenn es der Seele nur eine aus materiellen Ursachen abgeleitete Wirklichkeit zugesteht. Weiser ist wohl der Osten, der das Wesen aller Dinge in der Seele begründet findet. Zwischen den unbekannten Wesenheiten von Geist und Stoff steht die Wirklichkeit des Seelischen, die psychische Realität, die einzige Wirklichkeit, die uns unmittelbar erfahrbar ist. 748

Über Synchronizität[1]

Meine Damen und Herren!

959 Es wäre vielleicht angebracht, meiner Darstellung eine Definition des Begriffes, um den es sich hier handelt, voranzuschicken. Ich möchte aber lieber den umgekehrten Weg gehen und Ihnen zuerst jene Tatsachen skizzieren, welche unter dem Begriff der Synchronizität zusammengefasst werden sollen. Dieser Terminus hat, wie sein Wortlaut zeigt, etwas mit Zeit beziehungsweise mit einer Art von *Gleichzeitigkeit* zu tun. Statt letzteren Ausdruckes können wir uns auch des Begriffes der *sinngemäßen Koinzidenz* zweier oder mehrerer Ereignisse bedienen, wobei es sich um etwas anderes als Zufallswahrscheinlichkeit handelt. Zufällig ist ein statistisches, das heißt wahrscheinliches Zusammentreffen von Ereignissen, wie zum Beispiel die in Spitälern bekannte »Duplizität der Fälle«. Derartige Gruppierungen können auch mehrere bis viele Glieder aufweisen, ohne deshalb aus dem Rahmen des Wahrscheinlichen und rational Möglichen herauszufallen. So kann es sich zum Beispiel ereignen, dass jemand zufälligerweise auf die Nummer seines Trambahnbillets aufmerksam wird. Zu Hause angelangt, erhält er einen Telefonanruf, bei welchem die gleiche Nummer angegeben wird. Abends kauft er sich ein Theaterbillet, das wiederum die gleiche Nummer trägt. Die drei Ereignisse bilden eine Zufallsgruppe, die zwar nicht oft zustande kommen wird, jedoch wegen der Häufigkeit jedes ihrer Glieder durchaus innerhalb des Rahmens der Wahrscheinlichkeit liegt. Aus meiner persönlichen Erfahrung möchte ich Ihnen folgende Zufallsgruppe berichten, die nicht weniger als sechs Glieder aufweist:

960 Am 1. April 1949 habe ich mir am Vormittag eine Inschrift notiert, in welcher es sich um eine Figur handelt, die oben Mensch, unten Fisch ist. Beim Mittagessen gab es Fisch. Jemand erwähnte den Brauch des »April-

Quellenhinweis:
Aus: GW 8; §§ 959–987. Hier: §§ 959–976.

[1] [Vortrag, gehalten an der Eranos-Tagung in Ascona und erschienen im *Eranos-Jahrbuch* 1951. Rhein-Verlag, Zürich 1952.]

fisches«. Am Nachmittag zeigte mir eine frühere Patientin, die ich seit Monaten nicht mehr gesehen hatte, einige eindrucksvolle Fischbilder. Am Abend zeigte mir jemand eine Stickerei, die Meerungeheuer und Fische darstellt. Früh am nächsten Morgen sah ich eine frühere Patientin, die mir nach zehn Jahren zum ersten Mal wieder begegnete. Sie hatte in der Nacht vorher von einem großen Fisch geträumt. Als ich einige Monate später diese Serie in einer größeren Arbeit verwendete und eben die Niederschrift beendet hatte, begab ich mich vors Haus an den See an eine Stelle, wo ich am selben Morgen schon mehrere Male gewesen war. Diesmal lag nun ein fußlanger Fisch auf der Seemauer. Da niemand dort gewesen sein konnte, weiß ich nicht, wie der Fisch dorthin gelangt ist.

Wenn sich Koinzidenzen derart häufen, so kann man wohl nicht 961
anders, als davon beeindruckt sein. Denn je mehr Glieder eine derartige Serie hat oder je ungewöhnlicher deren Charakter ist, desto mehr sinkt ihre Wahrscheinlichkeit. Aus gewissen Gründen, die ich anderenorts erwähnt habe, hier aber nicht des Näheren erörtern möchte, nehme ich an, dass es sich auch hier um eine Zufallsgruppierung handelt. Es muss aber zugegeben werden, dass sie unwahrscheinlicher ist als etwa eine bloße Duplizität.

Beim oben erwähnten Fall mit dem Trambillett sagte ich, dass der 962
Beobachter »zufälligerweise« die praktisch sonst nie beachtete Nummer wahrgenommen und im Gedächtnis behalten hatte, was die Bedingung für die Feststellung der Zufallsserie bildete. Was ihn zur Beachtung der Nummer veranlasst hat, ist mir unbekannt. Es scheint mir aber hier ein Unsicherheitsfaktor in die Beurteilung der Zufallsserie hereinzukommen, welcher eine gewisse Aufmerksamkeit erheischt. Ich habe in anderen Fällen Ähnliches gesehen, ohne jedoch imstande gewesen zu sein, irgendwelche verlässlichen Schlüsse daraus abzuleiten. Man kann sich aber gelegentlich schwer des Eindruckes erwehren, dass eine Art von Vorwissen um die kommende Ereignisserie besteht. Dieses Gefühl wird unabweisbar in jenen relativ häufigen Fällen, wo man meint, auf der Straße einem alten Freund zu begegnen, und dann enttäuscht feststellen muss, dass es ein Fremder ist. Man geht dann um die nächste Ecke und trifft den Angekündigten leibhaftig an. Derartige Fälle ereignen sich in allen möglichen Formen und nicht allzu selten, werden jedoch nach einer momentanen Verwunderung in der Regel rasch wieder vergessen.

Je mehr sich nun die vorausgesehenen Einzelheiten eines Ereignisses 963
häufen, desto bestimmter ist der Eindruck eines bestehenden Vorauswissens und desto unwahrscheinlicher der Zufall. Ich erinnere mich der Geschichte eines Studienfreundes, dem sein Vater eine Reise nach Spanien

versprochen hatte, wenn er sein Schlussexamen gut bestünde. Mein Freund träumte nun, *er gehe durch eine spanische Stadt. Die Straße führte auf eine Plaza, wo eine gotische Kathedrale stand. Er ging, dort angelangt, nach rechts um die Ecke in eine andere Straße. Dort begegnete ihm eine elegante Kalesche, die mit zwei Falben bespannt war.* Dann erwachte er. Er erzählte uns den Traum am Biertisch. Nach bald darauf glücklich bestandenem Examen begab er sich nach Spanien und erkannte dort in einer Straße die Stadt seines Traumes. Er fand die Plaza und die Kirche, die genau dem Traumbild entsprachen. Zuerst wollte er direkt zur Kirche gehen, dann erinnerte er sich aber, dass er im Traum an der Ecke nach rechts in eine andere Straße eingebogen war. Er war nun neugierig, ob sich sein Traum weiter bestätigen würde. Kaum war er um die Ecke gelangt, so sah er auch die Kalesche mit den zwei Falben in Wirklichkeit.

964 Das sentiment du déjà-vu beruht, wie ich in mehreren Fällen konstatieren konnte, auf einem Vorauswissen in Träumen, das aber, wie wir sahen, auch im Wachen vorkommt. In solchen Fällen wird der bloße Zufall äußerst unwahrscheinlich, indem die Koinzidenz vorausgewusst ist. Dadurch verliert sie ihren Zufallscharakter einerseits psychologisch und subjektiv, andererseits aber auch objektiv, indem die Häufung von Einzelheiten, die zusammentreffen, die Unwahrscheinlichkeit des Zufalls ins Unermessliche steigern. (Für bestimmt vorausgesehene Todesfälle sind von Dariex und Flammarion Wahrscheinlichkeiten von 1:4 Millionen bis 1:800 Millionen berechnet worden.) In solchen Fällen wäre es daher unangebracht, von »Zufällen« zu reden. Es handelt sich vielmehr um sinngemäße Koinzidenzen. Gewöhnlich erklärt man derartige Fälle durch Präkognition, das heißt Vorwissen. Man spricht auch von Hellsehen, Telepathie usw., allerdings ohne angeben zu können, worin diese Fähigkeiten bestehen beziehungsweise welcher Übertragungsmittel sie sich bedienen, um räumlich oder zeitlich distante Ereignisse der Wahrnehmung zugänglich zu machen. Es handelt sich bei diesen Vorstellungen um bloße nomina, aber nicht um wissenschaftliche Begriffe, von denen man voraussetzt, dass sie etwas Prinzipielles aussagen. Es ist bis jetzt nämlich nicht gelungen, eine kausale Brücke zwischen den Gliedern einer sinngemäßen Koinzidenz zu schlagen.

965 Auf dem weitgespannten Gebiete derartiger Phänomene kommt J. B. Rhine das große Verdienst zu, durch seine ESP(extra-sensory perception)-Experimente verlässliche Grundlagen geschaffen zu haben. Er bediente sich eines Satzes von 25 Karten, von denen je fünf dasselbe Zeichen tragen (Stern, Rechteck, Kreis, Kreuz, zwei Wellenlinien). Die Versuchsordnung war folgende: Der Kartensatz wird bei jeder Versuchsserie 800-mal

herausgelegt, und zwar so, dass die Versuchsperson die herausgelegten Karten nicht sehen kann. Es wird ihr die Aufgabe gestellt, die herausgelegten Karten zu erraten. Die Wahrscheinlichkeit eines Treffers ist 1:5. Das Resultat, das aus sehr großen Zahlen hervorgeht, besteht aus einem Durchschnitt von 6,5 Treffern. Die Wahrscheinlichkeit einer Zufallsdeviation von 1,5 beträgt nur 1 : 250 000. Einzelne Individuen erzielten das Doppelte und mehr an Treffern. Einmal wurden sogar alle 25 Karten korrekt gelesen, was einer Wahrscheinlichkeit von 1 : 289 023 223 876 953 125 entspricht. Die räumliche Distanz zwischen Experimentator und Versuchsperson wurde ohne Beeinträchtigung des Resultates von wenigen Metern bis zu etwa 4000 Meilen ausgedehnt.

Eine zweite Versuchsanordnung bestand darin, dass der V. P. die Auf- 966
gabe gestellt wurde, eine in der näheren oder ferneren Zukunft noch herauszulegende Kartenserie zu erraten. Die zeitliche Distanz wurde von wenigen Minuten bis auf zwei Wochen erstreckt. Das Resultat dieser Versuche ergab eine Wahrscheinlichkeit von 1 : 400 000.

Eine dritte Versuchsanordnung bestand darin, dass die V. P. versuchen 967
musste, durch Wünschen einer bestimmten Zahl das durch einen Apparat besorgte Würfeln zu beeinflussen. Dieses sogenannte *psychokinetische* Experiment (PK) fiel umso positiver aus, je mehr Würfel aufs Mal benützt wurden.

Das Resultat des Raumversuches beweist mit hinlänglicher Sicherheit, 968
dass die Psyche den Raumfaktor in einem gewissen Maße ausschalten kann. Der Zeitversuch beweist, dass der Zeitfaktor (wenigstens in der Dimension der Zukunft) psychisch relativiert werden kann. Der Würfelversuch beweist, dass auch bewegte Körper psychisch beeinflusst werden; ein Ergebnis, das man aus der psychischen Relativität von Raum und Zeit voraussagen kann.

Der Energiesatz erweist sich beim Rhine'schen Experiment als unan- 969
wendbar. Damit fallen alle Vorstellungen einer Kraftübertragung weg. Ebenso wird das Kausalgesetz ungültig; ein Umstand, den ich schon vor dreißig Jahren angedeutet habe. Man kann sich nämlich nicht vorstellen, wie ein zukünftiges Ereignis ein solches in der Gegenwart zu bewirken vermöchte. Da vorderhand keinerlei Möglichkeiten einer Kausalerklärung vorliegen, so müssen wir provisorisch annehmen, dass unwahrscheinliche Zufälle beziehungsweise *sinngemäße Koinzidenzen* akausaler Natur eingetreten seien.

Als Bedingung dieser bemerkenswerten Resultate kommt die von 970
Rhine entdeckte Tatsache in Betracht, dass die jeweilig ersten Versuchsserien bessere Resultate aufweisen als die späteren. Das Absinken der Treffer-

zahl hängt mit der Stimmung der V. P. zusammen. Eine gläubige und optimistische Anfangsstimmung bedingt gute Resultate. Skeptizismus und Widerstand bewirken das Gegenteil, das heißt, sie schaffen eine ungünstige Disposition. Da die energetische und damit auch die kausale Betrachtungsweise in diesen Experimenten sich als unanwendbar erweist, so kann dem *affektiven* Faktor vorerst nur die Bedeutung einer *Bedingung*, unter der sich das Phänomen ereignen *kann*, aber nicht *muss*, zukommen. Nach den Rhine'schen Resultaten dürfen wir immerhin 6,5 Treffer statt bloß 5 erwarten. Wann der Treffer eintritt, lässt sich allerdings nicht voraussagen. Könnte man es, so würde es sich um ein Gesetz handeln, was der Natur des Phänomens allerdings in jeder Hinsicht widerspräche. Es hat den Charakter eines *unwahrscheinlichen Zufalls*, dessen Eintreten mit einer mehr als bloß wahrscheinlichen Häufigkeit erfolgt und in der Regel von einem gewissen affektiven Zustand abhängt.

971 Diese Beobachtung, die sich durchgehend bestätigt hat, weist darauf hin, dass der psychische Faktor, der die Prinzipien des physikalischen Weltbildes modifiziert beziehungsweise eliminiert, mit der Affektivität der V. P. zusammenhängt. Obschon die Phänomenologie des ESP- und PK-Experimentes durch weitere Versuche der oben skizzierten Art noch erheblich bereichert werden kann, so wird sich eine tiefere Erforschung der Grundlagen notwendigerweise mit dem Wesen der Affektivität zu befassen haben. Ich habe darum meine Aufmerksamkeit auf gewisse Beobachtungen und Erfahrungen gerichtet, die sich mir im Laufe meiner langen ärztlichen Tätigkeit – ich kann wohl sagen – des Öfteren aufgedrängt haben. Sie betreffen spontane sinngemäße Koinzidenzen von hoher Unwahrscheinlichkeit, welche dementsprechend unglaubwürdig erscheinen. Ich will Ihnen darum nur einen Fall dieser Art schildern, und zwar nur, um ein Beispiel zu geben, das eine ganze Kategorie von Phänomenen charakterisiert. Es tut nichts zur Sache, ob Sie dem einzelnen Fall den Glauben verweigern oder ihn mit einer Erklärung ad hoc abtun. Ich könnte Ihnen noch eine Reihe solcher Geschichten erzählen, die im Prinzip nicht wunderlicher oder unglaubwürdiger sind als die nicht zu widerlegenden Rhine'schen Resultate, und Sie würden dann bald sehen, dass fast jeder Fall eine eigene Erklärung erfordert. Die einzige, naturwissenschaftlich mögliche Kausalerklärung versagt aber infolge der psychischen Relativierung von Raum und Zeit, welche unabdingbare Voraussetzungen für den Ursache-Wirkungs-Zusammenhang bilden.

972 Mein Beispiel betrifft eine junge Patientin, die sich trotz beidseitiger Bemühung als psychologisch unzugänglich erwies. Die Schwierigkeit bestand darin, dass sie alles besser wusste. Ihre treffliche Erziehung hatte

ihr zu diesem Zwecke eine geeignete Waffe in die Hand gegeben, nämlich einen scharf geschliffenen cartesianischen Rationalismus mit einem geometrisch einwandfreien Wirklichkeitsbegriff. Nach einigen fruchtlosen Versuchen, ihren Rationalismus durch eine etwas humanere Vernunft zu mildern, musste ich mich auf die Hoffnung beschränken, dass ihr etwas Unerwartetes und Irrationales zustoßen möge, etwas, das die intellektuelle Retorte, in die sie sich eingesperrt hatte, zu zerbrechen vermöchte. So saß ich ihr eines Tages gegenüber, den Rücken zum Fenster gekehrt, um ihrer Beredsamkeit zu lauschen. Sie hatte die Nacht vorher einen eindrucksvollen Traum gehabt, *in welchem ihr jemand einen goldenen Skarabäus (ein kostbares Schmuckstück) schenkte.* Während sie mir noch diesen Traum erzählte, hörte ich, wie etwas hinter mir leise an das Fenster klopfte. Ich drehte mich um und sah, dass es ein ziemlich großes fliegendes Insekt war, das von außen an die Scheiben stieß mit dem offenkundigen Bemühen, in den dunklen Raum zu gelangen. Das erschien mir sonderbar. Ich öffnete sogleich das Fenster und fing das hereinfliegende Insekt in der Luft. Es war ein *Scarabaeide,* Cetonia aurata, der gemeine Rosenkäfer, dessen grüngoldene Farbe ihn an einen goldenen Skarabäus am ehesten annähert. Ich überreichte den Käfer meiner Patientin mit den Worten: »Hier ist Ihr Skarabäus.« Dieses Ereignis schlug das gewünschte Loch in ihren Rationalismus, und damit war das Eis ihres intellektuellen Widerstandes gebrochen. Die Behandlung konnte nun mit Erfolg weitergeführt werden.

Diese Geschichte soll nur als Paradigma gelten für die zahllosen Fälle 973
von sinngemäßer Koinzidenz, welche nicht nur ich, sondern viele andere auch beobachtet und zum Teil in großen Sammlungen niedergelegt haben. Hieher gehört alles, was unter den Namen von Hellsehen, Telepathie usw. geht, von der wohlbeglaubigten Vision Swedenborgs vom großen Brande in Stockholm bis zum jüngsten Berichte des Luftmarschalls Sir Victor Goddard vom Traume eines ihm unbekannten Offiziers, der die nachmalige Katastrophe von Goddards Aeroplan vorausgesehen hatte.

Alle die angedeuteten Phänomene lassen sich in drei Kategorien ord- 974
nen:

1. Koinzidenz eines psychischen Zustandes des Beobachters mit einem gleichzeitigen, objektiven, äußeren Ereignis, welches dem psychischen Zustand oder Inhalt entspricht (wie zum Beispiel der Skarabäus), wobei zwischen psychischem Zustand und äußerem Ereignis kein Kausalzusammenhang ersichtlich und, unter Berücksichtigung der oben festgestellten psychischen Relativierung von Raum und Zeit, auch nicht einmal denkbar ist.

2. Koinzidenz eines psychischen Zustandes mit einem entsprechenden

(mehr oder weniger gleichzeitigen) äußeren Ereignis, welches aber außerhalb des Wahrnehmungsbereiches des Beobachters, also räumlich distant, stattfindet und erst nachträglich verifiziert werden kann (wie zum Beispiel der Brand von Stockholm).

3. Koinzidenz eines psychischen Zustandes mit einem entsprechenden, noch nicht vorhandenen, zukünftigen, also zeitlich distanten Ereignis, das ebenfalls erst nachträglich verifiziert werden kann.

975 In den Fällen zwei und drei sind die koinzidierenden Ereignisse im Wahrnehmungsbereich des Beobachters noch nicht vorhanden, sondern sie sind insofern zeitlich vorausgenommen, als sie erst nachträglich verifiziert werden können. Aus diesem Grunde bezeichne ich derartige Ereignisse als *synchronistisch,* was nicht mit *synchron* zu verwechseln ist.

976 Unsere Überschau über dieses weite Erfahrungsgebiet wäre unvollständig, wenn wir nicht auch die sogenannten *mantischen Methoden* in unsere Betrachtung einbezögen. Die Mantik erhebt ja den Anspruch, synchronistische Ereignisse wenn nicht geradezu zu erzeugen, so doch ihren Zwecken dienstbar zu machen. Ein illustratives Beispiel hiefür bietet die Orakelmethode des *I Ging,* über welche Herr Dr. Helmut Wilhelm an dieser Tagung ausführlich berichtet. Voraussetzung des *I Ging* ist, dass eine synchronistische Entsprechung zwischen dem psychischen Zustand des Fragenden und dem antwortenden Hexagramm besteht. Letzteres verdankt seine Entstehung entweder der rein zufälligen Teilung der 49 Schafgarbenstängel oder dem ebenso zufälligen Wurf der drei Münzen. Das Resultat dieser Methode ist unbestreitbar sehr interessant, bietet jedoch, soweit ich sehen kann, keinerlei Handhabe zu einer objektiven Tatsachenfeststellung, das heißt zu einer statistischen Erfassung, indem der in Frage kommende psychische Zustand viel zu unbestimmt und unbestimmbar ist. Das Gleiche gilt vom *geomantischen* Experiment, das auf ähnlichen Prinzipien beruht.

Seele und Tod*

Schon öfters ist an mich die Frage gerichtet worden, was ich vom Tode halte, von jenem unproblematischen Ende der menschlichen Einzelexistenz. Der Tod ist uns bekannt als ein Ende schlechthin. Es ist der Schlusspunkt, welcher oft noch vor das Ende des Satzes gesetzt wird, über den hinaus es nur noch Erinnerung oder Folgewirkung bei anderen gibt. Für den Betroffenen aber ist der Sand im Glase abgelaufen; der rollende Stein ist zur Ruhelage gekommen. Angesichts solchen Todes erscheint uns das Leben stets wie ein Ablauf, wie der Gang einer aufgezogenen Uhr, deren endlicher Stillstand selbstverständlich ist. Nie sogar sind wir mehr vom »Ablauf« des Lebens überzeugt, als wenn ein Menschenleben vor unseren Augen zu Ende kommt, und nie erhebt sich dringender und peinlicher die Frage nach Sinn und Wert des Lebens, als wenn wir sehen, wie der letzte Hauch einen eben noch lebendigen Körper verlässt. Wie anders erscheint uns der Sinn des Lebens, wenn wir den jugendlichen Menschen sich um ferne Ziele bemühen und Zukunft schaffen sehen, als wenn ein unheilbar Kranker oder ein Greis widerwillig und kraftlos ins Grab sinkt! Die Jugend – will es uns scheinen – hat Ziel, Zukunft, Sinn und Wert. Das Zuendegehen aber ist ein bloß sinnloses Aufhören. Hat ein Junger Angst vor Welt, Leben und Zukunft, so findet es jedermann bedauerlich, unvernünftig, neurotisch; man hält ihn für einen feigen Drückeberger. Wenn aber der alternde Mensch ein geheimes Grauen, ja sogar Todesangst empfindet beim Gedanken, dass seine vernünftige Lebenserwartung jetzt nur noch soundso viele Jahre beträgt, dann ist man peinlich an gewisse Gefühle im eigenen Busen erinnert; man schaut womöglich weg und lenkt das Gespräch auf ein anderes Thema. Der Optimismus, mit dem man den Jungen beurteilt, versagt hier. Man hat zwar für alle Fälle ein paar passende Lebensweisheiten zur Hand, welche man bei Gelegenheit dem anderen 796

Quellenhinweis:
Aus: GW 8, §§ 796–815.

* [Erschienen in: *Europäische Revue* X/4 (Berlin 1934). Gekürzte Fassung unter dem Titel »Von der Psychologie des Sterbens«, in: *Münchner Neueste Nachrichten* (2. Oktober 1935). Ferner in: *Wirklichkeit der Seele* (Psychologische Abhandlungen IV). Rascher, Zürich 1934. Neuauflagen 1939 und 1947; Paperback 1969.]

gegenüber zum Besten gibt, zum Beispiel »Jeder muss einmal sterben«, »Man lebt nicht ewig« usw. Aber wenn man allein ist, und es ist Nacht und so dunkel und still, dass man nichts hört und nichts sieht als die Gedanken, welche Lebensjahre addieren und subtrahieren, als die lange Reihe jener unangenehmen Tatsachen, welche erbarmungslos beweisen, wie weit der Zeiger der Uhr vorgerückt ist, als das langsame und unaufhaltsame Näherkommen jener schwarzen Wand, welche alles, was ich liebe, wünsche, besitze, hoffe und erstrebe, endgültig verschlingen wird, dann verkriechen sich alle Lebensweisheiten in ein unauffindbares Versteck, und Angst fällt auf den Schlaflosen wie eine erstickende Decke.

797 Wie es eine große Zahl junger Menschen gibt, die im Grunde genommen eine panische Angst haben vor dem Leben, das sie doch so sehr ersehnen, so gibt es eine vielleicht noch größere Zahl alternder Menschen, welche die gleiche Furcht vor dem Tode haben. Ja, ich habe die Erfahrung gemacht, dass gerade jene jungen Leute, welche das Leben fürchten, später ebenso sehr an Todesangst leiden. Sind sie jung, so sagt man, sie hätten infantile Widerstände gegen die normalen Forderungen des Lebens; sind sie alt, so müsste man eigentlich dasselbe sagen, nämlich dass sie ebenfalls Angst vor einer normalen Forderung des Lebens haben. Aber man ist dermaßen davon überzeugt, dass der Tod einfach das Ende eines Ablaufes ist, dass es einem in der Regel gar nicht beikommt, den Tod ähnlich als ein Ziel und eine Erfüllung aufzufassen, wie man es bei den Zwecken und Absichten des aufsteigenden, jugendlichen Lebens ohne weiteres tut.

798 Das Leben ist ein energetischer Ablauf wie irgendeiner. Aber jeder energetische Vorgang ist im Prinzip irreversibel und darum eindeutig auf ein Ziel gerichtet, und das Ziel ist die Ruhelage. Jeder Vorgang ist schließlich nichts anderes als eine anfängliche Störung einer sozusagen ewigen Ruhelage, die sich immer wieder herzustellen sucht. Das Leben ist sogar das Teleologische par excellence, es ist Zielstrebigkeit selber, und der lebende Körper ist ein System von Zweckmäßigkeiten, welche sich zu erfüllen trachten. Das Ende jeglichen Ablaufes ist sein Ziel. Jeder Ablauf ist wie ein Läufer, der mit größter Anstrengung und stärkstem Kraftaufwand danach strebt, sein Ziel zu erreichen. Jugendliche Sehnsucht nach Welt und Leben, nach Erreichung hochgespannter Hoffnungen und ferner Ziele ist die offenkundige Zielstrebigkeit des Lebens, welche sich sofort in Lebensangst, neurotische Widerstände, Depressionen und Phobien verwandelt, wenn sie irgendwo an der Vergangenheit hängen bleibt oder vor Wagnissen zurückschreckt, ohne welche die gesteckten Ziele nicht erreicht werden können. Mit der Erlangung der Reife und des Höhepunktes des biologischen Lebens, welcher ungefähr mit der Lebens-

mitte zusammenfällt, hört aber die Zielstrebigkeit des Lebens keineswegs auf. Mit derselben Intensität und Unaufhaltsamkeit, mit der es vor der Lebensmitte bergauf ging, geht es jetzt bergab, denn das Ziel liegt nicht auf dem Gipfel, sondem im Tale, wo der Aufstieg begann. Die Kurve des Lebens ist wie eine Geschossparabel. In seiner anfänglichen Ruhelage gestört, steigt das Geschoss auf und kehrt wieder zur Ruhelage zurück.

Die psychologische Lebenskurve allerdings will mit dieser Naturgesetz- 799
mäßigkeit nicht stimmen. Die Unstimmigkeit fängt gelegentlich schon frühe im Aufstieg an. Das Geschoss steigt zwar biologisch, aber psychologisch zögert es. Man bleibt hinter seinen Jahren zurück, man bewahrt seine Kindheit, wie wenn man sich vom Boden nicht trennen könnte. Man hält den Zeiger an und bildet sich ein, die Zeit stehe dann still. Ist man mit einiger Verspätung schließlich doch auf einen Gipfel gelangt, so setzt man sich psychologisch auch dort wieder zur Ruhe und, obschon man merken könnte, wie man auf der anderen Seite wieder herunterrutscht, so klammert man sich doch wenigstens mit anhaltenden Rückblicken an die einstmals erreichte Höhe. Wie früher die Furcht als Hemmnis vor dem Leben stand, so steht sie jetzt vor dem Tode. Es wird zwar zugegeben, dass man aus Furcht vor dem Leben sich beim Aufstieg verspätet hat, erhebt aber jetzt gerade wegen der Verspätung einen umso größeren Anspruch auf das Festhalten der erreichten Höhe. Es ist zwar offenkundig geworden, dass das Leben sich trotz allen Widerständen (die jetzt ach so sehr bereut werden) durchgesetzt hat, aber ungeachtet dieser Erkenntnis wird jetzt doch wieder versucht, das Leben stillzustellen. Damit verliert die Psychologie eines solchen Menschen ihren natürlichen Boden. Sein Bewusstsein steht in der Luft, während unter ihm die Parabel mit vermehrter Geschwindigkeit absinkt.

Der Nährboden der Seele ist das natürliche Leben. Wer dieses nicht 800
begleitet, bleibt in der Luft hängen und erstarrt. Darum verholzen so viele Menschen im reifen Alter, sie schauen zurück und klammern sich an die Vergangenheit mit geheimer Todesfurcht im Herzen. Sie entziehen sich dem Lebensprozess wenigstens psychologisch und bleiben darum als Erinnerungssalzsäulen stehen, die sich zwar noch lebhaft an ihre Jugendzeit zurückerinnern, aber kein lebendiges Verhältnis zur Gegenwart finden können. Von der Lebensmitte an bleibt nur der lebendig, der mit dem Leben sterben will. Denn das, was in der geheimen Stunde des Lebensmittags geschieht, ist die Umkehr der Parabel, *die Geburt des Todes.* Das Leben der zweiten Lebenshälfte heißt nicht Aufstieg, Entfaltung, Vermehrung, Lebensüberschwang, sondern Tod, denn sein Ziel ist das Ende. Seine-Lebenshöhe-nicht-Wollen ist dasselbe wie Sein-Ende-nicht-Wollen. Bei-

des ist: Nicht-leben-Wollen. Nicht-leben-Wollen ist gleichbedeutend mit Nicht-sterben-Wollen. Werden und Vergehen ist dieselbe Kurve.

801 Diese ganz unzweifelhafte Wahrheit macht das Bewusstsein wenn irgend möglich nicht mit. Man ist in der Regel an seine Vergangenheit verhaftet und bleibt in der Illusion der Jugendlichkeit stecken. Altsein ist äußerst unpopulär. Man scheint nicht zu berücksichtigen, dass Nicht-altern-Können genauso blödsinnig ist wie den Kinderschuhen Nicht-entwachsen-Können. Ein Mann von dreißig, der noch infantil ist, ist wohl bedauernswert, aber ein jugendlicher Siebzigjähriger, ist das nicht entzückend? Und doch sind beide pervers, stillos, psychologische Naturwidrigkeiten. Ein Junger, der nicht kämpft und siegt, hat das Beste seiner Jugend verpasst, und ein Alter, welcher auf das Geheimnis der Bäche, die von Gipfeln in Täler rauschen, nicht zu lauschen versteht, ist sinnlos, eine geistige Mumie, welche nichts ist als erstarrte Vergangenheit. Er steht abseits von seinem Leben, maschinengleich sich wiederholend bis zur äußersten Abgedroschenheit. Was für eine Kultur, die solcher Schattengestalten bedarf!

802 Unsere statistisch vorhandene relative Langlebigkeit ist eine Kulturerrungenschaft. Primitive Menschen erreichen nur ausnahmsweise ein hohes Alter. So sah ich nur ganz wenige Männer mit weißen Haaren und schätzungsweise älter als sechzig bei den von mir besuchten primitiven Stämmen in Ostafrika. Aber die waren wirklich alt, und zwar so, wie wenn sie immer alt gewesen wären, so völlig hatten sie sich in ihr Alter eingelebt. Sie waren eben das, was sie waren, in jeglicher Beziehung. Wir sind immer nur mehr oder weniger, als wir eigentlich sind. Es ist, wie wenn unser Bewusstsein von seiner natürlichen Grundlage etwas abgerutscht wäre und sich mit der natürlichen Zeit nicht mehr ganz auskennte. Es scheint, als ob wir an einer Hybris des Bewusstseins litten, die uns vorspiegelt, die Lebenszeit sei eine bloße Illusion, die man nach Belieben ändern könne. (Man fragt sich, woher das Bewusstsein seine Fähigkeit, naturwidrig sein zu können, eigentlich bezieht und was solche Eigenmächtigkeit wohl bedeutet.)

803 Wie die Flugbahn des Geschosses im Ziel, so endet das Leben im Tod, der mithin das Ziel des ganzen Lebens ist. Selbst dessen Aufstieg und sein Höhepunkt sind nur Stufen und Mittel zum Zwecke, das Ziel, nämlich den Tod, zu erreichen. Diese paradoxe Formel ist nichts als der logische Schluss aus der Tatsache der Zielstrebigkeit und Zweckbestimmtheit des Lebens. Ich glaube nicht, dass ich mich damit einer syllogistischen Spielerei schuldig mache. Dem Aufstieg des Lebens billigen wir Ziel und Sinn zu, warum nicht dem Abstieg? Die Geburt des Menschen ist bedeutungs-

schwanger, warum nicht der Tod? Der junge Mensch wird zwanzig und mehr Jahre auf die völlige Entfaltung seiner Einzelexistenz vorbereitet, warum soll er sich nicht zwanzig und mehr Jahre auf sein Ende vorbereiten? Allerdings – mit dem Höhepunkt hat man es sichtlich erreicht, man ist's und man hat's. Was ist aber mit dem Tod erreicht?

Es ist mir unsympathisch, in dem Moment, wo man etwas erwarten 804
dürfte, plötzlich einen Glauben aus der Tasche zu ziehen und meinen Leser aufzufordern, ausgerechnet das zu tun, was er nie konnte, nämlich etwas glauben. Ich muss gestehen, ich konnte es auch nie. Darum werde ich jetzt gewiss nicht behaupten, man müsse eben glauben, dass der Tod eine zweite Geburt sei und in eine Fortdauer über das Grab hinaus überleite. Ich darf aber wenigstens erwähnen, dass der consensus gentium ausgesprochene Auffassungen vom Tode hat, welche sich in allen großen Religionen der Erde unmissverständlich ausgedrückt haben. Ja, man kann sogar behaupten, dass die Mehrzahl dieser Religionen komplizierte Systeme der Vorbereitung des Todes sind, und zwar in einem solchen Maße, dass das Leben tatsächlich im Sinne meiner obigen paradoxen Formel nichts bedeutet als eine Vorbereitung auf das letzthinnige Ziel, den Tod. Für die beiden größten lebenden Religionen, das Christentum und den Buddhismus, vollendet sich der Sinn des Daseins in seinem Ende.

Mit der Epoche der Aufklärung hat sich eine Meinung über das Wesen 805
der Religionen entwickelt, welche wegen ihrer weiten Verbreitung Erwähnung verdient, obschon sie ein typisch aufklärerisches Missverständnis ist. Nach dieser Meinung sollen Religionen etwas wie philosophische Systeme und, wie diese, mit dem Kopf ausgeklügelt worden sein. Irgendjemand habe einmal einen Gott und sonstige Dogmen erfunden und mit dieser »wunscherfüllenden« Phantasie die Menschheit an der Nase herumgeführt. Dieser Meinung steht aber die psychologische Tatsache gegenüber, dass die religiösen Symbole mit dem Kopf eben gerade sehr schlecht gedacht werden können. Sie stammen auch gar nicht aus dem Kopfe, sondern irgendwo anders her, vielleicht aus dem Herzen, jedenfalls aus einer psychischen Tiefenschicht, die dem Bewusstsein, das immer nur Oberfläche ist, wenig ähnelt. Darum haben die religiösen Symbole auch ausgesprochenen »Offenbarungscharakter«, das heißt, sie sind in der Regel spontane Erzeugnisse der unbewussten Seelentätigkeit. Sie sind alles, nur nicht ausgedacht; sie sind vielmehr im Laufe der Jahrtausende allmählich gewachsen, wie Pflanzen, als natürliche Offenbarungen der Menschheitsseele. Auch heutzutage können wir noch immer die spontane Entstehung echter und rechter religiöser Symbole bei einzelnen Individuen beobachten, wo sie aus dem Unbewussten hervorwachsen wie Blumen fremder

Art, und das Bewusstsein steht verlegen daneben und weiß nicht recht, was es mit solcher Geburt anfangen soll. Es lässt sich mit nicht allzu großen Schwierigkeiten feststellen, dass diese individuellen Symbole inhaltlich und formal demselben unbewussten »Geiste« (oder was es immer ist) entstammen wie die großen Menschheitsreligionen. Auf alle Fälle beweist die Erfahrung, dass die Religionen keineswegs bewusster Erklügelung, sondern dem natürlichen Leben der unbewussten Seele entstammen und dieses irgendwie adäquat ausdrücken. Daraus nämlich erklärt sich ihre universelle Verbreitung und ihre ungeheure historische Wirkung auf die Menschheit. Eine solche Wirkung wäre unverständlich, wenn die religiösen Symbole nicht zum mindesten psychologische Naturwahrheiten wären.

806 Ich weiß, dass sehr viele Leute mit dem Wort »psychologisch« Schwierigkeiten haben. Zur Beruhigung dieser Kritiker füge ich deshalb bei, dass kein Mensch weiß, was »Psyche« ist, und dass man ebensowenig anzugeben weiß, wie weit »Psyche« in der Natur reicht. Eine psychologische Wahrheit ist darum eine ebenso anständige und gute Sache wie eine physikalische Wahrheit, die sich auf den Stoff beschränkt, wie jene auf die Psyche.

807 Der in den Religionen sich ausdrückende consensus gentium sympathisiert, wie wir sahen, mit meiner paradoxen Formel. Es scheint also der allgemeinen Seele der Menschheit mehr zu entsprechen, wenn wir den Tod als die Sinnerfüllung des Lebens und als sein eigentlichstes Ziel betrachten anstatt als ein bloß sinnloses Aufhören. Wer also einer aufklärerischen Meinung in dieser Hinsicht huldigt, hat sich psychologisch isoliert und steht im Gegensatz zu seinem eigenen allgemeinmenschlichen Wesen.

808 Dieser letztere Satz enthält die Grundwahrheit aller Neurosen, denn das Wesen der nervösen Störungen besteht in letzter Linie in einer Instinktentfremdung, in einer Abspaltung des Bewusstseins von gewissen seelischen Grundtatsachen. Aufklärerische Meinungen geraten daher unversehens in die unmittelbare Nachbarschaft neurotischer Symptome. Sie sind in der Tat, wie diese, *verbogenes Denken,* das anstelle des psychologisch richtigen Denkens steht. Letzteres bleibt nämlich immer mit dem Herzen, der Tiefe der Seele, dem Stamme verbunden. Denn – Aufklärung oder nicht, Bewusstsein oder nicht – die Natur bereitet sich auf den Tod vor. Könnten wir die Gedanken eines jungen Menschen direkt beobachten und registrieren, wenn er Zeit und Muße zum Träumen hat, so würden wir neben einigen Erinnerungsbildern wohl in der Hauptsache Phantasien, die sich mit der Zukunft beschäftigen, feststellen können.

Tatsächlich besteht weitaus der größte Teil der Phantasien aus Antizipationen. Die Phantasien sind daher größtenteils vorbereitende Handlungen oder gar psychische Einübungen auf gewisse zukünftige Wirklichkeiten. Könnten wir dasselbe Experiment mit einem alternden Menschen anstellen – selbstverständlich, ohne dass er es merkt –, so fänden wir natürlich wegen des Zurückschauens eine größere Anzahl von Erinnerungsbildern als beim jungen Manne, daneben aber eine überraschend große Anzahl von Antizipationen der Zukunft, einschließlich des Todes. Mit zunehmenden Jahren häufen sich sogar die Todesgedanken in erstaunlichem Maße. Der alternde Mensch bereitet sich nolens volens auf den Tod vor. Darum meine ich, dass die Natur schon selber für die Vorbereitung aufs Ende sorgt. Dabei ist es objektiv gleichgültig, was das individuelle Bewusstsein darüber denkt. Subjektiv aber bedeutet es einen gewaltigen Unterschied, ob das Bewusstsein Schritt hält mit der Seele oder sich an Meinungen festhakt, welche das Herz nicht kennt. Denn es ist ebenso neurotisch, sich nicht auf den Tod als ein Ziel einzustellen, wie in der Jugend die Phantasien zu verdrängen, welche sich mit der Zukunft beschäftigen.

Ich habe in meiner ziemlich langen psychologischen Erfahrung eine 809
Reihe von Beobachtungen bei Personen gemacht, deren unbewusste Seelentätigkeit ich bis in die unmittelbare Nähe des Todes verfolgen konnte. In der Regel wurde das nahende Ende mit jenen Symbolen angezeigt, mit welchen auch im normalen Leben psychologische Zustandsveränderungen angedeutet werden, nämlich Wiedergeburtsymbole wie Ortsveränderungen, Reisen und dergleichen. Die Hinweise auf den nahenden Tod habe ich mehrfach in Traumreihen bis über ein Jahr zurückverfolgen können, auch in Fällen, wo die äußere Situation keine solchen Gedanken aufkommen ließ. Das Sterben setzte also ein, lange bevor der wirkliche Tod eintrat. Übrigens zeigt sich dies auch öfters in einer eigentümlichen Charakterveränderung, die dem Tod längere Zeit vorausgehen kann. Im Ganzen war ich erstaunt, zu sehen, wie wenig Aufhebens die unbewusste Seele vom Tode macht. Demnach müsste der Tod etwas verhältnismäßig Belangloses sein, oder unsere Seele kümmert sich nicht darum, was dem Individuum zufälligerweise zustößt. Umso mehr aber scheint sich das Unbewusste dafür zu interessieren, *wie* man stirbt, nämlich, ob die Einstellung des Bewusstseins zum Sterben passt oder nicht. So musste ich zum Beispiel einmal eine zweiundsechzigjährige Frau behandeln. Sie war noch frisch und leidlich intelligent. An ihrem Können lag es nicht, dass sie ihre Träume nicht verstehen konnte. Es war leider nur zu deutlich, dass sie nicht einsehen *wollte.* Ihre Träume waren sehr klar, aber ebenso unange-

nehm. Sie hatte sich in den Kopf gesetzt, dass sie ihren Kindern eine tadellose Mutter sei, aber die Kinder teilten diese Ansicht gar nicht, auch die Träume vertraten eine sehr gegenteilige Überzeugung. Ich war genötigt, nach einigen Wochen fruchtloser Bemühung die Behandlung abzubrechen, da ich zum Militärdienst einrücken musste (es war während des Krieges). Unterdessen erkrankte die Patientin an einem unheilbaren Leiden, das nach einigen Monaten zu einem agonalen Zustand führte, der jeden Augenblick das Ende hätte bedeuten können. Sie befand sich die meiste Zeit in einer Art von Delir oder Somnambulismus, in welch eigentümlicher geistiger Verfassung sie die unterbrochene analytische Arbeit spontanerweise wieder aufnahm. Sie sprach wieder von ihren Träumen und gab sich selber alles zu, was sie mir früher mit größter Zähigkeit abgeleugnet hatte, und noch eine ganze Menge dazu. Diese selbstanalytische Arbeit dauerte täglich einige Stunden während circa sechs Wochen. Am Ende dieses Zeitraums hatte sie sich so beruhigt wie ein Patient in einer normalen Behandlung, und dann starb sie.

810 Aus dieser und einer Anzahl ähnlicher Erfahrungen muss ich also schließen, dass unserer Seele zum mindesten das Sterben des Individuums doch nicht gleichgültig ist. Der Zwang, alles Verkehrte noch richtigzustellen, der so häufig bei Sterbenden beobachtet wird, dürfte in gleiche Richtung weisen.

811 Wie diese Erfahrungen letztlich gedeutet werden müssten, ist ein Problem, das die Kompetenzen einer Erfahrungswissenschaft sowohl wie unsere intellektuellen Möglichkeiten überschreitet, denn zu einer Schlussfolgerung gehört notwendigerweise noch die Erfahrung des Todes. Dieses Ereignis versetzt aber den Beobachter unglücklicherweise in eine Lage, welche ihm die objektive Mitteilung seiner Erfahrung und der Schlüsse, die sich daraus ergeben, verunmöglicht.

812 Das Bewusstsein bewegt sich in engen Schranken, eingespannt in eine kurze Zeitstrecke zwischen Anfang und Ende, die erst noch etwa um ein Drittel durch periodischen Schlaf verkürzt wird. Das Leben des Körpers dauert etwas länger, es fängt stets früher an und hört sehr oft später auf als das Bewusstsein. Anfang und Ende sind die unvermeidlichen Aspekte aller Vorgänge. Jedoch bei näherem Zusehen fällt es ungeheuer schwer, anzugeben, wo etwas anfängt und wo etwas aufhört, denn die Ereignisse und Vorgänge, die Anfänge und Beendigungen bilden genau genommen ein nirgends teilbares Kontinuum. Wir teilen Vorgänge ab zum Zwecke der Unterscheidung und des Erkennens, im Grunde dabei wissend, dass jede Trennung arbiträr und konventionell ist. In das Kontinuum des Weltvorganges greifen wir damit nicht ein, denn »Anfang« und »Ende« sind in

allererster Linie Notwendigkeiten unseres bewussten Erkenntnisprozesses. Wohl können wir mit hinlänglicher Sicherheit feststellen, dass ein individuelles Bewusstsein in Bezug auf uns selber zum Ende gekommen ist. Ob aber damit auch die Kontinuität des psychischen Vorganges unterbrochen ist, bleibt zweifelhaft, denn die Gehirnverhaftung der Psyche ist heutzutage mit weit geringerer Sicherheit zu behaupten als noch vor fünfzig Jahren. Vorerst muss die Psychologie noch gewisse parapsychologische Tatsachen verdauen, womit sie aber noch nicht einmal angefangen hat.

Es scheinen nämlich der uns unbewussten Psyche Eigenschaften zuzu- 813
kommen, welche ein ganz merkwürdiges Licht auf deren Verhältnis zu Raum und Zeit werfen. Ich meine damit die räumlichen und zeitlichen telepathischen Phänomene, die bekanntlich viel leichter zu ignorieren, als zu erklären sind. Die Wissenschaft hat sich's bis jetzt, bis auf wenige rühmliche Ausnahmen, in dieser Hinsicht sehr bequem gemacht. Ich muss aber gestehen, dass mir die sogenannten telepathischen Fähigkeiten der Psyche erhebliches Kopfzerbrechen verursacht haben, denn mit dem Schlagwort »Telepathie« ist noch längstens nichts erklärt. Die raumzeitliche Bewusstseinsbeschränkung ist eine dermaßen überwältigende Tatsache, dass jede Durchbrechung dieser fundamentalen Wahrheit eigentlich ein Ereignis von höchster theoretischer Bedeutung ist, denn es wäre damit erwiesen, dass die Raumzeitbeschränkung eine aufhebbare Bestimmung ist. Die aufhebende Bedingung wäre die Psyche, welcher also die Raumzeitlichkeit höchstens als relative, das heißt bedingte Eigenschaft anhaften würde. Gegebenenfalls aber könnte sie die Schranke der Raumzeitlichkeit auch durchbrechen, und zwar notwendigerweise vermöge einer ihr wesentlichen Eigenschaft relativer Raum- und Zeitlosigkeit. Diese, wie es mir scheint, sehr naheliegende Möglichkeit ist von so unabsehbarer Tragweite, dass sie den forschenden Geist zu größter Anstrengung anspornen sollte. Unsere gegenwärtige Bewusstseinsentwicklung ist aber dermaßen rückständig (Ausnahmen bestätigen die Regel!), dass es noch allgemein an wissenschaftlichem und denkerischem Rüstzeug fehlt, um die Tatsachen der Telepathie in ihrer Bedeutung für das Wesen der Psyche genügend auszuwerten. Ich habe auf diese Gruppe von Erscheinungen bloß hingewiesen, um anzudeuten, dass die Gehirnverhaftung der Psyche, das heißt ihre Raumzeitbeschränkung, doch nicht so selbstverständlich und unumstößlich ist, wie man bisher glaubte annehmen zu dürfen.

Wer auch nur über einige Kenntnisse des bereits vorhandenen und 814
genügend gesicherten parapsychologischen Beweismaterials verfügt, weiß, dass im Besonderen die sogenannten telepathischen Erscheinungen unzweifelhafte Tatsachen sind. Eine objektive Sichtung und Kritik der

vorhandenen Beobachtungen muss feststellen, dass sich Wahrnehmungen ereignen, die teils so vor sich gehen, als ob es keinen Raum, teils so, als ob es keine Zeit gäbe. Daraus lässt sich natürlich kein metaphysischer Schluss ableiten, dass es infolgedessen im Ansich der Dinge weder Raum noch Zeit gäbe und dass daher der menschliche Geist in die Raumzeitkategorie wie in eine nebelhafte Illusion eingesponnen wäre. Vielmehr sind Raum und Zeit nicht nur unmittelbarste, naivste Gewissheit, sondern auch empirische Anschaulichkeit, indem alles und jedes Wahrnehmbare so geschieht, als ob es in Raum und Zeit sich ereignete. Angesichts dieser überwältigenden Gewissheit ist es begreiflich, dass der Verstand die größte Mühe hat, die Eigenart des telepathischen Phänomens gelten zu lassen. Wer aber den Tatsachen Gerechtigkeit widerfahren lässt, der kann nicht umhin, zuzugeben, dass die anscheinende Raumzeitlosigkeit deren eigentlichstes Wesen ausmacht. Schließlich sind naive Anschauung und unmittelbare Gewissheit streng genommen nur Beweistümer für ein psychologisches Apriori der Anschauungsform, welche schlechterdings keine andere Form zulässt. Dass unser Anschauungsvermögen ganz und gar außerstande ist, sich eine raumzeitlose Seinsform zu imaginieren, beweist letzten Endes ja keineswegs, dass eine solche an sich unmöglich sei. Und ebenso wenig daher, wie man aus der Eigenschaft einer anscheinenden Raumzeitlosigkeit auf die Tatsache der raumzeitlosen Seinsform einen absoluten Schluss ziehen darf, ist es erlaubt, aus der anscheinenden Raumzeitqualität der Wahrnehmung zu schließen, dass es keine raumzeitlose Seinsform geben könne. Der Zweifel aber an der absoluten Gültigkeit der Raumzeitanschauung ist nicht nur erlaubt, sondern in Anbetracht der derzeit vorhandenen Erfahrung sogar geboten. Die hypothetische Möglichkeit, dass die Psyche auch eine raumzeitlose Seinsform berühre, ist ein bis auf Weiteres ernst zu nehmendes wissenschaftliches Fragezeichen. Die Ideen und Zweifel der theoretischen Physik unserer Tage müssen auch den Psychologen vorsichtig stimmen, denn was heißt schließlich die »Begrenztheit des Raumes«, philosophisch genommen, anderes als eine Relativierung der Raumkategorie? Der Zeitkategorie könnte (wie der Kausalität) leicht ein Ähnliches passieren. Zweifel in dieser Hinsicht sind also in heutiger Zeit weniger als je aus der Luft gegriffen.

815 Das Wesen der Psyche reicht wohl in Dunkelheiten weit jenseits unserer Verstandeskategorien. Die Seele enthält so viele Rätsel wie die Welt mit ihren galaktischen Systemen, vor deren erhabenem Anblick nur ein phantasieloser Geist sein Ungenügen sich nicht zugestehen kann. Bei dieser äußersten Unsicherheit menschlicher Auffassung ist aufklärerisches Getue nicht nur lächerlich, sondern auch betrüblich geistlos. Sollte also jemand

aus dem Bedürfnis seines innersten Gemütes oder aus Übereinstimmung mit uralten Weisheitslehren der Menschheit oder aus der psychologischen Tatsache des Vorkommens »telepathischer« Wahrnehmungen den Schluss ziehen, dass die Psyche zutiefst einer raumzeitlosen Seinsform teilhaftig sei und so mithin dem angehöre, was unzulänglich und symbolisch als »Ewigkeit« bezeichnet wird, so vermöchte ihm der kritische Verstand kein anderes Argument entgegenzusetzen als das wissenschaftliche »non liquet«. Er hätte überdies den nicht zu unterschätzenden Vorteil, mit einem seit unvordenklichen Zeiten bestehenden und universal verbreiteten »penchant« der menschlichen Seele übereinzustimmen. Wer diesen Schluss nicht zieht, aus Skepsis oder aus Rebellion gegen die Tradition oder aus Mangel an Mut oder aus Oberflächlichkeit psychologischer Erfahrung oder aus gedankenloser Ignoranz, hat die statistisch sehr geringe Wahrscheinlichkeit, ein Pionier des Geistes zu werden, daneben aber die unzweifelhafte Sicherheit, in Widerspruch mit den Wahrheiten seines Blutes zu geraten. Ob diese in letzter Linie nun absolute Wahrheiten sind oder nicht, werden wir nie beweisen können. Es genügt, dass sie als »penchant« vorhanden sind, und wir wissen zur Genüge, was es bedeutet, mit diesen »Wahrheiten« in einen leichtfertigen Konflikt zu geraten: Es bedeutet dasselbe wie die bewusste Hinwegsetzung über die Instinkte, nämlich Entwurzelung, Desorientierung, Sinnlosigkeit und wie alle diese Minderwertigkeitssymptome sonst noch heißen. Es ist einer der verhängnisvollsten soziologischen und psychologischen Irrtümer, an denen unsere Zeit so reich ist, dass man so häufig meint, von irgendeinem gegebenen Augenblick an könne etwas ganz anders werden, zum Beispiel könne sich der Mensch von Grund auf verändern, oder es könnte eine Formel oder Wahrheit gefunden werden, die einen ganz neuen Anfang darstelle usw. Es ist noch immer ein Wunder gewesen, wenn überhaupt etwas wesentlich anders oder sogar besser geworden ist. Das Abgleiten von den Wahrheiten des Blutes erzeugt neurotische *Rastlosigkeit,* etwas, von dem man heutzutage nachgerade genug haben könnte. Rastlosigkeit erzeugt Sinnlosigkeit, und Sinnlosigkeit des Lebens ist ein seelisches Leiden, das unsere Zeit noch nicht in seinem ganzen Umfang und in seiner ganzen Tragweite erfasst hat.

Über Wiedergeburt*

Vorbemerkung

Die nachfolgenden Ausführungen geben die wesentlichen Inhalte zweier Vorträge wieder, die ich aus dem Stegreif gehalten habe. Es wurden davon stenographische Notizen aufgenommen, welche ich bei der Ausarbeitung benützen konnte. Gewisse Stücke mussten allerdings weggelassen werden, in der Hauptsache darum, weil die Erfordernisse eines gedruckten Textes andere sind als die der freien Rede. Dagegen habe ich meine ursprüngliche Absicht, den Gedankengehalt meiner Vorträge über das Thema »Wiedergeburt« zu resümieren, so weit wie möglich durchgeführt; ebenso habe ich mich bemüht, meine Analyse der 18. Sure als Beispiel eines Wiedergeburtsmysteriums in ihren hauptsächlichsten Aspekten wiederzugeben. Ich habe eine Reihe von Quellennachweisen eingefügt, welche dem Leser vielleicht willkommen sind. Meine Zusammenfassung will nicht mehr bedeuten als einen Versuch zu einer Übersicht über ein Wissensgebiet, das man im Rahmen eines Vortrages nur in seinen äußersten Oberflächen beleuchten kann.

199 Der Begriff der Wiedergeburt wird nicht immer in einheitlichem Sinn gebraucht. Da dieser Begriff verschiedene Aspekte hat, habe ich versucht, hier dessen hauptsächlichste Bedeutungen zusammenzustellen. Ich hebe fünf verschiedene Aspekte hervor, die wahrscheinlich noch zu vermehren wären, wenn man mehr ins Einzelne ginge; aber es scheint mir, dass damit wenigstens die Hauptbedeutungen getroffen seien. Der erste Teil meiner Ausführungen gibt eine kurze Darstellung der verschiedenen Formen der Wiedergeburt, während der zweite Teil deren verschiedene psychologische Aspekte darlegt. [Im dritten Teil wird am Beispiel einer Symbolreihe der Wandlungsprozess illustriert.]

Quellenhinweis:
Aus: GW 9/I, §§ 199–258. Hier: §§ 199–239.

* [Erstmals erschienen als »Die verschiedenen Aspekte der Wiedergeburt«, in: *Eranos-Jahrbuch* 1939 (Rhein-Verlag, Zürich 1940); revidiert und erweitert unter dem obigen Titel in: *Gestaltungen des Unbewußten* (Psychologische Abhandlungen VII). Rascher, Zürich 1950.]

I. Formen der Wiedergeburt

α. *Metempsychosis.* Der Begriff der Wiedergeburt ist, wie aus dem eben Gesagten ersichtlich, vielschichtig. Ich hebe als ersten Aspekt die Metempsychosis, die Seelenwanderung, hervor. Bei dieser Vorstellung handelt es sich um die Idee eines Lebens, das sich zeitlich durch verschiedene Körper hindurch erstreckt, oder um eine Lebensabfolge, die durch verschiedene Reinkarnationen unterbrochen ist. Sogar im Buddhismus, wo es sich speziell um diese Lehre handelt – Buddha selber hat eine sehr lange Reihe von Wiedergeburten erlebt –, steht es durchaus nicht fest, ob die Kontinuität der Persönlichkeit gewährleistet ist oder nicht, mit anderen Worten, es kann sich auch nur um eine Kontinuität des Karma handeln. Die Schüler haben noch zu Lebzeiten des Meisters ihm diese Frage vorgelegt, aber er hat nie eindeutige Auskunft darüber gegeben, ob eine Kontinuität der Persönlichkeit bestehe oder nicht.[1] 200

β. *Reinkarnation.* Die zweite Form ist die Reinkarnation, welche den Begriff der persönlichen Kontinuität eo ipso enthält. In diesem Fall ist also die menschliche Persönlichkeit als kontinuierlich und erinnerbar gedacht, so dass, wenn man sich inkarniert oder geboren wird, man sozusagen potentiell in der Lage ist, sich wieder zu erinnern, dass man Vorleben gehabt hat und dass diese Vorleben die eigenen waren, das heißt dieselbe Ichgestalt hatten wie das gegenwärtige Leben. Bei der Reinkarnation handelt es sich in der Regel um Wiedergeburt in menschlichen Körpern. 201

γ. *Auferstehung (resurrectio).* Eine dritte Form ist die der Auferstehung. Damit ist eine Wiederaufrichtung der menschlichen Existenz nach dem Tode gemeint. Hier kommt eine andere Nuance hinein, nämlich die der Wandlung, der Transmutation oder Wesensverwandlung. Diese kann eigentlich sein, das heißt, das auferstandene Wesen ist ein anderes; oder die Wandlung ist uneigentlich, die allgemeinen Existenzbedingungen sind andere als zuvor: Man ist an einem anderen Ort oder in einem Körper, der anders beschaffen ist. Es kann ein fleischlicher Körper sein, wie in der christlichen Annahme, dass dieser Körper wieder aufgerichtet werde. Auf höherer Stufe wird dieser Vorgang nicht mehr grob materiell verstanden, sondern es wird angenommen, dass die Auferstehung der Toten eine Auf- 202

[1] Vgl. *Saṃyutta-Nikāya,* 16, 12 [Kassapa-Saṃyutta, Sutta 12: »Nach dem Tode«, S. 286].

richtung des corpus glorificationis, des »subtle body«, im Zustand der Unverweslichkeit sei.

203 δ *Wiedergeburt (renovatio).* Die vierte Form betrifft die Wiedergeburt sensu strictiori; nämlich die Wiedergeburt innerhalb der individuellen Lebensdauer. Diesem deutschen Wort entspricht das englische »rebirth«. Es scheint aber kein entsprechender französischer Terminus zu existieren, der die eigenartige Bedeutung von »Wiedergeburt« hätte. Dieses Wort hat einen spezifischen Beigeschmack. Es hat eine Atmosphäre, welche die Idee der »renovatio« enthält, der Erneuerung oder gar der Verbesserung durch magische Bewirkung. Die Wiedergeburt kann eine Erneuerung sein ohne Wesensänderung, insofern die Persönlichkeit, die erneuert wird, nicht in ihrem Wesen geändert wird, sondern nur Funktionen, Teile der Persönlichkeit, einer Heilung, Stärkung oder Verbesserung unterzogen werden. So werden auch körperliche Krankheitszustände durch Wiedergeburtszeremonien geheilt.

204 Eine andere Form ist die eigentliche Wandlung, nämlich die totale Wiedergeburt des Individuums. Hiebei ist die Erneuerung mit einer Wesensveränderung verbunden, die wir als Transmutation bezeichnen können. Es handelt sich dabei um die Verwandlung des sterblichen Wesens in ein unsterbliches, des körperlichen in ein geistiges, des menschlichen in ein göttliches. Ein allbekanntes Beispiel ist die Transfiguration, die Verklärung oder Entrückung Christi oder die Aufnahme der Gottesmutter nach ihrem Tode, zusammen mit ihrem Körper, in den Himmel. Ähnliche Vorstellungen finden sich im *»Faust«,* Zweiter Teil, nämlich die Verwandlung Fausts in den Knaben und dann in den Doktor Marianus.

205 ε *Teilnahme am Wandlungsvorgang.* Die fünfte Form endlich ist die indirekte Wiedergeburt. Hier geschieht die Wandlung nicht unmittelbar dadurch, dass der Mensch selber durch Tod und Wiedergeburt hindurchgeht, sondern sie geschieht indirekt durch Teilnahme an einem Wandlungsprozess, der als außerhalb des Individuums geschehend gedacht ist. Es handelt sich um eine Anteilnahme an oder eine Anwesenheit bei einem Wandlungsritus. Das kann eine Zeremonie sein, wie zum Beispiel die Messe, wo es sich um die Wandlung der Substanzen handelt. Durch Anwesenheit bei dem Ritus entsteht eine Gnadenwirkung im Individuum. Um ähnliche Wandlungen der Gottheit handelt es sich auch in den heidnischen Mysterien, wo der miterlebende Myste ebenfalls der Gnadengabe teilhaft wird, wie wir von den Eleusinischen Mysterien

wissen. Ich erinnere an das Bekenntnis des eleusinischen Mysten, welches die Gnadenwirkung in Form der Gewissheit der Unsterblichkeit preist.[2]

2. Psychologie der Wiedergeburt

Die Wiedergeburt ist kein Vorgang, den wir irgendwie beobachten könnten. Wir können ihn nicht messen, wägen oder photographieren. Er ist unseren Sinnen durchaus entzogen. Wir haben es mit einer rein psychischen Wirklichkeit zu tun, welche uns nur indirekt durch Aussagen vermittelt ist. Man spricht von Wiedergeburt, bekennt sich zu Wiedergeburt, ist erfüllt von Wiedergeburt – das ist die uns genügende Wirklichkeit. Wir sind hier nicht mit der Frage beschäftigt: Ist Wiedergeburt ein irgendwie tastbarer Prozess? Wir müssen uns mit der psychischen Realität begnügen. Dazu muss ich allerdings ergänzend bemerken, dass damit nicht das Vulgärurteil gemeint ist, das »Psychische« sei entweder gar nichts oder zum mindesten weniger als gasförmig. Ich bin ganz im Gegenteil der Meinung, dass die Psyche die mächtigste Tatsache in der Menschenwelt sei. Ja, sie ist die Mutter aller menschlichen Tatsachen, der Kultur und des menschenmordenden Krieges. All dies ist zunächst psychisch und unsichtbar. Solange es »bloß« psychisch ist, ist es zwar nicht durch die Sinne erfahrbar, aber trotzdem unleugbar wirklich. Die Tatsache, dass Menschen von Wiedergeburt reden und dass es überhaupt einen solchen Begriff gibt, heißt nämlich, dass auch ein psychischer Tatbestand, den man damit bezeichnet, vorhanden ist. Wie dieser Tatbestand beschaffen ist, können wir nur aus den Aussagen erschließen. Wir müssen daher mit der Weltgeschichte ein Kreuzverhör anstellen über das, was sie als Wiedergeburt bezeichnet, wenn wir erfahren wollen, was Wiedergeburt ist. 206

[2] Vgl. Verse 480–482 des »Demeterhymnus« (de Jong, *Das antike Mysterienwesen in religionsgeschichtlicher, ethnologischer und psychologischer Bedeutung*, S. 14):

> Selig, wer diese geschaut hat der erdebewohnenden Menschen!
> Wer an den Handlungen aber, den heiligen, sich nicht beteiligt,
> Ungleiches Loos hat er auch in des Todes umnebelnden Dunkel!

In einem eleusinischen Epitaph [l. c.] heißt es:

> Wahrlich, ein schönes Geheimnis verkünden die seligen Götter!
> Sterblichen nicht ist ein Fluch, sondern ein Segen der Tod!

207 »Wiedergeburt« ist eine Aussage, die zu den Uraussagen der Menschheit überhaupt gehört. Diese Uraussagen beruhen auf dem, was ich als »Archetypus« bezeichne. Alle das Übersinnliche betreffenden Aussagen sind im tiefsten Grund stets vom Archetypus bestimmt, so dass es kein Wunder ist, wenn übereinstimmende Aussagen über die Wiedergeburt bei den verschiedensten Völkern angetroffen werden. Diesen Aussagen muss ein psychisches Geschehen zugrunde liegen, mit welchem die Psychologie, jenseits von allen metaphysischen und philosophischen Annahmen über die Bedeutung solcher Aussagen, sich auseinanderzusetzen hat. Um einen Überblick über die Phänomenologie der Wandlungserlebnisse zu gewinnen, ist es nötig, dieses Gebiet etwas schärfer zu umreißen. Man kann in der Hauptsache zwei Erlebnisgruppen unterscheiden: erstens das Erlebnis der Transzendenz des Lebens und zweitens das der eigenen Wandlung.

A. Die Erfahrung der Transzendenz des Lebens

208 α. *Durch heilige Handlung vermittelte Erlebnisse.* Mit dem Begriff der »Transzendenz des Lebens« meine ich jene vorhin erwähnten Erfahrungen, welche der Myste durch Teilnahme an einer heiligen Handlung macht und welche ihm die unbeschränkte Fortdauer des Lebens durch Wandlung und Erneuerung dartun. Im Mysteriendrama wird die Transzendenz des Lebens gegenüber dessen jeweiligen konkreten Erscheinungsformen meist durch die Wandlungsschicksale – Tod und Wiedergeburt – eines Gottes oder göttlichen Helden dargestellt. Der Myste ist daher entweder bloß Zeuge des Vorganges oder ein Mithandelnder oder Ergriffener des göttlichen Dramas, oder er wird durch die rituelle Handlung mit dem Gotte identifiziert. Das Ausschlaggebende in diesem Falle ist, dass eine objektive Substanz oder Existenz oder Lebensform in einem an und für sich bestehenden Vorgang sich rituell wandelt, wobei der Myste nur vermöge seiner Gegenwart oder Anteilnahme beeinflusst, beeindruckt, »geweiht« oder »begnadet« wird. Der Wandlungsvorgang findet nicht in ihm, sondern außen statt, obschon er in diesen einbezogen werden kann. Der Myste, der die Tötung, Zerstückelung und Zerstreuung des Osiris und sodann dessen Auferstehung rituell miterlebt, erfährt dadurch die Permanenz und Kontinuität des Lebens, welches alle Veränderung der Erscheinungsformen überdauert und stets als Phönix aus der eigenen Asche wiederersteht. Aus der Anteilnahme am rituellen Geschehen entsteht dann als Wirkung zum Beispiel jene Unsterblichkeitshoffnung, die dem eleusinischen Mysten eigentümlich ist.

Ein lebendes Beispiel des Mysteriendramas, welches die Permanenz und Wandlung des Lebens darstellt, ist die Messe. Wenn wir das Publikum während der heiligen Handlung beobachten, so können wir alle Grade von indifferenter, bloßer Gegenwart bis zum tiefsten Ergriffensein sehen. Die Männergruppen, die während der Messe in der Nähe des Ausgangs zusammenstehen, allerhand weltliche Unterhaltung pflegen, mechanisch die Bekreuzungen vornehmen und ein Knie beugen, haben trotz ihrer Unaufmerksamkeit doch Anteil an der heiligen Handlung, und zwar durch ihre bloße Gegenwart in dem von Gnade erfüllten Raume. In der Messe wird als ein außerweltlicher und unzeitlicher Akt Christus geopfert, und er ersteht wieder in den gewandelten Substanzen. Der rituelle Opfertod ist keine Wiederholung des historischen Geschehens, sondern der erst- und einmalige, ewige Vorgang. Das Erlebnis der Messe ist daher eine Anteilnahme an einer alle Schranken von Raum und Zeit überwindenden Transzendenz des Lebens. Es ist ein Ewigkeitsmoment in der Zeit.[3] 209

β. *Unmittelbare Erlebnisse.* Was das Mysteriendrama darstellt und im Zuschauer bewirkt, das kann auch ohne Ritus als spontanes, ekstatisches oder visionäres Erlebnis vorkommen. Ein klassisches Beispiel dieser Art ist Nietzsches Mittagsvision.[4] Bei ihm tritt, wie bekannt, Dionysos-Zagreus, der Zerstückelte und Wiedererstandene, an Stelle des christlichen Mysteriums (»… von der reichen Liebe eines Weinstocks rings umarmt und vor sich selber verborgen …«). So ist sein Erlebnis dionysisch-naturhaft; die Göttlichkeit erscheint im Gewande antikischer Natur, und der Ewigkeitsmoment ist die dem Pan geweihte Mittagsstunde: »Flog die Zeit wohl davon? Falle ich nicht? Fiel ich nicht – horch! in den Brunnen der Ewigkeit?« Selbst der »goldene Reif«, der »Ring der Wiederkunft« erscheint ihm hier, Auferstehung des Lebens verheißend.[5] Das Erlebnis geschieht ihm so, wie wenn er einer Mysterienhandlung beigewohnt hätte. 210

Viele mystische Erlebnisse haben einen ähnlichen Charakter, nämlich den einer Darstellung, in welche der Zuschauer einbezogen ist; doch ist damit nicht notwendigerweise auch eine Verwandlung seines Wesens gesetzt. So haben auch die schönsten und eindrucksvollsten Träume häufig keinen irgendwie nachhaltigen oder verändernden Einfluss auf den Träumer selber, obschon dieser entsprechend beeindruckt sein mag. Er macht sich aber nicht notwendigerweise ein Problem daraus. Dann bleibt 211

[3] Vgl. [Jung,] *Das Wandlungssymbol in der Messe.*

[4] *Also sprach Zarathustra*, S. 400 ff.

[5] Horneffer, *Nietzsches Lehre von der Ewigen Wiederkunft.*

natürlich das Geschehen »außen«, wie eine von anderen vorgenommene rituelle Handlung. Diese häufig mehr ästhetischen Erlebnisformen müssen sorgfältig geschieden werden von jenen, welche unzweifelhaft Wandlungen des eigenen Wesens bedeuten.

B. Die subjektive Wandlung

212 Wandlungen der Persönlichkeit sind an sich keineswegs seltene Vorkommnisse. Sie spielen in der Psychopathologie sogar eine beträchtliche Rolle. Es handelt sich dabei allerdings um andere als die soeben besprochenen mystischen Erlebnisse, die psychologisch nur sehr schwer fassbar sind. Die Phänomene, die wir aber jetzt betrachten wollen, gehören zu einem der Psychologie geläufigen Gebiet.

213 α. *Verminderung der Persönlichkeit.* Darunter ist eine Alteration der Persönlichkeit im Sinne der Verminderung verstanden. Ein Beispiel hiefür ist das, was in der primitiven Psychologie als »Seelenverlust« bezeichnet wird. Es handelt sich dabei um einen eigenartigen Zustand, der vom Primitiven durch das Abhandenkommen einer Seele erklärt wird. Nach seiner Auffassung wandert eine Seele ab, wie ein Hund, der einem in der Nacht entlaufen ist. Es ist dann die Aufgabe des Medizinmannes, die Entlaufene wieder zurückzuholen. Der Verlust tritt oft plötzlich ein und äußert sich in einer beträchtlichen Störung des Allgemeinbefindens. Das Phänomen hängt mit der Beschaffenheit des primitiven Bewusstseins zusammen, welches nämlich nicht den festen Zusammenhalt unseres Bewusstseins besitzt. Wir verfügen über Willenskraft, der Primitive aber nicht. Er braucht komplizierte Übungen, um sich überhaupt zusammenreißen zu können zu einer bewussten, gewollten und nicht bloß emotionalen und instinktiven Tätigkeit. Unser Bewusstsein ist in dieser Beziehung sicherer und zuverlässiger; allerdings kann gelegentlich auch dem Kulturmenschen Ähnliches zustoßen, nur bezeichnet man es dann nicht als Seelenverlust, sondern als »abaissement du niveau mental«, ein Begriff Janets, der das Phänomen passend bezeichnet.[6] Es handelt sich um ein Nachlassen der Bewusstseinsspannung, vergleichbar einem niederen Barometerstand, der schlechtes Wetter verkündet. Der Tonus hat nachgegeben, was auch subjektiv empfunden wird als Schwere, Unlust und Trübsinn. Man hat die

[6] *Les Névroses*, S. 358.

»Lust« verloren und keinen Mut, sich an den Tag und sein Werk heranzuwagen. Man fühlt sich selber wie Blei, weil nichts sich bewegen will. Das rührt daher, dass man keine disponible Energie mehr besitzt.[7] Dieses wohlbekannte Phänomen entspricht dem primitiven Seelenverlust. Der Zustand der Unlust und Willenslähmung kann so weit gehen, dass die Persönlichkeit sozusagen auseinanderfällt und die Einheit des Bewusstseins aufhört; die einzelnen Teile der Persönlichkeit machen sich selbstständig, wodurch sie der Kontrolle des Bewusstseins verloren gehen. Daraus entstehen zum Beispiel anästhetische Felder oder systematische Amnesien. Letztere sind hysterische »Ausfallserscheinungen«. Dieser medizinische Terminus entspricht dem primitiven »Seelenverlust«.

Das abaissement kann die Folge sein von physischer und psychischer 214
Ermüdung, von körperlichen Krankheiten, von heftigen Affekten und Schock, welcher eine besonders deletäre Wirkung auf die Selbstsicherheit der Persönlichkeit hat. Das abaissement hat immer einen einengenden Einfluss auf die Gesamtpersönlichkeit. Es vermindert das Selbstvertrauen und die Unternehmungslust und schränkt den geistigen Horizont durch zunehmenden Egozentrismus ein. Es kann schließlich zur Entwicklung einer wesentlich negativen Persönlichkeit führen, die eine Verfälschung gegenüber der ursprünglichen bedeutet.

β. *Wandlung im Sinne der Vermehrung.* Die Persönlichkeit ist im Anfang 215
selten das, was sie später sein wird. Deshalb besteht, mindestens in der ersten Lebenshälfte, die Möglichkeit einer Vermehrung oder Veränderung derselben. Sie kann erfolgen durch Zuwachs von außen, und zwar dadurch, dass neue vitale Inhalte von außen einströmen und assimiliert werden. Auf diesem Wege kann man einen wesentlichen Zuwachs an Persönlichkeit erfahren. Man nimmt darum gerne an, dass diese Erweiterung *nur* von außen komme, und gründet darauf das Vorurteil, dass man zur Persönlichkeit werde, wenn man möglichst viel von außen hineinstopfe. Je mehr man aber diesem Rezept folgt und je mehr man meint, aller Zuwachs komme nur von außen, desto mehr verarmt man innerlich. Wenn uns daher von außen eine große Idee ergreift, so müssen wir wohl verstehen, dass sie uns nur darum ergreift, weil etwas in uns ihr entgegenkommt und ihr entspricht. Der Besitz an seelischer Bereitschaft bedeutet Reichtum, nicht das Aufhäufen von Jagdbeute. Alles von außen Hereinkommende,

[7] Hierher gehört das von Graf Keyserling (*Südamerikanische Meditationen*) beschriebene Gana-Phänomen.

wie übrigens auch alles von innen Auftauchende, wird ja nur dann zum Eigenen, wenn wir einer inneren Geräumigkeit fähig sind, welche der Größe des außen oder innen begegnenden Inhaltes entspricht. Der eigentliche Zuwachs an Persönlichkeit ist das Bewusstwerden einer Erweiterung, die aus inneren Quellen zufließt. Ohne seelische Weite sind wir niemals auf die Größe unseres Gegenstandes bezogen. Man sagt darum richtigerweise, dass der Mensch mit der Größe seiner Aufgabe wachse. Aber er muss das Wachsenkönnen in sich haben, sonst nützt ihm auch die schwerste Aufgabe nichts. Er zerbricht höchstens an ihr.

216 Ein klassisches Beispiel der Vermehrung ist Nietzsches Begegnung mit Zarathustra, die den kritischen Aphoristen zum tragischen Dichter und Propheten machte. Ein ähnliches Beispiel ist Paulus, dem auf dem Wege nach Damaskus plötzlich Christus entgegentrat. Wennschon dieser Christus des Paulus ohne den historischen Jesus wohl kaum möglich gewesen wäre, so ist die Christuserscheinung dem Paulus doch nicht aus dem historischen Jesus, sondern aus seinem Unbewussten hervorgegangen.

217 Auf einem Höhepunkt des Lebens, wo sich die Knospe öffnet und aus dem Kleineren das Größere hervortritt, da wird »Eins zu Zwei«, und die größere Gestalt, die man doch immer war und die trotzdem unsichtbar blieb, tritt dem bisherigen Menschen in der Gewalt der Offenbarung gegenüber. Der wahrhaft und hoffnungslos Kleine wird die Offenbarung des Größeren immer in den Bereich seiner Kleinheit hinunterziehen und nie verstehen, dass für seine Kleinheit der Jüngste Tag angebrochen ist. Der innerlich Große aber weiß, dass der längst erwartete Freund der Seele, der Unsterbliche, nunmehr in Wirklichkeit gekommen ist, um »sein Gefängnis gefangen zu führen«[8], nämlich den, der ihn immer in sich getragen und gefangen hielt, nun selber zu ergreifen und dessen Leben in das seine einmünden zu lassen: ein Augenblick tödlicher Gefahr! Nietzsches prophetische Vision des Seiltänzers[9] enthüllt die drohende Gefahr der »seiltänzerischen« Einstellung zu einem Geschehen, dem Paulus den höchsten Namen, dessen er fähig war, gab.

218 Christus selber ist das höchste Symbol des im sterblichen Menschen verhüllten Unsterblichen.[10] Gewöhnlich wird dieses Problem durch ein Doppelmotiv dargestellt, zum Beispiel durch die Dioskuren, deren einer

[8] *Eph.* 4,8 [Luther-Übersetzung].

[9] *Also sprach Zarathustra*, S. 21 ff.: »Deine Seele wird noch schneller todt sein als dein Leib.«

[10] Siehe Näheres in: [Jung,] *Versuch einer psychologischen Deutung des Trinitätsdogmas* [§§ 226 ff.].

sterblich, der andere aber unsterblich ist. Eine indische Parallele ist das Freundespaar:

> Zwei schönbeflügelte, verbundene Freunde
> Umarmen einen und denselben Baum;
> Einer von ihnen speist die süße Beere,
> Der andre schaut, nicht essend, nur herab.
>
> Zu solchem Baum der Geist, herabgesunken,
> In seiner Ohnmacht grämt sich wahnbefangen;
> Doch wenn er ehrt und schaut des andern Allmacht
> Und Majestät, dann weicht von ihm sein Kummer.[11]

Eine bemerkenswerte Parallele ist auch die islamische Sage vom Zusammentreffen Moses' mit Chadir[12], worauf ich später noch zurückkommen werde. Man darf sich die Wandlung der Persönlichkeit im Sinne der Mehrung natürlich nicht nur in Form solch bedeutsamer Erlebnisse vorstellen. Es gibt auch eine triviale Kasuistik, die man leicht aus den Krankengeschichten und dem Heilungsverlauf nervöser Patienten zusammenstellen könnte. Jeder Fall schließlich, wo mit der Erkenntnis eines Größeren auch ein eisernes Band ums Herz zerspringt, gehört in diese Kategorie.[13] 219

γ. *Innere Strukturänderung.* In diesem Falle handelt es sich weder um Vermehrung noch um Verminderung, sondern um eine strukturelle Veränderung der Persönlichkeit. Ich erwähne als eine hauptsächliche Form das *Besessenheitsphänomen,* welches darin besteht, dass ein Inhalt, irgendein Gedanke oder Persönlichkeitsteil aus irgendwelchen Gründen die Herrschaft über das Individuum erlangt. Die possedierenden Inhalte erscheinen als eigenartige Überzeugungen, Idiosynkrasien, eigensinnige Pläne usw. Sie sind in der Regel keiner Korrektur zugänglich. Man muss schon ein besonders guter Freund des Besessenen sein und gewillt, allerhand auf sich zu nehmen, wenn man den Versuch macht, gegen solche Zustände anzugehen. Ich möchte mich nicht anheischig machen, eine absolute Grenze zwischen Besessenheit und Paranoia festzulegen. Die Besessenheit 220

[11] Çvetâçvatara Upanishad IV, 6, 7, 9, in: Deussen, *Sechzig Upanishad's des Veda*, S. 301.

[12] *Der Koran*, 18. Sure.

[13] Ich habe in meiner Inauguraldissertation *Zur Psychologie und Pathologie sogenannter occulter Phänomene* 1902 einen derartigen Fall von Persönlichkeitserweiterung beschrieben.

kann formuliert werden als eine Identität der Ich-Persönlichkeit mit einem Vorstellungskomplex.[14]

221 Ein häufiger Fall ist die Identität mit der *Persona*, jenem Anpassungssystem oder jener Manier, in der wir mit der Welt verkehren. So hat fast jeder Beruf die für ihn charakteristische Persona. Diese Dinge lassen sich heutzutage leicht studieren, indem öffentliche Leute so häufig photographiert in der Presse erscheinen. Die Welt erzwingt ein gewisses Benehmen, und die professionellen Leute strengen sich an, diesen Erwartungen zu entsprechen. Die Gefahr ist nur, dass man mit der Persona identisch wird, wie etwa der Professor mit seinem Lehrbuch oder der Tenor mit seiner Stimme. Damit ist das Unglück geschehen. Man lebt dann nämlich nur noch in seiner eigenen Biographie. Man kann keine einfache Tätigkeit mehr in natürlicher Weise ausführen. Denn es steht schon geschrieben: »... und dann begab er sich da und dahin und sagte dies oder das« usw. Das Gewand der Deianeira ist ihm auf der Haut festgewachsen. Es braucht dann schon den verzweifelten Entschluss eines Herakles, sich dieses Nessusgewand vom Leibe zu reißen und in das verzehrende Feuer der Unsterblichkeitsflamme hineinzusteigen, um sich zu wandeln zu dem, was er eigentlich ist. Man könnte mit einiger Übertreibung auch sagen, die Persona sei das, was einer eigentlich nicht ist, sondern was er und die anderen Leute meinen, dass er sei.[15] Auf alle Fälle ist die Versuchung, zu sein, was man scheint, groß, weil die Persona oft mit barem Geld bezahlt wird.

222 Es gibt auch andere Faktoren, die das Individuum entscheidend obsedieren können. Unter diesen ist besonders wichtig die sogenannte *minderwertige Funktion*. Es ist hier nicht der Ort, auf diese Problematik näher einzugehen.[16] Ich möchte nur bemerken, dass die minderwertige Funktion praktisch mit der dunklen Seite der menschlichen Persönlichkeit zusammenfällt. Das Dunkel, das jeder Persönlichkeit anhaftet, ist die Eingangspforte zum Unbewussten oder das Tor der Träume. Aus ihm treten jene beiden Zwielichtgestalten, der »Schatten« und die »Anima«, ins nächtliche Traumgesicht oder nehmen, unsichtbar, das Ich-Bewusstsein in Besitz. Ein Mensch, der von seinem Schatten besessen ist, steht sich immer

[14] Zur kirchlichen Auffassung der Besessenheit vgl. de Tonquedec, *Les Maladies nerveuses ou mentales et les manifestations diaboliques*. (Mit Vorwort von Kardinal Verdier.)

[15] In diesem Zusammenhang kann man mit Nutzen Schopenhauers Aphorismen zur Lebensweisheit lesen (*Parerga und Paralipomena* I [Kp. II: »Von dem, was einer ist« und Kp. IV: »Von dem, was einer vorstellt«]).

[16] Dieses bedeutsame Problem ist mit Ausführlichkeit behandelt im Kapitel V der *Psychologischen Typen*.

selber im Licht und fängt sich in den eigenen Schlingen. Wenn immer möglich, zieht er es vor, einen ungünstigen Eindruck auf andere zu machen. Er ist meist ein Pechvogel, weil er unterhalb seiner selbst lebt und bestenfalls das erreicht, was ihm nicht bekommt. Und wo keine Schwelle ist, über die man stolpern könnte, da macht er sich eine und bildet sich ein, etwas Nützliches getan zu haben.

Die von *Anima* oder *Animus* veranlasste Besessenheit bietet hingegen ein anderes Bild. In erster Linie treten bei der Verwandlung der Persönlichkeit die gegengeschlechtigen Züge hervor, beim Manne die weiblichen und bei der Frau die männlichen. Die beiden Gestalten verlieren im Zustand der Besessenheit ihren Charme und ihre Werte, die sie nur im weitabgewandten (introvertierten) Zustand besitzen, also dann, wenn sie eine Brücke zum Unbewussten bilden. Nach außen gewandt ist die Anima wetterwendisch, maßlos, launenhaft, unbeherrscht, emotional, manchmal dämonisch intuitiv, rücksichtslos, ruchlos, lügnerisch, gleisnerisch und mystisch;[17] der Animus dagegen starr, prinzipienhaft, gesetzgeberisch, lehrhaft, weltverbessernd, theoretisch, in Wörtern verfangen, streit- und herrschsüchtig.[18] Beide haben schlechten Geschmack: die Anima umgibt sich mit minderwertigen Subjekten, und der Animus fällt auf minderwertiges Denken herein. 223

Ein weiterer Fall struktureller Veränderung betrifft einige seltene Beobachtungen, über die ich mich nur mit größter Reserve äußern kann. Es handelt sich um Besessenheitszustände, wo aber die Besessenheit durch etwas ausgelöst wird, was man wohl am passendsten als »Ahnenseele« bezeichnet, und zwar als eine *bestimmte* Ahnenseele. Praktisch sind es Fälle von auffallender Identifikation mit Verstorbenen. (Die Identitätserscheinungen treten natürlich erst nach dem Tode des »Ahnen« ein.) Léon Daudet hat mich ursprünglich auf solche Möglichkeiten durch sein unordentliches, aber genialisches Buch *»L'Hérédo«* aufmerksam gemacht. Er nimmt an, dass in der Struktur der Persönlichkeit Ahnenbestandteile vorhanden seien, die plötzlich einmal, unter irgendwelchen Bedingungen, 224

[17] Vgl. die treffliche Schilderung der Anima bei Ulysses Aldrovandus (*Dendrologiae libri duo*, S. 146): »Sie erschien zugleich als sehr weich und als sehr hart, und indem sie schon seit bald zweitausend Jahren die unbeständigsten Mienen – nach der Art eines Proteus – zur Schau trug, füllte sie die gewiss aus dem Chaos, das heißt aus der Agathonischen Verwirrung hervorgelockte Liebe des damaligen Bologneser Bürgers Lucius Agatho Priscus mit ängstlichen Sorgen und Bekümmernissen.« Eine ähnliche Schilderung findet sich auch in der *Hypnerotomachia des Poliphilo*. (Siehe Linda Fierz-David, *Der Liebestraum des Poliphilo*, S. 205 ff.)

[18] Siehe Emma Jung, *Ein Beitrag zum Problem des Animus*.

ausbrechen können. Dadurch fällt das Individuum unvermittelt in eine anzestrale Rolle. Nun wissen wir, dass dieser bei Primitiven eine große Bedeutung zukommt. Es besteht nicht nur die Annahme, dass sich Ahnengeister in den Kindern reinkarnieren, sondern man versucht auch, sie in die Kinder zu versetzen, indem man diesen die entsprechenden Namen gibt. Ebenso versuchen die Primitiven, sich selber – rituell – in die Ahnen zurückzuverwandeln. Ich verweise auf die australische Vorstellung der altjirangamitijna[19], der halb tierhaften Ahnenseelen, deren kultische Wiederbelebung von größter funktioneller Bedeutung für das Leben des Stammes ist. Diese steinzeitlichen Vorstellungen waren weitverbreitet, was man noch an zahlreichen Spuren an anderen Orten erkennen kann. Es ist daher nicht unwahrscheinlich, dass sich solche Urformen des Erlebens auch heute noch als Identifikationen mit Ahnenseelen wiederholen, und ich glaube, solche Fälle gesehen zu haben.

225 δ. *Identifikation mit einer Gruppe.* Wir wollen nun zur Besprechung einer anderen Form des Wandlungserlebnisses übergehen, die ich als Identifikation mit einer Gruppe bezeichne. Genauer genommen handelt es sich um die Identität eines Individuums mit einer Anzahl von Menschen, die als Gruppe ein kollektives Wandlungserlebnis haben. Das ist eine besondere psychologische Situation, die nicht zu verwechseln ist mit der Teilnahme an einem Wandlungsritus, der zwar vor einem Publikum vorgenommen wird, aber keineswegs auf einer Gruppenidentität beruht und auch eine solche nicht notwendigerweise bewirkt. Es ist etwas ganz anderes, wenn man die Wandlung in der Gruppe erlebt als bei sich selber. In einer größeren Gruppe von Menschen, die durch einen besonderen Gemütszustand verbunden und miteinander identisch sind, entsteht ein Wandlungserlebnis, das man mit einer individuellen Wandlung nur entfernt vergleichen kann. Ein Gruppenerlebnis findet auf einem tieferen Bewusstseinsniveau statt, als wenn es individuell erlebt wird. Es ist nämlich eine Tatsache, dass, wenn viele Menschen zusammenkommen und sich in einem gemeinsamen Gemütszustand vereinigen, eine Gesamtseele aus der Gruppe hervorgeht, welche unter dem Niveau des Einzelnen steht. Wenn eine Gruppe sehr groß ist, entsteht eine Art gemeinsamer Tierseele. Daher kommt es wohl, dass die Moral großer Organisationen immer zweifelhaft ist. Es ist unvermeidlich, dass die Psychologie einer Zusammenhäufung von Menschen zu der des Mob hinuntersinkt.[20] Wenn ich also in der Gruppe das

[19] Siehe die Übersicht bei Lévy-Bruhl, *La Mythologie primitive.*
[20] Vgl. Le Bon, *Psychologie der Massen.*

habe, was man ein Gemeinschaftserlebnis nennt, so findet es auf einem relativ tieferen Bewusstseinsniveau statt: Daher ist dieses Gruppenerlebnis sehr viel häufiger als ein individuelles Wandlungserlebnis. Es ist auch viel leichter zu erreichen, denn das Zusammensein von vielen hat eine große Suggestivkraft. Der Einzelne in der Menge wird leicht ein Opfer seiner Suggestibilität. Es braucht nur etwas zu passieren, zum Beispiel ein Vorschlag, der die ganze Masse für sich hat, dann ist man auch dabei, auch wenn er unmoralisch ist. In der Masse empfindet man keine Verantwortlichkeit, aber auch keine Furcht.

So ist die Identifikation mit der Gruppe ein einfacher, leichter Weg; 226
aber das Gruppenerlebnis reicht auch nicht tiefer, als man eben in jenem Zustande ist. Es ändert etwas an einem, aber es hält im Einzelnen nicht vor, im Gegenteil: Man ist dann immer wieder aufs Neue auf den Rausch der Masse angewiesen, um das Erlebnis zu befestigen und daran glauben zu können. Denn, wenn man nicht mehr in der Menge ist, ist man ein anderer Mensch, der den früheren Zustand nicht mehr reproduzieren kann. In der Masse herrscht die participation mystique, die nichts anderes als eine unbewusste Identität ist. Man geht zum Beispiel ins Theater: Sofort hängen alle Blicke an allen Blicken; jeder schaut, wie der andere schaut, und alle sind im unsichtbaren Netze der gegenseitigen unbewussten Beziehung gefangen. Wenn sich dieser Zustand steigert, so ist man förmlich getragen von der allgemeinen Welle des Identischseins. Das kann ein schönes Gefühl sein – ein Schaf unter zehntausend Schafen. Wenn ich gar vernehme, dass diese Menge eine große und wunderbare Einheit sei, dann bin ich ein Held, erhöht mit der Gruppe. Komme ich nachher zu mir, so entdecke ich, dass mein bürgerlicher Name soundso lautet, dass ich an der Soundso-Straße im dritten Stock wohne und dass diese Geschichte im Grunde genommen sehr schön gewesen ist; hoffentlich findet sie morgen wieder statt, damit ich mich wieder als ein ganzes Volk fühlen kann, was viel besser ist als der zivile XY. Da es ein leichter und bequemer Weg zur Rangerhöhung der Persönlichkeit ist, so hat der Mensch immer Gruppen gebildet, die kollektive Wandlungserlebnisse, oft in Form rauschartiger Zustände, ermöglichten. Die Rückidentifikation mit niedereren und primitiveren Bewusstseinszuständen ist stets mit einer Erhöhung des Lebensgefühls verbunden, daher die lebenfördernde Wirkung der steinzeitlichen Rückidentifikationen mit den Halbtierahnen[21].

Die unvermeidliche psychologische Regression in der Gruppe wird, 227

[21] Den altjirangamitijna. Vgl. dazu die Riten der australischen Stämme: Spencer and Gillen, *The Northern Tribes of Central Australia*, sowie Lévy-Bruhl, l. c.

zum Teil wenigstens, aufgehoben durch den Ritus, das heißt die kultische Handlung, welche die feierliche Darstellung der heiligen Taten und Geschehnisse zum Zentrum der Gruppentätigkeit macht und die Menge damit verhindert, in unbewusste Triebhaftigkeit zurückzufallen. Dadurch, dass die kultische Handlung das Interesse und die Aufmerksamkeit des Einzelnen beansprucht, ermöglicht sie es diesem, auch in der Gruppe ein relatives Einzelerlebnis zu haben und damit einigermaßen bewusst zu bleiben. Fehlt aber die Beziehung auf ein Zentrum, das vermittels seiner Symbolik das Unbewusste ausdrückt, so wird unweigerlich die Massenseele zum faszinierenden Mittelpunkt und zieht alle Einzelnen in ihren Bann. Daher sind Menschenanhäufungen stets die Brutstätten psychischer Epidemien,[22] wofür die Ereignisse in Deutschland das klassische Exempel darstellen.

228 Man wird gegen diese wesentlich negative Bewertung der Massenpsychologie den Einwand erheben, dass es auch positive Erfahrungen gebe, zum Beispiel einen positiven Enthusiasmus, der den Einzelnen zu edlen Taten beflügle, oder ein ebenso positives Gefühl der menschlichen Solidarität. Tatsachen dieser Art sollen nicht geleugnet werden. Die Gemeinschaft kann dem Einzelnen Mut, Haltung und Würde geben, die ihm in der Isolierung leicht verloren gehen könnten. Sie kann in ihm die Erinnerung, Mensch unter Menschen zu sein, wachrufen. Das hindert aber nicht, dass ihm auch damit etwas hinzugefügt wird, was er als Einzelner nicht besäße. Solche oft unverdienten Geschenke bedeuten zwar im Augenblick eine besondere Gnade, aber auf lange Sicht besteht die Gefahr, dass das Geschenk zum Verluste wird, indem die menschliche Natur die Schwäche hat, Geschenke als selbstverständlich zu empfinden und darum im Augenblicke der Not eher auf sie Anspruch erhebt, als von sich selber eine Leistung zu erwarten. Man sieht dies leider nur allzu deutlich in der Tendenz, alles vom Staate zu fordern, ohne dabei zu bedenken, dass dieser seinerseits eben gerade aus jenen Individuen besteht, die Ansprüche erheben. Eine konsequente Entwicklung dieser Tendenz führt zum Kommunismus, in welchem jeder Einzelne die Allgemeinheit versklavt und Letztere durch einen Diktator, einen Sklavenbesitzer, repräsentiert wird. Alle primitiven Stämme, die eine kommunistische Gesellschaftsordnung besitzen, haben auch einen Häuptling mit unbeschränkter Macht über sich. Der kommunistische Staat ist nichts anderes als eine absolute Monarchie, in welcher es keine Untertanen, sondern nur Leibeigene gibt.

22 Ich erinnere an die katastrophale Panik, die im Anschluss an das Hörspiel einer phantastischen Geschichte von H. G. Wells [*War of the Worlds*] in New York sich kurz vor dem letzten Weltkrieg ereignete und sich neuerdings in Quito wiederholte.

ε. *Identifikation mit dem Kultheros.* Eine andere für das Wandlungserlebnis bedeutsame Identifikation ist die mit dem Gotte oder Heros, der sich in der heiligen Handlung wandelt. Viele kultische Handlungen bezwecken die Erzeugung der Identität. Ein deutliches Beispiel findet sich in den *»Metamorphosen«* des Apuleius, in denen der Myste, ein gewöhnlicher Mensch, zum Helios erkoren, mit einer Palmenkrone gekrönt und mit dem mystischen Mantel bedeckt, von der Menge verehrt wird. Die Suggestion der Gemeinde führt die Identität mit dem Gotte herbei. Die Anteilnahme der Gemeinde kann auch dann erfolgen, wenn nicht der Myste einer Apotheose unterzogen, sondern die heilige Handlung vorerzählt wird, wodurch dann in langen Zeitläufen nur allmählich auch in den Einzelnen psychische Änderungen entstehen. Der Kultus des Osiris ist ein solches Beispiel. Zuerst hatte der Pharao Anteil am Wandlungsgott, indem er allein »einen Osiris« hatte, später waren es die Vornehmen des Reiches, die ebenfalls einen Osiris erhielten, und schließlich hat das Christentum diese Entwicklung damit gekrönt, dass jeder eine unsterbliche Seele und unmittelbaren Anteil an der Gottheit hat. Im Christentum setzte sich die Entwicklung auch insofern fort, als der äußere Gott oder Christus allmählich zum inneren Christus des Einzelnen wird und, obschon in vielen, immer einer und derselbe bleibt; eine Wahrheit, die schon in der Totempsychologie vorweggenommen ist, wo nämlich bei den Totemmahlzeiten das Totemtier in vielen Exemplaren getötet und verzehrt wird und doch immer nur das eine ist, wie es auch nur *ein* Christkind und *einen* Sankt Niklaus gibt. 229

Durch die Anteilnahme am Schicksal des Gottes in den Mysterien wird indirekt der Einzelne gewandelt. Im kirchlichen Christentum ist das Wandlungserlebnis ein indirektes, indem es durch Anteilnahme am Gehandelten oder Vorerzählten stattfindet. Das Gehandelte (das dromenon) ist die eine Form, die Erzählung oder das »Wort« oder die »Botschaft« die andere. Erstere ist charakteristisch für den reich ausgebildeten Kult der katholischen Kirche. Letztere Form ist die »Verkündung des Wortes« im Protestantismus. 230

ζ. *Magische Prozeduren.* Eine weitere Form der Wandlung wird durch einen zu diesem Zwecke verwendeten Ritus erreicht. Anstatt dass man das Wandlungserlebnis durch Anteilnahme erfährt, wird der Ritus absichtlich dazu verwendet, eine Wandlung herbeizuführen. Dieser wird dadurch gewissermaßen zu einer Technik, der man sich unterzieht. Zum Beispiel: Ein Mann ist krank und sollte infolgedessen »erneuert« werden. Die Erneuerung sollte ihm »zustoßen«; damit sie ihm zustößt, wird er durch 231 ein Loch in der Wand am Kopfende seines Krankenlagers hindurchgezogen und ist nun neugeboren, oder: Er bekommt einen anderen Namen und dadurch eine andere Seele; dann erkennen ihn die Dämonen nicht mehr, oder: Er muss durch einen figürlichen Tod hindurchgehen, oder: Er wird groteskerweise durch eine lederne Kuh gezogen, die ihn vorne quasi frisst und hinten wieder herauslässt, oder: Er geht durch eine Ablution oder durch ein Taufbad und verwandelt sich zu einem halbgöttlichen Wesen mit einem neuen Charakter und einem geänderten metaphysischen Schicksal.

232 η. *Technische Wandlung.* Über die magische Verwendung des Ritus hinaus gibt es noch spezielle Techniken, welche neben der dem Ritus entsprechenden Gnade auch die Bemühung des Mysten zur Erreichung des Zweckes heranziehen. Hier handelt es sich um ein Wandlungserlebnis, das mit technischen Mitteln herbeigeführt wird. In diesen Zusammenhang gehören jene Übungen, die im Osten als Yoga, im Westen als Exercitia spiritualia bezeichnet werden. Bei solchen Übungen handelt es sich um eine bestimmte Technik, die mehr oder weniger genau vorgeschrieben ist und eine bestimmte psychische Wirkung zu erzielen sich bestrebt oder wenigstens auf eine solche Wirkung hinarbeitet. Das ist der Fall sowohl im östlichen Yoga als auch in den entsprechenden westlichen Methoden.[23] Es sind also Techniken im vollen Sinne des Wortes, zu denen die ursprünglich natürlichen Wandlungsvorgänge umgearbeitet worden sind. Wo früher, als noch keine historischen Voraussetzungen vorhanden waren, gewissermaßen natürliche oder spontane Wandlungen vorkamen, da werden nun in der Technik eben diese Geschehensfolgen benützt, um die Wandlung zu erzielen. Wie solche Methoden wohl ursprünglich zustande gekommen sind, das möchte ich in Form eines Märchens erläutern:

233 Es war einmal ein kurioser Alter. Der lebte in einer Höhle, wohin er sich vom Lärm der Dörfer zurückgezogen hatte. Er stand im Geruche eines Zauberers und hatte daher Schüler, die bei ihm die Zauberkunst zu lernen hofften. Er selber aber dachte an nichts dergleichen. Er suchte nur immer zu wissen, was das sei, das er nicht wusste und von dem er doch sicher war, dass es immer geschah. Als er nun sehr lange über das Nichtzudenkende nachgedacht hatte, konnte er sich in seiner misslichen Lage nicht mehr anders helfen, als dass er einen Rötel nahm und allerhand Zeichnungen an den Wänden seiner Höhle machte, um herauszufinden, wie jenes aussehen könnte, das er nicht wusste. Nach vielen Versuchen

[23] Vgl. dazu [Jung,] *Zur Psychologie östlicher Meditation.*

kam er auf den Kreis. »Das ist richtig«, fühlte er, »und noch ein Viereck darein«, und so war es noch besser. Die Schüler waren neugierig, sie wussten aber nur, dass mit dem Alten etwas los sei, und sie hätten zu gerne in Erfahrung gebracht, was er eigentlich mache. So fragten sie ihn: »Was machst du denn da drin?« Er gab aber keine Auskunft. Da entdeckten sie die Zeichnungen an der Wand und sagten: »Das ist es!«, und dann ahmten sie die Zeichnungen nach. Damit aber kehrten sie, ohne es zu merken, den ganzen Vorgang um: Sie nahmen das Ergebnis vorweg und hofften, damit auch jenen Vorgang zu erzwingen, der eben zu jenem Ergebnis geführt hatte. So ging es damals und so geht es heute noch.

9. *Natürliche Wandlung.* Ich habe bereits darauf hingewiesen, dass es neben den technischen Wandlungsvorgängen natürliche Wandlungen gibt. Letztere bilden die Grundlage zu allen Wiedergeburtsvorstellungen. Die Natur selbst verlangt einen Tod und eine Wiedergeburt. Der alte Alchemist Demokritos sagt: »Die Natur freut sich der Natur, die Natur umarmt die Natur, und die Natur überwindet die Natur.«[24] Es gibt natürliche Wandlungsvorgänge, die uns zustoßen, ob wir es wollen oder nicht, und ob wir es wissen oder nicht. Diese Vorgänge entfalten erhebliche seelische Wirkungen, die an sich schon einen nachdenklichen Menschen veranlassen könnten, sich Rechenschaft darüber zu geben, was ihm eigentlich zugestoßen sei. Wie der Alte unseres Märchens werden sie Mandalas zeichnen, selber in deren hegenden Kreis eintreten und in der Perplexität und Bedrängnis ihres selbstgewählten Gefängnisses, das sie ein Refugium zu sein wähnten, werden sie gewandelt zu gottverwandten Wesen. Die Mandalas sind Geburtsstätten, recht eigentlich Geburtsschalen, Lotusse, in denen ein Buddha entsteht. Der Yogin schaut sich, im Lotussitz sitzend, zur unsterblichen Gestalt verwandelt. 234

Die natürlichen Wandlungsvorgänge kündigen sich vor allem im Traume an. Ich habe andernorts eine Serie von Traumsymbolen des Individuationsprozesses vorgelegt.[25] Es waren Träume, die samt und sonders Wiedergeburtssymbolik verwenden. Es handelte sich in jenem Fall um einen lang dauernden Prozess der inneren Wandlung und Umgebärung in ein anderes Wesen. Jenes »andere Wesen« ist der andere in uns, die zukünftige, weitere und größere Persönlichkeit, die wir bereits als den inneren Seelenfreund kennenlernten. Deshalb hat es für uns etwas Tröst- 235

[24] [Berthelot, *Collection des anciens alchimistes grecs,* II, 1, 3, S. 43 (45).]

[25] *Eranos-Jahrbuch* 1935. Dieses Material findet sich in erweiterter und umgearbeiteter Form in: *Psychologie und Alchemie.*

liches, wenn wir, in heiliger Handlung dargestellt und abgebildet, den Freund und Gefährten finden, wie zum Beispiel in jenem Freundschaftsverhältnis des Mithras mit dem Sonnengott, das für den gelehrten Verstand ein Geheimnis darstellt, denn er pflegt diese Dinge ohne Mitgefühl anzusehen. Wenn er das Gefühl aber berücksichtigte, würde er entdecken, dass es der Freund ist, den, wie die Monumente es abbilden, der Sol auf dem Sonnenwagen mitnimmt. Es ist die Darstellung einer Männerfreundschaft, welche das äußere Abbild einer inneren Tatsache ist: Es ist nichts anderes als die Darstellung des Verhältnisses zum inneren Seelenfreunde, in welchen die Natur selber uns verwandeln möchte, in jenen anderen, der wir auch sind und den wir doch nie völlig erreichen können. Der Mensch ist das Dioskurenpaar, in welchem der eine sterblich ist und der andere unsterblich; die immer beisammen sind und sich doch nie gänzlich zu Einem machen lassen. Die Wandlungsvorgänge wollen die beiden einander annähern, wogegen das Bewusstsein aber Widerstände empfindet, weil der andere zunächst als fremdartig und unheimlich erscheint und weil wir uns nicht an den Gedanken gewöhnen können, nicht Alleinherr im eigenen Hause zu sein. Wir zögen es vor, immer nur Ich und sonst nichts zu sein. Wir sind aber mit dem inneren Freund oder Feind konfrontiert, und dabei hängt es von uns ab, ob er uns Freund oder Feind ist.

236 Man braucht nicht geisteskrank zu sein, um seine Stimme zu hören. Es ist im Gegenteil das Allereinfachste und Naturnaheste. Man kann sich zum Beispiel eine Frage stellen, worauf er eine Antwort gibt. Der Gedankengang geht weiter wie in einem gewöhnlichen Gespräch. Man kann es ein »Weiterassoziieren« nennen oder ein »Selbstgespräch« oder eine »Meditation« im Sinne der alten Alchemisten, welche den Gesprächspartner als »aliquem alium internum«, als einen gewissen anderen, Inneren bezeichneten.[26] Diese Form des Kolloquiums mit dem Seelenfreunde hat sogar Eingang in die Methode der *»Exercitia spiritualia«* des Ignatius gefunden,[27] allerdings mit der Einschränkung, dass nur der Meditierende redet, die innere Gegenrede aber übergangen wird. Diese gälte wohl, weil bloß aus dem Menschen hervorgehend, wie vermutet wird, als verwerflich, und dem ist so bis auf den heutigen Tag. Das Vorurteil ist kein moralisch-metaphysisches mehr, sondern schlimmer: ein intellektuelles. Man erklärt die »Stimme« als blödes Weiterassoziieren, das gewissermaßen sinn- und zwecklos, wie ein entgleistes Uhrwerk abläuft. Oder man sagt:

[26] Rulandus, *Lexicon alchemiae*, S. 327, s. v. meditatio.

[27] Izquierdus, *Praxis Exercitiorum spiritualium* (S. 10): »Colloquium aliud non est, quam familiariter loqui cum Christo Domino« usw. [Das Kolloquium ist nichts anderes, als mit Christus dem Herrn vertraulich reden.]

»Das sind doch nur meine Gedanken«, auch wenn es sich bei genauerer Prüfung herausstellen sollte, dass es Gedanken sind, die man selber verwirft oder die man bewusst sogar überhaupt nie gedacht hat; wie wenn alles Psychische, dessen das Ich ansichtig wird, stets diesem zugehört hätte! Diese Hybris besorgt allerdings das nützliche Geschäft der Aufrechterhaltung und Suprematie des Bewusstseins, welches gegen die Auflösung ins Unbewusste geschützt werden muss. Aber sie bricht kläglich zusammen, wenn es dem Unbewussten einmal einfallen sollte, einige unsinnige Gedanken zur Obsession werden zu lassen oder andere psychogene Symptome zu erzeugen, für die man dann keinesfalls verantwortlich sein möchte.

Unser Urteil über die innere Stimme bewegt sich in zwei Extremen: 237
Entweder gilt sie als ausgemachter Unsinn oder dann als – Gottes Stimme. Dass es ein beachtenswertes Mittelding geben könnte, kommt niemandem in den Sinn. Der andere ist wohl so einseitig in seiner Art wie das Ich in einer anderen. Aus dem Konflikt der beiden kann Wahrheit und Sinn hervorgehen, aber allerdings nur dann, wenn das Ich gewillt ist, dem anderen gerechterweise Persönlichkeit zuzubilligen. Er hat zwar schon eo ipso Persönlichkeit, so gut wie die Stimmen der Geisteskranken, aber ein wirkliches Kolloquium wird erst möglich, wenn das Ich die Existenz eines Gesprächspartners anerkennt. Diese Anerkennung ist niemandem zuzumuten, denn schließlich ist auch nicht jedermann geeignet für Exercitia spiritualia. Es ist natürlich kein Gespräch, wenn man den anderen nur anspricht – wie dies zum Beispiel George Sand in ihren Gesprächen mit ihrem geistigen Freund[28] tut; auf dreißig Seiten redet nur sie, und man erwartet vergebens, auch vom anderen zu hören. Auf das Kolloquium der Exercitia folgt vielleicht die stumme Gnade, an die der moderne Zweifler nicht glaubt. Aber wie wäre es, wenn der angesprochene Christus selber unmittelbar Antwort gäbe in den Worten eines sündigen Menschenherzens? Was für furchtbare Abgründe des Zweifels würden da aufgerissen? Welchen Wahnsinn dürfte man da nicht fürchten? Man begreift, dass Götterbilder besser stumm sind und dass das Ich-Bewusstsein eher an seine Suprematie glaubt, als dass – weiter assoziiert wird. Man begreift, dass der innere Freund so oft als Feind erscheint und warum er so weit weg ist und seine Stimme so leise. Wer »Ihm nahe ist, ist nahe dem Feuer«[29].

[28] [Vermutlich: *Entretiens journaliers avec le très docte et très habile docteur Piffoël* usw.]

[29] [*Neutestamentliche Apokryphen*, S. 35.]

238 Vielleicht dachte jener Alchemist etwas Ähnliches, als er sagte: »Erwähle dir zum Stein den, vermöge dessen Könige in ihren Kronen verehrt werden, und Ärzte ihre Kranken heilen, weil dieser dem Feuer nahe ist.«[30] Die Alchemisten projizieren das innere Geschehen in äußere Gestalt, und so erscheint der innere Freund bei ihnen in der Gestalt des »Steines«, von dem der *»Tractatus aureus«* sagt: »Versteht, ihr Söhne der Weisen, was der Stein euch zuruft: Schütze mich und ich werde dich schützen, gib mir das Meine, damit ich dir helfe.«[31] Dazu bemerkt ein Scholiast:[32] »Der Erforscher der Wahrheit hört den Stein sowohl wie den Philosophen gleichsam aus *einem* Munde reden.« Der Philosoph ist Hermes, und der Stein ist identisch mit Mercurius, der eben der lateinische Hermes ist.[33] Seit den ältesten Zeiten ist Hermes der Mystagog und Psychopompos der Alchemisten, ihr Freund und Berater,[34] der sie zum Ziele ihres Werkes führt. Er ist »tanquam praeceptor intermedius inter lapidem et discipulum.«[35] Anderen aber erscheint der Freund in der Gestalt Christi oder Chadirs oder eines sichtbaren oder unsichtbaren Gurus. Er kann auch in irgendwelcher sozialer oder persönlicher Führerfigur erscheinen. In diesem Fall ist das Kolloquium ausgesprochen einseitig. Es findet kein inneres Zwiegespräch statt, sondern die mögliche Gegenrede erscheint dann als Handlung des anderen, das heißt als äußeres Geschehen. Dem Alchemisten wurde sie sichtbar in der Wandlung des chemischen Stoffes. Wenn also einer Wandlung suchte, so entdeckte er sie außen im Stoff, und dessen Wandlung rief ihm gleichsam zu: »Ich bin die Wandlung«, und einige waren so klug, dass sie wussten: »Es ist *meine* Wandlung, aber nicht eine persönliche, sondern die Wandlung eines Sterblichen in ein Unsterbliches

30 Ein Pseudo-Aristoteles in: *Rosarium philosophorum*, 1550, fol. Q.

31 »Largiri vis mihi meum« [Du willst mir das Meine geben] ist gewöhnliche Lesart, so in der ersten Ausgabe von 1566 in: *Ars chemica*, unter dem Titel *Septem tractatus seu capitula Hermetis Trismegisti, aurei*, und ebenso in: *Theatr. chem.*, 1613, IV, und Manget, *Bibliotheca chemica curiosa* I, 400 ff. Im *Rosarium philosophorum*, 1550, fol. E IV, findet sich eine andere Lesart: »Largire mihi ius meum ut te adiuvem« [Gib mir mein Recht, damit ich dir helfe], was eine der interpretativen, aber für die Deutung der Alchemie wichtigen Willkürlichkeiten des Anonymus des *Rosarium* darstellt.

32 Manget, l. c., S. 430b.

33 Ausführliche Belege in: *Psychologie und Alchemie* [§§ 84 ff.] und *Der Geist Mercurius* [§§ 278 ff. und 289].

34 Vgl. dazu das schöne Gebet des Astrampsychos: Ἐλθέ μοι, κύριε Ἑρμῆ, wo es am Schluss heißt: »Ich bin du, und du bist ich.« [Reitzenstein, *Poimandres*, S. 21.]

35 Manget, l. c.: »Gleichsam der zwischen dem Stein und dem Schüler vermittelnde Lehrer.«

in mir, welches sich aus der sterblichen Hülle, die ich bin, befreit und nun zu seinem eigenen Leben erwacht, die Sonnenbarke besteigt und mich vielleicht mitnimmt.«[36]

Das ist ein sehr alter Gedanke. Ich bin in Oberägypten, in der Gegend 239
von Assuan, zu einem altägyptischen Grabe gekommen, das vor kurzem geöffnet worden war. Hinter der Eingangstüre befand sich ein kleines Schilfkörbchen mit der vertrockneten Leiche eines Neugeborenen, in ärmliche Lumpen gehüllt. Offenbar hatte die Frau eines Arbeiters das verstorbene Neugeborene noch schnell in das Grab des Vornehmen hineingelegt, damit das Kind teil am Heile habe, wenn er die Sonnenbarke bestieg zu neuem Aufgang, weil es an heiliger Stelle, in der Reichweite der Gnade, begraben war.

Bibliographie

A. Sammlungen alchemistischer Traktate verschiedener Autoren

Ars Chemica, quod sit licita exercentibus, probationes doctissimorum iurisconsultorum. Straßburg 1566.

I Septem tractatus seu capitula Hermetis Trismegisti, aurei [S. 7–31]: *Tractatus aureus.*

Artis Auriferae, quam chemiam vocant usw. 2. Bde. Basel 1593.

Band I

I Allegoriae super librum Turbae [S. 139–145]

II *Aurora consurgens:* quae dicitur aurea hora [S. 185–246; nur Teil II]

III Rosinus ad Sarratantam episcopum [S. 277–319]

[36] Der Stein und dessen Wandlung wird dargestellt als Auferstehung des homo philosophicus, des zweiten Adam (*Aurora consurgens, quae dicitur Aurea hora,* in: *Artis auriferae I,* S. 185 ff.), als menschliche Seele (Buch des Krates in: Berthelot, *La Chimie au moyen âge,* III, 50), als dem Menschen unter- und übergeordnetes Wesen (»Hic lapis est subtus te, quantum ad obedientiam: supra te, quo ad dominium: ergo a te, quantum ad scientiam: circa te, quantum ad aequales« [Dieser Stein ist unter dir, wie zum Gehorchen: über dir, wie zum Herrschen: daher von dir, wie zum Erkennen: um dich herum, wie deinesgleichen]) (*Rosinus ad Sarratantam* in: *Art. aurif.* I, S. 310), als Leben (»sanguis est anima, et anima est vita, et vita lapis noster est« [das Blut ist die Seele, und die Seele ist das Leben, und das Leben ist unser Stein]) (*Tractatus Aristotelis,* in: *Art. aurif.* I, S. 347, ebenso *Rachaidibi fragmentum,* in: *Art. aurif.* I, S. 398 und 401), als Maria virgo (*De arte chimica,* in: *Art. aurif.* I, S. 582), als der Mensch selber (»tu es eius minera … et de te extrahitur … et in te inseparabiliter manet« [du bist sein Mineral … und aus dir wird er herausgezogen … und in dir bleibt er untrennbar]) (*Rosinus ad Sarratantam,* in: *Art. aurif.* I, S. 311).

IV Liber secretorum alchemiae compositus per Calid filium Iazichi [S. 325–351]
V Tractatus Aristotelis de practica lapidis philosophici [S. 361–373]
VI Rachaidibi, Veradiani, Rhodiani, et Kanidis philosophorum regis Persarum: De materia philosophici lapidis, acutissime colloquentium fragmentum [S. 397–404]
VII Liber de arte chimica incerti authoris [S. 575–631]
Band II
VIII *Rosarium philosophorum* [S. 204–384; enthält eine zweite Fassung der *Visio Arislei,* S. 246 ff. Eine andere Ausgabe von *Artis auriferae,* in diesem Bande gelegentlich zitiert, erschien 1572 in Basel und enthält den *Tractatus aureus,* S. 641 ff.]

Bibliotheca Chemica Curiosa seu rerum ad alchemiam pertinentium thesaurus instructissimus. Hg. von Johannes Jacobus Mangetus. 2 Bde. Genf 1702.
Band I
I Hermes Trismegistus: *Tractatus aureus* de lapidis physici secreto [S. 400–445]
II Morienus: Liber de compositione alchemiae [S. 509–519]
Band II
III Sendivogius: Epistola XIII [S. 496]

Theatrum Chemicum, praecipuos selectorum auctorum tractatus … continens. Bde. I–III Ursel 1602; Bd. IV Straßburg 1613; Bd. V 1622; Bd. VI 1661.

B. Allgemeine Bibliographie

Aldrovandus, Ulysses (Ulisse Aldrovandi): Dendrologiae naturalis scilicet arborum historiae libri. Frankfurt 1671.

Berthelot, Marcellin: La Chimie au moyen âge. 3 Bde. (Histoire des Sciences) Paris 1893.

– Collection des anciens alchimistes grecs. Paris 1887/88.

De Jong, K. H. E.: Das antike Mysterienwesen in religionsgeschichtlicher, ethnologischer und psychologischer Beleuchtung. Leiden 1909.

Deussen, Paul: Sechzig Upanishad's des Veda. Aus dem Sanskrit übersetzt und mit Einleitungen und Anmerkungen versehen. 3. Aufl. Leipzig 1938.

Fierz-David, Linda: Der Liebestraum des Poliphilo. Ein Beitrag zur Psychologie der Renaissance und der Moderne. Rhein-Verlag, Zürich 1947.

Horneffer, Ernst: Nietzsches Lehre von der Ewigen Wiederkunft und deren bisherige Veröffentlichung. Leipzig 1900.

Izquierdo, Sebastiano (Alcarazense Societatis Iesu): Praxis exercitiorum spiritualium P. N. S. Ignatii. Rom 1695.

Janet, Pierre: Les Névroses. (Bibliothèque de philosophie scientifique) Paris 1919 [erstmals 1909].

Jung, Carl Gustav: Der Geist Mercurius. In: Eranos-Jahrbuch 1942. Rhein-Verlag, Zürich 1943. Erweiterte Neuausgabe in: Symbolik des Geistes. Siehe dort.

– Gestaltungen des Unbewußten. (Psychologische Abhandlungen VII) Rascher, Zürich 1950. [Jungs Beiträge in diesem Band sowie GW 15 (1971)]

– Psychologie und Alchemie. (Psychologische Abhandlungen V) Rascher, Zürich 1944. Revidierte Neuauflage 1952. [GW 12 (1972)]
– Psychologische Typen. Rascher, Zürich 1921. Neuauflagen 1925, 1930, 1937, 1940, 1942, 1947 und 1950. [GW 6 (1960 und 1967)]
– Symbolik des Geistes. Studien über psychische Phänomenologie, mit einem Beitrag von Dr. phil. Riwkah Schärf. (Psycholog. Abhandlungen VI) Rascher, Zürich 1948, 1953. [Jungs Beiträge in diesem Band sowie in GW 11 (1963 und 1973) und GW 13]
– Versuch einer psychologischen Deutung des Trinitätsdogmas. In: Symbolik des Geistes. Siehe dort. [GW 11 (1963 und 1973)]
– Das Wandlungssymbol in der Messe. In: Eranos Jahrbuch 1940/41. Rhein-Verlag, Zürich 1942. Erweitert in: Von den Wurzeln des Bewußtseins. Siehe dort. [GW 11 (1963 und 1973)]
– Von den Wurzeln des Bewußtseins. Studien über den Archetypus (Psychologische Abhandlungen IX) Rascher, Zürich 1954. [Drei Abhandlungen in diesem Band, die übrigen in: GW 8 (1967 und 1977), GW 11 (1963 und 1973) und GW 13 (1978)]
– Zur Psychologie östlicher Meditation. In: Mitteilungen der Schweizerischen Gesellschaft der Freunde Ostasiatischer Kultur V (Bern 1943) S. 33–53. Später in: Symbolik des Geistes. Siehe dort. Ferner in: Bewußtes und Unbewußtes. Beiträge zur Psychologie. (Bücher des Wissens TB) Fischer, Frankfurt a. M. und Hamburg 1957. [GW 11 (1963 und 1973)]
– Zur Psychologie und Pathologie sogenannter occulter Phänomene. Eine psychiatrische Studie. Dissertation. Oswald Mutze, Leipzig 1902. [GW 1 (1966)]
Jung, Emma: Ein Beitrag zum Problem des Animus. In: Jung, C. G.: Wirklichkeit der Seele. Anwendungen und Fortschritte der neueren Psychologie. (Psychologische Abhandlungen IV) Rascher, Zürich 1934. Neuauflagen 1939 und 1947. Der Aufsatz ist zusammen mit »Die Anima als Naturwesen« (Beitrag zur Festschrift: Studien zur Analytischen Psychologie C. G. Jungs, II, Rascher, Zürich 1955) unter dem Titel »Animus und Anima« gesondert als Pb bei Rascher, Zürich 1967, erschienen.
Keyserling, Graf Hermann: Südamerikanische Meditationen. Stuttgart 1932.
Le Bon, Gustave: Psychologie der Massen. Übersetzung. (Philosophisch-soziologische Bücherei II) 2., verbesserte Aufl. Leipzig 1902.
Lévy-Bruhl, Lucien: La Mythologie primitive. Le monde mythique des Australiens et des Papous. (Travaux de l'année sociologique) 2. Aufl. Paris 1935.
Nietzsche, Friedrich: Werke. 16 Bde. Leipzig 1899–1911.
– Also sprach Zarathustra. Ein Buch für Alle und Keinen. In: Bd. VI.
Reitzenstein, Richard: Poimandres. Studien zur griechisch-ägyptischen und frühchristlichen Literatur. Leipzig 1904.
Ruhland(us), Martin(us): Lexicon alchemiae sive dictionarium alchemisticum. Frankfurt 1612.
Saṃyutta-Nikāya: Die in Gruppen geordnete Sammlung aus dem Pāli-Kanon der Buddhisten, zum ersten Mal ins Deutsche übertragen von Wilhelm Geiger. Bd. I. München Neubiberg 1930.

Schopenhauer, Arthur: Aphorismen zur Lebensweisheit. In: Parerga und Paralipomena. Kleine philosophische Schriften. Hg. von R. von Koeber. 2 Bde. [in einem] Berlin 1891.

Spencer, Baldwin, und F. J. Gillen: The Northern Tribes of Central Australia. London 1904.

Tonquédec, Joseph de: Les Maladies nerveuses ou mentales et les manifestations diaboliques. Précédé d'une lettre de S. E. le Cardinal Verdier. 3. Aufl. Paris 1938.

Wells, Herbert George: The War of the Worlds. London 1898.